T0285298

Der Geist von Potsdam

Der Geist von Potsdam

Preußisches Militär als Tradition und Erbe

Herausgegeben von
Philipp Oswalt und Agnieszka Pufelska

Gefördert von:

Die Beauftragte der Bundesregierung
für Kultur und Medien

NORD
OST
INSTITUT
an der Universität Hamburg

Lernort
garnisonkirche
potsdam

ISBN 978-3-11-129847-4
e-ISBN (PDF) 978-3-11-130562-2
e-ISBN (EPUB) 978-3-11-130682-7

Library of Congress Control Number: 2024933029

Bibliografische Information der Deutschen Nationalbibliothek
Die Deutsche Nationalbibliothek verzeichnet diese Publikation in der Deutschen Nationalbibliografie;
detaillierte bibliografische Daten sind im Internet über http://dnb.dnb.de abrufbar.

© 2024 Walter de Gruyter GmbH, Berlin/Boston
Umschlagabbildung: Semper Talis Monument an der Garnisonkirche Potsdam von 1924,
Postkarte (Ausschnitt).
Satz: bsix information exchange GmbH, Braunschweig

www.degruyter.com

Inhaltsverzeichnis

Agnieszka Pufelska, Philipp Oswalt

Militärstaat Preußen und der Geist von Potsdam

Der Ukraine-Krieg offenbarte die in Deutschland weit verbreitete Unwissenheit über die stets präsenten imperial-kolonialen Traditionen in Europa. Jürgen Osterhammels vielseitige Versuche einer typologischen Erfassung der Phänomene „koloniale Expansion" und „koloniale Herrschaft"[1] beschränken sich keineswegs nur auf überseeische Kolonien oder Kolonialismus, und es geht nicht ausschließlich nur um reale Herrschaft. Betont werden vor allem „sendungsideologische Rechtfertigungsdoktrinen, die auf der Überzeugung der Kolonialherren von ihrer eigenen kulturellen Höherwertigkeit beruhen".[2] Die historisch gewachsenen, latenten und manifesten Potenziale eines hegemonialen Überlegenheitsanspruchs können zur Entgrenzung von Gewalt und zum Krieg führen. Allein aus diesem Grund ist es wichtig, nach den politisch-ideologischen Prägungen des Militärs zu fragen und ob durch den Einfluss des Imperialismus und Kolonialismus bestimmte Kontinuitäten im Denken und Handeln der Soldaten festgemacht werden können.

Der vorliegende Sammelband geht dieser Frage am Beispiel des preußischen Militärs nach. Anhand von motivationalen, personellen sowie institutionellen Entscheidungszusammenhängen unter Einbeziehung strukturanalytischer, sozialgeschichtlicher und sozialpsychologischer Perspektiven werden Funktionsbedürfnisse des Militärs vor dem Hintergrund der preußischen imperialen und expansionistischen Politik aufgezeigt. Damit wird Isabel Hulls These von spezifischen deutschen Kontinuitäten der „military culture"[3] an ihren Ursprung zurückverfolgt. Dabei zeigt sie auf, wie der preußisch-deutsche Staat sein Militär organisierte, welche militärischen Pflichten er seinen Einwohner:innen[4] auferlegte und wie seine ideologische Ausrichtung das Militärsystem prägte.

Einem bekannten Ausspruch zufolge, stützte sich Preußen auf ein falsches Prinzip: Nicht der Staat besaß eine Armee, sondern die Armee besaß den preußi-

---

1 Vgl. Jürgen Osterhammel, *Kolonialismus. Geschichte – Formen – Folgen* (München: C. H. Beck, [1995], 2003).

2 Jürgen Osterhammel, *Kolonialismus*, 21.

3 Isabel Hull, *Absolute Destruction: Military Culture and the Practices of War in Imperial Germany* (Ithaca: Cornell University Press, 2005).

4 Bei substantivischen Ausdrücken, die auf Personen verweisen, wird in den darauffolgenden Teilen des Buches vorwiegend die männliche Schreibweise beibehalten. Das berechtigte Anliegen, Frauen sprachlich gleichberechtigt zu repräsentieren, indem man dem Ausdruck eine weibliche Form gibt, würde dem historischen Kontext einzelner Beiträge nicht gerecht.

https://doi.org/10.1515/9783111305622-001

schen Staat. Diese Einschätzung, die Mirabeau zugeschrieben wird, aber wahrscheinlich von dem Adjutant Friedrichs II. Georg Heinrich von Berenhorst stammt, bietet eine erkenntnisreiche Perspektive für die kritische Auseinandersetzung mit der Geschichte des preußischen Militärs und seiner Traditionen an.

Die preußische Armee kann als die erste gemeinsame Institution Brandenburgs und des Herzogtums Preußen nach der Vereinigung durch die Hohenzollern gelten. Friedrich Wilhelm I., bekannt als der „Soldatenkönig", war der erste europäische Herrscher, der sich täglich in Militäruniform zeigte und fast 80 % der Staatsausgaben für die Armee verbrauchte. In einem seiner politischen Testamente ging Friedrich II. davon aus, dass Preußen von mächtigen Nachbarn umgeben häufig Kriege führen werde. Folgerichtig müsse dem Militär der erste Rang im Königreich zukommen. Die preußische Gesellschaft bestehe aus drei Ständen: der Infanterie, der Kavallerie und der Artillerie, so der gängige Spruch. Für den Anführer der Hofkamarilla Friedrichs Wilhelm II., Ludwig von Gerlach, waren Leutnants wichtiger als die Parlamente. Dieses militärische Prinzip der Staatlichkeit bestätigte der „Eiserne Kanzler" Bismarck, als er die Verwirklichung Deutschlands unter preußischer Hegemonie nicht mit Reden und Verträgen, sondern mit Blut und Eisen herbeiführte. Fritz Stern zufolge war der preußische Militärstaat, der mit der „Blut und Eisen"-Methode die nationale Einheit Deutschlands als Kaiserreich verwirklichte, ein wesentlicher Ausgangspunkt für die spätere Entwicklung der NS-Diktatur.[5]

Insbesondere in längeren Friedenszeiten verbanden sich die Funktionsbedürfnisse des preußischen Militärs mit der Dynamik des globalen Imperialismus des 19. Jahrhunderts und verstärkten sich gegenseitig. Auf der anderen Seite hatten „Kolonialkrieger" im preußischen Heer ein ambivalentes Ansehen. Kolonialkriege galten als ein Spielplatz für Abenteurer, insgesamt litt das Prestige des Kolonialdienstes immer wieder an den zahlreichen Kolonialskandalen. Angesichts der Genozidvorwürfe an das Deutsche Reich sowie der hitzig geführten Debatte um Kontinuitäten zwischen Kolonialismus und Nationalsozialismus ist es unerlässlich über die Rolle des preußischen Militärs in den Kolonialkriegen zu reflektieren. Dahinter steht die Frage, ob Kolonialkriege eine „andere" Seite des preußischen Militärs zum Vorschein brachten – im Unterschied zu den europäischen Einsätzen.

In Potsdam ist der „Hort des preußischen Militarismus" lokalisiert worden. Berühmt geworden als Residenzstadt des Soldatenkönigs Friedrich Wilhelm I. und durch den „Tag von Potsdam", an dem die Nationalsozialisten den Schulterschluss mit den alten Eliten des Kaiserreichs vollzogen haben. Dieser „Geist von Pots-

---

5 Vgl. Fritz Stern, *Gold and Iron: Bismarck, Bleichröder, and the Building of the German Empire* (New York: Knopf, 1977).

dam", den die lokale Garnisonkirche wie kaum ein anderes Gebäude über Jahrhunderte verkörperte, stand „für einen autoritären Staat, für eine harte Innenpolitik und eine kriegerische Außenpolitik" (Matthias Grünzig).[6] Als der Alliierte Kontrollrat am 25. Februar 1947 die Auflösung des Staates Preußen verfügte, begründete er seinen Entschluss mit dem Geist des Militarismus und der Reaktion, der dort „seit jeher"[7] geherrscht habe.

Sechs Jahrzehnte später wurde das Kontrollratsgesetz Nr. 46 am 23. November 2007 mit dem Gesetz zur Bereinigung des Besatzungsrechts „deklaratorisch" aufgehoben. Seither gewannen auch die Bemühungen an Fahrt, die Potsdamer Garnisonkirche als Wahrzeichen des Friedens wiederaufzubauen. Hierüber bestehen kontroverse Auffassungen. Die Umwandlung der wichtigsten Militärkirche Preußens und des Deutschen Reiches in einen Lernort für den Frieden stützt sich bislang auf eine Mixtur an Argumenten, denen es an Konsistenz und historischer Gründlichkeit fehlt. Vor diesem Hintergrund ist eine ortsbezogene Auseinandersetzung mit der preußischen Militärgeschichte von großer Wichtigkeit.

Dies verbindet sich mit der Notwendigkeit, die vom Wachbataillon des Bundesverteidigungsministeriums im Jahr 1961 aufgenommene und bis heute fortgeführte Semper-talis-Tradition zu reflektieren, die ihr bauliches Symbol in der Garnisonkirche hat. Ist der Mythos zutreffend, dass diese Elite des preußischen Militärs tatsächlich einem anderen und noch heute Wert zu schätzenden Kodex verpflichtet war und diesen im Vergleich zu anderen Teilen des preußisch-deutschen Militärs praktizierte?

Im Mai 1961 hatte die Bundeswehr feierlich die Semper-talis-Tradition übernommen, die seitdem vom Wachbataillon beim Bundesministerium der Verteidigung fortgeführt wird. 1991 wurde diese Traditionsübernahme vom damaligen Bundespräsidenten Richard von Weizäcker im Rahmen des Wiederauffindens des Möllendorffdegens nochmals explizit bestätigt, obgleich der Traditionserlass von 1982 festgelegt hatte, dass die „Traditionen von Truppenteilen ehemaliger deutscher Streitkräfte" nicht an Bundeswehrtruppenteile verliehen werden.[8] Ist es für eine demokratische Bundeswehr zielführend, sich auf diese Tradition zu berufen?

Wie wichtig es ist, die bis heute reichende Tradition des preußischen Militärs kritisch zu reflektieren, zeigt ein Besuch der militärhistorischen Ausstellung in der Julius-Leber-Kaserne in Berlin-Wedding, welche die Geschichte der preußischen Regimenter idealisiert. Zur Darstellung gehören hierbei neben der Erinnerung an das Attentat des 20. Juli 1944 nicht nur die Schlachten der Angriffskriege

---

6 https://lernort-garnisonkirche.de/gott-mit-uns/
7 Ebd.
8 https://www.dbwv.de/fileadmin/user_upload/Downloads/DBwV_Info_Portal/Traditionserlass_1982.pdf; Pkt. 22

unter Friedrich dem Großen, sondern auch der Beginn des Zweiten Weltkriegs mit dem Angriff auf Polen am 1. September 1939. Kritiklos wird hier der ersten deutschen Gefallenen des Krieges gedacht. Zugleich wird stolz an die Garnisonkirche Potsdam erinnert.

Die Fragen nach Tradition und Erbe des preußischen Militärs stehen im Mittelpunkt des vorliegenden Sammelbandes, der im Wesentlichen auf den Beiträgen einer Tagung des kritischen Lernorts Garnisonkirche im „Potsdam Museum – Forum für Kunst und Geschichte" am 13./14. Januar 2023 beruht. Auf der Website: https://lernort-garnisonkirche.de/symposion-geist-von-potsdam/ sind die Vorträge wie auch die Diskussionen der Tagung als Videos abrufbar. Der Sammelband gliedert sich wie schon die Tagung in fünf Kapitel. Das erste ist den „Kulturen des Militärischen" gewidmet und befasst sich mit der Durchdringung der Gesellschaft mit militärischen Prinzipien und Praktiken. Das folgende Kapitel „Innergesellschaftliche Militärkonflikte" geht auf Militärkritik und die antimilitaristischen Gegenkräfte ein wie auch auf die Anwendung von Militärgewalt gegen die eigene Bevölkerung. Das dritte Kapitel „Gewaltakte und Gewaltexzesse" widmet sich den Kriegsverbrechen der preußischen und deutschen Armeen. Auf die Prägung der Stadt Potsdam durch das Militär geht das vierte Kapitel „(Un-)Geist von Potsdam" ein. Das letzte Kapitel „Traditionsstolz oder lange Schatten?" thematisiert schließlich die Fortwirkung preußischer Militärtraditionen in Deutschland nach 1945.

Unser Wunsch war es hierbei, Forscherinnen und Forscher zu Wort kommen zu lassen, die auf Basis empirischer Untersuchungen etablierte Narrative kritisch hinterfragen. Ebenso war es ein Anliegen, auch unterschiedliche Perspektiven und Zugänge darzustellen. Besonders dankbar sind wir daher für die Beiträge der Mitarbeiter des Zentrums für Militärgeschichte und Sozialwissenschaften der Bundeswehr (ZMSBw) Potsdam. Vergeblich waren leider unsere Bemühungen, den Inhaber des Lehrstuhls für Militärgeschichte/Kulturgeschichte der Gewalt am Historischen Institut der Universität Potsdam, Vertreter des Semper-talis-Bundes und des Wachbataillons der Bundeswehr zur Mitwirkung zu gewinnen.

Abschließend geht der Dank an alle, die zum Gelingen des Bandes beigetragen haben, insbesondere an Isa Knoesel und Beatrice Stieglitz für ihr sorgfältiges Lektorat und Korrektorat. Danken möchten wir auch Gerd Bauz und Michael Karg von der Martin-Niemöller-Stiftung für die engagierte organisatorische Unterstützung der Tagung. Der Bundeszentrale für politische Bildung danken wir für die großzügige Förderung der Tagung und dem Nordost-Institut e. V. in Lüneburg für die finanzielle Ermöglichung der Drucklegung des vorliegenden Bandes.

Teil I: **Kulturen des Militärischen**

Hartwin Spenkuch
Militarisierung von Staat und Gesellschaft in Preußen-Deutschland

Zu Grundlinien der neueren Forschungsdebatte

Preußen sei kein Land, das eine Armee, sondern eine Armee, die ein Land habe, so lautet ein lange dem Grafen Mirabeau zugeschriebenes, aber tatsächlich bei dem Anhaltiner Georg Heinrich von Berenhorst nachlesbares Wort. Diverse Autoren des 18. Jahrhunderts urteilten ähnlich.[1] Dem Piemontesen Vittorio Alfieri erschien Preußen 1769 als „ein einziges großes Militärkorps", als „riesige preußische Staatskaserne",[2] ein Topos, der die Perzeption in Italien lange prägte. Der Engländer Neville Wyndham (1790) und der Amerikaner William S. Smith (1785) äußerten sich vergleichbar.[3] Der Franzose Comte de Guibert staunte 1787 über den Respekt gegenüber dem Militär und namentlich über die Kenntnis berühmter Generäle wie ihrer Schlachten selbst in den Unterschichten. Im Ersten Weltkrieg war die Beseitigung des preußischen Militarismus ein alliiertes Kriegsziel und analog lautete die Begründung zum alliierten Auflösungsbeschluss von 1947, Preußen sei „from early days a bearer of militarism and reaction in Germany" gewesen.[4]

Wie steht es um dieses Außenbild und wie beurteilt die neuere Forschung dessen Realitätsgehalt? Obwohl das preußisch-deutsche Militär 1648–1945 quantitativ an weniger Konflikten (nämlich 23) beteiligt war als die übrigen Großmächte,[5] entstand der Militarismus-Vorwurf offenbar mit den spektakulären Kriegen Friedrichs II. und geht speziell auf die Zeit der Einigungskriege vor der Reichsgründung 1871 zurück. Beim Systembegriff Militarismus geht es daher definitorisch nicht um numerische Militärstärke. Entscheidende Maßstäbe sind vielmehr erstens die institutionelle Sonderstellung des Militärs im Staat und zweitens die

---

1 Vgl. Christian Graf von Krockow, *Warnung vor Preußen* (Berlin: Siedler, 1993), 105, 213.

2 Vittorio Alfieri, *Vita: Mein Leben*, Übers. Gisela Schlüter (Mainz: Dieterich, 2010), 150–51.

3 Vgl. Karin Friedrich, *Brandenburg-Prussia: 1466–1806: The Rise of a Composite State* (Basingstoke: Palgrave Macmillan, 2012), 76–77.

4 Timothy Blanning, *The French Revolutionary Wars: 1787–1802* (London: Arnold, 1996), 9. Vgl. Isabelle Deflers, „Faszination oder Abstoßung? Bilder des preußischen Militärs im Ausland", in *Friedrich der Große in Europa: Geschichte einer wechselvollen Beziehung*, Hg. Bernd Sösemann und Gregor Vogt-Spira, Bd. 2 (Stuttgart: Steiner, 2012), 256–70.

5 Vgl. Statistik nach Quincy Wright, *A Study of War* (Chicago, IL: The University of Chicago Press, 1942), 642–44.

https://doi.org/10.1515/9783111305622-002

große Präsenz von militärischen Denkkategorien in Politik und Gesellschaft.[6] Diese beiden Dimensionen des Phänomens Militarismus muss jede Analyse betrachten, nicht einfach Heeresstärke oder prozentuale Kriegsbeteiligung. In diesem Sinne geht es nachfolgend um drei Fragenkomplexe: Das Militärsystem des 18. Jahrhunderts und die These der frühen Sozialmilitarisierung Preußens; die Entwicklungslinie Befreiungskriege – Heereskonflikt – Reichseinigungskriege und das Verhältnis von Militär, Staat und Gesellschaft im kaiserzeitlichen Preußen-Deutschland.[7]

Am Anfang der Militarisierung der Gesellschaft steht gemeinhin das Kantonsreglement des „Soldatenkönigs" Friedrich Wilhelm I. von 1733/1735. Es diente Otto Büsch zum Ausgangspunkt seiner berühmten These, damit habe die „soziale Militarisierung" begonnen. Heeres- und Agrarverfassung seien verschränkt gewesen, da Adelige als Offiziere Soldaten befehligten, die sie in ihren Gutsbezirken durch das Kantonsystem rekrutierten, und zuvor wie danach als Gutsherr beherrschten. Diese doppelte Herrschaft habe Bauern zu disziplinierten Untertanen geformt. Die Symbiose zwischen Landadel und Monarchie sei Preußens Eigenart bis 1918 ebenso gewesen wie die Dominanz des Militärischen in Staat und Gesellschaft; die Armee als Herrschaftsinstrument habe im Zentrum der Staatsorganisation gestanden.[8]

Quellenbasierte Forschungen haben dieses kompakte Bild deutlich modifiziert. Die Identität von Offizier und Gutsherr bildete eine Ausnahme und die kantonsweise Rekrutierung erfasste nur Bruchteile aller Männer, zumal es umfangreiche Exemtionen für Städter und Gewerbetreibende sowie zahlreiche Ausländer im Heer gab. Monatelange Beurlaubung von Soldaten zur heimischen Arbeit war die Regel und Desertion häufig. Bauern wie Städter artikulierten im 18. Jahrhundert selbstbewusst ihre Interessen und breite besinnungslose Militärfreudigkeit sei nicht nachweisbar. Erst mit der Wehrpflicht und der nationalen Identifikation im späteren 19. Jahrhundert entstand der preußisch-deutsche Militarismus.[9]

---

6 Die Militarismus-Definition nach Wilfried von Bredow, *Militär und Demokratie in Deutschland: Eine Einführung* (Wiesbaden: VS Verlag für Sozialwissenschaften, 2008), 66–67. Weitere Definition bei Wolfram Wette, *Militarismus in Deutschland: Geschichte einer kriegerischen Kultur* (Darmstadt: Primus Verlag, 2008), 20.

7 Der nachstehende Aufsatz folgt im Wesentlichen den Ausführungen in Hartwin Spenkuch, *Preußen – eine besondere Geschichte: Staat, Wirtschaft, Gesellschaft und Kultur 1648–1947* (Göttingen: Vandenhoeck & Ruprecht, 2019), 141–55.

8 Vgl. Otto Büsch, *Militärsystem und Sozialleben im alten Preußen: 1713–1807: Die Anfänge der sozialen Militarisierung der preußisch-deutschen Gesellschaft* (Berlin: Ullstein, 1981), passim.

9 Vgl. Peter H. Wilson, „Prusso-German Social Militarisation Reconsidered", in *Preußen, Deutschland und Europa 1701–2001*, Hg. Jürgen Luh, Vinzenz Czech und Bert Becker (Groningen: INOS, 2003), 355–84.

Die Kritik an der Sozialmilitarisierungsthese Otto Büschs muss aber mehrere Fakten anerkennen. Als intentionales Mittel der Sozialdisziplinierung von Untertanen lässt sich Militärdienst durchaus beschreiben. Nachgeborene Landadelige (Junker) wählten mangels Alternative häufig die Laufbahn eines Berufsoffiziers und ein Großteil der Junker leistete zeitweiligen Militärdienst. Wenngleich auch in Österreich oder Frankreich ein Militäradel entstand, besaß Preußens Militäradel als staatliche Elite besondere Wirkungsmacht. Der Staat vergab an ehemalige Militärs durchaus zahlreiche subalterne Beamten- wie auch Landratsstellen. Der Militärhistoriker Bernhard R. Kroener bilanzierte, dass Preußens Großmachtwerdung „eine Verdichtung militärischer Präsenz, wie sie in den anderen großen Mächten nicht erreicht wurde", bedeutet habe.[10] Das Prestige des Militärs wurde seit dem „Soldatenkönig", der ab 1725 stets in Uniform auftrat, durch die stete Mythisierung der Siege Friedrichs II. und Bismarcks Erfolge 1864–71 enorm gehoben; das fiel auswärtigen Besuchern regelmäßig auf. Dass Preußens Staatlichkeit seit dem 18. Jahrhundert in enger Verbindung mit militärischen Komponenten stand, ist nicht zu verkennen.[11]

Das 1806 in der Schlacht bei Jena und Auerstedt unterlegene altpreußische Militärsystem wollten die Reformer um Scharnhorst, Gneisenau und Boyen ändern: Adelsprivileg im Offiziersstand (1806: 90 %), Prügelstrafe und ausländische Söldner sollten entfallen; institutionell wurden Militärbildungsanstalten auf akademischem Niveau und das Kriegsministerium begründet. Vor allem: die bisherige soziale und berufliche Sondergruppe des Militärs sollte mittels der Einführung einer allgemeinen Wehrpflicht und einer Reserve-Landwehr mit der Gesellschaft so verknüpft werden, dass grundsätzlich jeder männliche Einwohner als Bürger motivierter Verteidiger des Landes würde. Die Reformer waren Offiziere und erstrebten Preußens Befreiung durch einen Volkskrieg gegen Napoleon; insofern propagierten sie die Verbindung von Militär und Bevölkerung massiver als der altpreußische Staat. Ihr Konzept beinhaltete aber auch Bürgerrechte und Leistungsprinzip, wohl Loyalität zum Monarchen, aber mehr noch zur Nation; Bürger-

---

10 Bernhard R. Kroener, „,Des Königs Rock': Das Offizierskorps in Frankreich, Österreich und Preußen im 18. Jahrhundert – Werkzeug sozialer Militarisierung oder Symbol gesellschaftlicher Integration?", in *Die Preußische Armee zwischen Ancien Régime und Reichsgründung*, Hg. ders., Peter Baumgart und Heinz Stübig (Paderborn: Ferdinand Schöningh Verlag, 2008), 72–95, Zitat 89.
11 Vgl. Michael Hochedlinger, „Rezension von: Martin Winter: Untertanengeist durch Militärpflicht? Das preußische Kantonsystem in brandenburgischen Städten im 18. Jahrhundert (Bielefeld: Verlag für Regionalgeschichte, 2005)", *sehepunkte* 6, Nr. 3, 15.03.2006, https://www.sehepunk te.de/2006/03/8798.html. Jürgen Kloosterhuis, „,Solide Menage' und ,formidable Armee': Determinanten des preußischen Kantonsystems im 18. Jahrhundert", 100 Schlüsselquellen zur Geschichte von Berlin, Brandenburg und Preußen, 04.03.2015, https://www.hiko-berlin.de/quellen-detail/ar meekantone.

teilhabe sollte durch eine Verfassung gestärkt werden. Diese Idee scheiterte nach 1815: Eingebunden in eine monarchisch-autoritäre Staatsordnung blieb die exklusive Linienarmee doch Königsheer, die Landwehr der Bürger zweitrangig.[12]

Neuere Forschungen zu den (in konservativ-monarchischer Sicht) Befreiungskriegen bzw. (in liberal-demokratischer Sicht) Freiheitskriegen, die Bürgerrechte, Verfassung und Partizipation einschließen sollten, haben die lange dominante preußenzentrierte, borussische Interpretation aus ideologischer Verengung gelöst. Nicht nur in dem von diversen Heeren geplünderten Süddeutschland sah man die Jahre 1813/14 primär als Kriegsschrecken. Auch in Preußens Westen, zumal in den katholischen Gebieten, gab es wenig Freiwillige und eine beträchtliche Desertion. Das Militär blieb dort jahrzehntelang unbeliebt und die borussisch mythisierende Erinnerung als Befreiungskrieg drang nur allmählich, voll erst nach 1871, in das Gedächtnis breiter Schichten. Hingegen meldeten sich in Preußen Tausende – übrigens zu zwei Dritteln aus Handwerker- und Landwirtschafts-Milieus – freiwillig zum Heer und pflegten hinterher die Erinnerung an die „große Zeit".[13] Die Geschlechtergeschichte arbeitete zudem heraus, wie das Bild von Männlichkeit der Wehrpflicht und Kriegsteilnahme zugute kam. „Echte" Männer gingen ins Heer; so bewies man sich. Ideologisch wurde trotz einiger weiblicher Kämpferinnen 1813/14 die Nation exklusiv männlich gedacht und beschrieben. Dieses Rollenverständnis förderte die soziale Militarisierung. Und manche Frauen glaubten in der Folge durch Übernahme besonders nationaler Attitüden und Tätigkeit in patriotischen Frauenvereinen ihre Zurücksetzung aufbrechen zu können.[14]

Im Vormärz gab es nur eine sehr selektive Wehrpflicht, denn das Heer blieb vergleichsweise klein, so dass jährlich nur etwa 40 000 Rekruten, also jeder Zehn-

---

12 Vgl. Ralf Pröve, *Militär, Staat und Gesellschaft im 19. Jahrhundert* (München: Oldenbourg Wissenschaftsverlag, 2006), 9–10, 61–63. Heeresreformen detailliert bei: Dierk Walter, *Preußische Heeresreformen 1807–1870: Militärische Innovationen und der Mythos der „Roonschen Reform"* (Paderborn: Ferdinand Schöningh Verlag, 2003), 248–389. Knappe Forschungsdiskussion bei: Edgar Wolfrum, *Krieg und Frieden in der Neuzeit: Vom Westfälischen Frieden bis zum Zweiten Weltkrieg* (Darmstadt: wbg, 2003), 57–65.

13 Vgl. Ute Planert, „Dichtung und Wahrheit: Der Mythos vom Befreiungskrieg und die Erfahrungswelt der Zeitgenossen", in *Völkerschlacht bei Leipzig: Verläufe, Folgen, Bedeutungen 1813 – 1913 – 2013*, Hg. Martin Hofbauer und Martin Rink (Berlin: De Gruyter Oldenbourg, 2016), 269–84 (aufgrund dies., *Der Mythos vom Befreiungskrieg: Frankreichs Kriege und der deutsche Süden: Alltag, Wahrnehmung, Deutung (1792–1841)* (Paderborn: Ferdinand Schöningh Verlag, 2007), 482–84, 620–22). Bärbel Sunderbrink, „Ein nationaler Volkskrieg gegen Napoleon? Erfahrungen aus den ‚befreiten' Westprovinzen Preußens 1813–1815", in *Von Breslau nach Leipzig: Wahrnehmung, Erinnerung und Deutung der antinapoleonischen Befreiungskriege*, Hg. Roland Gehrke (Köln: Böhlau Verlag, 2014), 101–13.

14 Vgl. Rüdiger Hachtmann, *Epochenschwelle zur Moderne: Einführung in die Revolution 1848/49* (Tübingen: edition diskord, 2002), 152–62.

te der Alterskohorte, benötigt wurden; Wohlhabende konnten die Wehrpflicht vermeiden. Ärmeren hingegen erschien eine Militärkarriere mit Befehlsgewalt attraktiv. Die Gedienten sahen ihre Militärzeit als Abenteuer, Kameradschaft, Zeit für Risiko und Befehlsmacht, im Rückblick oft verklärt. Damit und mit dem preußischen Sonder-Institut des Einjährig-Freiwilligen Dienstes drang militärischer Geist allmählich auch in bürgerliche Kreise ein; Zivilisten verwandelten sich in Soldaten, die militärische Sicht- und Verhaltensweisen internalisierten.[15]

Dies wirkte allmählich untergründig – und trat in der Revolution von 1848/49 zutage. Mit dem Umschwung Ende 1848 zeigten sich deutliche Anzeichen von Untertanengesinnung und militärischem Gehorsam bei vielen einfachen Menschen, besonders aus dem ländlichen, ostelbischen Preußen. Bis Mai 1849 wird eine deutliche Differenz zum größtenteils demokratisch-revolutionären Südwestdeutschland erkennbar. Preußens Bevölkerung nahm Ausnahmezustand und das Auseinanderjagen der preußischen Nationalversammlung hin, unter Pression, aber doch. Im Bürgertum zogen viele ein Arrangement mit dem monarchisch-militärischen Staat den Gefahren einer sozialen (Unterschichten-) Revolution vor. Es gelang nicht, reguläre Armeeeinheiten auf die Seite der demokratisch-linksliberalen Kräfte zu ziehen. Nicht nur wegen der Disziplinierung, dem Eid auf die Monarchen, Korpsgeist bzw. Kameradschaft blieben die Truppen regierungstreu. Positive Anreize wie die Versorgung ausgedienter Unteroffiziere in der Zivilverwaltung und einige Zugeständnisse wie zum Beispiel die Abschaffung der Prügelstrafe und vermehrte Fürsorge kamen hinzu. Propagandistisch galten Treue und Gehorsam als die preußischen Bürgertugenden, vaterländisch sei einzig die Loyalität zum Monarchen. Hingegen wurden Aufständische als „scheußliche Verräter im Dienste fremder Mächte" zum Feindbild stilisiert. Angesichts all' dessen gab es Einberufungsverweigerung und Verbrüderung mit den Revolutionären nur in einigen Landwehr-Einheiten; das Offizierskorps und die Liniensoldaten aus Altpreußen, die heimatfern an den Unruheherden dienten, blieben königstreu.[16] Die „einfältigen Leute glaubten, dass die ganze Welt zugrunde ginge, wenn keine solchen Herren von Gottes Gnaden existieren würden",[17] notierte der Schweizer Beobachter Johann Ulrich Furrer schon Mitte 1848 desillusioniert über weitverbreitete Treue

---

15 Vgl. Ute Frevert, *Die kasernierte Nation: Militärdienst und Zivilgesellschaft in Deutschland* (München: C. H. Beck, 2001), 41 (Freiwillige 1813/15), 48 (Sicht der Dienstzeit), 76–81, 121, 132 (verwandelte Zivilisten).

16 Vgl. Sabrina Müller, „Das preußische Heer in der Revolution von 1848/49: Die Armee als innenpolitischer Faktor", in Stübig, Baumgart und Kroener, *Die Preußische Armee*, 196–214 und Hachtmann, *Epochenschwelle*, 126–130.

17 Johann Ulrich Furrer, *Schweizerländli 1848: Das Tagebuch eines jungen Sternenbergers*, Hg. Judit und Peter Ganther-Argay (Stäfa: Rothenhäusler Verlag,1998), 24.

zur Monarchie in Berlin und Preußen. Das Militärverhältnis sei „eine allgemeine Basis für Patriotismus und Königstreue",[18] schrieb der Königsberger Polizeipräsident 1852.

1848/49 erwies sich das Militär als entscheidende Bastion der Monarchien. Der spätere König und damalige Berufsmilitär Wilhelm I. hatte schon 1832 gefordert:

> Die Disziplin, der blinde Gehorsam sind aber Dinge, die nur durch lange Gewohnheit erzeugt werden [...] und zu denen daher eine längere Dienstzeit gehört, damit im Augenblick der Gefahr der Monarch sicher auf die Truppe rechnen kann. Dieser blinde Gehorsam ist es aber gerade, was den Revolutionären am störendsten entgegentritt.[19]

In diesem Sinne betrieb Kriegsminister Albrecht von Roon die preußische Heeresreorganisation nebst Rückstufung der Landwehr. Dies wurde von der linksliberalen Landtagsmehrheit 1861/62 abgelehnt, aber: Das Militär an sich lehnten die bürgerlich Liberalen nun nicht mehr ab. Christian Jansen betonte jüngst, dass gute Teile davon in Preußen gerade wegen der 1848/49 nicht geschafften Nationalstaatsgründung eine Hochschätzung von Heer und Macht entwickelten.[20] „Nur wenn das <u>ganze</u> preußische Volk militärisch durchgebildet ist, wenn es <u>wirklich</u> ein Volk in Waffen ist", könne Preußen Deutschland einigen, schrieb der 1848er Demokrat Heinrich Simon 1860.[21] Realpolitisch denkende Liberale zogen Krieg zur Erringung eines Nationalstaats in Betracht.

Die Anerkennung des preußischen Königsheeres ab 1866 war unter vielen bürgerlichen Liberalen somit mental vorbereitet – das Prestige der Armee in der Gesellschaft gewaltig gehoben haben aber die Kriegssiege unter Bismarck und Moltke.[22] Ludwig Quidde publizierte 1893 eine sehr anschauliche „Anklageschrift" gegen den Militarismus von Staat und Bürgern;[23] ein anonymer Systemkritiker hielt es 1906 für „lächerlich, wenn ein Gelehrter, Industrieller, ein hoher Richter, ein Abgeordneter sich auf den ‚Sommerleutnant' mehr einbildet, als auf alles, was er sonst im Leben erreicht hat".[24] Friedrich Meinecke schließlich formulierte im

---

18 Zit. nach: Frevert, *Kasernierte Nation*, 124.
19 Zit. nach: Walter, *Heeresreformen*, 341.
20 Vgl. Christian Jansen, „Einleitung", in *Der Bürger als Soldat: Die Militarisierung europäischer Gesellschaften im langen 19. Jahrhundert: ein internationaler Vergleich*, Hg. ders. (Essen: Klartext, 2004), 9–23.
21 Zit. nach: ebd., 16.
22 Vgl. Pröve, *Militär, Staat und Gesellschaft*, 41–45.
23 Vgl. Ludwig Quidde, *Caligula: Schriften über Militarismus und Pazifismus*, Hg. Hans-Ulrich Wehler (Frankfurt a. M.: Syndikat, 1977), 81–130.
24 Anonymus, *Unser Kaiser und sein Volk: Deutsche Sorgen, von einem Schwarzseher* (Freiburg: Waetzel, 1906), 108.

Rückblick 1946 den vielzitierten Satz: „Der preußische Leutnant ging als junger Gott, der bürgerliche Reserveleutnant wenigstens als Halbgott durch die Welt."[25] Demgegenüber betont ein kulturgeschichtlicher Ansatz etwa von Frank Becker neuerdings die bürgerliche Wahrnehmung des Militärs als Synthese von eigenen und monarchisch-aristokratischen Anteilen. Das nationalliberale Bürgertum setzte sich durch den Rang als Reserveoffizier zugleich von den Unterschichten und den Minderheiten zumal im Osten ab; es arrangierte sich mit dem Hohenzollernreich, in dem es seine pekuniären Interessen gut aufgehoben sah.[26]

Die neuere Militärgeschichte hat zum Verhältnis von Militär und Zivilgesellschaft zunächst die Wehrpflicht als Sozialisations-Erfahrung betrachtet. Das preußische Modell weitgehender Erfassung wurde ab 1866/71 auch in Süddeutschland, wo das Bürgertum bisher militärfern gewesen war, durchgesetzt.[27] Nach zwölf Jahren Dienstzeit erwarben in Preußen speziell Unteroffiziere den Zivilversorgungsschein, d. h. die Übernahme in den Verwaltungsdienst, wo der erlernte Kommandoton weiter hallte. Die Armee wurde nun als „Schule der Nation" verklärt und sie war mehr denn je eine „Schule der Männlichkeit". Diese Militarisierung erfasste nicht alle, aber sie war massiv. Quellenfundiert ist speziell das lange gehegte Bild der Kriegsbegeisterung im August 1914 für Arbeiter und bäuerliche Bevölkerung infrage zu stellen, so dass die militaristische Indoktrination nicht durchgängig gewirkt zu haben scheint. Trotzdem: Schon Schulkindern wurde die Bewunderung des Militärs und seiner Verhaltensmuster nahegebracht (Schlachtenerzählungen, Kriegsspielzeug), öffentliche Anerkennung und die in Preußen gängige staatliche Prämierung von Militärdienst (Einjährig-Freiwilligen-Dienst bzw. Reserveoffizier) stärkten die Militärfreudigkeit. Im „Bund Jungdeutschland" unter Generalfeldmarschall Colmar von der Goltz organisierte man 1914 fast eine Million Jugendliche. Die Frage lautet nun: Wies das Kaiserreich einen höheren Grad sozialer Militarisierung auf als die französische Republik oder England. Und welchen Anteil hatte Preußen? Historiker haben mehrere Indikatoren untersucht.

Offenkundig ist, dass der Offiziersberuf nach 1866 an Prestige gewann; der Bürgeranteil am preußischen Offizierskorps betrug 46 % 1817–19, 35 % 1860 und stieg etwa auf 70 % im Jahr 1913. Bürgersöhne erstrebten den Beruf, der Aufnah-

---

25 Zit. nach: Hartmut John, *Das Reserveoffizierkorps im Deutschen Kaiserreich 1890–1914: ein sozialgeschichtlicher Beitrag zur Untersuchung der gesellschaftlichen Militarisierung im Wilhelminischen Deutschland* (Frankfurt a. M.: Campus, 1981), 298.

26 Vgl. Frank Becker, *Bilder von Krieg und Nation: die Einigungskriege in der bürgerlichen Öffentlichkeit Deutschlands 1864–1913* (München: Oldenbourg Wissenschaftsverlag, 2001) und ders., „Die Einstellung der Bevölkerung zum Militär in den preußischen Westprovinzen von 1850 bis zum Vorabend des Ersten Weltkrieges", in *Forschungen zur brandenburgischen und preußischen Geschichte* 17, Heft 2 (2007): 251–64.

27 Vgl. Frevert, *Kasernierte Nation*, 140–42.

me in die staatsnahen Schichten versprach und Gleichwertigkeit mit dem Adel. Aber auch in anderen Ländern war die Armee bürgerlich dominiert, sogar deutlicher als in Preußen mit seinem starkem Adelsanteil im hohen Offizierskorps, so dass die Prozentzahlen von Bürgerlichen kaum den Vorwurf sozialer Militarisierung tragen.[28]

Als weiterer Indikator sind Duelle untersucht worden. Dass Bürgerliche dieses Ritual um verletzte Ehre, das dem Militär entstammte und anfänglich Adeligen vorbehalten war, zu Tausenden übernahmen, sei aussagekräftig; ein vormodern-irrationales Männlichkeitsideal habe bürgerliche, rationale Konfliktaustragung ersetzt. Indessen: Die Verteidigung der Ehre passte durchaus zum bürgerlichen Persönlichkeitsideal, wie viele Duelle von Studenten seit dem frühen 19. Jahrhundert erhellen. Besonders für Bildungsbürger machte Duellieren Sinn – gegen den geburtsständischen Eliteanspruch des Adels und den Vermögensvorrang des Wirtschaftsbürgertums; Gebildete konnten damit ihren nationalen Führungsanspruch bekräftigen. Zivile Werte wie Arbeit und Leistung gab das Bürgertum nicht auf. Aber es war keine pazifistische, selbstgenügsame Formation, sondern wollte Elite sein und pflegte ein auf Ehre ausgerichtetes Männlichkeitsideal. In ganz Europa verbreitete Duelle sind insofern ein gemeineuropäischer Indikator für bürgerliche Militarisierung.[29]

Neuerdings soll die Untersuchung von Kriegervereinen, Militärfeiern und nationalistischen Verbänden belegen, dass Militärfreudigkeit nicht bloß „von oben" verordnet wurde, sondern selbstständig motiviert aus der Mittel- und Unterschicht kam. Diese revisionistische Sicht erklärte den „Untertan in Uniform"[30] zum weit überzeichneten Bild von Karikaturen, den preußischen Militarismus zum politischen Kampfbegriff ohne sachliche Fundierung. Gegen die Interpretation der Kriegervereine mit 2,8 Millionen Mitgliedern 1913 als Symbol für Militarisierung wird eingewendet, dass diese primär auf finanzielle Verbesserung für Gediente zielten, die Mitglieder aus Mittel- und Unterschichten das konservative Weltbild der Vereinsführung nicht teilten, Vereine für Unterschichten gar ein „Ve-

---

28 Vgl. ebd., S. 210–12. Zum Offizierskorps faktenreich: Manfred Messerschmidt, „Das preußische Militärwesen", in *Vom Kaiserreich zum 20. Jahrhundert und Große Themen der Geschichte Preußens*, Bd. 3, *Handbuch der Preußischen Geschichte*, Hg. Wolfgang Neugebauer (Berlin/Boston: De Gruyter, 2001), 319–546, 417–19.

29 Kevin McAleer, *Dueling: The Cult of Honor in Fin-de-Siècle Germany* (Princeton: Princeton University Press, 1994); dazu als Kritik Ute Frevert, „Bürger, Duellanten und andere Kleinigkeiten: Über die enttäuschte Liebe eines Historikers – oder wie schreibt man das Drehbuch zum falschen Film?", *WerkstattGeschichte* 13 (1996): 82–89.

30 Vgl. Bernd Ulrich, Jakob Vogel und Benjamin Ziemann, Hg., *Untertan in Uniform: Militär und Militarismus im Kaiserreich 1871–1914* (Frankfurt a. M.: Fischer, 2001), 9–23.

hikel der Partizipation"[31] darstellten, da die Gleichrangigkeit mit Honoratioren eingefordert wurde.

Ähnlich revisionistisch wurde bezüglich Militärfeiern (Paraden, Jubiläen) in Deutschland und Frankreich von Jakob Vogel argumentiert, dass es sich um gesellige Spektakel gehandelt habe, um Folklore-Militarismus, der dies- wie jenseits des Rheins ähnlich ablief.[32] Jedoch standen bei den preußischen Inszenierungen Monarchen und Militär im Mittelpunkt, nicht die Nation; in Frankreich saßen das zivile Staatsoberhaupt und gewählte Parlamentarier auf der Ehrentribüne, in Deutschland primär Fürsten und Offiziere in Uniform. Diese divergenten Sinnbilder der politisch-sozialen Ordnung überwiegen meines Erachtens Ähnlichkeiten im Ablauf. Zudem konstatiert die vergleichende Untersuchung von Markus Ingenlath weniger Drill in Frankreich, die deutsche Armee deutlich stärker als affirmative Sozialisationsinstanz konzipiert und rezipiert. Deutschland habe mit Disziplinverschärfung und autoritären Erziehungsmitteln reagiert, Frankreich aber wegen seines republikanischen Selbstverständnisses, besonders nach dem (in Preußen ohne jüdische Offiziere gar nicht möglichen) Dreyfus-Prozess, mit Abbau von Hierarchien und dem Leitbild des bedingten Gehorsams (*discipline à condition*). Das französische Heer sei deutlicher eine Bürgerarmee gewesen.[33]

Gegen diese revisionistische Sicht ist generell mehrerlei einzuwenden. Schon die zeitgenössische Publizistik nicht nur der SPD, sondern auch polnischsprachiger Gedienter prangerten die monarchisch-konservative Zielrichtung der Kriegervereine bzw. der nationalistischen Verbände an. Diese wurden mit staatlicher Billigung von Beamten, (Reserve-)Offizieren oder Bildungsbürgern gegründet, geleitet und vielfach staatlich unterstützt; sie sollten stetig gegen sozialdemokratische oder linksliberale Militärskepsis wirken. Die regierungsamtliche Indienstnahme bellizistischer Verbände ist bei den Wahlen 1893 und 1907 sowie bei den Heeres-

---

31 Benjamin Ziemann, „Sozialmilitarismus und militärische Sozialisation im deutschen Kaiserreich 1870–1914", *Geschichte in Wissenschaft und Unterricht* 53 (2002): 148–64, 161.
32 Vgl. Jakob Vogel, *Nationen im Gleichschritt: Der Kult der „Nation in Waffen" in Deutschland und Frankreich, 1871–1914* (Göttingen: Vandenhoeck & Ruprecht, 1997), und ders., „Nations in Arms: Military and Commemorative Festivals in Germany and France 1871–1914", in *Festive Culture in Germany and Europe from the 16th to the 20th Century*, Hg. Karin Friedrich (Lewiston: The Edwin Mellen Press, 2000), 245–64, wo der unterschiedliche politische Kontext klar hervortritt.
33 Vgl. Markus Ingenlath, *Mentale Aufrüstung: Militarisierungstendenzen in Frankreich und Deutschland vor dem Ersten Weltkrieg* (Frankfurt a. M.: Campus, 1998), 388–94. Bedeutungsunterschiede zwischen Reich und französischer Republik bzw. parlamentarischen Monarchien (England, Italien) konstatiert auch Christoph Cornelißen, „Das politische Zeremoniell des Kaiserreichs im europäischen Vergleich", in *Das politische Zeremoniell im Deutschen Kaiserreich 1871–1918*, Hg. Andreas Biefang, Michael Epkenhans und Klaus Tenfelde (Düsseldorf: Droste Verlag, 2008), 433–50, 449.

und Flottenvermehrungen empirisch nachweisbar. Die Intentionen sind somit eindeutig. Da die Quellen-Beweise in zwei Jahrzehnten nicht vermehrt werden konnten, ist unverändert nicht plausibel, welche partizipatorisch-demokratisierenden Effekte der Eintritt in militaristisch-deutschnationale Organisationen gehabt haben soll. Im Effekt bedeuteten Kriegervereine die Stärkung von Chauvinismus und der Bereitschaft zum Krieg.[34]

Sicherlich ist im internationalen Vergleich generell eine zunehmende Militarisierung erkennbar; quantitativ schwächere Wehr-Organisationen gab es spät auch in England (*British Prussianism*) und Frankreich. Die deutschen nationalistischen Verbände visierten aber ihre Ziele rabiater an, Vorbild war der als Mann von „Blut und Eisen" verstandene Bismarck und ideologisch schlugen sozialdarwinistische Denkweisen tiefe Wurzeln. Die zentrale Differenz lag darin, dass die konservative preußisch-deutsche Reichsleitung stets auf das ihr grundsätzlich nahestehende rechte Lager Rücksicht nahm, ohne dass diese Verflechtung konfliktlos und bloß manipulativ von oben vor sich ging. Die Bedeutung der Verbände für die reale Staatspolitik blieb in den westeuropäischen parlamentarischen Systemen geringer, da die gewählten (liberalen) Regierungen auf breite gesellschaftliche Mehrheiten angewiesen waren.[35] Im Systemkontext des preußischen Kaiserreichs überzeugt die revisionistische Relativierung des gesellschaftlichen Militarismus, zuletzt von Christoph Nonn vorgetragen, nicht.[36]

Immerhin gesteht die revisionistische Sichtweise zu, dass der 1898 gegründete Flottenverein zwar auch viele kleinbürgerliche Mitglieder besaß, aber damit zugleich organisatorisches Sammelbecken für bellizistische Militarisierung und die expansive Idee maritimer Weltgeltung war. Lauthals trieb der Flottenverein Tirpitz' Idee des Schlachtflottenbaus gegen England auf die Spitze, und die Marinerüstung war ein wichtiges Feld für konservativ-rechtsliberale politische Koopera-

---

34 Zentrale Argumente bei Thomas Rohkrämer, *Der Militarismus der „kleinen Leute": Die Kriegervereine im deutschen Kaiserreich 1871–1914* (München: Oldenbourg Wissenschaftsverlag, 1990) und Wette, *Militarismus in Deutschland*, 48–79. Vgl. Benjamin Ziemann, „Militarism", in *The Ashgate Research Companion to Imperial Germany*, Hg. Matthew Jefferies (Farnham: Ashgate Publishing Limited, 2015), 367–82, 378–80, fordert neue Evidenz ein, Indiz geringer Begründungssicherheit des Revisionismus.
35 Zur systemischen Bedeutung der Verbände vgl. Hans-Peter Ullmann, *Interessenverbände in Deutschland* (Frankfurt a. M.: Suhrkamp 1988), 118–23 und Roger Chickering, *We Men Who Feel Most German: A Cultural Study of the Pan-German League 1886–1914* (Boston, MA: Allen & Unwin, 1984), 188–90, 302–03. Christoph Jahr, „British Prussianism: Überlegungen zu einem europäischen Militarismus im 19. und frühen 20. Jahrhundert", in *Militarismus in Deutschland 1871 bis 1945: Zeitgenössische Analysen und Kritik*, Hg. Wolfram Wette (Münster: LIT Verlag, 1999), 293–309, 309.
36 Vgl. Christoph Nonn, *12 Tage und ein halbes Jahrhundert: Eine Geschichte des Deutschen Kaiserreiches: 1871–1918* (München: C. H. Beck, 2020), 438–63.

tion ab 1898. Einen ähnlichen Marine-Aufbau betrieb man auch in den USA; dortige Berufsoffiziere propagierten ihn und sahen deutsche Kommandostrukturen als Vorbild an. Jedoch gab es in den USA zivile Kontrolle durch wechselnde Präsidenten, Minister und die Parteien im Kongress sowie in der politischen Kultur weniger Hochschätzung des Militärs. Der Vergleich mit den USA erhellt klar, dass spezifische Bedingungen Preußen-Deutschlands den Unterschied markierten, nämlich Prestige und Autonomie des Militärs im Rahmen einer verfassungsmäßig starken Monarchie, die auch zeitweilige Bestrebungen zur Beschränkung des Flottenbaus abwehren konnte.[37]

Es gab durchaus Gruppen, die Aufrüstung und Militarisierung stark oder zeitweise-punktuell kritisierten. Ansatzpunkte für Kritik waren Soldaten-Misshandlungen und Privilegien für den Adel, Diskriminierung von Juden und nicht rechtstaatliche Militärjustiz-Urteile, überlebte Parade-Manöver und Kavallerie-Attacken im Zeitalter des Maschinengewehrs. Linksliberale und die süddeutsche Demokratische Partei, Zentrumsteile und Regionalisten wie die Deutsch-Hannoversche Partei übten daran Kritik. Besonders die Sozialdemokratie betrachtete die Armee als teures Herrschaftsinstrument der oberen Klassen, prangerte den Drill der Rekruten an und kritisierte mangelnde Modernität und Kriegstüchtigkeit als „Dekorationsmilitarismus". Nur scheinbar ging diese Kritik mit dem ultranationalistischen Militarismus konform, der gleichfalls militärische Schlagkraft forderte, dabei jedoch das ungleich radikalere Ziel des aggressiven Losschlagens verfolgte. Mit der Stilisierung als Verteidigungskrieg gegen den „asiatischen Zarismus" schließlich gelang es Kanzler Bethmann Hollweg im Sommer 1914 die SPD zu täuschen und zur Zustimmung zu den Kriegskrediten zu bewegen.[38]

Im Kaiserreich existierte auch eine respektable Friedensbewegung, freilich schwächer als in England, Frankreich oder den USA. Sie besaß weniger Verbündete in den christlichen Amtskirchen, der Öffentlichkeit, bei den Parteien. Von der Rechten wurde sie als utopisch geschmäht; im Zentrum zeigte sich der sozialkatholische Flügel aufgeschlossen. Träger waren primär der Linksliberalismus und dort jüdische Persönlichkeiten. Die SPD blieb großenteils abseits, weil die Pazifisten nicht den Kapitalismus als wahre Ursache von Kriegen abschaffen wollten

---

37 Vgl. Dirk Bönker, *Militarism in a Global Age: Naval Ambitions in Germany and the United States before World War I* (Ithaca, NY: Cornell University Press, 2012), 176–99, 308. Zu Tirpitz und dem Schlachtflottenbau bis 1916 knapp, aber maßgeblich: Michael Epkenhans, *Tirpitz: Architect of the German High Seas Fleet* (Washington, D.C.: Potomac Books, 2008), 23–71.
38 Vgl. Bernhard Neff, *„Wir wollen keine Paradetruppe, wir wollen eine Kriegstruppe": Die reformorientierte Militärkritik der SPD unter Wilhelm II. 1890–1913* (Köln: SH-Verlag, 2004). Egmont Zechlin, „Bethmann Hollweg, Kriegsrisiko und SPD 1914", in *Krieg und Kriegsrisiko: Zur deutschen Politik im Ersten Weltkrieg: Aufsätze*, Hg. ders. (Düsseldorf: Droste Verlag, 1979), 64–94.

und ein harmonistisches Gesellschaftsbild hätten. Die Deutsche Friedensgesellschaft (10 000 Mitglieder) wurde aufgrund der Präsenz von Juden und Frauen antisemitisch und antifeministisch geschmäht, zudem als undeutsch wegen ihrer internationalen Kontakte. Als Russland bzw. die Westmächte 1899 bzw. 1907 zu den Haager Friedenskonferenzen über Kriegsrechtsregeln einluden, gab es in den Berliner Regierungskreisen weithin Ablehnung. Wilhelm II. schrieb, solche Konferenzen gäben „Demokraten und Opposition eine brilliante Waffe [...] zum agitieren" in die Hand; der deutsche Vertreter Karl von Stengel erklärte wie früher Generalfeldmarschall Moltke den ewigen Frieden zum bloßen Traum, der gar nicht wünschenswert sei.[39] Wie durchdrungen viele Professoren und Kulturschaffende vom Militarismus waren, belegt der „Aufruf der 93" 1914. Deutsche Kriegsschuld wurde bestritten, die Kriegsgegner bezichtigt, „Mongolen und Neger auf die weiße Rasse zu hetzen" und emphatisch formuliert: „Ohne den deutschen Militarismus wäre die deutsche Kultur längst vom Erdboden getilgt. Zu ihrem Schutze ist er aus ihr hervorgegangen [...]. Deutsches Heer und deutsches Volk sind eins."[40] Dagegen kamen wenige Pazifisten wie Albert Einstein, Friedrich Wilhelm Foerster, Ludwig Quidde oder Georg Friedrich Nicolai nicht an.

Im Verhältnis von Militär und Politik sind also deutliche preußische Spezifika zu erkennen. Soldaten wurden nicht auf die preußische Verfassung von 1850 oder die Reichsverfassung von 1871 vereidigt, sondern auf den Monarchen als Oberbefehlshaber; dieser besaß die extensiv ausgelegte Kommandogewalt. Die Armee war extra-konstitutionell, denn kein Parlament sprach über Generalstabsplanung, Strategie und Personalauswahl mit; der preußische Kriegsminister vertrat im Reichstag nur neue Finanzforderungen oder beantwortete Anfragen, aber ohne Parlamentsmehrheiten folgen zu müssen. Bismarck und Wilhelm I. stärkten die monarchische Kommandogewalt gegen parlamentarische Mitsprache als erstere in anderen europäischen Ländern in der Praxis schwächer wurde. Militärische und politische Leitung agierten unter Wilhelm II. langjährig separat nebeneinander. Die nötige Absprache über die Militärstrategie fand zwischen den Reichskanzlern und den Generalstabchefs Alfred von Schlieffen bzw. Moltke dem Jüngeren nicht statt, denn politischer Einspruch gegen deren Feldzugspläne wäre als

---

39 Vgl. Karl Holl, *Pazifismus in Deutschland* (Frankfurt a. M.: Suhrkamp, 1988), 84–94; Wolfrum, *Krieg und Frieden*, 91–93. Christof Mauch, „Pazifismus und politische Kultur: Die organisierte Friedensbewegung in den USA und Deutschland in vergleichender Perspektive 1900–1917", in *Zwei Wege in die Moderne: Aspekte der deutsch-amerikanischen Beziehungen 1900–1918*, Hg. Ragnhild Fiebig-von Hase und Jürgen Heideking (Trier: Wissenschaftlicher Verlag Trier, 1998), 261–92, 274–75.
40 Zum Aufruf der 93 online: „Der Aufruf der 93 ‚An die Kulturwelt!' (1914)", Themenportal Europäische Geschichte, 2006, https://www.europa.clio-online.de/quelle/id/q63-28308.

unbefugte Einmischung erschienen[41] – schon für Gerhard Ritter eine der „Unbegreiflichkeiten des wilhelminischen Reiches".[42] Der Schlieffen-Plan war hochriskant. Der Militärhistoriker Gerhard P. Groß resümiert dazu eindeutig:

> Die Alternative wäre gewesen, die Reichsleitung über die Aussichtslosigkeit eines Zweifrontenkrieges zu informieren und zu einer Änderung ihrer Außenpolitik zu bewegen. Doch dies entsprach nicht dem Selbstverständnis deutscher Generalstabsoffiziere und hätte ebenfalls die Position des Generalstabes sowie der Armee im Reichsgefüge infrage gestellt.[43]

Führende Generäle wie Colmar von der Goltz betrachteten einen „recht festen, frischen und fröhlichen" Krieg als „Segen" (1900); Generalstabschef Moltke formulierte im Dezember 1912 intern, er halte einen „Krieg für unvermeidlich und: je eher, desto besser."[44] Dabei vernachlässigten Preußens Militärs die unzureichende Ressourcenbasis, Kommunikation, Logistik, Motorisierung und glaubten, eiserner Siegeswille und Angriffsgeist könnten die Zweifrontenlage und die numerische Unterlegenheit aufwiegen. Verhängnisvoll wirkte in diesem Denken das „friderizianische Exempel" fort. Die institutionelle Sonderstellung des Militärs in Preußen kulminierte in der Quasi-Militärdiktatur der dritten Obersten Heeresleitung unter dem Generalfeldmarschall Paul von Hindenburg und dem Stabschef Erich Ludendorff 1917/18 als dem historischen Bindeglied zwischen der autoritären Herrschaft Bismarcks und der totalitären Hitlers. Bei den westlichen Kriegsgegnern ließen sich Regierungen und Parlamente nie derartig von Militärs entmachten und konnten im Kriegsverlauf strategisch klüger agieren.[45]

Diese Tradition wirkte noch in der Weimarer Republik fort, als sich die Reichswehr als überparteilicher „Staat im Staate" verstand, anti(sozial)demokratische Mentalität gepflegt wurde und Offiziere wie Kurt von Schleicher oder Werner von Blomberg beim Übergang von der liberalen Demokratie zu autoritären

---

41 Vgl. Christina Rathgeber und Hartwin Spenkuch, Hg., *Instrumente monarchischer Selbstregierung: Zivil-, Militär- und Marinekabinett in Preußen 1786–1918* (Paderborn: Brill Schöningh, 2023), 126–47.

42 Gerhard Ritter, *Die Hauptmächte Europas und das wilhelminische Reich: 1890–1914*, Bd. 2, *Staatskunst und Kriegshandwerk: Das Problem des „Militarismus" in Deutschland* (München: Oldenburg,1960), 254–55.

43 Gerhard P. Groß, *Mythos und Wirklichkeit: Geschichte des operativen Denkens im deutschen Heer von Moltke d. Ä. bis Heusinger* (Paderborn: Ferdinand Schöningh Verlag, 2012), 93–104, 104.

44 Zit. nach: Carl Alexander Krethlow, *Generalfeldmarschall Colmar Freiherr von der Goltz Pascha: Eine Biographie* (Paderborn: Ferdinand Schöningh Verlag, 2012), 390–92.

45 Vgl. Manfred Messerschmidt, „Das ‚friderizianische Exempel': Nachwirkungen Friedrichs II. in Preußen-Deutschland", in *Militarismus, Vernichtungskrieg, Geschichtspolitik: Zur deutschen Militär- und Rechtsgeschichte*, Hg. ders. (Paderborn: Ferdinand Schöningh Verlag, 2006), 23–42.

Kabinetten und dann zu Hitler wichtige Akteure im Umfeld Hindenburgs darstellten. Preußisch-konservativ sozialisierte, in der Republik politisch deutschnationale Militärs beförderten Hitlers Machtübernahme und Durchsetzung 1933/34.

John Zimmermann

Staat im Staate? – Reichswehrführung und Weimarer Republik

1 Einleitung

Die Weimarer Republik war eine „Demokratie ohne Demokraten", eine „Republik ohne Republikaner" – soweit ist sich die historische Forschung seit Jahrzehnten einig.[1] Dass Niederlage und Revolution sich einander nicht bedingten, wohl aber Folgen derselben verfehlten Politik lange vor dem Kriegsbeginn 1914 waren, dass also, wie Philipp Scheidemann es vom Fenster des Reichstages ausgerufen hatte, lediglich „das Alte und Morsche" zusammengestürzt war, konnte oder wollte die Mehrheit der Deutschen in der Nachkriegszeit nicht erkennen – zumal nicht angesichts des insbesondere von Nationalkonservativen so vermittelten „Schandfriedens von Versailles" oder der Lüge vom „Dolchstoß".[2]

Was diese Mehrheit zunächst vor allem einte, war die Furcht vor Zuständen wie im revolutionären Russland, dessen Gewaltszenarien durch einschlägige Medienberichte allgegenwärtig waren. Die deutschen Arbeiter- und Soldatenräte haben indes Großstädte zu erobern vermocht, nicht aber Herz und Verstand der dortigen Mehrheitsbevölkerung. Stattdessen fanden sich die Demokraten aus dem politischen Mitte-Links-Spektrum mit der Armeeführung im Ebert-Groener-Pakt im November 1918 zusammen, um so der deutschen Revolution Herr zu werden. In Friedrich Ebert sahen die Militärs das kleinere Übel und die einzige Option zum eigenen Machterhalt. In der Folge existierte seinerzeit durchaus ein mehrheitsgesellschaftlicher Konsens zum Einsatz der Streitkräfte im Inneren, doch der Preis dafür war in vielerlei Hinsicht ein hoher: Zum einen erkaufte sich die militärische Führung für ihre Kooperation eine Selbständigkeit, die sich mittel- und langfristig verheerend auswirkte, zum anderen setzte sich eine Praxis fort, die für die allgemeine Akzeptanz körperlicher Gewaltanwendung während der Republik durchaus prägend werden sollte.[3]

---

1 Siehe im Überblick Heinrich August Winkler, *Der lange Weg nach Westen: Deutsche Geschichte 1806–1933* (Bonn: Bundeszentrale für politische Bildung, 2002), 378–551.

2 Siehe z. B. Jost Dülffer und Gerd Krumeich, Hg., *Der verlorene Frieden: Politik und Kriegskultur nach 1918* (Essen: Klartext, 2002).

3 Zur Militärpolitik Groeners siehe Wilhelm Deist, „Die Aufrüstung der Wehrmacht", in *Ursachen und Voraussetzungen der deutschen Kriegspolitik*, Bd. 1, ders., Manfred Messerschmidt, Hans-Erich Volkmann und Wolfram Wette, *Das Deutsche Reich und der Zweite Weltkrieg*, Hg. Militärgeschichtliches Forschungsamt (Stuttgart: Deutsche Verlagsanstalt, 1979), 371–532, hier 382–387.

https://doi.org/10.1515/9783111305622-003

Tatsächlich war die Reichswehr das einzige Exekutivorgan der Republik, integrierte sich jedoch nur institutionell.[4] Für ihr Binnenleben verwendete die militärische Führung erhebliche Anstrengungen darauf, sich klar von Republik und Demokratie abzugrenzen. Diese „Antinomie von demokratischer und militärischer Ordnung", so Hans-Adolf Jacobsen, habe von Anfang an eines der Erschwernisse der Weimarer Republik dargestellt, unter deren Last sie sich schließlich den Verheißungen des nationalsozialistischen Regimes ergeben sollte.[5] In der allgemeinen Verwendung des Begriffes Antinomie – als Widerspruch der formalen Systeme Demokratie und Militär – mag man Jacobsen zustimmen. Verlässt man jedoch diesen engen Zuschnitt und analysiert „militärische Ordnung" nicht institutionell begrenzt, darf man wenigstens zweifeln, ob es sich bei der Reichswehr tatsächlich um einen „Staat im Staate" im Sinne einer Gegenwelt gehandelt hat. Denn auf nahezu allen relevanten Politikgebieten reüssierten bis zum Ende der Republik diejenigen, welche den Linien deutscher nationalstaatlicher Politik folgten, wie sie sich seit der Reichsgründung ausgebildet hatte.[6]

Gegenwelten bedürfen eines Bezugspunktes, gegen den sie sich abgrenzen. Dieser ist mit der konkreten Situation 1918 und der daraus entstehenden Republik für das Militär zunächst eindeutig zu fixieren. Allerdings darf dies getrost auch für die Mehrheit wenigstens in den deutschen Eliten behauptet werden – und ab Mitte der 1920er Jahre rückte die deutsche Gesellschaft insgesamt signifikant nach rechts. Es ist daher folgerichtig, nach der Schnittmenge zwischen der Lebensrealität der Mehrheitsgesellschaft und deren angeblicher militärischer Gegenwelt zu fragen. Angesichts der zeitgenössisch veritablen militaristischen Tendenzen erscheint es bei genauerer Betrachtung naheliegend, die Weimarer Republik an sich als institutionelle Gegenwelt anzusehen, als Gegenwelt nämlich zu den nach wie vor die zeitgenössische Lebenswelt beherrschenden Überzeugungen und Einstellungen der Bevölkerungsmehrheit. Und jene hatten recht wenig gemein mit dem, dessen ein funktionierendes republikanisches Staatswesen bedurfte.

---

4 Vgl. Jürgen Förster, *Die Wehrmacht im NS-Staat: Eine strukturgeschichtliche Analyse* (München: Oldenbourg Wissenschaftsverlag, 2007), 5.
5 Hans-Adolf Jacobsen, „Militär, Staat und Gesellschaft in der Weimarer Republik", in *Die Weimarer Republik: 1918–1933; Politik, Wirtschaft, Gesellschaft*, Hg. ders., Karl Dietrich Bracher und Manfred Funke (Bonn: Bundeszentrale für politische Bildung, 1988), 343–68, hier 361. Zur Reichswehr und der nationalsozialistischen Machtübernahme siehe Klaus-Jürgen Müller, *Das Heer und Hitler: Armee und nationalsozialistisches Regime 1933–1940* (Stuttgart: DVA, 1969), 35–87.
6 Siehe dazu auch Förster, *Die Wehrmacht im NS-Staat*, 3–4; Deist, „Die Aufrüstung der Wehrmacht", 371, sowie in der *longe durée* z. B. Johannes Hürter, „Kriegserfahrung als Schlüsselerlebnis? Der Erste Weltkrieg in der Biographie von Wehrmachtsgeneralen", in *Erster Weltkrieg – Zweiter Weltkrieg: Ein Vergleich; Krieg, Kriegserlebnis, Kriegserfahrung in Deutschland*, Hg. Bruno Thoß und Hans-Erich Volkmann (Paderborn: Ferdinand Schöningh Verlag, 2002), 759–71.

2 Reichswehr und Republik

Niederlage und Revolution stießen das Offizierkorps freilich in tiefe Depression.[7] Fixpunkte des eigenen Berufsverständnisses inklusive des gesellschaftlichen Prestiges schienen sich aufgelöst zu haben. Zehntausendfach wurde das soziale Kapital des Einzelnen zusätzlich durch den profanen Verlust des Arbeitsplatzes minimiert.[8] Zu retten, was zu retten war, ist in dieser Phase umfassend empfundener Bedrängnis daher eine zunächst nachvollziehbare Perspektive der militärischen Führung und fand im Pakt mit Ebert 1918 ihre Basis. Die dann 1919, respektive 1921 neu installierte Reichswehr erhielt auf dieser Basis aber nicht nur organisatorisch die alte Ordnung, sondern auch ihre Hoffnung auf die Wiederkehr vermeintlich besserer Zeiten. Bereits im Dezember 1918 gelangte eine Beratung von Generalstabsoffizieren in Berlin unter der Leitung von Generalleutnant Wilhelm Groener zu dem Schluss: „Niemand darf aufstecken; alle müssen fest zusammenstehen; die Oberste Heeresleitung muss unter allen Umständen ihre Arbeit fortsetzen, komme, was immer wolle, [...] früher oder später [...] werden wir die Macht wiedererlangen."[9] Noch in seinen 1957 veröffentlichten Lebenserinnerungen schrieb Groener dazu erstaunlich offen: „Wir [die Offiziere der OHL] hofften, durch unsere Tätigkeit einen Teil der Macht im neuen Staat an Heer und Offizierkorps zu bringen."[10]

Ihr handlungsleitendes Ziel postulierte der Chef des neu gebildeten Truppenamtes, Generalmajor Hans von Seeckt, in einem Erlass an seine Generalstabsoffiziere am 18. Oktober 1919 unzweideutig:

> Ruft erneut das Schicksal das deutsche Volk zu den Waffen – und unausbleiblich kommt einmal dieser Tag –, dann soll er kein Volk von Schwächlingen, sondern von Männern finden, die kraftvoll zur schnell vertrauten Waffe greifen. [...] Tun wir alles, was wir können, dass der Zukunftstag beide findet, arbeiten wir unermüdlich an der eigenen Wehrhaftmachung von Geist und Körper und an der der Volksgenossen.[11]

---

7 Siehe zu diesem Komplex noch immer grundlegend Müller, *Das Heer und Hitler*; Francis L. Carsten, *Reichswehr und Politik 1918–1933* (Berlin: Kiepenheuer & Witsch, 1964).

8 Vgl. Jörg Echternkamp, „Zwischen Selbstverteidigung und Friedenskampf – Der Erste Weltkrieg im Vergangenheitshorizont der Deutschen", in Thoß und Volkmann, *Erster Weltkrieg – Zweiter Weltkrieg*, 641–68, hier 642–43 und 646.

9 Zit. nach Klaus Weier, *Schreckliche Generäle: Zur Rolle deutscher Militärs 1919–1945* (Berlin: Militärverlag, 2012), 16.

10 Zitiert nach Wilhelm Groener, *Lebenserinnerungen: Jugend, Generalstab, Weltkrieg*, Hg. Friedrich Freiherr Hiller von Gaertringen (Göttingen: Vandenhoeck & Ruprecht, 1957), 467–68.

11 Zitiert nach Hans Meier-Welcker, Hg., *Offiziere im Bild von Dokumenten aus drei Jahrhunderten* (Stuttgart: DVA, 1964), Nr. 73.

Für die militärische Führung galt eine „Revanche" *ergo* als ausgemacht, fraglich war nur, wann und unter welchen Rahmenbedingungen. Dafür die Parameter zu optimieren, bildete die Richtschnur, während die Republik lediglich als eine Übergangsphase betrachtet wurde, mit der man sich arrangieren musste. So diente die Reichswehr zwar der Republik in der Umbruchs- und Konstituierungsphase, stellte mittels ihrer brutalen Gewaltpraxis und ideologischen Eindeutigkeit jedoch auch ihre Gefährlichkeit unter Beweis: Gegen Aufstands- und Putschversuche von links gingen ihre Soldaten mit brachialer Rücksichtslosigkeit vor, gegen solche von rechts verhielten sie sich bestenfalls neutral. „Reichswehr schießt nicht auf Reichswehr" ist dabei zwar kein historisch belegbares Zitat, wohl aber ein Motto, das die innere Befindlichkeit der Streitkräfte treffend beschreibt.[12] Der Erhalt der Eigenständigkeit war die oberste Maxime. „Politik dürfen nur wenige betreiben", so der „Vernunftrepublikaner"[13] Groener, „und diese zäh und verschwiegen", ansonsten aber müssten „[d]ie Offiziere [...] wieder gehorchen lernen und von der verflixten Politik die Finger lassen".[14]

Zupass kam der Reichswehrführung dabei die gesamtgesellschaftliche Ablehnung des Versailler Vertrages als ein ungerechtes Diktat der Sieger, das unbedingt revidiert werden müsse – Hans-Ulrich Wehler schrieb von „einem nahezu lückenlosen Konsens im ganzen Land".[15] Auch daran wirkten vormalige Soldaten freilich entscheidend mit, indem sie beispielsweise aus dem 1921 neu gegründeten Reichsarchiv heraus die eigenen Interpretationen der „Schlachten des Weltkrieges"[16] anboten und ihre Ziele keinesfalls verheimlichten: „Werden die Ketten von Versailles nicht freiwillig gelöst", so beispielsweise 1923 Hermann von Giehrl, Oberstleutnant a. D., im Schlusswort seiner Monografie zur Schlacht von Tannenberg, „dann wird sich das deutsche Volk seine Freiheit wieder zu erkämpfen wissen. 60

---

12 Siehe dazu beispielhaft den Brief General von Seeckts an den bayrischen Generalstaatskommissar Ritter von Kahr, 2.11.1923, BArch, Nachlass von Seeckt 108, Bl. 3–5.
13 Otto-Ernst Schüddekopf, *Das Heer und die Republik: Quellen zur Politik der Reichswehrführung 1918 bis 1933* (Frankfurt a. M.: Goedel, 1955), 237.
14 Zitiert nach Hagen Schulze, *Weimar: Deutschland 1917–1933* (München: Siedler & Bassermann, 2004), 110.
15 Hans-Ulrich Wehler, *Vom Beginn des Ersten Weltkrieges bis zur Gründung der beiden deutschen Staaten 1914–1949*, Bd. 4, *Deutsche Gesellschaftsgeschichte* (München: C. H. Beck, 2003), 408. Zur stimulierenden Relevanz von Kriegsniederlage und Versailler Vertrag allgemein in der deutschen Nachkriegsgesellschaft siehe Frank Reichherzer, *„Alles ist Front!" Wehrwissenschaften in Deutschland und die Bellifizierung der Gesellschaft vom Ersten Weltkrieg bis zum Kalten Krieg* (Paderborn: Ferdinand Schöningh Verlag, 2012), 67–76.
16 Siehe zu diesem Kontext grundlegend auch Markus Pöhlmann, *Kriegsgeschichte und Geschichtspolitik: Der Erste Weltkrieg. Die amtliche deutsche Militärgeschichtsschreibung 1914–1956* (Paderborn: Ferdinand Schöningh Verlag, 2002).

Millionen Paare arbeitskräftiger und arbeitswilliger Hände lassen sich durch 40 Millionen ruhebedürftiger Nachbarn auf die Dauer nicht in Fesseln schlagen."[17]

Die „Revision von Versailles" als das Schlagwort des politischen Diskurses erhielt seine Zugkraft gerade durch seine Schwammigkeit. Vor allem die Rechtsparteien und ihre Anhänger bedienten sich dieser Parole gegen die „Erfüllungspolitiker", wie Liberal- und Sozialdemokraten sowie einige gemäßigte Konservative verunglimpft worden sind.[18] Mit dem uniformierten Feldmarschall Hindenburg an der Spitze des Staates militarisierte sich dann auch das *Wording*: Nun verlangte man nach dem „Zerreißen der Fesseln von Versailles".

Die Suche der deutschen militärischen Führung nach Wegen aus der „Versailler Ordnung" basierte also auf keiner Außenseiterposition, sondern spiegelte die zentrale Forderung der absoluten Bevölkerungsmehrheit. Nicht zuletzt deswegen lässt sich kein entscheidender Druck auf die Armee feststellen, sich mit der demokratischen Staatsordnung identifizieren zu müssen. Die „Demokratie ohne Demokraten" kümmerte sich nicht um die inneren Verhältnisse ihrer Streitkräfte.[19]

3 Die Binnenverhältnisse in der Reichswehr

Diesen Freiraum nutzte die militärische Führung, um jene kohärent zu gestalten und die Reichswehr zu einem eigenständigen politischen Machtfaktor auszubilden, ohne dessen Zustimmung kein Regierungshandeln möglich war.[20] Wie dezidiert die Regierungen dadurch in Abhängigkeit gerieten, illustriert die berüchtigte Szene im Döberitzer Offizierkasino, in dem Reichskanzler Gustav Stresemann am 7. September 1923 Seeckt danach fragte, wo denn die Reichswehr eigentlich stünde, und dieser ihm antwortete: „Die Reichswehr steht hinter Ihnen, wenn der deutsche Kanzler deutsche Wege geht." Für deren Zuverlässigkeit könnte er nicht bürgen, wohl aber dafür, dass sie ihm – Seeckt – unbedingt gehorchte.[21]

---

17 Hermann von Giehrl, *Tannenberg* (Berlin: Mittler & Sohn, 1923), 91.
18 Vgl. Winkler, *Der lange Weg*, 398–403.
19 Vgl. Manfred Messerschmidt, *Militarismus, Vernichtungskrieg, Geschichtspolitik: Zur deutschen Militär- und Rechtsgeschichte* (Paderborn: Ferdinand Schöningh Verlag, 2006), 17–18; Weier, *Schreckliche Generäle*, 16–45.
20 Vgl. Messerschmidt, *Militarismus*, 63–72.
21 Zitiert nach Carsten, *Reichswehr*, 163. Dort auch zum Verhältnis zwischen Seeckt und Stresemann insgesamt; ebd., 183–192. Zu ähnlichen Aussagen Seeckts siehe Schüddekopf, *Das Heer*, 119.

Gerade im Krisenjahr 1923 zeigte sich solche Skrupellosigkeit ganz real.[22] Was „[d]ie Verwendung des Militärs im Innern" betraf, wandte Seeckt sich am 10. September an seine Kommandeure und erinnerte sie daran, man stünde

> vor der größten Krise, die das Reich bisher durchgemacht hat. Nur durch die unbedingte und rücksichtslose Aufrechterhaltung der Staatsautorität wird diese Krise überwunden werden können. [...] Die verantwortliche Entscheidung darüber, ob zur Ausführung des gegebenen Auftrages von der Waffe Gebrauch zu machen ist, und von welcher Waffe, liegt dem an Ort und Stelle befindlichen handelnden Militärbefehlshaber in jedem einzelnen Falle selbst ob. [...] Von geradezu verhängnisvoller Wirkung sind Direktiven wie: Nur im äußersten Notfall Waffe anwenden! Nach Möglichkeit nicht von der Schußwaffe Gebrauch machen! Derartige Weisungen bedeuten lediglich das vorsorgliche Abschieben der Verantwortung für etwaige Folgen des Waffengebrauchs. [...] Eine Gruppe, die schießt, löst die schwierigsten Aufgaben; ein Bataillon, das Gewehr bei Fuß steht, ist hilflos.[23]

Skrupellos und janusköpfig verhielt sich die Reichswehrführung aber nicht allein in der Innenpolitik: So scheute sie sich beispielsweise nicht, mit den innenpolitisch verdammten „Bolschewisten" außenpolitisch insgeheim zusammenzuarbeiten: Bereits 1920 hatte Seeckt die Kooperation mit der Roten Armee eingeleitet, die nach zögerlichen Anfängen unter dem Eindruck der Ruhrbesetzung durch französische und belgische Truppen erheblich intensiviert wurde.[24] So stellte die Reichsregierung höchstselbst – unter dem Zentrums-Kanzler Wilhelm Marx – dafür allein im Jahr 1924 100 Millionen Goldmark zur Verfügung.[25] Über Parteigrenzen hinweg fanden sich ausreichend Politiker, die bereit waren, Verstöße gegen den Versailler Vertrag mitzutragen, wenn sie ihnen im vermeintlich nationalen Interesse zu liegen schienen.

Dazu gehörten auch die Duldung und Unterstützung der „Schwarzen Reichswehr" oder der von Seeckt beauftragte Aufrüstungsplan, der bis 1925 als „Großer Plan" feststand und schließlich auch für die Aufrüstung nach 1933 als Blaupause

22 Zum Krisenjahr 1923 und der Rolle der Reichswehr siehe ausführlich Carsten, *Reichswehr*, 174–215.
23 Zitiert nach Heinz Hürten, Bearb., *Zwischen Revolution und Kapp-Putsch: Militär und Innenpolitik 1918–1920* (Düsseldorf: Droste Verlag, 1977), 69–70.
24 Vgl. Jacobsen, „Militär, Staat und Gesellschaft", 359–60; Deist, „Die Aufrüstung der Wehrmacht", 378–79, sowie grundsätzlich noch immer Manfred Zeidler, *Reichswehr und Rote Armee 1920–1933: Wege und Stationen einer ungewöhnlichen Zusammenarbeit* (München: Oldenbourg Wissenschaftsverlag, 1993) und Carsten, *Reichswehr*, 141–57, 253–59, 300–11.
25 Vgl. Winkler, *Der lange Weg*, 422–25, sowie weiterführend Dimitri Alexejewitsch Sobolew, *Deutsche Spuren in der sowjetischen Luftfahrtgeschichte: Die Teilnahme deutscher Firmen und Fachleute an der Luftfahrtentwicklung in der UdSSR* (Hamburg: Mittler, 2000) und Ian O. Johnson, *The Secret School of War: The Soviet-German Tank Academy at Kama* (Columbus, OH: Ohio State University, 2012).

genutzt wurde. Und kein Geringerer als Reichswehrminister Otto Geßler (DDP) verkündete 1928 offen vor dem Kabinett, die Reichswehr diene der Wehrmacht der Zukunft „gewissermaßen [als] Lehrbataillon".[26] Dazu gehört auch, dass sich nach dem Ausscheiden Seeckts 1926 die Verantwortung für die Reichswehr von der Heeresleitung weg hin zum Reichswehrminister verlagerte, der zunehmend enger mit dem Auswärtigen Amt zusammenarbeitete, wo militärische Gesichtspunkte entsprechenden Raum gewannen – was sich auch im kontinuierlichen Anwachsen des Wehretats in der zweiten Hälfte der 1920er Jahre abbildete.[27]

Mit Paul von Hindenburg als Reichspräsidenten ab 1925 erhielt die Reichswehr außerdem einen persönlichen Bezugspunkt in der politischen Landschaft, weil sie ihn als einen der ihren identifizierte.[28] Noch vor dem Internationalen Militärtribunal 1946 sagte Alfred Jodl aus, das Offizierkorps habe dessen Wahl „als das erste Kennzeichen [...] der Wiederbesinnung des deutschen Volkes" bewertet und begrüßt.[29] Auch außerhalb der Armee galt der greise Feldmarschall den Zeitgenossen freilich als „Ersatzkaiser".[30]

All dies entwickelte sich eben nicht nur im Hintergrund oder hinter verschlossenen Türen – und das musste es auch nicht: Trotz des im Weltkrieg erlebten Horrors erwies sich die Militäraffinität weiter Teile der deutschen Gesellschaft als nahezu ungebrochen.[31] So ist beispielsweise die „Wehrhaftmachung des Volkes" als Wunsch breiter Bevölkerungskreise auszumachen. In Form einer allseits geförderten Körperkultur postulierten ihn auch Wissenschaftler, literarische Zirkel, Clubs und Politiker unterschiedlicher Couleur.[32] Bei weiteren Themen wie

---

26 Vgl. Förster, *Die Wehrmacht im NS-Staat*, 11, Zitat: 14.
27 Vgl. Karl-Heinz Janßen, „Politische und militärische Zielvorstellungen", in *Die Wehrmacht: Mythos und Realität*, Hg. Rolf-Dieter Müller und Hans-Erich Volkmann (München: Oldenbourg Wissenschaftsverlag, 1999), 75–84, hier 76–77; Zeidler, *Reichswehr und Rote Armee*, 158.
28 Vgl. Schüddekopf, *Das Heer*, 211–12.
29 Aussage Alfred Jodl in Nürnberg 1946; zitiert nach International Military Tribunal, Hg. *Verhandlungsniederschriften: 29. Mai 1946–10. Juni 1946*, Bd. 15, *Der Prozess gegen die Hauptkriegsverbrecher vor dem Internationalen Militärgerichtshof: Nürnberg, 14. November 1945–1. Oktober 1946* (Nürnberg: Internationaler Militärgerichtshof Nürnberg, 1948), 313.
30 Theodor Eschenburg, „Die improvisierte Demokratie: Ein Beitrag zur Geschichte der Weimarer Republik", *Schweizer Beiträge zur Allgemeinen Geschichte* 9 (1951): 161–211, hier 199.
31 So schon Albrecht Lehmann, „Militär und Militanz zwischen den Weltkriegen", in *1918–1945: Die Weimarer Republik und die nationalsozialistische Diktatur*, Bd. V, *Handbuch der deutschen Bildungsgeschichte*, Hg. Dieter Langewiesche und Heinz-Elmar Tenroth (München: C. H. Beck, 1989), 407–29, hier 407.
32 Vgl. Michael Salewski, „Preußischer Militarismus – Realität oder Mythos? Gedanken zu einem Phantom", *Zeitschrift für Religions- und Geistesgeschichte* 53, Heft 1 (2001): 19–34, hier 32–33 sowie Jacobsen, „Militär, Staat und Gesellschaft", 360–61. Zur Quellengrundlage siehe Benno Hafeneger und Michael Fritz, Hg., *Jugendverbände und -bünde*, Bd. 2, *Wehrerziehung und Kriegsgedanke in*

dem „Wehrwillen" verhielt es sich ähnlich.[33] Verwiesen sei hier auf die exorbitante Zahl an Kriegervereinen und Wehrverbänden, an die bewaffneten Schutztruppen selbst der demokratischen Parteien oder schriftstellerische Bestseller wie Ernst Jüngers *In Stahlgewittern* und die zum Ende der 1920er Jahre zunehmende Menge an Kriegsbüchern und -filmen.[34]

Die zaghaften Versuche demokratischer Parteien, wenigstens jetzt noch Einfluss auf die Rekrutierung der Soldaten zu nehmen, wie 1926 durch die SPD und im Jahr darauf durch die DDP, ließen sich im Reichstag schon nicht mehr durchsetzen.[35] Dass eine Mehrheit 1925 glaubte, gerade in der Figur des militärischen „Helden" Hindenburg das adäquate Staatsoberhaupt für die Republik zu finden, verweist unzweideutig auf die valide Ausweitung der Schnittmenge der vermeintlichen militärischen „Gegenwelt" mit der hegemonialen Welt der Weimarer Staatlichkeit.

4 Die Reichswehr in der Republik

De iure wurden zwar bereits mit dem Gesetz zur Bildung der vorläufigen Reichswehr vom 6. März 1919 alle Institutionen der alten Armee aufgelöst, faktisch wollte man jedoch „an die Formen und das Wesen der alten Armee" anknüpfen, wie Seeckt *ex post* freimütig zugab.[36] Zwar schworen die Reichswehrsoldaten mit ihrer Eidesformel vom 14. August 1919 der Reichsverfassung die Treue, ihre am 2. März 1922 erlassenen „Berufspflichten" bezogen sich hingegen allein auf das Vaterland – obwohl Artikel 35 des Wehrgesetzes von 1921 festlegte, die Ausbildung

---

der Weimarer Republik: Ein Lesebuch zur Kriegsbegeisterung junger Männer (Frankfurt a. M.: Brandes & Apsel, 1992).

33 Siehe zu den Kontexten Wehrhaftmachung und Wehrwillen z. B. Reichherzer, *„Alles ist Front!"*, 115–20.

34 Vgl. Wolfram Wette, „Ideologien, Propaganda und Innenpolitik als Voraussetzungen der Kriegspolitik des Dritten Reiches", in Deist, Messerschmidt, Volkmann und ders., *Ursachen und Voraussetzungen*, 25–173, hier 94–99; Klaus Latzel, *Vom Sterben im Krieg: Wandlungen in der Einstellung zum Soldatentod vom Siebenjährigen Krieg bis zum II. Weltkrieg* (Warendorf: Fahlbusch, 1988), 80–83.

35 Vgl. Jacobsen, „Militär, Staat und Gesellschaft", 355. Zum Antrag des Reichstagspräsidenten Paul Löbe (SPD) im Wortlaut siehe Schüddekopf, *Das Heer*, 217–18.

36 Hans von Seeckt, *Die Reichswehr* (Leipzig: Kittler, 1933), 15. Zu entsprechenden Beispielen siehe Jürgen Bertram, Bearb., *Die Bildung des Offiziers: Dokumente aus vier Jahrhunderten* (Bonn: Bundesministerium der Verteidigung, 1969) sowie Rainer Wohlfeil, „Reichswehr und Republik: (1918–1933)", in Handbuch zur deutschen Militärgeschichte 1648–1939, Bd. 3, Abschnitt 6, Hg. Militärgeschichtliches Forschungsamt (Frankfurt a. M.: Bernard & Graefe, 1969), 1–306.

des Soldaten solle „ihre staatsbürgerlichen und völkerrechtlichen Verpflichtungen im Kriege und Frieden" beinhalten.[37] Dass der Eidbruch unter den Soldaten der Weimarer Republik fürderhin beinahe zur Selbstverständlichkeit gehörte, überrascht also kaum. Seine Höhepunkte erlebte er bei den Putschversuchen von rechts, weil man sie lediglich als Bedrohung der Republik, nicht aber des Reiches begriff.[38] Bestenfalls nach außen bejahten die Soldaten in der Regel Demokratie und Republik, innerlich hielten sie an anerzogenen Werten fest – was nicht zuletzt an der Personalauslese lag: Von den etwa 34 000 Offizieren der Weltkriegsarmee durften laut den Bestimmungen des Versailler Vertrages nur 4 000 im Heer und 1500 bei der Marine übrigbleiben. Man brauchte also nur diejenigen übernehmen, die man haben wollte.[39]

Und weil auch in der Folge die Rekrutierung weitgehend den Regimentskommandeuren oblag, herrschte – ähnlich den sogenannten Eliten in Wirtschaft und Beamtenapparat – personelle und ideelle Kontinuität:[40] 1927 waren die Väter von über 49 % der Offiziere selbst aktive oder ehemalige Offiziere, auf den Plätzen folgen Beamte, Professoren, Rechtsanwälte, Geistliche und Ärzte; zusammengerechnet entstammten also etwa 85 % aus diesen Berufsgruppen[41] – auch dies im Übrigen ein mehr als deutlicher Hinweis, dass die Behauptung einer militärischen Gegenwelt für sich alleine ein mehr als fragiles Konstrukt ist.[42]

Allein die Offizieranwärter erhielten eine qualitativ hochwertigere Ausbildung an den sogenannten Waffen-Schulen der Reichswehr. Von den 23 Wochenstunden „wissenschaftlichen Unterrichts" entfielen dabei lediglich zwei auf „Bürgerkunde".[43] Weil das Gros des Reichswehrersatzes aus ländlichen Kreisen stammte und die Mehrzahl gerade der Unteroffiziere und Mannschaften kaum Interesse an politischen Tagesfragen zeigte, wirkte sich dieser Mangel umso dramatischer aus.[44] Entlarvend offen schrieb beispielsweise ein Major 1926 seinem früheren Vorgesetzten Seeckt, „wir mittleren und der Nachwuchs" seien „noch so

---

37 Förster, *Die Wehrmacht im NS-Staat*, 6–7. Dass davon in der Realität nichts stattfand, berichteten etliche Zeitzeugen; siehe z. B. Ulrich de Maizière, *In der Pflicht: Lebensbericht eines deutschen Soldaten im 20. Jahrhundert* (Herford, Bonn: Mittler, 1989), 32.
38 Vgl. Gerhard L. Weinberg, „Rollen- und Selbstverständnis der Wehrmacht im NS-Staat", in Müller und Volkmann, *Die Wehrmacht*, 66–74, hier 67.
39 Vgl. Meier-Welcker, *Offiziere im Bild*, 86–87.
40 Vgl. ebd., 87–88; Jacobsen, „Militär, Staat und Gesellschaft", 355. Zur detaillierten Zusammensetzung siehe Detlef Bald, *Der deutsche Offizier: Sozial- und Bildungsgeschichte des deutschen Offiziers im 20. Jahrhundert* (München: Bernard & Graefe, 1982).
41 Vgl. Carsten, *Reichswehr*, 235.
42 Vgl. Messerschmidt, *Militarismus*, 63–72.
43 Jacobsen, „Militär, Staat und Gesellschaft", 365–66.
44 Vgl. Carsten, *Reichswehr*, 134 und 279.

deutsch erzogen, dass wir uns nicht um Parteien kümmern".[45] „Deutsch" meinte in diesem Kontext eben nicht Republik und Parlamentarismus, eben nicht Schwarz-Rot-Gold, sondern nach wie vor Schwarz-Weiß-Rot.[46] Dass dieses Phänomen eine Konsequenz der in die Reichswehr transformierten Ausbildung und Erziehung gewesen ist, erklärte Ulrich de Maizière, in den 1930er Jahren zum Offizier ausgebildet und von 1966 bis 1972 Generalinspekteur der Bundeswehr in seinen 1989 erschienenen Memoiren:

> Die politische Entwicklung jener Zeit ging an uns vorbei. Zeitungen lasen wir kaum. Im Offiziersheim wurde über Politik nicht gesprochen. [...] Generaloberst Hans von Seeckt hatte die Armee bewusst zur politischen Abstinenz erzogen. Zwar band der Eid die Soldaten an die Reichsverfassung von 1919, aber ihr Dienst galt dem Begriff des ‚Reichs', repräsentiert in erster Linie durch den Reichspräsidenten, den greisen Generalfeldmarschall von Hindenburg, der ja auch Oberster Befehlshaber war. Die Parteien und ihre Ziele interessierten uns nicht.[47]

Gleichwohl, so führte er weiter aus, „hofften [wir] auf eine Belebung des nationalen Denkens und auf eine Überwindung der diskriminierenden Kriegsfolgen."[48]

5 Schluss

Der Übergang der Reichswehr von der Republik zur Diktatur funktionierte nach 1933 so reibungslos, weil den Streitkräften bis in die Vorschriften und Ausbildungsrichtlinien hinein eine über die Regierungsform hinausweisende Rolle zugeschrieben worden war – „für einen abstrakten Machtstaat [...], der hoch über den Parteien, über dem beklagten Pluralismus der Weimarer Republik schwebend gedacht wurde" – wie es der gerade verstorbene Manfred Messerschmidt auf den Punkt brachte. Darin waren sich die führenden Militärs allerdings sehr einig mit den Eliten in Wirtschaft, Justiz und Beamtentum bis hin zu den Universitäten.[49]

---

45 Major Köstring an Seeckt, 30. November 1926, zitiert nach Carsten, *Reichswehr*, 281.
46 Über ihre gesamte Existenz hinweg liegen Meldungen vor, dass es immer wieder zu Verweigerungen gegenüber den republikanischen Farben in den Streitkräften gab; vgl. Carsten, *Reichswehr*, 128–33 und 284.
47 Maizière, *In der Pflicht*, 26.
48 Ebd., 31.
49 Vgl. Messerschmidt, *Militarismus*, 345–46, Zitat 346, sowie grundsätzlich Hermann Beck, *The Fateful Alliance: German Conservatism and Nazis in 1933: The Machtergreifung in a New Light* (New York: Berghahn Books, 2008).

Einen Beleg dafür bietet das Verhalten Seeckts im Krisenjahr 1923, als er die kurzfristig inne gehabte Regierungsgewalt nicht aus Loyalität zur Republik zurückgab, sondern im Gegenteil aus langfristigen machtpolitischen Überlegungen. In seinem damit verbundenen Erlass vom 1. März 1924 über die Aufhebung des militärischen Ausnahmezustandes und die Bedeutung der Reichswehr als staatserhaltende überparteiliche Kraft führte er aus:

> Ich bin aber der Ansicht, dass die Reichswehr dabei keine Alltagsarbeit leisten soll, sondern für außerordentliche Zeiten und Aufgaben unverbraucht und aktionsfähig erhalten bleiben muss. Deshalb wird der Reichswehr das jetzige Herausnehmen aus der Politik und die ausschließliche Beschäftigung mit militärischen Aufgaben in der nächsten Zeit besonders guttun. Ich bitte die Herren Kommandeure, in diesem Sinne an der Festigung der Truppe zu arbeiten, damit die Reichswehr das überparteiliche, nur dem Vaterland dienende scharfe Instrument bleibt.[50]

In der Reichswehr, aber eben auch in weiten Teilen der deutschen Gesellschaft arrangierte man sich mit der Republik und spekulierte auf die Rückkehr vermeintlich besserer Zeiten. Verpflichtet sah man sich alleine einer althergebrachten Vorstellung vom Reich. Mit welcher politischen Rigidität diese abstrakte Staatsidee von der militärischen Führung wahrgenommen worden ist, formulierte einmal mehr Seeckt: „Das Heer dient dem Staat; nur dem Staat. Denn es ist der Staat."[51] Die damit fixierte Gleichsetzung von Staat und Reichswehr verankerte den Mythos vom Reich derart, dass er hernach zur „wichtigsten Brücke zwischen Hitler und großen Teilen des gebildeten Deutschland" werden konnte, wie es Heinrich August Winkler formulierte.[52]

Das jedoch konnte wiederum nur deswegen vergleichsweise rasch und reibungsarm verlaufen, weil auch das Staatsvolk seit der Stabilisierungsphase der Republik ab Mitte der 1920er Jahre mehrheitlich weit nach rechts rückte. Gemessen an den tatsächlichen Einstellungen und Überzeugungen ihrer Mehrheitsbevölkerung verkam dabei die Demokratie der Weimarer Republik zur eigentlichen Gegenwelt.

---

50 Heeres-Verordnungsblatt, 6. Jg., Nr. 9, Berlin 1924, zitiert nach Meier-Welcker, *Offiziere im Bild*, 90.
51 Zitiert nach Jacobsen, „Militär, Staat und Gesellschaft", 358. Siehe zur Gleichsetzung von Staat und Republik in der Ära Seeckt auch Rainer Wohlfeil, „Reichswehr und Republik", 136.
52 Winkler, *Der lange Weg*, 554.

Heiger Ostertag
Die Kadettenanstalt als Ort der militärischen Prägung und Bildung im Kaiserreich 1871–1918

Im kaiserlichen Deutschland war die Kadettenanstalt der zentrale Ort der militärischen Erziehung und Wertebildung. In Preußen ging das Kadettenkorps auf den Großen Kurfürsten Friedrich Wilhelm (1620–1688) zurück, seine Gründung erfolgte 1688.

Ab 1871 bestanden neben der Hauptkadettenanstalt (seit August 1878 in Groß-Lichterfelde) acht Voranstalten mit den Klassen Sexta bis Obertertia für die sogenannten Zöglinge im Alter von 10 bis 15 Jahren. Die Hauptkadettenanstalt beinhaltete die Klassen Untersekunda bis Oberprima und Selekta und war in zehn Kompanien zu je 100 Kadetten gegliedert. Preußen gab hier einen Standard vor.

Das sächsische Kadettenkorps war 1691 gegründet worden. 1867 wurde es nach preußischem Muster umgestaltet. Dienstablauf und Dienstplan entsprachen dem preußischen System. Das bayerische Kadettenkorps begann seine Tätigkeit am 1. Juli 1756. In Württemberg galten seit der Militärkonvention von 1870 in der Ausbildung die preußischen Vorschriften.

Der Lehrplan der Kadettenanstalten entsprach in Preußen, Bayern und Sachsen im Wesentlichen dem des Realgymnasiums, mit militärfachlich bedingten Änderungen. Voraussetzungen für den Eintritt bzw. die Aufnahme in das Kadettenkorps waren das Bestehen einer Eingangsprüfung, Diensttauglichkeit und die rechte Herkunft. Bis etwa 1800 war das Kadettenkorps in Preußen ausschließlich dem Adel vorbehalten gewesen. Nach den Einigungskriegen erhöhte sich ab 1871 allmählich der bürgerliche Anteil, dennoch blieb das Kadettenkorps in Preußen bis in die 1890er Jahre eine überwiegend adlige Domäne.[1] In Bayern dagegen war man stets mehr bestrebt gewesen, den Offiziersersatz aus den gehobenen Schichten des Bürgertums zu holen, 99 % der Offiziersaspiranten kamen aus der sogenannten staatstragenden Bürgerschicht. Die Aufnahmebedingungen von 1899 verlangten eine gute (eheliche) Herkunft, eine ebensolche Erziehung, körperliche Reife und „wissenschaftliche" Vorkenntnisse.

---

1 Zur Adelsquote im Offizierkorps vgl. Heiger Ostertag, *Bildung, Ausbildung und Erziehung des Offizierkorps im deutschen Kaiserreich 1871 bis 1918: Eliteideal, Anspruch und Wirklichkeit* (Frankfurt a. M.: Peter Lang, 1990), 50–52.

https://doi.org/10.1515/9783111305622-004

Die Kadettenanstalt in der Armee bot vielen ärmeren Offizieren und Adligen die einzige Möglichkeit, ihren Kindern ein Minimum an Bildung zu vermitteln. Neben den Freistelleninhabern strömten Bürgersöhne in das Korps, einerseits lockte das Ansehen der Armee, zum anderen war es für den einen oder anderen Knaben die einzige Chance, etwas zu lernen. Zur Aufnahme in die Sexta hatte der Kandidat ein leichtes Diktat ohne schwere Fehler zu bestehen; die Grundrechenarten mussten beherrscht werden. Für den Eintritt in die Klassen bis zur Tertia war das Pensum der niederen Klassen zugrundegelegt, insgesamt schien es schwierig, bei der Aufnahmeprüfung durchzufallen.

War der Kadett angenommen, so erfasste ihn ab dem ersten Tage ein System der strikten Reglementierung und Kontrolle. Ob in einem preußischen Kadettenhaus, ob in Bayern oder in Sachsen; die Grundregel der militärischen Erziehung lautete: „Gewöhnung der Zöglinge an unbedingten Gehorsam, an die militärischen Verhältnisse."[2] Um diese Ziele zu erreichen, gab es zunächst eine feste äußere Lebenseinteilung. Der Tag begann um 6:00 Uhr morgens, teilweise früher, Wecken war bereits um 5:30 Uhr. Direkt nach dem Frühstück folgte die Arbeitsstunde mit Antreten und Meldung (6:45 Uhr). Um 7:35 Uhr marschierten die Kadetten zur Anzugskontrolle auf den Stellplatz der Kompagnie und dann zum Morgengebet. Um 8:00 Uhr begann der Unterricht, jeweils bis 11:00, 11:45 oder 12:00 Uhr je nach Anstalt bzw. Wochentag. Um 10:00 Uhr gab es das zweite Frühstück. Von 11:45 bis 12:45 Uhr wurde geturnt und exerziert. Um 13:00 Uhr war Mittag. Von 15:00 bis 17:00 Uhr folgten Exerzieren, Felddienstübungen, Schießen oder Reiten und Ausmarschieren. Um 17:00 Uhr war Vesper, von 17:30 bis 19:15 Uhr die Arbeitsstunde oder Exerzieren, Turnen / Fechten / Baden. Um 19:30 Uhr wurde das Abendessen „serviert". Ab 20:00 bis 20:30 Uhr war Putz- und Flickstunde. Dann gab es eine halbe Stunde Freizeit, für die jüngeren Kadetten war um 21:00 Uhr Zapfenstreich, ab der Obersekunda um 22:00 Uhr.

Der Speiseplan sah auf den ersten Blick reichhaltig aus:[3] Suppe (an Sonntagen Milch oder Kaffee) zum 1. Frühstück belegte Butterbrötchen, 2. Frühstück. Suppe, Gemüse und Fleisch (2x in der Woche Braten) zum Mittag. Zur Vesper ein Brötchen und zum Abendbrot Suppe und ein Gericht. Vielen Biografien ehemaliger Kadetten zufolge, war die Speisezuteilung jedoch informell geregelt; das heißt je nach Rangordnung in der Gruppe bekam einer wenig oder gar nichts. General

---

2 Friedrich Teicher, *Das Königlich Bayerische Kadetten-Corps von der Gründung bis zur Gegenwart* (München: Theodor Ackermann, 1889), 49.

3 Vgl. Bernhard von Poten, *Allgemeine Übersicht, Baden, Bayern, Braunschweig, Colmar*, Bd. 1, *Geschichte des Militär-, Erziehungs- und Bildungswesens in den Landen deutscher Zunge* (Berlin: A. Hofmann & Company, 1889), 343.

Paul von Lettow-Vorbeck spricht vom dauernden Hunger der jungen Kadetten; verwöhnt wurde man sicher nicht.[4]

Nach dem Eintritt ins Korps erfasste der Sozialisierungsprozess den jungen Menschen in voller Härte. Zunächst musste jeder Kadett seine Zivilkleidung abgeben und eine meist mehrfach getragene Uniform empfangen, deren Kleidergröße oft im Missverhältnis zur Körpergröße des Kadetten stand. Jeder Tagesabschnitt war eingeteilt, ein wahres Zwangskorsett wurde geschaffen. Ein ausgeklügeltes System von Strafen und Privilegien ergänzte und verstärkte die Erziehung im Sinne einer Konditionierung; Ziel war das vollkommene Militärwesen. Strafarten gab es jede Menge: Strafmeldungen, Versagung der Rechte einer Zensurklasse, Verweise, Strafarbeitsstunden, Urlaubsversagung auf längere Zeit bzw. an Sonn-, Feier- und Festtagen, Entzug von Nahrung, Korpsarrest, Zurückstufung, Suspendierung von einer Charge, Degradierung, körperliche Züchtigung und als letztes Mittel die Entlassung aus dem Kadettenkorps. Dazu trat die Einteilung in Jahrgangs-, Leistungs- und Sittenklassen.

Jeder neu angekommene Kadett wurde in die dritte Sittenklasse eingereiht, bei Bewährung erfolgte der Aufstieg in die nächsthöhere. Verfehlungen kleinster Art führten in die niedere, die vierte oder gar fünfte Sittenklasse. Ein Aufstieg war die Voraussetzung zur Beförderung. Derartige Sanktionsmechanismen, der Drill, die harte körperliche Inanspruchnahme, der Druck und die Gewalt zielten auf den Verlust der persönlichen Autonomie. Nie war man allein, stets in Sicht- oder Hörweite anderer Personen, selbst der WC-Bereich kannte keine Türen. Ankommende Post wurde kontrolliert, die Vorgesetzten waren berechtigt, den Inhalt zu überprüfen und notfalls den Brief einzubehalten.

Zu der militärischen Gewalt trat die Macht der informellen Gruppe, der Stubengemeinschaft, des Stubenältesten etc. Es bestand eine feste Rangordnung, der Neuling, der „Frischling"[5] war unterster Diener, Letzter beim Essen und wurde kräftig terrorisiert. Über den „Schnappsack" und „Brotsack" stieg man endlich im dritten Jahr zum „alten Kadetten" auf und konnte jetzt selbst alle erlittenen Schmerzen nach unten weitergeben.

Die Biografien früherer Zöglinge der Kadettenanstalten legen ein beredtes Zeugnis von den dortigen Zuständen ab. Sicher wird der eine oder andere später seine Kadettenzeit im verklärten Licht gesehen haben, doch im Eigentlichen dominiert der Schrecken. Ganz problemlos schreibt der Reichspräsident Paul von Hin-

---

4 Vgl. Paul von Lettow-Vorbeck, *Mein Leben*, Hg. Ursula von Lettow-Vorbeck (Biberach an der Riss: Koehlers, 1957), 30; Colmar Freiherr von der Goltz, *Denkwürdigkeiten*, Hg. Friedrich von der Goltz und Wolfgang Foerster (Berlin: Mittler & Sohn, 1929), 22.
5 Vgl. Goltz, *Denkwürdigkeiten*, 23; Friedrich-Wilhelm Isenburg, *Kadettenleben: Erinnerungen an meine Jugendjahre am Grossen Plöner See* (Hamburg: Meteor-Verlag, 1958), 9.

denburg in seinen Lebenserinnerungen, dass es im Kadettenkorps „bewußt und gewollt"[6] rauh zugegangen sei, dies aber für die Entwicklung der Persönlichkeit nicht schädlich gewesen wäre, eher das Gegenteil. Dieser Topos zieht sich durch einige Biografien. Erich von Manstein fand den Schliff als solchen „nicht angenehm", meinte aber, dieser habe „den normalen Jungens nicht geschadet."[7] Ähnlich Heinz Guderian in seinem Urteil über die Erziehung als „sicher militärisch streng und einfach."[8] Colmar von der Goltz urteilt: „Es ist keine Frage, daß im Leben des Kadettenkorps ein kräftiger, männlicher Zug wehte, der nichts Schwächliches, Faules und Heuchlerisches duldete, und er hat viel Segen gestiftet."[9]

Die ganze Erziehung war strenger, ohne Angst vor körperlicher Züchtigung, die nach neusten pädagogischen Entdeckungen das Ehrgefühl untergraben soll, während man einen echten Jungen früher durch die Hautnerven begreiflich machte, was eine schimpfliche oder feige Handlung sei.[10]

Kurz, das Kadettenkorps machte einen „erst zu einem brauchbaren Menschen",[11] wenn man die physische und psychische Gewalt ungebrochen überlebte. Wer sich auflehnte, wurde erbarmungslos durch die älteren Kadetten in die rechte Form geprügelt. Leopold von Wiese spricht in seinen Erinnerungen diese Brutalität an, jedes Individualitätsgefühl wurde durch den Gruppenzwang regelrecht zerfetzt.[12] Sicher waren viele Kadetten von Kindheit an eine harte, straffe Erziehung im besten militärischen Sinne gewöhnt. Wilhelm Groener erwähnt in seinen Lebenserinnerungen, er habe „barbarische Prügel bezogen", weil er angeblich gelogen habe.[13] Von Schlägen in der Kindheit berichten auch von der Goltz, Hugo von Abercron, August von Mackensen und Ernst von Salomon.[14]

Als wichtige Grundlage der Erziehung galten die Gottesfurcht, Wahrheitsliebe und innere sowie äußere Sauberkeit. In Verbindung mit der Selbstregierung der Schüler galt das Ziel, „Männer mit hellem Blick, festem Tritt und frohem Mute"

---

6 *Görlitz, Walter. Hindenburg. Ein Lebensbild* (Bonn: Athenäum, 1953), 24.
7 Erich von Manstein, *Aus einem Soldatenleben: 1887–1939* (Bonn: Athenäum-Verlag,1958), 12.
8 Heinz Guderian, *Erinnerungen eines Soldaten* (Heidelberg: Vowinckel, 1951), 11.
9 Goltz, *Denkwürdigkeiten*, 26.
10 Ernst Alexander Clausen, *Stillgestanden! Ein Wort an das deutsche Offizier-Corps und ein Beitrag zu dessen Entwickelung während der letzten dreissig Jahre* (Eisenach: Thüringer Verlags-Anstalt, 1903), 13.
11 Guderian, *Erinnerungen*, 11.
12 Vgl. Leopold von Wiese, *Kadettenjahre*, Neuausgabe (Ebenhausen bei München: Langewiesche-Brandt, 1978), 79.
13 Wilhelm Groener, *Lebenserinnerungen: Jugend, Generalstab, Weltkrieg*, Hg. Friedrich Freiherr Hiller von Gaertringen (Göttingen: Vandenhoeck & Ruprecht, 1957), 32; Nachlass Groener, BA/MA N46/1, Lebenserinnerungen, 5.
14 Vgl. Wolfgang Foerster, Hg., *Mackensen: Briefe und Aufzeichnungen des Generalfeldmarschalls aus Krieg und Frieden* (Leipzig: Bibliographisches Institut, 1938), 10.

außerhalb der „Gelehrtenkaserne" zu erziehen. Grundsätzlich war man militärisch an einer umfassenden Ausbildung interessiert, keine Seite sollte auf Kosten einer anderen bevorzugt werden.[15]

Im Schulsystem der damaligen Zeit herrschte ab der Jahrhundertwende die grundsätzliche Tendenz, einen gegenwartsbezogenen Unterricht, orientiert an den „Realien", durchzuführen. Ziel der Schulausbildung war, den stetigen Fortschritt zum Besseren und die „Verderblichkeit aller gewaltsamen Versuche der Änderung sozialer Ordnungen"[16] aufzuzeigen, um in der Jugend einen gesunden Sinn zu erzeugen.

Insgesamt fällt der sehr formale Charakter der zu vermittelnden Bildungsinhalte auf. Grammatik, mathematische Analyse auf – im Vergleich zu heute – relativ niedrigem Niveau und striktes „Paukwissen" überwiegen.[17] Um dies aufzunehmen, zu üben und zu verstehen, bedurfte es neben dem Unterricht mehrerer Stunden täglichen Arbeitens. Wenn man den normalen Tagesablauf einer Kadettenanstalt betrachtet, scheint es fraglich, ob hier ein solch kontinuierliches Lernen möglich war. Es wurde offen zugegeben, dass der Lehrplan große Anforderungen an die Fähigkeiten der Kadetten stellte. Aus diesem Grunde wäre man zum exemplarischen Prinzip übergegangen, damit auch minder begabte Schüler mitkommen konnten.

Die in dieser Formulierung angelegte Rücknahme von Leistungsansprüchen, die damit verbundene Reduktion von Inhalten und Schwierigkeitsgraden auf ein undefiniertes Niveau, evoziert die Frage nach der Effektivität der militärisch-wissenschaftlichen Ausbildung. Das Quellenmaterial ist dürftig, vergleichende Tests aus der Zeit, etwa zwischen Absolventen der Kadettenanstalten und der anderer Schulen, liegen direkt nicht vor.[18] Einen Ansatz bietet die Analyse der Lernziele der Anstalt. Neben den kognitiven Zielen des bürgerlichen Bildungskanons stand primär die innere Bewusstseinsbildung. „Zweck und Ziel aller, namentlich aber der militärischen Erziehung ist die auf gleichmäßigem Zusammenwirken der körperlichen, wissenschaftlichen und religiös-sittlichen Schulung beruhende Bildung des Charakters."[19]

Ähnlich bemühten sich auch die höheren Lehranstalten, das Innere ihrer Schüler – unter Ausrichtung auf völkisch-sittliche Ideale – zu prägen und zu erzie-

---

15 Ludwig Gurlitt, *Erziehung zur Mannhaftigkeit*, 3. Auflage (Berlin: Concordia Deutsche Verlags-Anstalt, 1906), 216.

16 Gurlitt, Erziehung 216.

17 Zu den Inhalten siehe Ostertag, *Bildung*, 113–14.

18 Vgl. Sabine Reh, Patrick Bühler, Michèle Hofmann und Vera Moser, Hg., *Schülerauslese, schulische Beurteilung und Schülertests 1880–1980* (Bad Heilbrunn: Klinkhardt, 2021).

19 Poten, *Allgemeine Übersicht*, 365.

hen. Ob im Deutschunterricht, wo „die Herzen der Jugend für deutsche Sprache, deutsches Volkstum und deutsche Geistesgröße" erwärmt werden sollten, oder im Turnen, das den Körper „für den Dienst im vaterländischen Heere" zu stählen hatte, die Ziele waren ideologisch eindeutig ausgelegt.[20]

Allerdings war der Schüler eines Gymnasiums irgendwann am Tag aus den „Fängen" der Schulgewalt entlassen. In der Kadettenanstalt fehlten Freiräume nahezu gänzlich, was den intellektuellen Lernerfolg beeinträchtigte, zudem besaß der psychomotorische Lernbereich Vorrang. Das biografische Material weist in diese Richtung: Hindenburg ging von der Quinta ab, mit einem Zeugnis, das als „nicht sonderlich gut" bezeichnet wurde.[21] Alfred von Tirpitz wurde durch Privatstunden auf die Aufnahmeprüfung für die Kadettenanstalt vorbereitet. Seine Lehrer hielten ihn für „dumm und faul".[22]

„In der Klasse kam ich gut mit. Was hier verhandelt wurde, vermittelte mir keinerlei Beschwer"[23], berichtet Ernst von Salomon. Ähnlich schreibt der „rote" Kampfflieger Manfred von Richthofen: „Für den Unterricht hatte ich nicht sonderlich viel übrig, war nie ein großer Lerner. Habe immer so viel geleistet, wie nötig war, um versetzt zu werden. Dagegen gefiel mir das Sportliche; Turnen, Fußballspielen usw., ganz ungeheuer."[24]

Der Sportunterricht hatte einen hohen Stellenwert. Schwimmen, Fechten, Turnen rangierten bei den „Zöglingen" in der Beliebtheit weit vorne, hier waren die erbrachten Leistungen durchweg positiv. Auch das soziale und emotionale Zusammengehörigkeitsgefühl wurde dadurch gefördert. Das 1892 eingeweihte, neue Kadettenhaus in Karlsruhe für 220 Kadetten besaß 14 Gebäude mit Gärten, Exerzier-, Turn-, Schieß- und Spielplätzen sowie eine eigens beheizbare Turn- und Schwimmhalle auf einem Gelände von insgesamt 17 250 qm. Der Außendienst, das Exerzieren und die Schießübungen waren zusätzliche Gelegenheiten, um vom lästigen Lernen wegzukommen. Viele der Schüler dürften wie Hindenburg wenig Neigung gehabt haben, „sich de[n] Wissenschaften besonders zu widmen". Mit genügend Sitzfleisch kam man durch die Jahre, der Kadett musste nur die rechte Herkunft und den richtigen Namen haben und sich möglichst rasch die Regeln der „Männergesellschaft" aneignen.

20 *Lehrpläne und Lehraufgaben für die höheren Schulen in Preußen von 1901 nebst Bestimmungen über die Versetzungen und Prüfungen. Dort: Methodische Bemerkungen für das Deutsche*, 5. Abdruck (Halle a. d. S.: Buchhandlung des Waisenhauses, 1907), 20.
21 Walter Görlitz, *Hindenburg*, 24.
22 Alfred Schulze-Hinrichs, *Tirpitz: Ziel erkannt – Kraft gespannt!* (Göttingen: Musterschmidt-Verlag, 1958), 9–10.
23 Ernst von Salomon, *Die Kadetten* (Hamburg: Rowohlt, 1957), 39.
24 Zit. nach Friedrich Wilhelm Korff, Hg., *Der rote Kampfflieger von Rittmeister Manfred Freiherr von Richthofen* (München: Matthes & Seitz, 1977), 10.

„Die Unterrichtsanforderungen waren gering", stellte der spätere Professor für Wirtschaftliche Staatswissenschaften und Soziologie Leopold von Wiese im Rückblick auf seine Kadettenzeit fest.

> Es war viel wichtiger, im Turnen als in Latein oder Mathematik etwas zu leisten, und die sozialen Lebensverhältnisse unter den Kameraden erforderten für das gemeine Wohl keine besonderen intellektuellen Fähigkeiten. Es kam alles auf die Faust an, nächstdem auf die Robustheit des Herzens.[25]

In München wurde allerdings Gesang „für Beanlagte" und „Unterricht im Flöten-spiel" angeboten.[26] Weiterhin erhielten die Zöglinge Tanzunterricht, das Theater wurde besucht. Letzteres sollte wohltätig sowohl auf die gesellschaftliche Schu-lung als auf Herz, Gemüt und Verstand wirken, insbesondere durch das „Zusam-mentreffen mit vielen Menschen der höheren Gesellschaftsschichten"[27] – eine sta-tusrelevante Fähigkeit ohne eigentliche militärische Bedeutung.

Offiziere, die sich für Kunst, Musik und Literatur interessierten, wie dies vom späteren Generalfeldmarschall Walter Model, von Heinz Guderian und Hans von Seeckt berichtet wird, waren in der Minderzahl. Von Seeckts Reifezeugnis nennt diesen „ungewöhnlich belesen" und mit „tiefdringenden Verständnis" für die deutsche Literatur behaftet.[28] Model gehörte dem Körnerbund an und war schon von Hause aus zur Musik angeleitet worden. Dafür wurde ihm attestiert, er habe „nicht genügend Härte für den Soldatenberuf."[29]

„Geeigneter" waren Offiziere wie der Jagdflieger Oswald Bölcke, über den sein Schuldirektor urteilte, er sei mehr zur Tat gedrängt, „Büchergelehrsamkeit" läge ihm weniger.[30]

Insgesamt blieben die Anforderungen an Intellekt wie an Begabung über-schaubar. Zudem war der Personalbestand der einzelnen Anstalten sehr gemischt. Viele der militärischen Lehrer hatten sich dort für begangene „Sünden" zu rehabi-

---

25 Leopold von Wiese, *Kadettenjahre*, 54.
26 Poten, *Allgemeine Übersicht*, 192–93.
27 BSA-MKr 4828 K. B. KM Nr. 86526 10. 81916 Betreff: Theaterbesuch, 3; Hugo von Abercron, *Offizier und Luftpionier: Tatberichte und Erinnerungen 1869–1938* (Stuttgart: Robert Lutz Nachfol-ger Otto Schramm, 1938), 28; Hans Speidel, *Aus unserer Zeit: Erinnerungen* (Berlin: Propyläen-Ver-lag, 1977), 22.
28 Hans von Seeckt, *Aus meinem Leben: 1866–1917*, Hg. Friedrich von Rabenau (Leipzig: Hase & Koehler, 1938), 22.
29 Konrad Leppa, *Generalfeldmarschall Walter Model: Von Genthin bis vor Moskaus Tore* (Nürn-berg: Prinz-Eugen-Verlag, 1962), 12–16.
30 Oswald Bölcke, *Hauptmann Bölckes Feldberichte* (Gotha: Friedrich Andreas Perthes, 1917), 11.

litieren,[31] das Ansehen der Zivillehrer war meist recht gering. Der Unterricht war langatmig und langweilig, das Niveau recht niedrig, es dominierte der Frontalunterricht im Stile eines Frage- und Antwortspiels. Militärische Lehrer, die als notwendige Befähigung „Nervenstärke und Geduld" besaßen, waren selten. Die meisten Lehrer gehörten zum Durchschnitt, Ausnahmen waren erfreulich, aber nicht die Regel.[32] Andererseits spielten die zivilen Lehrer oft eine traurige Rolle; sie hatten keine Strafbefugnis, meist konnten sie sich gegen die Kadetten nicht durchsetzen, das Unterrichtspensum wurde selten erreicht.

Die Strafbefugnis war grundsätzlich eine heikle Angelegenheit. Neben dem geschilderten Katalog gab es noch andere „Erziehungsmethoden" wie zum Beispiel die Kniebeuge, die Klopfpeitsche und weitere Brutalitäten; Gewaltformen waren an der Kadettenanstalt gang und gäbe. Neben der bedingungslosen Unterwerfung unter den Willen der Vorgesetzten kam auf der Kadettenebene ein unbeschränktes Zwangs- und Terrorsystem hinzu, welches geradezu gefördert wurde. Der herrschende Ehrenkodex der Zöglinge wandelte sich gegenüber dem Mitkadetten zum Instrument der Macht und Herrschaft ohne Freiraum und Fluchtmöglichkeit. In der Gruppe war besonders der blindwütige Faustkämpfer akzeptiert:

> Los! sagte der Kompanieführer und im gleichen Augenblick, da Glöcklein mit einem mächtigen Akkord auf die Tasten schlug, die wilden Rhythmen des Marsches I. Bataillon Garde herunter zu hämmern, droschen wir aufeinander los. Ich war binnen weniger Minuten so zusammengeschlagen, daß ich mein ‚Genug!' zugleich mit einer dicken Suppe Nasenblutes ausspukte,[33]

erinnert sich von Salomon.

Kollektive Prügel sorgten für Gehorsam, berüchtigt waren die „Glatte Lage" und die „Bauchpromenade".[34] Wer sich beschwerte, stand auf verlorenem Posten: Ein Vater, ein Major, schrieb im Dezember 1914 an den bayerischen Kriegsminister, die Behandlung der Kadetten zeige ein solchen Mangel an Verständnis für das Seelen- und Gemütsleben, dass er vermute, die Krankheit der Philologen, der „Strafwahn" habe in der Anstalt „einen besonders günstigen Entwicklungsboden" gefunden. Die Schreiben der nächsten Jahre zeigen, wie daraufhin der Junge drangsaliert wurde.

---

31 Vgl. Autor nicht namentlich, *Das alte Heer: Von einem Stabsoffizier* (Berlin: Verlag der Weltbühne, 1920), 1.

32 Vgl. BSA-MKr 4700, 31.8.1912 K, B KM 20089 bezeichnet in einem Personalbericht die Erziehungsaufgabe verschiedener Lehrer als „gut zu mittelmäßig".

33 Salomon, *Kadetten*, 153.

34 Paul von Schoenaich, *Mein Damaskus: Erlebnisse und Bekenntnisse* (Hamburg: Fackelreiter-Verlag, 1929), 18.

Es kam zu Suiziden:[35] „Vierzig Jahre später erzählte mir ein weit bekannter, höherer Offizier, ich hätte ihm in Plön das Leben gerettet. Er wäre damals von seinen Kameraden so roh gehänselt worden, daß er sich im Plöner See ertränken wollte."

Nur, wer sich mit der Gewalt identifizierte, hatte eine Chance, den alltäglichen Terror durchzustehen.[36] So dachte man, „männliche" Tugenden zu erziehen, die Fähigkeit zur Überwindung von Ängsten, von körperlichen Hemmungen zu stärken, eine Leistungsbereitschaft auch unter größten Anspannungen zu erzeugen. Militärisch gesehen sind dies durchaus sinnvolle Ziele, die Methoden jedoch, die zu ihrer Erreichung angewandt wurden, waren fraglich und zeugten von kompletter Ignoranz gegenüber der zeitgenössischen pädagogischen Literatur der aufkommenden Bildungsreformer.

Was war das Ergebnis einer solchen Erziehung? Und inwieweit befähigte sie den jungen Menschen, den sich ihm stellenden Führungsaufgaben gerecht zu werden und im Truppenalltag positiv bestehen zu können? Waren diese Grundlagen geeignet, ihn zu jener immer wieder in den Bildern vom Offizier postulierten „Vollkommenheit" zu führen?

„Der Offizier ist das Vorbild seiner Leute, sein Beispiel reißt sie mit vorwärts. Er hält die Truppe in schärfster Mannszucht und fährt sie selbst nach gewaltigen Anstrengungen und schweren Verlusten zum Sieg."[37] Der Offizier auch als Erzieher ein Idealtypus; immer wieder taucht diese außergewöhnliche Persönlichkeit auf, ohne dass genauer beschrieben wird, auf welche Weise der vorbildliche Vorgesetzte, der Offizier entwickelt und vom System produziert werden könnte. Eine selbstreferierende Leerstelle. Sonst wurden die Begriffe „Ehre", „Ritterlichkeit" und „Adel der Gesinnung" vollmundig in diese Diskussion gebracht und als Argumente für die Hochwertigkeit des militärischen Erziehungssystems verwendet – ohne diese Werte zu erläutern oder näher zu definieren. Die für die Ausbildung Verantwortlichen waren davon überzeugt, dass „der geistige Inhalt der soldatischen Erziehung von einer ungeheuren Weite und Tiefe" sei und „kaum von einem anderen Erziehungssystem erreicht, geschweige denn übertroffen" werde.

35 Goltz, *Denkwürdigkeiten*, 27: „In den Jahren 1855–61 starben im Ganzen nur drei Kadetten."; vgl. Abercron, *Offiziere*, 18; Hans-Joachim Freiherr v. Reitzenstein, *Vergitterte Jugend: Geschichten aus dem Kadettenkorps* (Berlin: Verlag von Dr. Eysler & Co., 1920), 65; BSA-MKr 4785 KBKM zu 25047, vom 6.10.1913.
36 BSA-MKr 4774 Beschwerden vom 4.12.1914 und 20.3.1916.
37 Walter Hedler, *Werdegang des deutschen Heeres und seines Offizierkorps* (Berlin: Verlag von R. Eisenschmidt, 1909), 99, 101. Selbst die Sprache ist gewaltsam.

Ziel dieser Erziehung sei und bleibe „die Bildung des Soldaten zu einem sittlichen Charakter".[38]

Zentraler Bezug dieser inneren Bildung und Bindung war in der Kadettenausbildung die Unterweisung im Glauben. Das Hauptgewicht des Religionsunterrichts lag in der Erziehung der „Zöglinge in Gottesfurcht und Glaubensfreudigkeit zur Strenge gegen sich", dies, um „in der Überzeugung befestigt" zu werden, „daß die Betätigung von Treue und Hingebung an Herrscher und Vaterland gleichwie die Erfüllung aller Pflichten auf göttlichen Geboten beruht."[39] Der unbedingte Gehorsam ohne jede Form christlicher Milde gegenüber Zweifeln oder Schwächen stand im Zentrum dieser Art des Glaubens.

Die enge Verbindung des Herrscherwillens,[40] der Befehlsgewalt des Vorgesetzten mit dem religiösen Bereich war die Rechtfertigungsbasis für Straf- und Sanktionsformen; auch das „Ethos" wurde per Drill eingebläut.[41] Der junge Mensch wurde in ganzer Person umfasst, Freiräume und Zufluchtsmöglichkeiten nach innen möglichst von vornherein verwehrt. Verstärkt wurde die innere Formierung durch den äußeren Habitus des bunten Rocks, der Abgeschlossenheit der Anstalt durch den besonderen Sprachgebrauch: die Kadetten wurden durch die Anrede „Sie" auf die Stufe eines Erwachsenen gestellt. Pflichterfüllung, Bereitschaft zum Tode und Gehorsam; diese Gebote sollten die Innenwelt des Kindkadetten erfüllen, alles andere – Freundschaften, Spiele, Freuden, Wünsche und persönliche Probleme – waren sekundär und der Sache gegenüber unterzuordnen:

> Meine Herren! Sie haben den schönsten Beruf gewählt, den es auf dieser Erde gibt. Sie haben das höchste Ziel vor Augen, das es auf Erden nur geben kann. Wir lehren Sie hier, dies Ziel zu erfüllen. Sie sind hier, um das zu lernen, was Ihrem Leben erst die letzte Bedeutung verleiht. Sie sind hier, um sterben zu lernen.[42]

Hier wurde in frühster Jugend der Geist fest in Formen gefasst und in der Regel gegen alle späteren intellektuellen Einflüsse immunisiert. Blinder Gehorsam und Autoritätsgläubigkeit waren die Hauptqualitäten, Ziel und Methode war es, die Persönlichkeit umzubiegen, zu verändern, wenn notwendig auch zu brechen. Der ohne Hilfe auf sich gestellte Jugendliche hatte wenig Gelegenheit, sich selbst zu

---

38 Alles bei Friedrich Altrichter, *Das Wesen der soldatischen Erziehung* (Berlin: Stalling, 1937), 8, 11.

39 Poten, *Allgemeine Übersicht*, 366.

40 Keine Trennung von Staat und Kirche.

41 Vgl. Rudolf Krafft, *Glänzendes Elend: Eine offene Kritik der Verhältnisse unseres Offizierkorps* (Stuttgart: Robert Lutz, 1895), 9, „Mit Vergunst, nein erzogen wird im Kadettenkorps nicht, bloß dressiert."

42 Vgl. Salomon, *Kadetten*, 28.

bewahren. Er konnte sich nur unterwerfen und die Macht bedingungslos bejahen. Schlimm wurde es erst, wenn der Zögling nach echter Zuneigung suchte.

Verständnis suchte und fand der Kadett oft im gleichgeschlechtlichen Kreis als Ersatz für die mangelnde Zuwendung von außen. Die Homosexualität war in den Anstalten ein durchaus auftretendes Phänomen und führte zu zeitspezifischen Problemen.[43]

Eine andere Möglichkeit, sich vom lastenden Druck zu befreien, seinen Gefühlen Luft zu machen, bestand in der exzessiven Anwendung von Gewalt gegen Menschen und Sachen, vor allem auch im religiösen, sakralen Bereich. Von derartigen Ersatzhandlungen wird ab und zu berichtet, vom Zerstampfen von Hostien, von regelrechten Attentaten auf andere Mitschüler und ähnliches mehr – oft in Verbindung mit Alkoholmissbrauch. Ab und zu drangen von den Vorgängen Nachrichten an die Öffentlichkeit. Die Dunkelziffer der nicht bekannt gewordenen Fälle dürfte nach den Biografien weitaus höher gewesen sein.[44] Die Auswirkungen dieses Zwangskollektivs auf die Persönlichkeitsbildung des künftigen Offiziers sind nicht zu unterschätzen. Normgeformte Verhaltensmuster führten zur Reduktion der in diesen Jahren latent vorhandenen Persönlichkeitskomplexität. Eine Normenkontrolle fand nicht statt, das System wurde trotz aller militärpädagogischen Diskussionen[45] nie in Zweifel gezogen, war als solches autonom und wie die Herrscherperson sakrosankt.

Das Produkt der in der Kadettenanstalt erlebten Erziehung, der junge Offizier, war völlig im Normensystem des Korps aufgegangen. Für den Bestand der militärischen Gruppe hatte dies grundsätzlich positive Bedeutung. Als Instrumente des Erfolges, der Orientierung sicherten sie im Kriegsfall das Überleben der Gruppe. Die produzierte Homogenität zwischen den Mitgliedern, die Förderung eines „Wir-Gefühls", erhöhten den Zusammenhalt und die Macht der Gruppe nach innen und außen. Dem körperlich oder intellektuell Schwächeren gab die Konformität mit den Idealen und Zwängen der Gruppen Sicherheit. Abweichungen von der Norm waren nicht gestattet; schon früh wurde der junge Mensch mit Scheuklappen versehen, äußerst sparsame Portionen an Bewusstsein beschränkten seine Weltansicht und bestimmten seine Befähigung, Urteile abzugeben und Positionen zu beziehen. Eine kritische Auseinandersetzung mit dem System konn-

---

43 Vgl. Schönaich, *Damaskus*, 74–76, zum Thema Homosexualität in der alten Armee. Vgl. Salomon, *Kadetten*, 140–42; BSA-MKr 4785 K. B KM NR. 27953 vom 23.10.1913.
44 Vgl. BSA-MKr 4774, Neues Münchner Tagblatt Nr. 143 vom 23. Mai 1891 berichtet über einen Hostienfrevel, der von einem „Grafensohn" verübt wurde und schreibt, dass „Ähnliches schon öfter im Kadettenkorps vorgekommen sein soll." Ebenso MKr 4774 Fremdenblatt vom 29.12.1885.
45 Zur Militärpädagogik siehe Ostertag, *Bildung*, 142–44.

te nur in extremen Fällen stattfinden und führte in der Regel zum Systemausschluss.

Anvisiert wurde ein „gesundes" Mittelmaß, dies handelte man unter dem Etikett „Elite". Durchschnittstypen, anderes konnte die Erziehung nicht hervorbringen, die überstarke Disziplin und Kontrolle beschränkten grundsätzlich die Fähigkeit, sich mit der Umwelt aktiv auseinanderzusetzen. Die sanktionsorientierte Ausbildung, der auf ein bestimmtes Rollenverhalten ausgerichtete Institutionsdruck, und besonders die Gruppenrituale, erzeugten Furcht und Angstbindung auf niedrigster Stufe. Besonders fördernd für Frustrationen und Aggression war in der kindlichen Stufe die Versagung von elterlicher Fürsorge und Zuneigung. Schon im „normalen" Internat gab es das Problem von Misshandlungen und Unterdrückung.[46]

Für die älteren Jahrgänge gab sich zusätzlich der Druck der Triebversagung im sexuellen Bereich: Hier wurden die Wurzeln für das eigentümlich prüde und gleichwohl überbetonte Sexualverhalten der geschlossenen Männergesellschaft Offizierkorps angelegt, das sich im rüden Kasinoton, im Witz und im saloppen Auftreten manifestierte.

Das Prinzip von Ehre und Pflicht wurde zum Selbstzweck und verband sich mit dem Anspruch auf einen moralischen Vorsprung, auf eine höhere Klassenzugehörigkeit.

Insgesamt ist es fragwürdig, ob die Kadettenanstalten in der Lage waren, das von ihnen anvisierte Ziel der Führungsbefähigung und der Elitenausbildung überhaupt zu erreichen.[47] Die Ausbildung in mehreren Bereichen gleichzeitig mit der hohen Betonung der körperlichen Komponenten führte häufig zu Überbelastungen und Übermüdungen insbesondere, wenn man das Alter der Kadetten berücksichtigt. Intensive militärische Ausbildung, in der Regel im formalen und sportlichen Bereich, ging zu Lasten der Bildung.

Mit Ende des Kaiserreichs gab es ab 1919 keine Kadettenanstalten mehr, Internate übernahmen faktisch deren Aufgabe. Im Nationalsozialismus wurde die Kadettenanstalt in kaum gewandelter Form als NAPOLA wieder eingerichtet. Auch in der DDR nutzte die SED diese „bewährte" Erziehungsform.[48]

---

46 Vgl. Klaus Johann: *Grenze und Halt: Der Einzelne im „Haus der Regeln": Zur deutschsprachigen Internatsliteratur* (Heidelberg: Winter, 2003).

47 Dazu ausführlich Ostertag, *Bildung*, 240–42.

48 Zur DDR siehe Peter Joachim Lapp: *Schüler in Uniform. Die Kadetten der Nationalen Volksarmee* (Aachen: Helios Verlag, 2009).

Der militärische Unterricht der Gegenwart orientiert sich an modernen päd-agogisch-didaktischen Kriterien.[49] Die aktuelle Ausbildung militärischer Füh-rungskräfte im Hinblick auf die gesellschaftlich-demokratischen Qualitäten der Jetztzeit und die notwendigen militärischen Fähigkeiten benötigen grundlegende methodisch-didaktische Kenntnisse[50] und eine gehörige Portion gesellschaftliches Fingerspitzengefühl, unter anderem auch deshalb, weil es heute in vielen Streit-kräften und auch in der Bundeswehr Soldatinnen gibt. Nach wie vor aber gilt der Offiziersberuf als Berufung. Insoweit hat sich die Tradition bewahrt.

---

49 Vgl. Heiger Ostertag, „Geschichtsunterricht im außerschulischen Bereich – das Beispiel eines wehrgeschichtlichen Seminartages an der Offiziersschule der Luftwaffe", *Geschichte in Wissen-schaft und Unterricht* 41, 10 (1990): 627–32.
50 Vgl. Detlef Bald, Hans-Günter Fröhling, Jürgen Groß, Claus Freiherr von Rosen, Hg., *Zurück-gestutzt, sinnentleert, unverstanden: Die innere Führung der Bundeswehr* (Baden-Baden: Nomos, 2008).

Olaf Briese

Kadetten aka Kindersoldaten?

Kinder und Jugendliche im Zugriff des preußischen Militärs

Gleich vorweg: die Frage, ob kindliche oder jugendliche Kadetten, die in preußischen Kadettenanstalten aufwuchsen und sozialisiert wurden, als Kindersoldaten anzusehen sind, ist zu verneinen. Sie wurden für den Militärdienst, für den potenziellen Kriegsdienst ausgebildet, aber für einen Dienst *in potentia* und nicht *in actu*, also für einen *zukünftigen* Dienst als Erwachsene. Und sie kamen auch nicht als Kinder und Jugendliche zum Kriegseinsatz, sieht man einmal von der Spätphase des sogenannten „Dritten Reichs" ab, wo Jugendliche auf ganz verschiedenen Wegen in den Kriegsdienst integriert wurden: via Volkssturm, via Zwangsrekrutierung von scheinbaren Lehrgängen, via Freiwilligendienst und via militarisierter Eliteschulen (Reichsschule Feldafing, Adolf-Hitler-Schulen, Npeas bzw. Napolas).[1]

Der nationalsozialistische Propagandafilm *Kadetten* aus dem Jahr 1939 verklärt den militärischen Kampf preußischer 12-jähriger Kadetten im Siebenjährigen Krieg. Bernhard Wickis auf einem Tatsachenbericht beruhender Film *Die Brücke* von 1959 gibt hingegen ein berührendes Zeugnis der Widersinnigkeit des Einsatzes von Kindersoldaten. Militärische Kadettenanstalten verfolgten und verfolgen aber im Regelfall, das ist zu wiederholen, einen anderen Weg: den der Vorbereitung auf einen *zukünftigen* Militärdienst, eben als Erwachsener. Und effektiv sind sie hauptsächlich nicht in der Vermittlung technischer oder anderer Fertigkeiten, sondern in der einer psycho-sozialen Zurichtung, im Zugriff auf die Psyche der Jugendlichen, in einer mentalen Konditionierung: für die sogenannte nationale Verbundenheit, für die Fixierung auf ein bestimmtes Herrschaftssystem, für Freund-Feind-Schemata, für den unbedingten Gehorsam usw.[2]

---

1 Vgl. Guido Knopp, *Hitlers Kinder* (München: Bertelsmann, 2000); Harald Stutte, *Hitlers vergessene Kinderarmee* (Reinbek bei Hamburg: Rowohlt, 2014); Andreas H. Apelt und Ekkehart Rudolph, Hg., *Hitlers letzte Armee: Kinder und Jugendliche im Kriegseinsatz* (Halle/Saale: Mitteldeutscher Verlag, 2015); zu den Ausbildungsinstituten: Elke Fröhlich, „Die drei Typen der nationalsozialistischen Ausleseschulen", in *„Wir waren Hitlers Eliteschüler": Ehemalige Zöglinge der NS-Ausleseschulen brechen ihr Schweigen*, Hg. Johannes Leeb, 2. Auflage (Hamburg: Rasch und Röhring, 1998), 192–210.
2 Vgl. Olaf Briese, „‚Totale Institutionen' oder ‚gute Policey'? Berliner Waisenasyle, Arbeitshäuser und Kadettenanstalten der Frühen Neuzeit", in *Totale Institutionen? Kadettenanstalten, Klosterschulen und Landerziehungsheime in Schöner Literatur*, Hg. Richard Faber (Würzburg: Königshausen & Neumann, 2013), 25–46.

https://doi.org/10.1515/9783111305622-005

1 Totale Institutionen

Der in Kanada geborene, US-amerikanische Soziologe Erving Goffman entwickelte im Jahr 1961 eine Theorie „totaler Institutionen".[3] Solche Institutionen zeichnen sich durch bestimmte Eigenschaften aus, wobei von Goffman hervorgehoben wird, dass sich keine dieser Eigenschaften nur in „totalen Institutionen" findet, und darüber hinaus, dass sie letztlich nicht allen gemeinsam sind. Zu den Gemeinsamkeiten gehören: räumliche Abgeschiedenheit und Absonderung durch markante symbolische und materielle Grenzen, ein gezielt gemeinsamer Lebensvollzug, Unterordnung unter relativ strikte Regeln, hierarchische Abstufung mit einer tendenziell bipolaren Teilung in Machtausübende und Machtlose, Formatierung der Individualität und ihre Formung nach institutionsspezifischen Normen, Erziehung zu weitgehendem Gehorsam unter Beseitigung von Handlungsautonomie, Kontrolle der Intimität, Demütigung und Erniedrigung durch psychische und physische Gewalt sowie Privilegiensysteme zur Unterbindung von Solidarität. Andere Bezugsbeispiele Goffmans waren vor allem die psychiatrischen Anstalten Nordamerikas. Seine Analysen lassen sich aber möglicherweise auch auf die Genese frühneuzeitlicher Institutionen in Europa reprojizieren: auf Manufakturen, Waisen- und Arbeitshäuser, auf Zuchthäuser, Gefängnisse, Irrenhäuser und Hospitale – und auf Kadettenanstalten. Schon sie tragen möglicherweise Merkmale „totaler Institutionen". Vor und nach 1700, ca. ab der Zeit der Erhebung des Kurfürstentums zu einem Königreich und mit wachsender Bevölkerungszahl, entstand in Preußen und Berlin eine Vielzahl arbeitsteiliger Institutionen, die in einem Schnittfeld von Kontroll-, Disziplinierungs-, Straf- und Wohlfahrtsmaßnahmen angesiedelt waren, wie zum Beispiel: das Zuchthaus Spandau (1687), die Kadettenanstalt Berlin (1701), das Waisenhaus Berlin (1702), die Charité (1710), das Waisenhaus der reformierten Gemeinde („Maison des Orphelins", 1725), das Irrenhaus (1727), das Arbeitshaus (1742) und das Invalidenhaus (1748). Die Institution Armee wäre dieser Aufzählung gesondert hinzuzufügen, denn insbesondere nach 1713 forcierte sich der Aufbau stehender Garnisonen in den Städten, die auf ihre Art ebenfalls zu „totalen Institutionen" avancierten. Das „Militärwaisenhaus" in Potsdam (1724) wäre ebenfalls in diesen Kontext mit einzubeziehen.[4] Später, 1822, ent-

---

3 Erving Goffman, *Asyle: Über die soziale Situation psychiatrischer Patienten und anderer Insassen* (Frankfurt a. M.: Suhrkamp, 1972).
4 Einen tabellarischen Überblick über Kontroll-, Disziplinierungs-, Straf- und Wohlfahrtinstitutionen gibt: Helga Eichler, „Zucht- und Arbeitshäuser in den mittleren und östlichen Provinzen Brandenburg-Preußens", *Jahrbuch für Wirtschaftsgeschichte*, Heft 1 (1970): 127–47, hier: 146–47. Zum Potsdamer Militärwaisenhaus: Bernhard R. Kroener, „Bellona und Caritas: Das Königlich-Potsdamsche Große Militär-Waisenhaus, Lebensbedingungen der Militärbevölkerung in Preußen

stand in der Nähe des Waisenhauses ein gesondertes Gebäude für die Potsdamer Kadettenanstalt, die 1811 von Stolp nach Potsdam verlegt worden war.[5]

2 Preußische Kadettenanstalten

Preußen, durch die Wirren des Dreißigjährigen Krieges wirtschaftlich fast zerrieben, gibt ein exemplarisches Beispiel für den Aufstieg einer Kleindynastie zu einer wirtschaftlichen und politischen Kontinentalmacht qua Militarisierung. Drei Phasen der modernisierenden Militarisierung hat die ältere Forschung dabei unterschieden: Der *Proto*-Militarisierung des 17. Jahrhunderts folgte die durchgreifende *soziale* Militarisierung im 18. Jahrhundert, und diese wiederum mündete in die *politische* Militarisierung von Staat und Gesellschaft im 19. Jahrhundert. Von Modernisierung lässt sich deshalb sprechen, weil die Monarchie das gesamte ökonomische und politische System dem Ausbau militärischer Effizienz unterordnete. Die ganze Gesellschaft, einschließlich der bunten Partikularrechte „feudaler" Provenienz, wurde diesem Staatsziel untergeordnet. Neuere Forschungen, nicht zuletzt auch im Zug der „neuen Militärgeschichte", differenzieren diese Prozesse allerdings viel stärker, als das in der älteren Forschung der Fall war (und sie haben unter anderem auch den stilisierenden Begriff „Absolutismus" weitgehend verabschiedet), aber an einer von „oben" und zentralisiert ausgehenden Militarisierung lassen auch sie keinen Zweifel.

Das heißt, der Staat, der sich über stehende Heere formierte, brauchte und verbrauchte Soldaten. Mit Riesenhunger verschlang er die eigene Bevölkerung, ebenso wie die aus dem „Ausland" Angeworbenen und Geraubten. Der Weg führte dabei von lokalen, ständigen Milizen Ende des 17. Jahrhunderts zu stehenden, fern ihrer Herkunftsorte stationierten Truppen. Anfangs gab es eine geregelte Stellungspflicht der Landkreise und Städte. Aber die Kreise und Städte konnten aufgrund der gravierenden Entvölkerung Preußens – Nachwirkungen des Dreißigjährigen Krieges und der neuen verheerenden Pestwellen – diesen Befehlen gar nicht nachkommen. Deshalb kam es zum System der gewaltsamen Zwangsaushebung durch einzelne Regimenter, das der Soldatenkönig nach seinem Amts-

---

im 18. Jahrhundert", in *Potsdam: Staat, Armee, Residenz in der preußisch-deutschen Militärgeschichte*, Hg. ders. (Berlin: Propyläen, 1993), 231–52; René Schreiter, „Erziehung in Gleichschritt und Uniform? Alltag und Leben im Großen Militärwaisenhaus zu Potsdam zwischen 1724 und 1806", in *„…und handle mit Vernunft": Beiträge zur europäisch-jüdischen Beziehungsgeschichte, Festschrift zum 20jährigen Bestehen des Moses-Mendelssohn-Zentrums*, Hg. Gideon Botsch u. a. (Hildesheim/Zürich/New York: Georg Olms Verlag, 2012), 166–81.

5 Vgl. Franz v. Haslingen, *Geschichte des Kadettenhauses in Potsdam* (Berlin: Mittler, 1906).

antritt 1713 sofort intensivierte. Erst 1733 beruhigte sich die Lage. Mit dem sogenannten Kantonalsystem, das als Vorform einer regelmäßigen Wehrpflicht anzusehen ist, wurden aus Einzelfällen Regelfälle. Von nun an war jeder Untertan po-
tenzieller Soldat. Folglich wurden Kinder schon in der Wiege „enrolliert" und auf
den Dienst in namentlich bestimmten Regimentern verpflichtet. Damit wurden eigene Landeskinder von willkürlicher Rekrutierung zunehmend ausgenommen,
und manche sahen sogar die Vorteile dieser bürokratischen Verstetigung; sie
konnten sich – bedingt – der Lokalgewalt entziehen und teilweise auch ökonomisch emanzipieren. Mitunter wird daher in diesem Zusammenhang von der Forschung pointiert von einer „Bauernbefreiung" gesprochen.[6] Aber auch neue Ziel-
gruppen kamen ins Visier. Nunmehr wurden nicht nur eigene Landeskinder relativ wahllos von den Bauernhöfen und aus den Städten gerissen (Schulhäuser und
Kirchen zur Gottesdienstzeit waren bevorzugte Stätten des staatlich sanktionier-
ten Menschenraubs). Jetzt mussten auch zufällig durchreisende „Ausländer" an
das Unglaubliche glauben: sich nach einer durchzechten Nacht im Soldatenrock
und in einer ummauerten Garnison wiederzufinden.

Die jungen Bauern und Handwerker des Königreichs Preußen wurden in die
Armee gepresst und junge Adlige, die potentielle Elite des Lands, parallel dazu in
Kadettenanstalten. Denn der machtbewusste Herrschaftsadel stand in einem
Mehrfrontenkrieg. Er richtete nicht nur die Bauern und die Bürger seinem Interesse zu. Auch der aufmüpfige niedere Landadel, der auf althergebrachte Rechte
pochte, musste unter das Joch zentralstaatlicher Macht gebeugt werden. Das geschah, was den Adel betrifft, durch Privilegienbeschneidung, durch Steuerlasten
und durch wachsende Reglementierung, selbstredend auch durch die Gewährung
von neuen Privilegien, so dass es im 18. Jahrhundert gelang, die Stände, gerade
auch durch Zugeständnisse, zunehmend in die neue Militärpolitik zu integrieren.[7]

Die halb zwangsweise, halb privilegierende Integration geschah auch durch
staatlich gesteuerte Kinderpolitik, um schon den Nachwuchs in militärischen Aus-
bildungsinstitutionen zusammenzufassen und daraus eine Elite zu formen. Anfangs ging es bei dieser Rekrutierung teilweise ebenso wahllos zu wie bei der
Zwangsrekrutierung von Bauern und Bürgern. Einem bestimmten Schlüssel ge-

---

6 Vgl. Heinrich Kaak, „Soldaten aus dem Dorf, Soldaten im Dorf, Soldaten gegen das Dorf – Militär in den Augen der brandenburgischen Landesbevölkerung 1725–1780", in *Militär und ländliche
Gesellschaft in der frühen Neuzeit*, Hg. Stefan Kroll und Kersten Krüger (Hamburg: LIT-Verlag,
2000), 297–326; Hans Bleckwenn, „Bauernbefreiung durch Wehrpflicht – ein neues Bild der altpreußischen Armee", in *Friedrich der Große und das Militärwesen seiner Zeit*, Hg. Militärgeschichtliches Forschungsamt (Herford: Mittler, 1987), 55–72.
7 Vgl. Frank Göse, *Rittergut – Garnison – Residenz: Studien zur Sozialstruktur und politischen
Wirksamkeit des brandenburgischen Adels 1648–1763* (Berlin: BWV, 2005).

mäß hatten die einzelnen Landkreise erstens Kinder verarmter Adliger und „fürs Vaterland" gefallener Väter zu stellen, zweitens „zweitgeborene", nicht erbberechtigte Söhne, drittens waren es mehr oder weniger zufällig ausgewählte Adelssprösslinge, die rekrutiert wurden. Diese Kinder bekamen, meist als Zehn- oder Zwölfjährige, nunmehr einen neuen Vater – den „Vater Staat". Dieser Vater erzog sie militärisch und lehrte sie in den neu errichteten Kadettenanstalten von frühauf interniertes und kaserniertes Leben. Er zwang sie, ihm selbst, dem neuen Souverän, dienstbar zu sein. Der preußische Staat brauchte gefügige Eliten. Sie planmäßig und auf den Monarchen fixiert heranzubilden, war das Ziel dieser Kadettenerziehung. Um an diese Ressourcen heranzukommen, bediente man sich anfangs zum Teil gleicher Mittel wie bei der zwangsweisen Aushebung gemeiner Rekruten, wie ein Kenner der preußischen Geschichte, Gustav Schmoller, berichtet:

> Dem König riß auch hier zuletzt die Geduld; er ließ Verzeichnisse der hiezu tauglichen jungen Adeligen anfertigen [...]. Einige der Väter ließen sich, um ihre Söhne zu retten, zu dem Beweis herbei, daß sie eigentlich gar nicht den preußischen Adel besäßen. Es half ihnen aber nichts.[8]

Auf diese Weise kamen Zöglinge auch nach Berlin, denn hier war 1701 im sogenannten Fechthaus in der Klosterstraße eine Institution neugegründet worden, die in ähnlicher Form schon in Colberg bestanden hatte.[9] Sie wurde 1712/13 – und das ist als Gleichnis bezeichnend – in den kurz zuvor geschlossenen „Hetzgarten" einquartiert.[10] Dieser war 1693 in einer Bastion der kurz zuvor errichteten Festungswerke eröffnet worden, ein römisch-antiken Vorbildern nachempfundenes Amphitheater mit Käfigen für Löwen, Tiger, Wisente und Hirsche, die zum *plaisir* des Hofs und der Bürgerschaft in blutige Schaukämpfe getrieben wurden. Nunmehr, nachdem solche Spektakel dem neuen „Soldatenkönig" zu kostspielig wurden und er Löwen, Tiger und Bären an seine Vasallen verschenkt hatte, war dieser „Hetzgarten" für die Internierung und Zurichtung des militärischen Landesnachwuchses geeignet. Die offene Arena wurde vermauert, 24 Schlafräume und

---

8 Gustav Schmoller, „Die Verwaltung Ostpreußens unter Friedrich Wilhelm I.", *Historische Zeitschrift* 30 (1873): 40–71, 61.
9 Vgl. Jürgen K. Zabel, *Das preußische Kadettenkorps: Militärische Jugenderziehung als Herrschaftsmittel im preußischen Militärsystem* (Frankfurt a. M.: Haag + Herchen, 1978); Hans-Jochen Markmann, *Kadetten – militärische Jugenderziehung in Preußen* (Berlin: Pädagogisches Zentrum, 1983); Klaus Schmitz, *Militärische Jugenderziehung: Preußische Kadettenhäuser und Nationalpolitische Erziehungsanstalten zwischen 1807 und 1936* (Köln: Böhlau, 1997).
10 Vgl. Richard Borrmann, *Die Bauwerke und Kunstdenkmäler von Berlin* (Berlin: J. Springer, 1893), 338–39; Frhr. v. Brand, *Geschichte des Königlich Preußischen Kadettenkorps* (München: Schild, 1981), 21, 34.

dazugehörige Schul-, Speise-, Fecht- und Waffenräume wurden eingerichtet. Anlässlich einer Neuorganisation im Jahr 1717 wurden, laut Rechnungsbüchern, –
„schwarze Pädagogik" pur – höchst unerlässliche Utensilien geliefert: „4 lange
und 6 kurze Ketten, 6 Beinschellen, 14 Handschellen und 10 Schlösser".[11] Eine effi-
ziente Lösung, und symbolträchtig dazu: Der einstige „Hetzgarten", in dem systematisch und öffentlich Tiere gemartert wurden, diente nunmehr als pädagogische
Zwangsanstalt. Anders als die erwachsenen Rekruten in Berlin, die regelmäßig zu
desertieren versuchten, und teilweise dabei erfolgreich waren, konnten die kindlichen Kadetten dieser Zwangsanstalt meist nicht entkommen. Dennoch, sei hier
eine Meldung aus dem Jahr 1751 zitiert: „Es ist ein Kadett aus dem Kadettenhause
gelaufen namens v. Knobelsdorff, spricht nichts als polnisch, hat einen weiß-
grauen Rock an, eine grüne Pelzmütze auf."[12] Symbolträchtig war diese Einrichtung – und das darf keinesfalls übersehen werden – noch auf andere Weise. Es
handelte sich nur um einen verschwindend geringen Prozentsatz des nachwach-
senden Jungadels. Aber aus der Sicht der jeweiligen Potentaten war damit der
ganze widerspenstige Landadel bezähmt, und *in nuce* wurde hier vollzogen, was
sich letztlich im ganzen Gefüge der Machtumverteilung und Machtkonzentration
vollzog.

Wie sich der Prozess der Rekrutierung von Kadetten im 18. Jahrhundert nor-
malisierte, ob und wie sich auch hier – wie bei der gesamten Integration des stän-
dischen Adels ins Staatsgefüge – Privilegisierungstendenzen abzeichneten, ist
nach wie vor völlig unerforscht. Ab 1776 wurde ein barock-repräsentativer Pracht-
bau für über dreihundert Zöglinge im Gebiet etwa des heutigen Gerichts in der
Littenstraße errichtet. Später, im expandierten Kaiserreich, erfolgte die endgültige
Kasernierung von Kadetten. In Berlin-Lichterfelde war ein Flurstück von zwei-
undneunzig Morgen Land angekauft worden und im Jahr 1878 öffnete dort eine
Kasernenstadt für anfangs 1 000 Insassen ihre streng bewachten Pforten: mit Offizierskasino, Anstaltskirche, Bibliothek, Turnhallen, Latrinenkomplexen, Reitbahn,
Küche, Bäckerei, Lazarett mit Isolierabteilung, Wasch- und Baderäumen, Schlacht-
haus mit Viehställen, Schmiede usw.[13] Entstanden war – als „totale Institution"
par excellence – eine hermetisch abgeschlossene Stadt vor der Stadt; Militärwer-
dung des Militärs, Kadettwerdung des Kadetten.

---

11 Adolf F. v. Crousaz, *Geschichte des Königlich Preußischen Kadetten-Corps, nach seiner Entstehung, seinem Entwickelungsgange und seinen Resultaten* (Berlin: Schindler, 1857), 84.
12 August v. Witzleben, *Aus alten Parolebüchern der Berliner Garnison zur Zeit Friedrichs des
Großen* (Berlin: Mittler, 1851), 19–20.
13 Vgl. Klaus-Rainer Woche, *Vom Wecken bis zum Zapfenstreich: Vier Jahrhunderte Garnison Berlin* (Berg am See: Vowinckel, 1986), 167–69.; G.-Michael Dürre, *Die steinerne Garnison: Die Geschichte der Berliner Militärbauten* (Berlin: Selbstverlag, 2001), 137–39.

Schriftsteller wie Friedrich Franz von Unruh, Ernst von Wildenbruch oder Hans-Joachim Freiherr von Reitzenstein haben in ihren literarischen Werken noch an ganz andere Aspekte dieser Berliner Anstalten erinnert: physische und psychische Gewaltanwendung nicht nur der Erzieher an den zu Erziehenden, sondern auch der Zöglinge untereinander. Als gelehrige Schüler, begannen sie die ihnen auferlegten Praktiken einer „totalen Institution" zu verinnerlichen, spielten das rituell-sadistische Spiel der Älteren mit den Jüngeren, der Stärkeren mit dem Schwächeren, trugen die Gewalt in die Gemeinschaftsstuben. Gewalt von oben bestimmte das Leben der Zöglinge, und sie potenzierte sich in der hierarchischen Gewalt untereinander. Hier, in diesen hermetisch abgeschlossenen Kadettenanstalten, wurde ein Gewaltpotenzial generiert, das sich nach dem verlorenen Ersten Weltkrieg in den Gewaltorgien des innerstaatlichen Bürgerkriegs entlud. Hier lag die Keimzelle der Freikorps, die Anfang der 1920er Jahre die junge Republik terrorisierten, hier lag auch die Keimzelle der reibungsfrei arbeitenden Wehrmachtmaschinerie des Zweiten Weltkriegs: „totale Institutionen" im 20. Jahrhundert.

3 Nachhall im 20. Jahrhundert

In den Kadettenanstalten wurden und werden Kinder und Jugendliche, unter welchen politischen Vorzeichen auch immer, militärisch indoktriniert. Im frühen 18. Jahrhundert wurden Kinder dem Lokaladel von den sich herausbildenden staatlichen Zentralinstitutionen *entrissen*. Doch spätestens nach der Gründung des deutschen Kaiserreichs 1871 war es umgekehrt: Der Adel drängte ins Militär, in die Reichsarmee, suchte Ansehen, Anerkennung und Reputation, und das Militär diente nicht zuletzt auch der finanziellen Versorgung dieser ökonomisch immer stärker gebeutelten Adelselite. Auch jugendliche Adelssprösslinge wurden mit Begeisterung von ihren Eltern in die Kadettenanstalten entsandt, von denen es, aufgrund der Synthese vieler deutscher Staaten, eine Vielzahl gab.

Es kam aber auch zu Neugründungen, so zum Beispiel in Naumburg. Dort wurde die sogenannte „Kadette" im Jahr 1900 gegründet. Auch sie wurde 1920 geschlossen, diente aber von 1933 bis 1945 im Nationalsozialismus als „Nationalpolitische Erziehungsanstalt" (umgangssprachlich „Napola"). Von 1956 bis 1961 war sie erneut eine Kadettenanstalt für Kinder und Jugendliche der neugegründeten Nationalen Volksarmee (NVA) der DDR. Dazu ein Blick auf die Militärgeschichte des Landes: Zuerst gab es die militärähnlich kasernierte Volkspolizei, ab 1956 die NVA und ab 1962 die reguläre Wehrpflicht. Diese Kadettenanstalt wurde wenige Monate nach Gründung der NVA eingerichtet. Dabei dienten die Kadetteneinrichtungen der Sowjetunion als Vorbild und insofern gab es – anders als zur Zeit des Kaiserreichs oder des Nationalsozialismus – eine neue ideologische Ausrichtung. Aber auch hier gab es, wie in der NVA insgesamt, einen Bezug zur preußischen Geschichte, auf das „bewahrenswerte" Erbe der „preußischen Reformer" und der sogenannten Befreiungskriege mit dem russisch-deutschen Waffenbündnis. Strukturell gesehen, blieb aber das gleiche Ziel bestehen: Kinder und Jugendliche von Grund auf psychisch zu formieren, sie militärisch zu indoktrinieren und auf eine Offizierslaufbahn in einem autokratischen System vorzubereiten. Prominente Zöglinge waren so verschiedene Persönlichkeiten wie beispielsweise der spätere letzte Chef der NVA, Lothar Engelhardt, oder der spätere Schriftsteller und Dissident Thomas Brasch (Stichwort: „Vor den Vätern sterben die Söhne"). Mit einem Politbüro-Beschluss von Mai 1960 wurde diese Schule allerdings wieder aufgelöst und 1961 geschlossen. Dafür gab es mehrere Gründe: dies war keine Schule vornehmlich für Arbeiterkinder, wie eigentlich geplant, sondern eine für die sozialistische Kaderelite. Vor diesem Hintergrund bestand offenbar Sorge vor einer militärischen „Inzucht", also von einem Militär neben der Partei, zumal die oftmals exklusiven Kandidaten vor allem eine zukünftige Laufbahn in den prestigeträchtigen Luft- und Seestreitkräften erstrebten und nicht, wie eigentlich erforderlich, bei den Landstreitkräften. Außerdem kam noch hinzu, dass sich gerade durch den frühen disziplinaren Druck ein Teil der Jugendlichen widersetzlich verhielt oder eine zukünftige militärische Laufbahn ganz ablehnte. Mit der Reform des Bildungswesens und der Etablierung „Erweiterter Oberschulen" mit Abitur 1959 war ein Weg zu einem parteikonformeren und effizienteren Bildungswesen bereitet. In diesem Kontext erwies sich eine solche separate Kleinschule als zu kostenintensiv.[14] Was in der DDR trotz der Auflösung dieser Kadeteneinrichtung erhalten blieb, war ein gefächertes System der „vormilitärischen Ausbildung", der paramilitärischen Zurichtung von Jungen und Mädchen. Das mündete 1978 in Einführung des Unterrichtsfachs „Wehrkunde" an allgemeinbildenden und weiterführenden Schulen ab der 9. Klasse mit theoretischem Unterricht und auswärtigen Wehrlagern als praktischem Teil (für Mädchen Lager für Zivilverteidigung).[15]

Ich komme zum Fazit: Wenn hier in Potsdam, am Ort der ehemaligen und nun wieder erstehenden, von Anfang an militärisch instrumentalisierten Garnisonkirche, ein Lernort entstehen soll, ein Lernort nicht zuletzt auch für Kinder

---

14 Vgl. Peter Joachim Lapp, *Schüler in Uniform: Die Kadetten der Nationalen Volksarmee* (Aachen: Helios, 2009); Olaf Rönnau, *Eine totale Institution als Zwischenspiel: Die Kadettenschule der NVA von ihrer Gründung 1956 bis zu ihrer Auflösung 1961* (Berlin: Miles, 2022).
15 Vgl. Michael Koch, *Der Wehrunterricht in den Ländern des Warschauer Paktes: Eine Untersuchung im historischen und schulpolitischen Kontext unter besonderer Berücksichtigung der UdSSR und der DDR* (Jena: IKS, 2006).

und Jugendliche, dann muss er diese Unheilslinie des militärischen Zugriffs auf Kinder und Jugendliche – vom Preußen des 18. Jahrhunderts bis zu den deutschen Regimes des 20. Jahrhunderts – unbedingt thematisieren. Das reicht aber keinesfalls. Es sollte kein historistischer Preußenort unter anderem Vorzeichen entstehen. Wenn hier Kritik an Militarismus zum Thema wird, müssen auch aktuelle und internationale Kontexte in jedem Fall mit einbezogen werden.

Jeanette Toussaint

„Wir wollen niemals Halbe, sondern, wo wir stehen, Ganze sein!"

Der Bund Königin Luise und sein Wirken in Potsdam

Er gehörte zu den Vereinen, die den „Geist von Potsdam" beschworen und entsprechende Erinnerungsorte wie die Garnisonkirche und den Antikentempel in Sanssouci, die Gedenkstätte für die Königin Luise und das Grab von Kaiserin Auguste Viktoria, besuchten: der Bund Königin Luise – Bund deutscher Frauen und Mädchen e. V. (BKL). Gegründet hatten ihn sechs Frauen am 15. Mai 1923 in Halle/ Saale als Schwesterorganisation des rechtsradikalen paramilitärischen Verbandes Stahlhelm – Bund der Frontsoldaten. Beide Vereinigungen zählten zu den (rechts) konservativen Verbänden, die die demokratische Entwicklung Deutschlands ablehnten. Sie strebten den Aufbau einer nationalen, autoritär geführten Regierung an, die Wiederherstellung der deutschen Ehre und die Schaffung einer arischen Volksgemeinschaft – und damit das Ende der Weimarer Republik. Der Bund Königin Luise wollte dazu beitragen durch die

1. Erziehung des weiblichen Geschlechts zur Mithilfe an den Vorbereitungen des großen Befreiungswerks Deutschlands von seinen Feinden, im Geiste unserer Vorfahren von 1813 und der unvergeßlichen Königin Luise,
2. zielbewußte Förderung und Verbreitung des nationalen Gedankens unter der Jugend.[1]

Basierend auf einem traditionellen Geschlechterbild wurde dem Frontgeist der Männer das Wirken der Frauen in der Familie zur Seite gestellt. Durch „Pflege des heimatlichen Herdes, Beseitigung der undeutschen Scheu vor Kindersegen und Erziehung der Kinder zu deutschen Frauen und Männern" trage der Bund zu einer starken Nation bei, so die Bundesvorsitzende Marie Netz 1927.[2]

Konstituierende Erfahrungen waren – aus Sicht der Akteurinnen – der Erste Weltkrieg, der Schmachfrieden von Versailles, die Kriegsschuldlüge, die Nach-

---

1 Ortsgruppen-Satzung Bund Königin Luise, undatiert, abgedruckt in Eva Schöck-Quinteros und Christiane Streubel, Hg., „Ihrem Volk verantwortlich": Frauen der politischen Rechten (1890–1933) (Berlin: trafo, 2007), 322.
2 Abgedruckt in: Andrea Süchting-Hänger, Das „Gewissen der Nation". Nationales Engagement und politisches Handeln konservativer Frauenorganisationen 1900 bis 1937 (Düsseldorf: Droste, 2002), 285.

https://doi.org/10.1515/9783111305622-006

kriegskrisen und die französische Besetzung des Ruhrgebiets.[3] Dementsprechend
wandte sich der Bund gegen die Reparationszahlungen Deutschlands und trat beispielsweise dem 1929 gegründeten Reichsausschuss für das deutsche Volksbegeh-
ren bei, der die Ablehnung des Young-Plans durchsetzen wollte.[4]

In verklärender Rückschau griff der Bund den Mythos um Königin Luise auf.
Er zog, wie viele antidemokratische Kräfte, Parallelen zwischen aktuellen und historischen Niederlagen, die es nun zu überwinden galt: den Frieden von Versailles
1919 und weiter zurückreichend den Frieden von Tilsit 1807, der den Krieg gegen
Napoleon beendet und den Sieg über Preußen manifestiert hatte.[5] Das Bundes-
motto „Ich dien'" bezog sich insbesondere auf das Treffen zwischen Königin Luise
und Napoleon im Rahmen der Tilsiter Friedensverhandlungen, um günstigere Bedingungen für Preußen zu erlangen. Ihr Engagement sollte den Mitgliedern Vorbild sein für kluges aufopferndes Handeln im Dienst der deutschen Nation. Auch
das Blau als Farbe des Bundes und der 1928 eingeführten Uniform – ein schlichtes
Kleid in kornblumenblau mit weißem Kragen – orientierten sich am Luisen-My-
thos. Ursprünglich als Unkraut verpönt, symbolisierte die Kornblume ab dem
19. Jahrhundert Luises Natürlichkeit und avancierte zur preußischen Blume.[6] Die
einheitlichen Kleider unterschieden sich nur durch variierende Kragenformen,
die die überwundenen „Standesunterschiede" innerhalb des Bundes signalisieren
sollten. Im Gegensatz zu anderen konservativen Frauenvereinen scheint das gelungen zu sein. Nur Arbeiterinnen konnten offenbar nicht gewonnen werden.[7]

Während des Kaiserreichs und in der Weimarer Republik verstärkten sich
bei den völkischen Parteien und Verbänden die Tendenzen, den biologischen Ras-
segedanken auf Staat und Gesellschaft zu übertragen.[8] Auch der protestantisch geprägte Bund Königin Luise beschloss 1923 – als erster und einziger konservativer
Frauenverein – keine Jüdinnen und andere „Fremdrassige" aufzunehmen.

Anfangs agierte der Bund betont unpolitisch, richtete Vorträge, Unterhal-
tungsabende, Spendenveranstaltungen und monatliche Treffen aus. Gefeiert wur-

---

3 Vgl. Eva Schöck-Quinteros, „Der Bund Königin Luise: ‚Unser Kampfplatz ist die Familie…'", in
dies. und Streubel (Hg.), *Ihrem Volk verantwortlich*, 231–70, hier 232.
4 Vgl. Bundesarchiv (BArch), R 1507/2090, Bd. 1, Bl. 16–17.
5 Vgl. Birte Förster, *Der Königin Luise-Mythos: Mediengeschichte des „Idealbilds deutscher Weib-
lichkeit" 1860–1960* (Göttingen: Vandenhoeck & Ruprecht unipress, 2011), 270.
6 Vgl. „Kornblume", Wikipedia, 12.02.2024, https://de.wikipedia.org/wiki/Kornblume#cite_note-
Morgen_15071874-23.
7 Vgl. Süchting-Hänger, *Gewissen*, 167.
8 Vgl. Diemut Majer, „Sonderrecht: Das Ende des Rechts", in *Strafjustiz im Nationalsozialismus:
Rassische und politische Verfolgung im Kontext der NS-Strafjustiz*, Hg. Hans-Hermann Hertle und
Thomas Schaarschmidt (Potsdam: Zentrum für Zeithistorische Forschung Potsdam e. V., 2008), 11–
25, hier 13.

den Ehrentage für Kaiserin Auguste Viktoria, vor allem aber für Königin Luise an ihrem Geburtstag am 10. März. Schirmherrin des Bundes und zugleich prominente Botschafterin war die Ururenkelin von Luise, die frühere Kronprinzessin Cecilie von Preußen. Weibliche Angehörige der Familie wie Prinzessin Ina Marie und Marie-Luise von Preußen sowie die zweite Frau von Kaiser Wilhelm II., Hermine, waren ebenfalls Mitglied im Luisenbund.

Abb. 1: Cecilie und Wilhelm von Preußen mit der neuen Bundesführerin Charlotte von Hadeln (links) auf dem Landesverbandstreffen Brandenburg und Grenzmark in Potsdam, 18. September 1932 (Potsdam Museum, FS15716, Foto: Walter Eichgrün)

Der Bund Königin Luise wuchs langsam, aber stetig. Als rechtsgerichteter Verband stand er seit 1924 unter Beobachtung des Reichskommissars für Überwachung der öffentlichen Ordnung.[9] 1925 gehörten ihm 30 000 Mitglieder an, 1933 schon 130 000 bis 150 000.[10] Durch gemeinsame Freizeitaktivitäten, Reisen in Erholungsheime

---

9 Vgl. BArch, R 1507/2025, Bl. 144–45.

10 Die *Potsdamer Tageszeitung* vom 13.05.1933 gibt 130 000 Mitglieder an, ebenso Charlotte von Hadeln in ihrem Einladungsschreiben an Adolf Hitler zum Jubiläum im Berliner Sportpalast am 14.05.1933 (vgl. BArch, R 43-II, 823a Bd. 2, Bl. 2). Der Bund nennt 150 000 in: Bund Königin Luise, Hg., *10 Jahre im Freiheitskampf: 1923–1933* (Halle/Saale: Vaterländischer Verlag, 1933). Charlotte

und zur Burg Wettin bei Halle (Jugendherberge und Tagungsort des Bundes), verbunden mit „nationalen Schulungen", konnten auch viele junge Frauen erreicht werden.[11]

Die Mitgliederwerbung funktionierte vor allem über persönliche Netzwerke, insbesondere zum Stahlhelm und seinen Jugendorganisationen Scharnhorstbund und Wehrwolf. Auch Führungspersönlichkeiten sollten möglichst aus diesem Kreis rekrutiert werden.[12] Entsprechend reiche verwandtschaftliche Beziehungen verbanden den Bund Königin Luise und den Frontsoldatenbund: Cecilie von Preußens Ehemann, der Kronprinz Wilhelm sowie deren ältester Sohn gehörten dem Stahlhelm an. Else Mackeldey, Gauführerin von Groß-Berlin und spätere Landesführerin von Brandenburg und Grenzmark, war die Schwester des stellvertretenden Bundesführers des Stahlhelms Theodor Duesterberg. Die Vorsitzende der Ortsgruppe Angermünde war mit dem dortigen Gauführer des Stahlhelms verheiratet,[13] ebenso die Landesführerin von Pommern-Grenzmark, Anneliese von Wedel, mit dem Stahlhelmführer ihrer Region. Auch der Ehemann der Potsdamer Ortsgruppenführerin Felicitas Gummig gehörte dem Stahlhelm an und vermutlich auch der ihrer Vorgängerin Frau Neumann aus Werder/Havel.[14]

In Potsdam unter Felicitas Gummig

Die Potsdamer Ortsgruppe existierte von 1927 bis 1934, sie erschien aber in den Adressbüchern nur einmal: 1930 unter der Rubrik Kriegervereine als Teil der Vereinigten Vaterländischen Verbände und hier als einziger Frauenverband.[15] Im Stadtarchiv Potsdam verweisen einige Objekte aus dem Nachlass von Felicitas Gummig auf die Gruppe, darunter ein Album mit Fotos der Hohenzollernfamilie, von Bundesaktivitäten wie einer Kranzniederlegung in Brandenburg/Havel am

---

von Hadeln erhöhte die Zahl in ihrer 1935 veröffentlichten Rückschau auf 200 000. Vgl. Charlotte von Hadeln, *In Sonne und Sturm* (Rudolstadt: Hofbuchdruckerei Mitzlaff, 1935), 377.
11 Vgl. Birte Förster, „Mit Königin Luise gegen die Demokratie: Partizipatives Handeln rechtskonservativer Frauen in der Weimarer Republik", in *Ariadne. Forum für Frauen- und Geschlechtergeschichte* 73–74 (2018): 64–71, hier 68.
12 Vgl. Süchting-Hänger, *Gewissen*, 166.
13 Vgl. Brandenburgisches Landeshauptarchiv (BLHA), 2A I Pol 1097, Bl. 218.
14 Vgl. Matthias Grünzig, *Für Deutschtum und Vaterland: Die Potsdamer Garnisonkirche im 20. Jahrhundert* (Berlin: Metropol, 2017), 68.
15 Forschungen zum Bund Königin Luise in der früheren Provinz Brandenburg fehlen bislang. Das Adreßbuch der Städte Potsdam, Nowawes und Werder 1930 ist online einsehbar unter: https://t1p.de/4ceoa.

Grab von Friedrich dem Großen, einem Treffen von Jugendgruppen auf der Burg Wettin und Eindrücken vom zehnjährigen Jubiläum des Bundes im Mai 1933.

Felicitas Gummig kam 1879 im ostpreußischen Eydtkuhnen (Chernyshevkoye / Tschernyschewskoje) als Eva Felicitas Bloch zur Welt. Sie war das achte von neun Kindern des jüdischen Gutsbesitzerpaares Joachim Wolfgang Bloch und Lina Löwenstein.[16] Ob die Eltern zum Christentum übergetreten waren, ist ungeklärt, doch ließen sie mindestens drei ihrer Kinder taufen, darunter Felicitas. Sie heiratete 1908 den Landwirt Erich Quassowski und bekam mit ihm zwei Töchter. Er starb 1917 im Krieg. Mit ihrem zweiten Mann, dem Mediziner Oskar Gummig, lebte sie ab 1919 in Elsterwerda, wo dieser eine Arztpraxis betrieb.[17] 1921 kam ihre gemeinsame Tochter Marianne zur Welt. In Elsterwerda gründete und führte Felicitas Gummig eine Ortsgruppe des Bundes Königin Luise. 1928 zog das Ehepaar nach Potsdam. Nach einer Weiterbildung zum Kreisarzt erhielt Oskar Gummig 1929 eine Stelle bei der Reichsversicherungsanstalt für Angestellte in Berlin. 1930 wurde er zum Regierungsrat ernannt. Obwohl inzwischen in Berlin wohnend, übernahm Felicitas Gummig 1931 die Führung der Potsdamer Ortsgruppe.

Beziehungen nach weit rechts

Potsdam galt als Hochburg der Deutsch-Nationalen Volkspartei (DNVP) mit sehr guten Beziehungen zum Stahlhelm. Die Partei lag inhaltlich auf gleicher Linie wie der Bund Königin Luise: monarchistisch, antirepublikanisch und antisemitisch. Republikweit traten Rednerinnen von Partei und Bund wechselseitig bei Veranstaltungen auf, so wie z. B. Helene Freiin von Watter, zwischen 1924 und 1933 DNVP-Abgeordnete im Preußischen Landtag, Potsdamer Ärztin und Rassenhygienikerin. Als Mitglied im Bund Königin Luise, im Deutsch-Evangelischen Frauenbund, im Deutschen Frauenbund und im Frauenbund der Deutschen Kolonialgesellschaft verkörperte sie geradezu das Netzwerk der konservativen Frauenvereine.

Auch die Bundesführerinnen Marie Netz und Charlotte von Hadeln hatten zuvor eine aktive Rolle in der DNVP gespielt. Die Partei bot Frauen eine größere Beteiligung an der Macht als andere Organisationen im rechten Spektrum, „bei denen zwei unterschiedliche Mechanismen und Denkweisen ihren Ausschluss bewirkten": Bei den jüngeren Männern war das der Frontkämpfermythos, an den

---

16 In der Heiratsurkunde von Felicitas Quassowski und Oskar Gummig am 3.12.1919 in Berlin, ist 1884 angegeben. Eingesehen bei ancestry.de.
17 Vgl. BArch, R 3901/103680, Bl. 21.

die Frauen nicht anknüpfen konnten, bei den alten konservativen Eliten der preußisch-militärische Geist, den diese pflegten.[18] Der Anschluss an den paramilitärischen Stahlhelm gelang dem Bund Königin Luise jedoch weitestgehend, wenngleich es 1927 fast zu dessen Spaltung kam, weil sich die führenden Bundesfrauen ihm nicht unterordnen wollten. Der Berliner Stahlhelmlandesführer, Major von Stephani, gründete daraufhin den Stahlhelm-Frauenbund, unterstellte ihn seiner Organisation und ordnete für die Frauen „seiner" Stahlhelmer den Austritt aus dem Luisenbund an. Bei Verweigerung sollten die Männer ausgeschlossen werden. Der zweite Stahlhelmbundesführer, Theodor Duesterberg, stand jedoch hinter dem Bund Königin Luise, in dem seine Schwester aktiv war. Auch der Stahlhelmbundesführer Franz Seldte lehnte eine Stahlhelm-Frauenorganisation ab, denn dadurch würden Frauen zu Mitgliedern des Frontsoldatenbunds und das komme für ihn nicht infrage.

Aufgrund dieser Konflikte trat der Luisenbund künftig nicht mehr als Schwesterorganisation des Stahlhelms auf, enge Kontakte blieben aber bestehen. Beide Vereine unterstützten sich weiterhin bei Aktionen und Veranstaltungen. So berichtete die Polizei 1928 aus Eberswalde:

> Die Ortsgruppe des hiesigen Stahlhelms besteht aus ca. 85, die Ortsgruppe des Königin-Luise-Bundes aus ca. 50 Mitgliedern. Beide Ortsgruppen haben ein gemeinsames Versammlungslokal, wo sie ihre Tagungen abhalten. [...] Bei den Vereinsveranstaltungen, es mögen Vergnügungen oder Propaganda-Aufführungen sein, ist stets die andere Gruppe vertreten.[19]

In Potsdam scheint es ebenfalls keine Spaltung gegeben zu haben. Die Stahlhelmvertreter der Hohenzollern kamen weiterhin zu den Feierlichkeiten des Bundes. Die Frauen des Bundes kochten für die „Stahlhelmspeisungen" – kostengünstige Mittagessen für bedürftige Mitglieder und deren Familien.[20] In der Region Stahnsdorf-Gütergotz-Kleinmachnow ist hingegen ein Stahlhelm-Frauenbund nachweisbar.[21]

Radikalisierung

Ende der 1920er Jahre nahmen einzelne Ortsgruppen Kontakte zur NSDAP auf, eine Bundesdelegation traf sich 1930 mit italienischen Faschistinnen und ließ sich

---

18 Vgl. Süchting-Hänger, *Gewissen*, 326–27.
19 BLHA, 2A I Pol 1097, Bl. 234.
20 Vgl. „Was Kameradschaftssinn zuwege bringen kann!", *Potsdamer Tageszeitung*, 08.10.1931.
21 Vgl. „Deutscher Abend' in Stahnsdorf", *Potsdamer Tageszeitung*, 19.10.1931.

von Mussolini empfangen.[22] Die neuen Formen politischen Handelns der NSDAP –
weniger Petitionen, mehr Präsenz auf den Straßen – eignete sich auch der Bund
an.[23] Er präsentierte sich zunehmend militärischer und inszenierte große Aufmär-
sche und Fahnenweihen. So begann das Landesverbandstreffen Brandenburg und
Grenzmark am 22. Juni 1929 in Potsdam mit einem abendlichen Fackelaufmarsch
vor dem Gedenkstein für die Weltkriegsgefallenen im Stadion Luftschiffhafen.
Den Stein schmückten die Frauen zu den Klängen von „Ich hatt' einen Kameraden".[24] Dieses Lied geht auf ein 1809 von Ludwig Uhland verfasstes Gedicht angesichts der Tiroler Freiheitskriege zurück. Seit dem Ersten Weltkrieg ist es fester
Bestandteil militärischer Trauerzeremonielle.[25] Angelehnt an die beschworene
soldatische Kameradschaft nannten sich auch die Bundesmitglieder Kameradin-
nen, so Charlotte von Hadeln 1935 in ihrer Rückschau:

> Die Frontkämpfer haben als heiligsten Ausdruck tiefster und unlösbarer Gemeinschaft das
> Wort ,Kamerad' aus der Front heraus in die Heimat getragen. Wir nahmen es, von ihnen sei-
> nes hohen Wertes belehrt, als schönsten Namen auch für uns. Der Kameradschaftsgeist muß
> der Pulsschlag einer Nation sein und bleiben, denn nur durch ihn lebt sie und ohne ihn
> stirbt sie.[26]

Der zweite Tag des Verbandstreffens begann mit einem Gottesdienst in der katholischen Kirche St. Peter und Paul. Zeitgleich sprach in der Garnisonkirche der
Stahlhelmgauführer der Uckermark und Ehemann der Landesverbandsjugend-
führerin für Brandenburg und Grenzmark, Pfarrer Georg Schultze – Talar über
der Uniform, das Eiserne Kreuz auf der Brust, wie die kommunistische Zeitung
Volkswille am 12. Juli 1929 kritisch hervorhob. Über 100 Jugendgruppen des Luisenbundes präsentierten ihre Wimpel. Zum Festakt in der Ausstellungshalle am
Luftschiffhafen kam Prinz August Wilhelm von Preußen, eröffnet wurde mit dem
Einmarsch der Stahlhelmfahnen. Zu diesem Zeitpunkt umfasste der Landesver-
band fünf Gaue, 138 Ortsgruppen und mehr als 7 000 Mitglieder.[27] Ähnlich militärisch verlief die Landesverbandstagung 1932 in Potsdam, nur der Fackelzug fand
nun vor dem Schloss Cecilienhof in Anwesenheit des dort wohnenden Ex-Kron-

---

22 Vgl. Schöck-Quinteros, „Bund Königin Luise", 245, 259–61.
23 Vgl. Süchting-Hänger, *Gewissen*, 325–26.
24 Vgl. „Landesverbandstag des Bundes ,Königin Luise' in Potsdam", *Potsdamer Tageszeitung*,
25.06.1929.
25 Vgl. „Ich hatt' einen Kameraden", Volksliedarchiv, https://www.volksliedarchiv.de/ich-
hatt-einen-kameraden/.
26 Hadeln, *In Sonne und Sturm*, 251.
27 Vgl. „Landesverbandstag", *Potsdamer Tageszeitung*, 25.06.1929.

prinzenpaares statt. Die Mitgliederzahl hatte sich enorm erhöht; sie erreichte fast 18 000 Frauen und Mädchen.[28]

Abb. 2: Cecilie von Preußen auf dem Landesverbandstag des Bundes Königin Luise Brandenburg und Grenzmark in Potsdam, 18.09.1932 (Potsdam Museum, FS15715, Foto: Walter Eichgrün)

Konflikte und Auflösung

Der Bund Königin Luise begrüßte Adolf Hitlers Machtübernahme und unterstellte sich im Mai 1933 seinem Schutz und seiner Führung.[29] Die Ziele des Frauenvereins schienen in greifbare Nähe gerückt. Auch deshalb feierte der Bund sein zehnjähriges Bestehen im Mai 1933 repräsentativ und voller Euphorie mit großen Aufmärschen und zahlreicher Prominenz aus dem Hause Hohenzollern. Etwa 30 000 Mitglieder, darunter über 1 000 Jugendgruppen nahmen an den Feierlichkeiten in Potsdam und Berlin teil. Eine Festschrift, diverse Fotoalben und ein Film zeugen

---

28 Vgl. „Potsdam im Zeichen der Kornblume", *Potsdamer Tageszeitung*, 19.09.1932.
29 So die ehemalige Kronprinzessin Cecilie und Charlotte von Hadeln in einem Telegramm an Adolf Hitler am 16.5.1933, zitiert in Süchting-Hänger, *Gewissen*, 365–66.

davon. Höhepunkte waren am 14. Mai die Hauptversammlung im ausverkauften Berliner Sportpalast sowie am Vorabend das Schauspiel *Aufbricht Deutschland. Ein Stadionspiel der nationalen Revolution* des Potsdamer Schriftstellers Gustav Goes im Luftschiffhafen Potsdam mit 2 500 Darsteller:innen – einschließlich des Auftritts von Marie-Luise von Preußen als Königin Luise zu Pferd. Impressionen davon zeigt der Film *Bundesfeier zum 10jährigen Bestehen des Bundes Königin Luise, Potsdam-Berlin 1933*, ein stummer Dokumentarbericht mit vielen Zwischentiteln, der allerdings nur noch zur Hälfte erhalten ist.[30]

Abb. 3: Werbeanzeige für eine Veranstaltung der Potsdamer Ortsgruppe des Bundes Königin Luise am 19. März 1933 im Potsdamer Schauspielhaus (*Potsdamer Tageszeitung*, 16. März 1933)

Doch die NSDAP wollte alle konservativen Frauenorganisationen in die nationalsozialistischen Frauenverbände integrieren. Dagegen wehrten sich die Betroffenen mit Verweis auf ihre jahrelange Widerständigkeit.[31] Charlotte von Hadeln wandte sich am 6. April 1933 an Adolf Hitler:

> Unser Bund [...] trat in all diesen Jahren unerschrocken für die Erziehung des weiblichen Geschlechts in christlichem und deutsch-völkischem Sinne ein, trotzdem die Regierung und [die] marxistische Weltanschauung [...] oft in erbittertem Kampf gegen unsere nationalen Ziele standen.[32]

Umsonst; schließlich trat der Bund Königin Luise am 9. Mai 1933 der Deutschen Frauenfront bei, die Lydia Gottschewski leitete. Charlotte von Hadeln wurde ihre

---

30 Vgl. BArch, R 9346-I/22374 (Zulassungskarte, 6.7.1933). BArch-Filmarchiv, 43289-1.
31 Vgl. Süchting-Hänger, *Gewissen*, 367.
32 Zitiert in ebd., 368.

Stellvertreterin. Es folgten Kompetenzstreitigkeiten mit Gottschewski und Versuche, den Bund aufzulösen. Landesführerinnen verließen den Bund, da sie nicht mehr um das Überleben ihres Vereins kämpfen wollten. Auch befürchteten sie, zum Sammelbecken für Unzufriedene und Reaktionäre zu werden, denn die Mitgliederzahl war gewachsen. Viele Frauen hofften, mit diesem Schritt den Eintritt in die NS-Frauenschaft umgehen zu können.[33] Nach massiven Angriffen löste sich der Bund schließlich zum 1. April 1934 auf. In der Pressemitteilung darüber wird deutlich, dass es sich um einen unfreiwilligen Abschied handelte:

> Nachdem der Bund Königin Luise und seine Führerinnen im Herbst 1933 wieder in die alten Rechte zurückversetzt waren, versuchte er nach wie vor mit allen seinen Kräften dem Führer und dem nationalsozialistischen Staat zu dienen. Da jetzt die Neuordnung der Frauenarbeit im Reich vorgenommen werden sollte, wurde am 6. Februar 1934 auf einer Sitzung der Bundesführung mit dem Obersten Führerinnenring und den Landesführerinnen in Halle beschlossen, Erkundigungen über die Wünsche des Staates und die geplante Frauenarbeit einzuholen, um danach die Entscheidung des Bundes Königin Luise zu fällen. Das ist geschehen. Eine Rücksprache mit dem Stellvertreter des Führers, Herrn Rudolf Heß, und mit der Führerin der Nationalsozialistischen Frauenschaft und des Deutschen Frauenwerks, Frau Scholtz-Klink, fand statt. Im Hinblick auf die Notwendigkeit, alles zu tun, um den Führer und dem nationalsozialistischen Staat unseren unbedingten Willen zu beweisen, in opferbereiter Tat in unserem Wahlspruch ‚Ich dien' zu folgen, erklären wir in voller Übereinstimmung mit der Schirmherrin unseres Bundes [...] die Auflösung des Bundes Königin Luise [...]. Der Eintritt in die NS-Frauenschaften und den BDM steht jedem frei und wird von uns den Kameradinnen nahegelegt, doch soll der Eintritt in die NS-Frauenschaften nach Rücksprache mit Frau Scholtz-Klink nur aus Überzeugung, also freiwillig, geschehen, niemals unter irgendeinem Zwang. Nehmen Sie die Aufgabe als Vermächtnis unseres Bundes ins fernere Leben: ‚Wir wollen niemals Halbe, sondern, wo wir stehen, Ganze sein!'[34]

Zum Abschied erhielten leitende Frauen eine Ehrenurkunde mit den Bildnissen der Bundesführung, auch Felicitas Gummig. Ihre jüdische Herkunft hatte im Bund und für sie selbst offenbar keine Rolle gespielt. Den antisemitischen Vereinscharakter hatte sie mitgetragen. Doch nach dem Erlass der Nürnberger Rassengesetze 1935 galt sie plötzlich als Jüdin und ihr Ehemann als jüdisch versippt. Deshalb sollte er 1937 als Regierungsrat entlassen werden. Der Präsident der Reichsversicherungsanstalt bemühte sich jedoch bis hin zu Rudolf Heß erfolgreich um den Verbleib von Oskar Gummig im Amt. Gegenüber dem Reichsversicherungsamt, der aufsichtführenden Behörde der Versicherungsanstalt, hob er am 31. Mai 1937 auch die Aktivitäten von Felicitas Gummig im Bund Königin Luise hervor und betonte, sie habe „stets in vaterländischem Sinne gewirkt".[35] Sie hatte Glück und

---

33 Vgl. ebd., 373.
34 BArch, R 72/1832, Bl. 3.
35 BArch, R 3901/103680, Bl. 21.

war durch ihre Heirat und wohl auch die gehobene Position ihres Mannes ge-schützt. Drei ihrer Schwestern starben während des Holocaust.

Neustart ohne Folgen

In der Bundesrepublik und Westberlin gründeten sich 1951 Stahlhelm und Bund Königin Luise erneut. Offiziell verkündeten die Frauen, im sozialen Bereich zu agieren, so auch bei den wiederbelebten Stahlhelmsspeisungen. Doch sie blieben demokratiefeindlich und wollten den nationalen Gedanken erneut verbreiten.[36] Felicitas Gummig schenkte dem neuen Bund ebenfalls Interesse. In ihrem Nach-lass befinden sich Fotos der damaligen Schirmherrin Prinzessin Kira von Preu-ßen.

Das Informationsblatt ehemaliger Potsdamer:innen in Westdeutschland *Unser Potsdam* veröffentlichte im Mai 1980 Werbung für den Eintritt in den Bund. Das rechtsgerichtete Engagement vor 1934 verschleiernd, wurde behauptet, der Bund habe die Luisenbräute ausgestattet. Das lag jedoch in den Händen der 1811 gegründeten Luisenstiftung, die armen und „unbescholtenen" Frauen eine Aus-steuer finanzierte. Deren Trauungen fanden jedes Jahr am Todestag von Königin Luise in der Potsdamer Garnisonkirche statt.[37]

Den bislang letzten Versuch, den Bund Königin Luise wieder zum Leben zu erwecken, unternahmen 2010 fünf Frauen in Crimmitschau.[38] Zum Glück ist auch er erfolglos geblieben.

36 Vgl. Peter Dudek und Hans-Gerd Jaschke, *Entstehung und Entwicklung des Rechtsextremismus in der Bundesrepublik: Zur Tradition einer besonderen politischen Kultur*, Bd. 1 (Opladen: West-deutscher Verlag, 1984), 118–19. Ausführlich bei Förster, *Königin Luise-Mythos*, 391–94.
37 Vgl. „Gruppenfoto nach der Trauung von ‚Luisenbräuten'", Wiederaufbau der Garnisonkirche Potsdam, https://wissen.garnisonkirche.de/wissensspeicher/detailansicht/gruppenfoto-nach-der-trauung-von-luisenbraeuten/.
38 Vgl. „Wiedergründung des Luisenbundes geplant", Rundbrief des Bundes aufrechter Monar-chisten, CORONA – Nachrichten für Monarchisten, Jahr 4, Ausgabe 2, 31.01.2010, https://coronana chrichten.files.wordpress.com/2011/09/corona-561.pdf.

Thomas Kühne

Von Potsdam nach Bonn: Kameradschaft und militärische Kultur im 20. Jahrhundert

Am Ende des letzten Jahrhunderts tourte die erste Wehrmachtausstellung des Hamburger Instituts für Sozialforschung durch Deutschland und erregte enormes Aufsehen. Amateurfotos einfacher Wehrmachtsoldaten ließen keinen Zweifel an deren Beteiligung an vielfältigen Kriegsverbrechen und der genozidalen Kriegführung gegen die Juden. Mitte der 1990er Jahre wollten die deutsche und andere europäische Gesellschaften eigentlich nichts mehr vom Krieg wissen. Die allgemeine Wehrpflicht wurde obsolet. Der Soldat büßte seine Funktion als soziales Leitbild ein und sah sich mitunter gar als „Mörder" tituliert. Aber die kriegerische Gewalt ließ die zivile Gesellschaft nicht in Ruhe. Der Krieg kehrte nach Europa zurück, real in Gestalt der Konflikte im zerfallenden Jugoslawien, imaginär in kontroversen Erinnerungen an den Zweiten Weltkrieg und den Holocaust.[1]

In der Debatte um die Wehrmachtausstellung prallten zwei Welten aufeinander: die zivile Welt, die den Krieg nicht mehr verstand, und die Welt der ehemaligen Soldaten der Wehrmacht. Diese sahen sich dem Verdacht ausgesetzt, allesamt Juden und andere Zivilisten umgebracht zu haben, und waren empört darüber, dass ihr Opfergang nicht gewürdigt wurde. 1999 brachte die Illustrierte *Der Stern* Wehrmachtveteranen und Gymnasiasten zu einer Begegnung zusammen. Einer der Schüler brachte die Haltung seiner Generation auf den Punkt: „Da waren garantiert genügend Soldaten dabei, denen es voll Spaß machte, Leute abzuknallen." Andere fragten, warum die Soldaten nicht einfach desertiert seien. Mit für die Schüler „unbegreiflichem Absolutheitsanspruch" antworteten die Veteranen: „Es wäre uns wie Verrat an den kämpfenden Kameraden vorgekommen." „Kameradschaft" – das war der Schlüsselbegriff für die alten Soldaten, den die junge Generation aber nicht verstand – „ein Begriff wie aus einer anderen Welt", titelte *Der Stern* daher die Geschichte dieses gescheiterten Dialogs.[2]

Dieser Begriff steht in der Tat an der Schnittstelle zwischen ziviler und militärischer Welt. Kameradschaft transportierte lange Zeit die Idee, dass gerade im

---

1 Vgl. Thomas Kühne, *Kameradschaft: Die Soldaten des nationalsozialistischen Krieges und das 20. Jahrhundert* (Göttingen: Vandenhoeck & Ruprecht, 2006), 9–10, auch zum Folgenden. Der vorliegende Text basiert auf diesem Buch sowie auf Thomas Kühne, *The Rise and Fall of Comradeship: Hitler's Soldiers, Male Bonding and Mass Violence in the 20th Century* (Cambridge, MA: Cambridge University Press, 2017).

2 „Der Erinnerung eine Zukunft geben", *Der Stern*, 10.06.1999, 152–58, 156, 158.

https://doi.org/10.1515/9783111305622-007

Krieg, inmitten von Tod, Zerstörung, Verwüstung, Vernichtung und Unmenschlichkeit, die intensive Erfahrung von Solidarität, Gemeinschaft und Selbstlosigkeit,
also Menschlichkeit, möglich sei, die in der zivilen Gesellschaft fehle. Diese Ausstrahlungskraft der Sozialform Kameradschaft beruhte darauf, dass sie Gegensätze versöhnte oder zu versöhnen schien, und zwar in dreierlei Hinsicht:

1. Als Goldstandard männlicher Vergemeinschaftung vermittelte Kameradschaft
   zwischen männlich kodierten Tugenden wie Härte und weiblich kodierten
   Gefühlen wie Zärtlichkeit und Geborgenheit. Dem Kameraden war beides
   möglich.

2. Als moralische Kategorie verwischte Kameradschaft den Gegensatz zwischen
   Gut und Böse und erlaubte es den Soldaten, Schuldgefühle ob verübter Gewalt im Dunst von Gesten der Menschlichkeit aufzulösen.

3. Als Ideal militärischer Vergemeinschaftung vermittelte Kameradschaft zwischen *face-to-face* Gruppen und anonymen Gemeinschaften wie der Armee
   oder der Nation.

Im deutschen Gemeinschaftsdiskurs wurde Kameradschaft häufig der Freundschaft gegenübergestellt. Freunde sucht man sich aus, Kameraden werden einem
zugeteilt. Freundschaft beruht auf gegenseitiger Sympathie von Individuen, dem
Austausch von Gefühlen, Wünschen und Ideen. Kameradschaft ist von außen gefordert und dient der Erreichung kollektiver Ziele, zum Beispiel im Mannschafts-
sport, vor allem aber der Abwendung von Gefahren, etwa im Krieg. Kameradschaft treibt eine Gemeinschaft an, die aufgabenorientiert zusammen handeln, arbeiten und leben muss, und deren Zusammensetzung sich Befehlen, dem Zufall,
oder dem Schicksal verdankt, die aber individuelles Wohlergehen, Entscheidungs-
freiheit und Verantwortung negiert oder zumindest hintanstellt.

Die Aura des Schicksalhaften und die moralische Absolution des Ich durch
das Wir der Gruppe erklärt die Popularität der Kameradschaft in der kollektiven
Erinnerung an den Ersten Weltkrieg. In Erich Maria Remarques Kriegsroman *Im
Westen nichts Neues* trifft der jugendliche Kriegsfreiwillige Paul Bäumer während
eines Gefechts in einem Trichter auf einen Franzosen. Er sticht reflexartig mit
dem Messer auf ihn ein, bis dieser „zusammensackt". Paul ist sofort geplagt von
Gewissensbissen, streicht seinem sterbenden Opfer „über die Stirn", holt ihm
Wasser, quält sich mit dem Gedanken an dessen Frau und bittet ihn *posthum* um
Verzeihung. Dann kehrt Paul zu seinen Kameraden zurück. Sie zerstreuen seine
Gewissensbisse, „geborgen und getröstet" kommt Bäumer wieder zu sich: „Was
habe ich nur für einen Unsinn zusammengefaselt da in dem Trichter. [...] Krieg ist

Krieg schließlich." In der Geborgenheit seiner Kameraden schöpft Bäumer neue Kraft und kann weiterkämpfen.[3]

Kameradschaft war eine Funktion der Kampfmoral und insofern entschieden männlich konnotiert. Der gute Kamerad ließ die anderen nicht im Stich, sondern rann mit ihnen in die Schlacht. So impfte es die Militärpädagogik den Soldaten ein, und die weitverbreiteten Kriegsromane pazifistischer wie nationalistischer Autoren verurteilten den Feigling, der im Gefecht hinten blieb. Gleichzeitig aber hatte Kameradschaft eine feminine Note. „Kamerad sein hieß", so ein Redner auf einer Veteranenversammlung 1925, „ein Stück Heimat ersetzen, hieß die Stelle von Vater und Mutter vertreten, hieß die liebende Braut und Gattin ersetzen. Echte Kameradschaft näherte sich am meisten jener wundervollen und idealen Herzensgemeinschaft zwischen Mann und Frau."[4]

Im christlichen Kontext ordnete man die Soldaten, die ihr Leben für das ihrer Kameraden oder ihres Vaterlandes geopfert hatten, der Tradition des Johannes-Evangeliums (15,13) ein, das die größte Liebe Gottes dem zuerkennt, der „sein Leben lässt für seine Freunde", und feierte so die Kameradschaft als ultimativen Ausdruck christlicher Nächstenliebe. Der gute Kamerad war *quasi* heilig, auf jeden Fall aber befreit von moralischer Schuld, etwa für die Leichenberge des Ersten Weltkriegs. Die Kameradschaft der *Ingroup* neutralisierte die Aggression nach außen, gegen die *Outgroup* der Feinde.

Außerdem wurde die Frontkameradschaft zum Modell nationaler Einigung erhoben, dies allerdings hauptsächlich im rechten, nationalistischen Milieu der Weimarer Zeit und dann offiziell in der NS-Propaganda. Die Frontgemeinschaft hätte die Klassengegensätze der zivilen Gesellschaft Deutschlands vor, während und nach dem Krieg überwunden und empfahl sich somit als Rezept zur Heilung dieser Gesellschaft, eine Vorstellung, die vor 1933 quer durch die bürgerlichen Parteien vertreten und dann von den Nationalsozialisten auf die Fahne ihrer Volksgemeinschaftspropaganda geschrieben wurde.

Diese drei integrativen Elemente (komplexe oder proteische Männlichkeit; moralische Entlastung des Kriegers; nationale soziale Harmonie) zogen sich durch die kollektive Erinnerung an den Ersten Weltkrieg und prägten in nur geringfügig abgewandelter Form dann wieder die deutsche Erinnerung an den Zweiten Weltkrieg, wenn auch auf sozial schmalerer Basis. Die breite soziale, politische und ideologische Basis des Mythos der Kameradschaft im Ersten Weltkrieg ist das Bemerkenswerte der Zwischenkriegszeit. Er fand Anklang auch im linken und pazi-

---

3 Erich Maria Remarque, *Im Westen nichts Neues*, Hg. Tilman Westphalen (Köln: Kiepenheuer & Witsch, [1928] 1987), 197–202.

4 Zitate nach Kühne, *Kameradschaft*, 28–30.

fistischen Lager. Der Mythos der Frontkameradschaft popularisierte den Geist von Potsdam, aber auch dem Geist von Weimar war er nicht fremd.

Bemerkenswerterweise fanden viele Soldaten des „Dritten Reiches" diese mythischen Dimensionen der Kameradschaft auch in ihrer Militär- und Kriegserfahrung bestätigt. Gleichzeitig war die euphorische Kameradschaftserfahrung im NS-Krieg vielfältig gebrochen oder hatte sich in ihr Gegenteil verkehrt. Kameradschaft war in der sozialen Praxis noch mehr als in der mythischen Überhöhung ein ambivalentes Phänomen, erstens infolge ihres konformistischen Zwangscharakters und zweitens, weil sie oft als Vehikel moralischer Transgression und verbrecherischer, genozidaler Kriegführung wirkte.

Alle Gemeinschaft lebt von Grenzziehungen zu denen, die nicht dazu gehören, die militärischen Feinde, die Außenseiter innerhalb der Gruppe, und generell das Andere, das Verbotene. Kameradschaft lebt vom kollektiven Normbruch, auch vom gemeinsam begangenen Verbrechen, das alle zu Mittätern oder doch Mitwissern macht. Um als Mann unter Männern anerkannt zu werden, musste man bereit sein, Verbotenes oder doch wenigstens Anrüchiges zu tun, und zwar in Gemeinschaft und unter Aufsicht anderer Männer. Männerbündische Vergemeinschaftung durch Verbotenes und Verbrechen ist kein Spezifikum des Militärs oder des Nationalsozialismus, sondern nahezu universell anzutreffen: in männlichen Initiationsriten, kriminellen Gangs und Straßenbanden, aber auch paramilitärischen Gruppen aller Art. Im Nationalsozialismus allerdings arrangierte der Staat – nicht nur eine Subkultur – die Vergemeinschaftung durch Verbrechen. Hitler selbst war sich dieser Soziologie des Verbrechens bewusst. 1923 erklärte er, es gebe „zwei Dinge, die Menschen zu vereinigen vermögen: gemeinsame Ideale und gemeinsame Gaunerei."[5]

Im militärhistorischen Kontext sind die im Vorfeld des Überfalls auf die Sowjetunion 1941 erlassenen verbrecherischen Wehrmachtbefehle von Bedeutung. Politische Kommissare der Roten Armee sollten nicht als Kriegsgefangene im Sinne des Völkerrechts behandelt, sondern erschossen werden. Vergehen von Wehrmachtsangehörigen an Angehörigen der unterworfenen Zivilbevölkerung sollten *quasi* straffrei bleiben, von letztlich unklar definierten Ausnahmen abgesehen. Der Protestant und Leutnant Fritz Farnbacher war vermutlich nie selbst an der Ermordung von Juden oder anderen Wehrlosen beteiligt, obwohl er den Russlandfeldzug vom ersten Tag an in einer Frontdivision mitmachte. Er versuchte, Distanz zu den Massenverbrechen zu wahren. In den Bedrohungsszenarien des durch Gerüchte und Propaganda dramatisierten Partisanenkrieges lösten sich Skrupel ob der verbrecherischen Kriegführung jedoch zusehends auf. Farnbacher

---

5 [Adolf] Hitler, *Sämtliche Aufzeichnungen 1905–1924* (Stuttgart: DVA, 1980), 960.

war ein introvertierter gläubiger Protestant und Tagebuchschreiber, der sich im Radaugebahren des Militär schwer zurechtfand. Er strebte danach, anerkannt zu werden. Gleichzeitig begeisterte er sich für das abenteuerhafte, an die Fahrten der Jugendbünde erinnernde Gemeinschaftserlebnis der Requirierungszüge und Partisanenaktionen seit 1942. Auf Partisanen stieß man nicht immer, dafür war die Beute mitunter um so üppiger. Kartoffeln, Kraut, 50 Hühner, Getreide, drei Spanferkel „und vor allem eine Kuh" wurden im Rahmen einer Aktion im März 1942 auf über 30 Schlitten geladen, wie er seinem Tagebuch anvertraute:

> Dann setze ich mich an die Spitze meiner Streitmacht, nachdem ich ihre Vollzähligkeit noch einmal festgestellt habe [...] und marschiere heimwärts. So schön der Morgen war, so schön ist jetzt auch der Abend. Wir haben Rückenwind und kommen gut voran. Nicht zuletzt der Humor der Landser trug zur ausgelassenen Stimmung bei: ‚Wie ich draußen gefragt habe, ob die Kuh auch bezahlt sei, sagten sie glatt ‚Jawoll!‘. Auf meine Frage, womit: ‚Mit Bilderschecks!‘"[6]

Moralisch „gut" im Sinne der Kameradschaftsmoral handelte, wer ungeachtet persönlicher Skrupel, Unsicherheiten oder Ängste unbeirrt das tat, was die Gemeinschaft tat und ihr die Treue hielt. Moralisch verwerflich handelte, wer ausscherte. Wer mitmachte und sich unterordnete, genoss auch die entlastenden und Trost spendenden Elemente der Kameradschaft. Denn Legitimation für den Dispens der Humanität gegenüber dem Gegner lieferte nicht nur das entmenschlichte Feindbild, sondern auch die „Menschlichkeit", welche die Gruppe im Inneren pflegte.

Je weiter der Krieg voranschritt, desto mehr fanden sich die Soldaten nicht nur mit der Teilhabe am Mord an der gegnerischen Bevölkerung belastet, sondern auch mit dem massenhaften Tod der eigenen Kameraden konfrontiert. Aber die Erfahrung der physischen Destruktion ließ die Soldaten keineswegs an ihrer sozialen Produktivität irre werden. Sie wussten in den letzten Kriegsjahren mehr als zu Beginn des Krieges, wie sich sozialer Zusammenhalt in den kleinen Kampfeinheiten immer wieder aufs Neue und mit ständig neuem Personal herstellen ließ. Blieb die Erinnerung an das große gemeinschaftliche Verbrechen durch die Angst vor der Rache der Gegner im Osten auch wach, so verengte sich doch der Erfahrungshorizont der Soldaten auf den Aktionsradius der Kompanie. „Aus einigen deutschen Dörfern haben wir den Ivan herausgeworfen. Mit kaum 150 Mann schlugen wir über 1000 Russen in die Flucht", schrieb der Unteroffizier Kurt Kreißler im Januar 1945 im Frühjahr 1945 seinen Eltern. „Besonders [...] mein Komp[anie]trupp, den ich selbst führe, ist ein Herz und eine Seele. ... Zusammenbleiben können und gemeinsam kämpfen oder gemeinsam verwundet werden, ist

---

6 Zitate nach Kühne, *Kameradschaft*, 151.

unser Wunsch." Der Kampf, die Destruktion des physischen Lebens war die Grundlage des sozialen Erlebens.[7]

Die Janusköpfigkeit der Kameradschaft bestimmte den Diskurs nach 1945 mehr als nach 1918. Während nach dem Ersten Weltkrieg kritische Analysen besagter Janusköpfigkeit und der Rolle von Kameradschaft als Motor transgressiver, verbrecherischer oder unmoralischer kollektiver Akte marginal waren, rückte dieser Aspekt nach 1945 immer mehr in den Vordergrund, allerdings erst seit den 1970er Jahren.

Organisierte Veteranenbewegungen waren nach 1945 zahlenmäßig ungleich schwächer als nach 1918, aber sie und ihre Sympathisanten prägten die öffentliche Erinnerung an den Krieg für Jahrzehnte, unter anderem indem sie erfolgreich die Legende von der sauberen Wehrmacht kolportierten. In diesem Zusammenhang gehört auch der Mythos von der moralisch guten Kameradschaft als Inbegriff von Hilfs- und Opferbereitschaft, Solidarität und Menschlichkeit. Er erlaubte es, Hitlers ehemaligen Soldaten in Westdeutschland sich als Wegbereiter der liberalen und friedfertigen Demokratie zu empfehlen. Von der „Schuldfrage [...] soll hier nicht die Rede sein", erklärte der baden-württembergische Ministerpräsident Gebhard Müller in einem Grußwort zum Wiedersehenstreffen der 78. Sturmdivision in Tübingen 1956. Diese Kameradschaftstreffen, so Müller, seien von „größtem menschlichen Wert", gehe es doch nicht um die Fortschreibung von Hassgefühlen, sondern um die Erhaltung einer „Kameradschaft", die „zum Inbegriff aller Tugenden geworden war" in einer Zeit „der Unmenschlichkeit und des Bösen". „Kameradschaft – gegenseitige Hilfe, gegenseitige Verpflichtung", so Müller, sei „ein Teil des Fundaments, auf dem der neue Staat aufgebaut wurde. Denn die seelischen Elemente einer demokratischen Staatsform sind im Letzten die Achtung vor dem Anderen, das Füreinander und Miteinander zum Wohl des Ganzen."[8]

Die Frage war, wie diese moralischen Leerformeln gefüllt wurden. Einen „alten Chef" wie den Großadmiral Raeder, der immer „warmherzig" zu seinen Leuten gestanden hatte, als „Kamerad unter Kameraden" zu behandeln, war für die Veteranen in den 1950er Jahren ein Gebot des Ehrenkodex ihrer Gemeinschaftsmoral.[9] Gerade diese Toleranz zu Galionsfiguren des „Dritten Reiches" machte das um das Kameradschaftsideal kreisende Treiben für die zivile Außenwelt und die Repräsentanten der jungen Demokratie aber suspekt. „Kameradschaft ist eine gute Sache", versuchte der SPD-Pressedienst zu vermitteln.

Aber ist Kameradschaft ein Wert an sich? Raeder war ein Günstling Hitlers [...]. Hitler war ein Verbrecher, und diese Tatsache kann man nicht durch eine

---

7 Ebd., 170–71.
8 Ebd., 231–32.
9 Zitat nach Kühne, Kameradschaft, 264.

noch so tief empfundene Kameradschaft verdecken [...]. Haben die ehemaligen Marineangehörigen nicht begriffen, dass die Kameradschaft dort ein Ende finden muss, wo ein Angehöriger ihres Bundes die Politik eines Verbrechers verantwortlich unterstützte?[10]

Ganz in diesem Sinne war der Kameradschaftsbegriff, den die Bundeswehrreformer um Wolf Graf Baudissin im neuen Militär der Bonner Republik verankern wollten, an das individuelle Gewissen und die persönliche Verantwortung gekoppelt, ohne die es „keine tragfähige Kameradschaft", „höchstens ‚Kameraderie'"geben könne.[11] Die Abgrenzung moralisch guter Kameradschaft von moralisch verwerflicher Kameraderie war ein rhetorischer Taschentrick von Wehrmachtveteranen wie Bundeswehrsoldaten, der ansonsten aber wenig Eindruck machte. Der soziologische Mechanismus der kameradschaftlichen Deckung und Vertuschung von Vergehen und Verbrechen war zu offensichtlich, welches Vokabular auch eingesetzt wurde.

Seit den 1970er Jahren besetzten jüngere Deutsche die Schaltstellen in Politik, Gesellschaft, Wirtschaft und Kultur, und im Zeichen des kulturellen Wandels und des Endes des Kalten Krieges vertiefte sich der Graben zwischen ziviler Gesellschaft und Militär. Bundeswehrskandale, oft im Sinne der transgressiven, bösen Kameradschaft vertuscht oder verheimlicht, sowie rechtsextreme, neonazistische Aktivitäten, oft explizit unter dem Leitbild der Kameradschaft organisiert, diskreditierten die einst heilige Kameradschaft, zumindest in der zivilen Gesellschaft.

„Was ist Kameradschaft?", wollte ein Journalist der *FAZ* von einem Bundeswehrgeneral 1998 wissen. „Ist sie der Schlüssel, mit dem wir die Neonazi-Vorfälle der Bundeswehr erklären können?"[12] Der General konnte diesen Verdacht nicht beschwichtigen, auch wenn er ihn vehement bestritt. Zwischen dem zivilen Beobachter und dem militärischen Insider fehlte das Verbindungsstück. Der eine beharrte auf dem Bild von der bösen Kameradschaft, das sich die zivile Gesellschaft nicht zu unrecht gemacht hatte, der andere beharrte auf dem Gegenteil, so wie es die Soldaten im 20. Jahrhundert gewohnt waren, wenn es galt, die böse Seite der militärischen Welt vor den Zweifeln der bürgerlichen Gesellschaft in Schutz zu nehmen. Beide Seiten aber gehören zusammen – Moral und Bruch mit der Moral.

In anderen Worten: Während das Leitbild der Kameradschaft in der ersten Hälfte des 20. Jahrhunderts zivile und militärische Gesellschaft versöhnte, wirkte sie der zweiten Hälfte, vor allem im letzten Viertel zunehmend entzweiend. Das

---

10 SPD-Pressedienst, 05.06.1956, zitiert nach Kühne, *Kameradschaft*, 264.
11 Wolf Graf Baudissin, „Rede vor der Bundeswehrführung", *Der Heimkehrer*, 25.07.1956, 8, zitiert nach Kühne, *Kameradschaft*, 264–65.
12 „Warum ist es so schön, Soldat zu sein, Herr John?", *Frankfurter Allgemeine Magazin*, 01.10.1998, 58–59.

muss kein irreversibler Prozess sein. Wie es um das künftige Ansehen des Militärs und damit auch der Kameradschaft als notwendigem Vehikel militärischer Verge-meinschaft in Deutschland im Zeichen der „Zeitenwende" bestellt sein wird, bleibt abzuwarten.

Teil II: **Innergesellschaftliche Militärkonflikte**

Rüdiger Hachtmann
Die Revolutionen von 1848 und 1918/19 und die Rolle des Militärs

Das Militär auf der einen und eine demokratisch-revolutionär aufgewühlte Zivilgesellschaft auf der anderen Seite markieren entgegengesetzte Pole. Auch als innenpolitische Ordnungsmacht war die Armee die zentrale Stütze des alten monarchischen Obrigkeitsstaats, den die Revolutionsbewegungen zum Einsturz bringen wollten. In Revolutionszeiten bestimmen diese Gegensätze auch unmittelbar Alltag und „Schicksal" der Menschen. Die folgenden Ausführungen konzentrieren sich auf die Untersuchung der Faktoren und Hintergründen der Entgrenzung der Gewalt, die in den beiden Revolutionen von 1848 sowie von 1918/19 eskalierte sowie der Frage: Warum gelang es den radikaldemokratischen Strömungen in beiden Revolutionen nicht, das preußisch-deutsche Militär fundamental umzugestalten?

I

Für 1918/19 sind die exzessiven Formen militärisch-gegenrevolutionärer Gewalt gerade in den letzten Jahren ausführlich beschrieben worden;[1] auch für die lange Zeit wenig beachteten Ereignisse, wie etwa die bürgerkriegsähnlichen Märzkämpfe 1919 in Berlin, als Freikorps und die „vorläufige Reichswehr" nicht nur Panzerwagen und Minenwerfer einsetzten, sondern auch mit Fliegerangriffen ganze Stadtviertel bombardierten. Die Bilanz: mindestens 2 000 Tote, die meisten davon Zivilisten.

Blutig war auch die Berliner Märzrevolution 70 Jahre zuvor. Einer entfesselten Soldateska fielen damals knapp 300 Berliner zum Opfer. Zeitgenossen attestierten den Soldaten eine „thierische, kaum formell gebändigte Rohheit", die einer „widerlich absichtlichen Verhöhnung aller Menschlichkeit und Natur" gleichgekommen sei. In Häuser geflüchtete Barrikadenkämpfer wurden „ganz ohne Gegenwehr mit dem Bayonet [ge]mordet, und die Kugeln nur für diejenigen [ge] braucht, die, da kein Pardon gegeben wurde, sich durch die Flucht zu retten suchten." Offiziere, die an den Kämpfen vom 18. März 1848 beteiligt waren, bestätigten

---

1 Zum Forschungsstand demnächst: Rüdiger Hachtmann, *Streitfall Revolution: 1918/19: Bilanz der Forschung* (Berlin: 2025 im Erscheinen).

https://doi.org/10.1515/9783111305622-008

dies. Alfred Graf von Waldersee, der spätere preußische Generalfeldmarschall, berichtete, die von ihm befehligten Soldaten seien über die Gegenwehr der Berliner „so erbittert [gewesen], daß sie lieber kurzen Prozeß machten." Ein anderer Offizier notierte nicht ohne eine gewisse Genugtuung, die von ihm kommandierten Füsiliere hätten „alles niedergeschossen und gestochen, was sich zum Widerstande bereit zeigte". Ihr „Eifer für die gute Sache u. s. w. war ohne Maaß".[2]

Wie die enthemmte Soldateska in ihren Gewaltorgien Vorurteile kultivierte, beschrieb ein Seidenwirkergeselle, der noch glimpflich davonkam: „Mit den Worten: ,hier ist ein Langhaariger' ward ich bei den Haaren ergriffen und bald hier bald dorthin geschleudert. Man warf mich die Treppe hinab." Die Soldaten riefen: „Schlagt den Hund tot!" und „Stecht ihn nieder!" Der langhaarige Seidenwirkergeselle erhielt „einen Kolbenschlag auf den Kopf, daß das Blut hervorspritzte und ich bewußtlos niedersank." Er wachte wieder auf, als man begann, „mich mit diversen Kolben- und Bajonettstößen die Treppe hinunterzutransportiren".[3]

Warum diese grenzenlose Wut des Militärs? Zunächst zu den einfachen Soldaten: Begleitet wurde der Gefangenenzug von zwei Bataillonen, die in den ländlichen Gebieten der Provinz Pommern rekrutiert worden waren. Hinter der barbarischen Gewalt einfacher Soldaten Mitte März 1848 stand mithin erstens ein tiefer Gegensatz zwischen Großstadt und Land. Weit wichtiger jedoch ist ein zweiter Faktor. Für die Offiziere stellte die – am Abend des 18. März 1848 bereits absehbare – Niederlage des preußischen Militärs gegen die Berliner Revolutionsbewegung eine Schmach ohnegleichen dar. Sie wollten nicht wahrhaben, dass sie gegenüber dem „Pöbel" und „Janhagel" den Kürzeren gezogen hatten.

Das galt ganz ähnlich auch für die Revolution von 1918. Zugrunde lag dieser Einstellung ein pejorativer Massendiskurs in den Eliten des Hohenzollern'schen Obrigkeitsstaates, im Adel, aber auch in großen Teilen des Bürgertums, der den Unterschichten, dem „Pöbel", keinerlei eigenen Willen zubilligte. Dieser könne nur „verführt", ferngelenkt sein.

II

Beide Revolutionen verdienen eigentlich das Kennzeichen „friedliche Revolution" – auch die Novemberrevolution von 1918. „Was Historiker des ,Zeitalters der Extreme' gerne vergessen, ist, dass die Revolution in Kiel ohne eine einzige Gräueltat als Begleitmusik einer neuen Ära auskam", so der irische Historiker Mark

---

2 Zitate nach: Ders., *1848: Revolution in Berlin* (Berlin: BeBra, 2022), 35–36.
3 Ebd.

Jones. Auf Seiten der revoltierenden Matrosen und der revolutionären Arbeiter waren auch in Berlin und den anderen deutschen Städten die „Hemmschwellen, die eine Eskalation physischer Gewalt verhinderten, intakt geblieben". Der friedliche Beginn des revolutionären Umbruchs wurde in den regierungsoffiziellen Stellungnahmen sowie in rechten und liberalkonservativen Medien gezielt unterschlagen: Weil die Republik sich in der Folgezeit ständig gezwungen sah, die staatlich legitimierte Gewalt gegen die Revolution im Frühjahr 1919 zu rechtfertigen, durfte sie sich nicht mehr daran erinnern, wie weitgehend gewaltfrei die Revolutionäre im November 1918 agiert hatten.

Diese aber „verübten keine Racheakte gegen ihre Feinde" – in krassem Unterschied zu ihren Gegnern.[4] Mit der exzessiven Gewaltanwendung einer gegenrevolutionären Soldateska bildete sich dann ein „Muster des gewalttätigen [rechten] Straßenterrors" aus, das die erste deutsche Demokratie bis zu ihrem Ende prägen sollte.[5] Demgegenüber blieben diejenigen, die den Zielen der politischen und sozialen Emanzipationsbewegungen damals zum Durchbruch verhelfen wollten, 1918/19 lange Zeit friedlich. Erst der Versuch einer Gegenwehr gegen schon frühzeitig enthemmte Freikorps „militarisierte" auch die revolutionären Bewegungen, wider Willen.

„Revolution" wird definitorisch häufig als von Anbeginn an durch Gewalt geprägt charakterisiert – und damit suggeriert, dass die Gewalt von den Revolutionsbewegungen ausging. Tatsächlich war es umgekehrt. Dies lässt sich eindrücklich an der Berliner Märzrevolution illustrieren (und ebenso an den Ereignissen in Paris, Neapel, Wien, Mailand usw. Anfang 1848): Die beiden Schüsse, die der Berliner Märzrevolution von 1848 vorangingen, mögen zufällig ausgelöst worden sein. Zur Vorgeschichte gehört freilich, dass das Militär in der Woche zuvor blutige „Tumulte" in Berlin-Mitte provoziert hatte, die bis zum 16. März sieben Tote und zahlreiche Verletzte gefordert hatten. Am 18. März selbst ging den Barrikadenkämpfen die Einkesselung der Zehntausend eigentlich friedlichen Berliner vor dem Stadtschloss durch Infanteristen und berittene Soldaten voraus. Angesichts dieser „Leberwursttaktik" konnten die Berliner gar nicht anders, als eine Provokation der preußischen „Militärpartei" zu vermuten, als die beiden Schüsse fielen. Als Kopf der erzreaktionären „Militärpartei" galt der Thronfolger Prinz von Preußen und spätere Kaiser Wilhelm I., den der Potsdamer Max Dortu bereits im September 1848 als „Kartätschenprinz" bezeichnet hatte. 1918 wiederum wurde ein zerfallendes Militär, die Freikorps sowie die sich als sogenannte „vorläufige

---

4 Mark Jones, *Am Anfang war Gewalt: Die deutsche Revolution 1918/19 und der Beginn der Weimarer Republik*, Übers. Karl Heinz Sibe (Berlin: Propyläen, 2017), 56, 60, 66.
5 Ebd., 340.

Reichswehr" neu formierende preußisch-deutsche „Militärpartei" zum Kern einer äußerst blutigen Gegenrevolution.

Dass die exzessive Gewalt zu Beginn und im Verlauf der Revolutionen von militärischer Seite ausging, war kein Spezifikum der Hohenzollernmonarchie. 1848 setzte sich die Gegenrevolution (mit Ausnahme der Schweiz) in ganz Europa durch. Die von ihr eingesetzte Soldateska hinterließ eine breite Blutspur, u. a. in Paris Ende Juni 1848 mit mehreren tausend Toten und zehntausenden Deportierten sowie in Wien bis Anfang November mit gleichfalls weit mehr Toten als während der Berliner Märzrevolution. 1849 bereitete vor allem die Brachialgewalt der preußischen Armee der zweiten Revolutionswelle in Dresden, der Pfalz und Baden ein Ende, wenig später die internationalen Militärkoalitionen der römischen sowie schließlich der ungarischen Republik.

Auch 1918/19 gingen „Militärpartei" und Gegenrevolution in vielen Staaten des Kontinents mit ungezügelt brutaler Gewalt gegen die Revolutionsbewegungen vor. Besonders bekannt ist dies (neben Russland) für Finnland. Dort trugen die „Weißen" nur durch die Hilfe von Freikorps und regulärer Truppen des zusammenbrechenden wilhelminischen Kaiserreichs den Sieg über die „Roten" davon. Der finnische Bürgerkrieg in der ersten Jahreshälfte 1918 war mit über 27 000 Toten der – in Relation zur Einwohnerzahl – blutigste Bürgerkrieg der jüngeren europäischen Geschichte. Andere Beispiele sind Ungarn sowie weitere Teile der ehemaligen Habsburgermonarchie, aber auch Staaten der Siegermächte, namentlich Frankreich mit den Rebellionen zunächst der Schwarzmeerflotte, dann der Matrosen und Hafenarbeiter in den Atlantikhäfen sowie anschließenden Streiks im Frühjahr und Frühsommer 1919. Der italienische Faschismus – der nicht zuletzt die frühen Nationalsozialisten beeindruckte – trug ebenfalls markante Züge einer exzessiv-brutalen Gegenrevolution. Mit Blick auf den „Geist von Potsdam" und die Frage nach einem preußischen und deutschen „Sonderweg" ist daher die europäische Dimension beider Revolutionsbewegungen[6] von erheblicher Bedeutung: Wir sollten uns davor hüten, etwas als „preußisch" zu klassifizieren, was zur „Natur" von Militär und Gegenrevolution „an sich" gehört.

---

6 Zu weiteren Ähnlichkeiten, aber auch Unterschieden zwischen beiden Revolutionswellen vgl. Rüdiger Hachtmann, „Die Revolution von 1848/49 und 1918/19 im Vergleich", in *Die Revolution 1918/19 und der Friedhof der Märzgefallenen*, Hg. Oliver Gaida und Susanne Kitschun (Berlin: Metropol, 2021), 90–144.

III

Spezifisch „preußisch" war der Glorienschein, mit dem borussische Konservative die preußische Armee umgaben. Im Jahr 1848 lagen die Siege gegen das Napoleonische Frankreich keine 25 Jahre zurück, außerdem erinnerte man sich noch an die Friderizianischen Kriege 1740 bis 1763. 1914/18 wurde der in konservativen, nationalliberalen und auch rechtssozialdemokratischen Kreisen weit verbreitete Glaube an die Unüberwindbarkeit der preußisch-deutschen Armee durch die Siege gegen Dänemark 1864, Österreich 1866 und Frankreich 1871 befeuert. Dieser Nimbus der Unbesiegbarkeit verhalf ab 1919 der Dolchstoß-Legende zu breiter Resonanz.

Die Mentalität des Offizierskorps war daneben in beiden Revolutionen durch den angesprochenen pejorativen Massendiskurs geprägt, nämlich durch die Sichtweise eines ständisch herausgehobenen Adels, aber auch vieler Bürger, das „einfache Volk" sei von außen geleitet. Der „Pöbel" – eine abfällige Bezeichnung, die Gesellen, arme Meister, qualifizierte Arbeiter und marginalisierte Sozialgruppen zusammenfasste – galt ihnen grundsätzlich als unfähig, eigenständig zu denken und aus eigenem Antrieb heraus zu handeln. Die mit Angst gepaarte Verachtung des angeblichen „Pöbels" verstärkte sich im preußisch-deutschen Raum Ende der 1860er Jahre, mit dem Aufschwung der Sozialdemokratie. Während des Ersten Weltkrieges waren es dann die von Linkssozialisten, wie den revolutionären Obleuten, angestoßenen Massenstreiks 1917 und Anfang 1918, die dieser Sicht neue Nahrung gaben.

Die Dolchstoßlegende und das von Hitler geprägte Diktum von den „Novemberverbrechern" bringt diese Einstellung überdeutlich zum Ausdruck. Es ist kein Zufall, dass fast alle führenden Nazis in der „vorläufigen Reichswehr" und den Freikorps sowie den daraus entstehenden protofaschistischen Organisationen politisch sozialisiert worden waren – sofern sie nicht der Nachkriegsgeneration angehörten.

IV

Dieser konservative Diskurs über die Unterschichten 1848 wie 1918 war mit allerlei Verschwörungstheorien gepaart. Nicht zuletzt war die seit 1789 immer wieder neu aufgelegte Behauptung, die Revolutionen würden durch Verschwörungen ausgelöst, ein verzweifelter Versuch, sich das Bild von der alten, vorrevolutionären „heilen Welt" zu erhalten. Im Jahr 1848 galt „Revolutioniren" als französische Nationaleigenschaft. Neben angeblichen französischen Emissären machten Friedrich Wilhelm IV., seine Kamarilla, die hohen Offiziere, aber auch die Geistlichkeit der preußisch-protestantischen Amtskirche „die Juden" für die Märzrevolution verantwortlich. Das war 1918/19 kaum anders, nur dass nun neben den „französischen Erbfeind" als dem Herd europäischer Verschwörungen „die Bolschewiki" oder pauschalisierend „die Russen" traten. Amalgamiert mit einem offen rassistischen Antisemitismus sprach die militärische wie zivile Rechte nun von einer „jüdisch-bolschewistischen Weltverschwörung".

Bereits ab Mitte des 19. Jahrhunderts kultivierten gerade große Teile des Offizierskorps einen Judenhass, der zu einer Art Markenzeichen der preußischen Gegenrevolution wurde. Er war auch den Hohenzollern nicht fremd. Friedrich Wilhelm IV. glaubte schon Ende 1847, Preußen sei von einem Verschwörernetz überzogen, das aus süddeutschen „Robespierres en herbes" und preußischen Juden bestünde. Der damals 16 Jahre alte Neffe des Königs und spätere Kaiser-der-99-Tage Friedrich I. notierte zum 19. März 1848, man habe ihn „auf einige Judengesichter aufmerksam [ge]macht, welche [...] eifrig redeten; auch schien einer etwas zu verteilen". Generalleutnant von Prittwitz, der am 18./19. März den Oberbefehl über die in Berlin stationierten Truppen führte, behauptete, dass vor Ausbruch der Barrikadenkämpfe „unter den Personen, die [...] immer und immer das Ansinnen stellten, die Truppen zurückzuziehen, [...] die Sprecher fast alle den jüdischen Typus nicht zu verleugnen vermochten." Ein jüdischer Tabakladenbesitzer habe, so Prittwitz, „Arbeiter" „durch Verteilung von Geld, 20 Silbergroschen der Mann" gegen das Militär „verleitet".[7]

Stichwortgeber war die protestantische Geistlichkeit. Die Demokraten und Linksliberalen hätten „ganz Deutschland entweiht, indem sie es losgerissen haben von der christlichen Kirche und geknechtet unter die Herrschaft der Juden, Deutsch-Katholiken, Pantheisten und Atheisten",[8] erklärte etwa am 21. Juni 1848 Ernst Wilhelm Hengstenberg, zwischen 1830 und 1860 der wichtigste Theologe in Preußen, in der von ihm herausgegebenen „Evangelischen Kirchenzeitung" (EKZ): Auch enge Vertraute des Königs waren judenfeindlich eingestellt. So meinte Ernst Ludwig von Gerlach, das Haupt der Kamarilla am Hohenzollernhof, am 1. April 1848 in der EKZ, dass die „radikalen Stimmführer" der Revolution der deutschen „Nation das Christentum ausziehen [wollten], sie soll Juden und Deutsch-Katholiken, Pantheisten und Atheisten als ihre Obrigkeit anerkennen."[9]

---

7 Zitate nach: Hachtmann, *1848: Revolution in Berlin*, 118–19.
8 Ebd., 116. Zur Biografie des Theologen: Vgl. Rüdiger Hachtmann, „Ein Prediger wider alle demokratischen Teufel: Ernst Wilhelm Hengstenberg (1802–1869), Preußens einflussreichster Theologe", in *Akteure eines Umbruchs: Männer und Frauen der Revolution von 1848/49*, Hg. Walter Schmidt, Bd. 5 (Berlin: Fides, 2016), 130–79.
9 Zitate nach: Hachtmann, *1848: Revolution in Berlin*, 116.

V

Warum versäumten es die Demokraten in beiden Revolutionen, das preußisch-deutsche Militär grundlegend zu reformieren? Dies ist für 1848 in groben Zügen folgendermaßen zu beantworten: Demokraten und Liberale mussten sich vor dem Hintergrund des Vereinigungs- und Versammlungsverbots während des Vormärz in Preußen überhaupt erst formieren. Zudem glaubten die meisten Demokraten – jedenfalls anfangs – an die Reformfähigkeit der Hohenzollernmonarchie. Sie wollten eine konstitutionelle Monarchie und keine Republik. Außerhalb Preußens spottete man über die Illusionen der Berliner gegenüber dem König. So z. B. der Schweizer Weber und Kleinbauer Johann Ulrich Furrer: Bei den Berlinern sei es

> mit dem, was man Verstand nennt, noch nicht weit her, das beweisen die Lebehoche für den König. In der Schweiz, glaube ich, hätte man es anders gemacht: Einen Mann, der vor wenigen Augenblicken noch Befehl gab, das Volk niederzuhauen, würde man nicht mit Vivetrufen, sondern mit Kugeln berauschen. Aber die einfältigen Leute glauben, dass die ganze Welt zugrunde ginge, wenn keine solchen Herren von Gottes Gnaden existieren würden.[10]

Erst ab dem Spätsommer 1848 begannen die preußischen Demokraten, offen grundlegende Militärreformen zu fordern.

Die Armee selbst blieb gegenüber dem „revolutionärem Geist" keineswegs immun, wie eine borussisch ausgerichtete Historiografie lange Zeit Glauben machen wollte. 1848 erodierte das Militärsystem, besonders sichtbar ausgerechnet in Potsdam. Dort kam es Mitte September zu einer regelrechten Revolte. Auslöser der – wie sie auch bezeichnet wurde – „Potsdamer Militär-Revolution" war eine Petition, in der ein „volksthümliches und freisinniges" Heer gefordert und ein Beschluss der Preußischen Nationalversammlung nachdrücklich unterstützt wurde, der es „reactionären Offizieren" zu „Ehrenpflicht" machte, aus der Armee auszuscheiden, wenn sie die avisierten demokratischen Reformen ablehnten. Unterzeichnet wurde diese Petition von 700 in Potsdam stationierten Soldaten. Die Militärführung reagierte, wie nicht anders zu erwarten war, rabiat. Einige willkürlich herausgegriffene angebliche „Rädelsführer" wurden im Militärgefangenenhaus interniert; besonders renitente Truppenteile mussten strafexerzieren. Das brachte das Fass zum Überlaufen.

Am Abend des 12. September 1848 zogen zwischen 60 und 100 Füsiliere in die Stadt und forderten die Freilassung ihrer Kameraden. Ihnen schloss sich das Pots-

---

10 Johann Ulrich Furrer, *Schweizerländli 1848: Das Tagebuch eines jungen Sternenbergers*, Hg. Judit und Peter Ganther-Argay (Stäfa: Rothenhäusler Verlag, 1998), 23–24.

damer „Volk" an. Eine Abteilung Garde-du-Corps setzte gegen die Demonstranten scharfe Waffen ein, daraufhin wurden einige improvisierte Barrikaden errichtet. Erst gegen Mitternacht stellten loyales Militär und die Bürgerwehr die „Ruhe wieder her". In Berlin erregte dieses Potsdamer Ereignis großes Aufsehen. Dort wurden in den folgenden Wochen auf Volksversammlungen mit jeweils vielen Tausend Teilnehmern – darunter zahlreichen Soldaten – grundlegende Reformen der preußischen Armee gefordert.[11] Die preußische Militärführung fürchtete das Schlimmste. General Leopold von Gerlach gestand am 13. September ein, dass „die immer weiter [um sich] greifende Auflösung im ganzen Lande" nun auch die Armee erfasst habe.[12]

Krone und preußische Militärführung reagierten auf die „Revolutionsanfälligkeit" der Soldaten, indem sie die Separierung des Militärs von der Zivilgesellschaft vertieften. Sie hatten feststellen müssen, dass es an Brennpunkten der Revolutionsbewegung wie in Berlin in erster Linie einheimische Wehrpflichtige und Offiziere niederer Ränge gewesen waren, die sich offen für demokratische Einflüsse zeigten, da sie mit Freunden und Bekannten weiterhin Kontakt pflegen konnten. Eine Gegenmaßnahme bestand deshalb darin, Wehrpflichtige noch strikter als bisher möglichst weit vom Heimatort entfernt „dienen" zu lassen. Neben einer Verstärkung der Disziplinierungsmaßnahmen reagierte die Armeeführung außerdem mit einigen Zugeständnissen sowie einem Ausbau dessen, was man heute „innere Führung" nennen könnte: Offiziere sollten politische Themen offensiv diskutieren, ein „persönliches Verhältnis" zu ihren Untergebenen pflegen usw. Zudem sollte in der Folgezeit ein erweitertes Zivilversorgungswesen die Bindung an Krone stärken.

Solche „Modernisierungen" des preußischen Militärs entfalteten Wirkung, weil Demokraten und Linksliberale den „legalen Weg" nicht verlassen wollten. Den aber hatte die Krone mit dem im Wahlgesetz vom 8. April 1848 zur Preußischen Nationalversammlung in ihr genehme Bahnen gelenkt: Danach durften Verfassung und Gesetze nur verabschiedet werden, wenn beide Seiten zustimmten, Krone und Parlament. Die Krone hatte sich damit faktisch ein umfassendes Vetorecht reserviert. Sie hielt sich allerdings selbst nicht an das von ihr im April oktroyierte „Vereinbarungsprinzip" und setzte Anfang November 1848 gegen den erklärten Willen der Preußischen Nationalversammlung ein offen gegenrevolutionäres Kabinett unter dem Grafen von Brandenburg ein. Das war der Anfang vom

---

11 Ausführlich: Rüdiger Hachtmann, „Die Potsdamer Militärrevolte vom 12. September 1848: Warum die preußische Armee dennoch ein zuverlässiges Herrschaftsinstrument der Hohenzollern blieb", in *Militärgeschichtliche Mitteilungen* 57, Heft 2 (1998): 333–69; ders., *Berlin 1848: Eine Politik und Gesellschaftsgeschichte der Revolution* (Bonn: Dietz-Verlag, 1997), 696–98.
12 Ebd.

Ende der Berliner und preußischen Revolution, die mithin maßgeblich am Legalismus der Märzbewegung scheiterte.

1918 unterließen es Demokraten, Sozialisten und Linksliberale erneut, Nägel mit Köpfen zu machen. Auch sie vertrauten auf einen „gesetzlichen" Weg. So beschloss der – mehrheitlich sozialdemokratisch geprägte – Reichsräte-Kongress als das höchste legislative Organ während der Revolutionsmonate am 18. Dezember 1918 mit überwältigender Mehrheit die „Hamburger Punkte", die u. a. die Abschaffung des stehenden Heeres und Errichtung einer Volkswehr, die Aufhebung des Adels, die Entfernung aller Rangabzeichen sowie die Wahl der Offiziere durch die Soldaten vorsahen.

Deren Umsetzung überließen die Arbeiter- und Soldatenräte jedoch dem Rat der Volksbeauftragten. Dieser setzte sich nach dem Ausscheiden der Mitglieder der Unabhängigen Sozialdemokratie Ende Dezember 1918 nur mehr aus MSPD-Mitgliedern, u. a. Gustav Noske und Friedrich Ebert, zusammen und unterband die vom Reichsrätekongress beschlossene Umsetzung der „Hamburger Punkte". Die durch den Versailler Vertrag drastisch verkleinerte Armee wurde anschließend unter borussisch-wilhelminischen Vorzeichen reorganisiert. Die neue Reichswehr blieb dezidiert antidemokratisch und schloss sich als „Staat im Staate" bewusst gegenüber zivilgesellschaftlich-republikanischen Einflüssen ab. Gleichzeitig verkörperte die von einem hochrangigen wilhelminischen Offizierskorps geführte Reichswehr die restaurativen Sehnsüchte breiter konservativer Strömungen der Weimarer Republik und deren mit wilhelminischer Nostalgie gepaarte Hoffnung auf einen autoritären Obrigkeitsstaat.[13]

Die Revolutionen von 1848 und 1918 waren, im Rückblick betrachtet, Versuche, ins 18. Jahrhundert zurückreichende Tendenzen einer „gesellschaftlichen Militarisierung" Preußens und Deutschlands umzukehren und die für die Hohenzollernmonarchie typische „Kultur des Militärischen" aufzubrechen. Dies gelang nicht – mit fatalen Folgen für die deutsche Geschichte, vor allem in der ersten Hälfte des 20. Jahrhunderts. Das Scheitern der Versuche, die Revolution zu nutzen, um die Armee zu demokratisieren, war in dem durch Preußen geprägten Deutschland sicherlich besonders spektakulär. Es ließ sich in anderen europäischen Staaten jedoch ebenfalls beobachten.

---

13 Vgl. den Beitrag von John Zimmermann im vorliegenden Band.

Christine G. Krüger

Die Geburt der deutschen Nation aus dem Krieg

> Im letzten Momente des Jahres 1870 hat das deutsche Volk, seinen Stamm und seine Fürsten gekittet durch das vergossene Blut seiner edelsten Söhne seine Einigkeit und Einheit geschaffen und vollzogen. Die Völker und Fürsten Deutschlands haben ihrem tapferen und greisen Heerführer und Kriegs-obersten König Wilhelm von Preußen die deutsche Kaiserkrone angeboten und dieser hat sie angenommen,[1]

schrieb der damals zwölfjährige Moses Löwinger um die Jahreswende 1870/71 in sein Schulheft. Nun sei die nationale Einheit vollendet, die der „Erbfeind im Westen" so lange zu verhindern versucht habe. Moses Löwinger besuchte die jüdische Schule im württembergischen Laupheim. Es ist anzunehmen, dass sein Lehrer das tagespolitische Thema in zweifacher Weise nutzte: als Rechtschreibübung und als patriotische Lehrstunde. Schon im August 1870 hatte Moses Löwinger in dem Heft einen Feldpostbrief entworfen. Offenbar hatte der Lehrer dem Schüler die Aufgabe gestellt, sich in die Rolle eines Soldaten zu versetzen, der seiner Familie von seinem Leben im Krieg berichtete. Löwinger schilderte in diesem Brief den Einsatz in einer Schlacht und jubelte über die kriegerischen Erfolge der deutschen Truppen. Ein weiterer Brief in dem Schulheft stammt aus dem Dezember 1870 und ist fiktiv an einen im Gefecht verwundeten und ins Lazarett verbrachten Bruder Löwingers adressiert. Auch zum Kriegsbeginn, zum Friedensschluss und zum feierlichen Empfang der zurückkehrenden württembergischen Truppen in Stuttgart finden sich Texte. Das Schulheft lässt deutlich erahnen, wie wichtig es dem Lehrer war, den Schülern zu vermitteln, dass sie einen heroischen und historisch bedeutsamen Moment der Nationalgeschichte miterlebten. Diese Stimmungslage spiegelt sich in einer Vielzahl der Quellen aus den Jahren 1870/71. Dass der Krieg den Durchbruch im Einigungsprozess gebracht hatte, wurde von der großen Mehrheit der deutschen Zeitgenossinnen und Zeitgenossen bejubelt. Immer wieder beschworen sie – wie auch in dem Schulheft – das auf dem Schlachtfeld vergossene Blut als „Kitt" der Nation.

Die nationalstaatliche Einigung, die mit der Reichsgründung 1871 vollzogen wurde, ist aus drei Kriegen hervorgegangen. Zunächst waren Österreich und Preußen 1864 im Streit um Schleswig-Holstein gegen Dänemark ins Feld gezogen.

---

1 Moses Löwinger, Schulheft, Leo Baeck Archiv New York, AR 10257. Orthografie und Interpunktion wie im Original.

https://doi.org/10.1515/9783111305622-009

Zwei Jahre später standen sich die beiden größten deutschen Staaten indes im Preußisch-Österreichischen Krieg feindlich gegenüber. 1870 schließlich kam es abermals zu einer neuen Bündnissituation: Viele der Staaten, die 1866 noch auf Seiten Österreichs gekämpft hatten, zogen nun gemeinsam mit Preußen gegen Frankreich in die Schlacht. Bedeutsam war vor allem, dass sich auch die großen süddeutschen Monarchien Bayern, Sachsen und Württemberg dem Feldzug unter preußischer Führung anschlossen. Denn indem er die Reichseinigung herbeiführte, fällte dieser längste und blutigste der drei Einigungskriege endgültig die Entscheidung über den Zuschnitt des deutschen Nationalstaates. Die Erfüllung der Hoffnungen der deutschen Nationalbewegung, die sich seit dem Beginn des 19. Jahrhunderts formiert hatte, schien 1848/49 greifbar nahe gerückt, ohne sich dann jedoch zu realisieren. Doch blieb es in den folgenden zwei Jahrzehnten eine weit verbreitete Überzeugung, dass sich Deutschland früher oder später zu einem Nationalstaat einen werde. Dabei stand allerdings bis in die 1860er Jahre hinein weiterhin offen, welche Gestalt dieser Nationalstaat annehmen werde. Erst der Preußisch-Österreichische und dann der Deutsch-Französische Krieg schufen hier schließlich Klarheit: Statt der vor allem in Süddeutschland bis weit ins 19. Jahrhundert hinein von vielen bevorzugten großdeutschen Einigung unter Einschluss Österreichs, war nun die kleindeutsche Alternative Realität geworden, in der Preußen eine konkurrenzlos starke Stellung einnahm. Auch in Süddeutschland wurde dies in der Öffentlichkeit 1870/71 lautstark begrüßt. Das Diktat im Laupheimer Schulheft ist dafür nur ein Beispiel unter vielen. Stimmen, die einer kleindeutschen Lösung kritisch gegenüber gestanden hatten, verstummten nun weitgehend.[2]

Das positive Bild der Reichseinigung dominierte demnach auch lange Zeit die Geschichtsforschung. Erst nach dem Ende des Nationalsozialismus und des Zweiten Weltkriegs änderte sich dies allmählich. Bereits in den 1950er Jahren geriet die 1871 in Kraft getretene Reichsverfassung in den Blick. Diese hatte dem Militär einen großen Entscheidungsspielraum eingeräumt, ohne dass dieses einer effektiven zivilen Kontrolle unterstellt war. Der Reichstag konnte lediglich über den Militärhaushalt abstimmen, über Krieg und Frieden entschied hingegen der Kaiser als Oberbefehlshaber. Die Forschung hat herausgearbeitet, welch weitreichende Konsequenzen diese verfassungsbedingte Machtstellung des Militärs im außenpolitischen Bereich gehabt hatte. Besonders problematisch waren die Auswirkungen für den Verlauf des Ersten Weltkriegs.[3] In den 1970er und 1980er Jahren wurde

---

2 Vgl. Ingrid Mayershofer, *Bevölkerung und Militär in Bamberg 1860–1923: Eine bayerische Stadt und der preußisch-deutsche Militarismus* (Paderborn: Ferdinand Schöningh Verlag, 2010).

3 Vgl. Gerhard Ritter, *Die Hauptmächte Europas und das wilhelminische Reich (1890–1914)*, Bd. 2, *Staatskunst und Kriegshandwerk: Das Problem des „Militarismus" in Deutschland*, Reprint (Berlin:

daher die gesamte Zeit des Kaiserreichs und damit auch die Auswirkungen der drei Einigungskriege radikal neu bewertet. Nun wurde eine intensive und kritische Debatte darüber geführt, welche Konsequenzen der kriegerische Weg zur nationalen Einheit gehabt hatte, weshalb sich der Blick auch auf bis dahin weitgehend unbeachtete Themenfelder richtete.

Dabei ging es nicht so sehr um außenpolitische Entwicklungen, die im Hinblick auf die Neubestimmung des Mächtegleichgewichts in Europa und den verschärften deutsch-französischen Gegensatz auch schon zuvor Gegenstand der Geschichtswissenschaft gewesen waren. Vielmehr wurde nun vor allem darüber diskutiert, was die Geburt der deutschen Nation aus dem Krieg innergesellschaftlich bedeutete. Deshalb wurde in der Forschung seit den 1970er Jahren die Frage, inwiefern die Einigungskriege und vor allem der siegreiche Krieg über Frankreich 1870, Einfluss auf verbreitete Einstellungen und Werte genommen haben, besonders ausführlich behandelt.

1 Werte und Normen

Hatte bis in die 1960er Jahre hinein bei dem Blick auf die innergesellschaftlichen Konsequenzen des Krieges gemeinhin die nationale Einigung im Vordergrund des Interesses gestanden, die in der Regel weiterhin positiv bewertet wurde, erschien es Historikern und Historikerinnen nun zunehmend befremdlich, dass der Jubel über die Einigung mit einem überschwänglichen Lob des Militärs und einer aggressiven Feindbildrhetorik einherging. Das starke politische wie gesellschaftliche Gewicht militärischer Leitwerte beschrieben sie als „Militarismus" und übernahmen damit eine Begrifflichkeit, die schon in der Zeit des Kaiserreichs selbst unter kritischen Zeitgenossen und Zeitgenossinnen verwendet worden war.[4]

Während des Deutsch-Französischen Krieges 1870/71 wurde die Armee zum Symbol der Nation stilisiert.[5] Die Begeisterung über den gewonnenen Feldzug ging in eine Würdigung als tiefgreifender historischer Einschnitt über, wobei dem

---

De Gruyter Oldenbourg, 2019); Eckart Conze, *Schatten des Kaiserreichs: Die Reichsgründung und ihr schwieriges Erbe* (München: dtv, 2020), 104–34.

4 Vgl. Roger Chickering, „Militarism and Radical Nationalism", in *Imperial Germany: 1870–1918*, ed. James Retallack (Oxford: Oxford University Press, 2008), 196–218; Wolfram Wette, *Militarismus und Pazifismus: Auseinandersetzung mit den deutschen Kriegen* (Bremen: Donat, 1991); Benjamin Ziemann, „Militarism", in *The Ashgate Research Companion to Imperial Germany*, ed. Matthew Jefferies (Farnham: Ashgate, 2015), 367–82.

5 Vgl. Frank Becker, *Bilder von Krieg und Nation: Die Einigungskriege in der bürgerlichen Öffentlichkeit Deutschlands 1864–1913* (München: De Gruyter, 2001).

Sieg über Frankreich weiterhin eine zentrale Bedeutung zugeschrieben wurde. Die einheitsstiftende Wirkung der gemeinsamen Kriegserfahrung, die immer wieder gepriesen wurde, sollte durch eine gezielte Geschichtspolitik wachgehalten werden. So nahm die Erinnerung an den Krieg auch im Geschichtsunterricht, den Preußen 1872 auch für Volksschulen in Form eines eigenständigen Faches einführte, einen wichtigen Stellenwert ein.[6] Das Narrativ, das wir bereits im Schulheft Löwingers zur Reichseinigung finden, setzte sich durch und blieb bis zum Ende des Kaiserreichs und noch weit darüber hinaus in den deutschen Schulgeschichtsbüchern dominant.[7] Militärische Werte wie Unerschrockenheit, Härte sowie Opferbereitschaft, Gehorsam und Unterordnung waren Erziehungsziele für die männliche Jugend. Kriegerischer Mut galt als Zeichen der „Mannhaftigkeit" und wurde auch durch diese geschlechtsspezifische Aufladung in zeitgenössischer Sicht aufgewertet.[8] Eingeübt wurden die kriegerischen Werte nicht nur im Schulunterricht, sondern auch während des Militärdienstes, dem gemäß der allgemeinen Wehrpflicht alle männlichen Staatsbürger für drei Jahre verpflichtet waren.

Während Schule und Wehrdienst obligatorisch waren und die dort gelehrten Inhalte zunächst eher auf die Einstellungen der Lehrenden als auf diejenigen der Lernenden schließen lassen, war der Eintritt in einen Kriegerverein freiwillig. Die Kriegervereine, die nach dem Deutsch-Französischen Krieg überall im Kaiserreich aus dem Boden sprossen, zählten enorme Mitgliedszahlen.[9] Knapp drei Millionen Mitglieder gehörten ihnen am Vorabend des Ersten Weltkriegs an. Allerdings ist eingewendet worden, dass die Zahlen allein zu wenig über die Einstellungen der Mitglieder aussagen. Tatsächlich wird inzwischen vielfach die Ansicht vertreten, dass es nicht einen einheitlichen Militarismus gegeben habe, sondern verschiedene „Militarismen" und dass für jede Institution genau zu überprüfen sei, in welcher Form sich der jeweils zutage tretende Militarismus qualitativ äußerte.[10] Die

6 Vgl. Marieluise Christadler, *Kriegserziehung im Jugendbuch: Literarische Mobilmachung in Deutschland und Frankreich vor 1914* (Frankfurt a. M.: Haag + Herchen, 1979); Horst Gies, „Geschichtsunterricht und nationale Identitätsbildung in der Volksschule des Wilhelminischen Kaiserreichs", *Geschichte in Wissenschaft und Unterricht* 57 (2006): 492–509.
7 Vgl. Christine G. Krüger, „Im Banne Bismarcks: Der deutsch-französische Krieg (1870/71) in deutschen und französischen Schulgeschichtsbüchern", in *Kriegsnarrative in Geschichtslehrmitteln: Brennpunkte nationaler Diskurse*, Hg. Markus Furrer und Kurt Messmer (Schwalbach/Ts.: Wochenschau-Verlag, 2009).
8 Vgl. Ute Frevert, „Das Militär als Schule der Männlichkeiten", in *Männlichkeiten und Moderne: Geschlecht in den Wissenskulturen um 1900*, Hg. Ulrike Brunotte und Rainer Herrn (Bielefeld: transcript, 2015), 57–75.
9 Vgl. Thomas Rohkrämer, *Der Militarismus der „kleinen Leute": Die Kriegervereine im Deutschen Kaiserreich 1871 bis 1914* (München: Oldenbourg, 1990).
10 Vgl. Jakob Vogel, *Nationen im Gleichschritt der Kult der „Nation in Waffen" in Deutschland und Frankreich, 1871–1914* (Göttingen: Vandenhoeck & Ruprecht, 1997).

Attraktion von Militärparaden oder der Feierlichkeiten anlässlich der Sedantage sind etwa als „Folkoremilitarismus" bezeichnet worden, mit dem nicht unbedingt eine Kriegsverherrlichung einhergehen musste, sondern bei dem vielfach eher die volksfesthafte Geselligkeit im Vordergrund gestanden habe.[11] Und auch für die Kriegervereine ist darauf hingewiesen worden, dass die Motivation zum Beitritt bei Mitgliedern aus den minder gebildeten Schichten oftmals der Wunsch nach sozialer Wertschätzung und gesellschaftlicher Teilhabe gewesen sei.[12]

Gewiss sind solche Differenzierungen ebenso sinnvoll und berechtigt wie die Frage, auf welches Maß an Zustimmung die in Schullehrwerken, Vereinszeitschriften und auf dem Buchmarkt verbreiteten Texte, die in der Regel von der bürgerlichen Elite verfasst wurden, tatsächlich stießen, oder ob nicht der militärische Drill auf dem Exerzierplatz bei den Wehrpflichtigen eher Antipathien als Einverständnis erweckte.[13] Dennoch wäre es sicherlich falsch, den hier verbreiteten Werten und Normen jeglichen Einfluss abzusprechen. Denn weshalb sollte nicht gerade auch der Wunsch nach gesellschaftlicher Teilhabe zur Aneignung derjenigen Haltungen geführt haben, die Anerkennung und sozialen Aufstieg verhießen? Tatsächlich konnte die Karriere im Militär nicht nur Prestige verleihen, sondern auch die beruflichen Aussichten verbessern. So hatten etwa ehemalige Militärangehörige privilegierten Zugang zu zivilen Staatsämtern.

Sicherlich lässt sich der Einfluss der Schulerziehung und des Militärdienstes quantitativ nicht bemessen, und für eine genaue Überprüfung der Akzeptanz militärischer Werte für weite Teile der Bevölkerung fehlen uns schlichtweg die Quellen. Denn was uns an Schriftzeugnissen überliefert ist, stammt fast ausschließlich aus der Hand der gebildeten Eliten. So bleibt uns lediglich festzustellen, dass in den aus der Zeit des Kaiserreichs überlieferten Quellen gewaltsame Konfliktlösungsstrategien auf breite Zustimmung stießen. Das konnte auch für soziale Konflikte gelten, wobei für deren Rechtfertigung mitunter explizit auf die Erfahrungen der Einigungskriege verwiesen wurde.[14] In Teilen der Publizistik wurden Kriege gar als wünschenswerte Bewährungsproben beziehungsweise unter dem

---

11 Vgl. ebd., 265.

12 Vgl. Robert von Friedeburg, „Klassen-, Geschlechter- oder Nationalidentität? Handwerker und Tagelöhner in den Kriegervereinen der neupreußischen Provinz Hessen-Nassau 1890–1914", in *Militär und Gesellschaft im 19. und 20. Jahrhundert*, Hg. Ute Frevert (Stuttgart: Klett-Cotta, 1997), 229–44.

13 Vgl. Benjamin Ziemann, „Sozialmilitarismus und militärische Sozialisation im deutschen Kaiserreich 1870–1914", *Geschichte in Wissenschaft und Unterricht* 53 (2002): 148–64.

14 Vgl. Amerigo Caruso, *„Blut und Eisen auch im Innern": Soziale Konflikte, Massenpolitik und Gewalt in Deutschland vor 1914* (Frankfurt a. M.: Campus, 2021); Christine G. Krüger, *„Die Scylla und Charybdis der socialen Frage": Urbane Sicherheitsentwürfe in Hamburg und London (1880–1900)* (Bonn: Dietz, 2022).

Vorzeichen des Sozialdarwinismus als zweckmäßiger Ausleseprozess propagiert.[15] Als Spiegel der Hochschätzung militärischer Werte und der weitreichenden Akzeptanz gewaltsamer Konfliktlösung lässt sich auch die Geschichte der Friedensbewegung lesen, die sich in den letzten Jahrzehnten des 19. Jahrhunderts als transnationale Bewegung zu formieren begann. Im Kaiserreich gelang es der Friedensbewegung jedoch nicht, in größerem Ausmaß Mobilisationskraft zu entfalten.[16] Sie blieb hier auch im europäischen Vergleich schwach.[17] Im Vergleich zur Massenmobilisation der Kriegervereine blieb die Mitgliederzahl der Deutschen Friedensgesellschaft, die im Jahr 1914 bei 10 000 lag, verschwindend gering. Und auf einen Zugewinn an Sozialprestige durch ihr Engagement konnten Anhängerinnen und Anhänger der Friedensbewegung nicht hoffen. Stattdessen sahen sie sich oft dem Vorwurf der fehlenden Vaterlandsliebe ausgesetzt.

2 In- und Exklusion

Die schwache Stellung der Friedensbewegung im Kaiserreich wirft auch die Frage auf, ob durch die Geburt der Nation im Krieg die Exklusionstendenzen, die mit jeder Nationalstaatsbildung zwangsläufig verbunden sind, hier besonders aggressiv ausfielen. Nach außen hin war das unzweifelhaft der Fall. Zu nennen ist hier zum einen die Feindbildrhetorik, die an die Zeit der antinapoleonischen Kriege anknüpfte. Die deutsch-französische Feindschaft, die wie in dem Diktat an der jüdischen Schule in Laupheim immer wieder als „Erbfeindschaft" charakterisiert wurde, war 1870/71 für die nationale Selbstbeschreibung konstitutiv. Das in düsteren Farben gezeichnete Bild des vermeintlichen französischen Nationalcharakters nutzten deutsche Publizisten gezielt, um im Kontrast die Eigenheiten hervortreten zu lassen, die sie den Deutschen zuschrieben.

Die Partizipation am Krieg von 1870/71 bestimmte zum anderen mit, wer der deutschen Nation angehören sollte: Das galt für die Einzelstaaten, die dem Reich beitraten, ebenso wie es auch auf die individuelle Ebene übertragen wurde. Dies führte in den Kriegsmonaten zu einer Schwächung demokratischer Einstellungen. Denn überzeugte Demokraten erblickten in der deutschen Annexion von Elsass

---

15 Vgl. Jörn Leonhard, *Bellizismus und Nation: Kriegsdeutung und Nationsbestimmung in Europa und den Vereinigten Staaten 1750–1914* (München: Oldenbourg, 2008).
16 Vgl. Karl Holl, *Pazifismus in Deutschland* (Frankfurt a. M.: Suhrkamp, 1988); Dieter Riesenberger, *Geschichte der Friedensbewegung in Deutschland: Von den Anfängen bis 1933* (Göttingen: Vandenhoeck & Ruprecht, 1985).
17 Vgl. Mareike König und Elise Julien, *Verfeindung und Verflechtung: Deutschland und Frankreich 1870–1918* (Darmstadt: wbg, 2019), 124–35.

und Lothringen ein Problem. In Frankreich selbst riefen die Annexionspläne heftige Proteste hervor und immer wieder wurde die Forderung laut, die Provinzen nicht gegen den Willen der dortigen Bevölkerung von Frankreich abzutrennen. In der deutschen Öffentlichkeit hingegen wurde ein Volksentscheid, der es der elsässischen und lothringischen Bevölkerung erlaubt hätte, selbst über die Zukunft der Provinzen zu entscheiden, nur seitens einer schrumpfenden Minderheit empfohlen, die an demokratischen Prinzipien festhalten wollte. Wer den Mut hatte, diese Haltung öffentlich zu vertreten, nahm nicht nur die soziale Ächtung als „Vaterlandsfeind" in Kauf, sondern riskierte sogar einen Gefängnisaufenthalt. Dies traf nicht nur die Sozialisten August Bebel und Wilhelm Liebknecht, die in Untersuchungshaft genommen wurden, sondern auch den Königsberger Demokraten Johann Jacoby, der in Reaktion auf eine öffentliche Stellungnahme gegen die Annexion verhaftet wurde.[18]

Die Annexionsfrage wirkte sich auch auf die Nationsdefinition aus, die ebenfalls In- und Exklusionsmechanismen mitbestimmte. Da die Bevölkerung in den annektierten Gebieten mehrheitlich den Verbleib in Frankreich befürwortete, wurde in der deutschen Öffentlichkeit eine Definition von Nation gestärkt, die Kultur und Sprache in den Mittelpunkt stellte. Dies ließ die nationale Gemeinschaft exklusiver werden. Den Juden und Jüdinnen etwa erschwerte diese Nationsdefinition die Teilhabe.[19] Für sie war dies bitter, denn viele von ihnen waren – wie es beispielhaft auch die Texte in dem Laupheimer Schulheft illustrieren – glühende Patrioten. Bei ihnen hatte die Aussicht, mit der Kriegsteilnahme an der nationalen Einigung beteiligt zu sein, große Hoffnungen darauf geweckt, die Anerkennung als vollwertige Mitglieder des Nationalstaats zu finden. Das gelang aber nur ansatzweise. Anders als sie gehofft hatten, blieben ihnen während der Kaiserreichszeit gerade aufgrund der hohen gesellschaftlichen Wertschätzung des Kriegerischen zahlreiche Türen verschlossen. Denn obwohl sie offiziell gleichberechtigt waren, wurden sie in der preußischen Armee nicht in den Offiziersrang erhoben. Was diese Situation für sie bedeuten konnte, veranschaulichen die Erfahrungen Walter Rathenaus.[20] Der ehrgeizige Sprössling einer wohlhabenden Familie des Wirtschaftsbürgertums, die gesellschaftlich in regem Kontakt mit dem preußischen Adel stand, hatte es sich zum Ziel gesetzt, im elitären Garde-Küras-

---

18 Vgl. Edmund Silberner, *Johann Jacoby: Politiker und Mensch* (Bonn-Bad Godesberg: Verlag Neue Gesellschaft, 1976).

19 Vgl. Christine G. Krüger, *„Sind wir denn nicht Brüder?" Deutsche Juden im Nationalen Krieg* (Paderborn: Ferdinand Schöningh Verlag, 2006).

20 Vgl. Gerhard Hecker, „Walter Rathenau und sein Verhältnis zum Militär: Eine Skizze", in *Deutsche Jüdische Soldaten: Von der Epoche der Emanzipation bis zum Zeitalter der Weltkriege*, Hg. Militärgeschichtliches Forschungsamt (Hamburg: Mittler, 1996), 147–59.

sier-Regiment zum Offizier ernannt zu werden. Dass er scheiterte, erlebte er als bittere Enttäuschung. Vielleicht war es Rathenaus intime Kenntnis des Militärs, das Wissen um dessen Ansehen und dessen machtvolle gesellschaftliche Stellung, die ihn während des Ersten Weltkriegs zu der pessimistischen Prognose bezüglich der Kriegsfolgen für die Juden kommen ließ: „Der Haß wird sich verdoppeln und verdreifachen."[21]

3 Fazit

Eine kritische Sicht auf die Geburt der Nation aus dem Krieg setzte sich erst etwa ein halbes Jahrhundert nach dem Ende des Kaiserreichs durch. In den 1970/80er Jahren stand die deutsche Nationalstaatlichkeit nicht mehr infrage, und einige Zeitgenossen und Zeitgenossinnen prophezeiten eine postnationale Zukunft. Die Reichseinigung erschien daher nicht mehr als die historische Leistung, als die sie bis dahin gegolten hatte. Die veränderte Sicht der Historiografie lässt sich in einem neuen politischen Klima verorten. Dieses war von den Protesten gegen den Vietnamkrieg beziehungsweise später gegen die atomare Aufrüstung und den Nato-Doppelbeschluss geprägt sowie von einem ausgeprägten Wunsch nach einer Liberalisierung und Demokratisierung der Gesellschaft.

Abermals ein halbes Jahrhundert später wird nun erneut eine Revision des seit den 1970er Jahren gängigen Narrativs gefordert, das verhängnisvolle Kontinuitätslinien von 1871 bis 1933 konstruierte.[22] Es wird beklagt, dass dieses Narrativ das deutsche Geschichtsbild nachhaltig geprägt und sogar die bundesdeutsche Außenpolitik bis in die Gegenwart hinein beeinflusst habe.[23] Heute haben militärische Werte ihren kulturellen und gesellschaftlichen Einfluss verloren. Außerdem ruft eine verbreitete Skepsis gegenüber Fortschrittserzählungen zur Dekonstruktion teleologischer Geschichtsbilder auf. Auch die teleologischen Vorannahmen der These eines deutschen Sonderwegs in die Moderne, die sich ebenfalls stark auf die Kritik des deutschen Militarismus stützte, sind unhaltbar geworden.

Überdies hat der europäisch geweitete Blick der Historiografie dazu beigetragen, die Vorstellung eines deutschen Sonderwegs zu hinterfragen. Militarismus galt bereits unter den damaligen Zeitgenossen als Merkmal des deutschen Kaiserreichs. Insbesondere in der Sozialdemokratie, aber auch im europäischen Ausland

21 Zitiert nach ebd., 159.
22 Vgl. Christoph Nonn, *12 Tage und ein halbes Jahrhundert: Eine Geschichte des deutschen Kaiserreichs 1871–1918* (München: C. H. Beck, 2020).
23 Vgl. Hedwig Richter und Bernd Ulrich, „Die Angst vor dem Volk", *Die Zeit*, 8. April 2021, 5.

beklagte man die in Deutschland verbreitete Begeisterung für das Militärische. Dennoch war die hohe Wertschätzung kriegerischer Werte, die vor allem von den gebildeten Schichten getragen wurde, im 19. Jahrhundert ein europäisches Phänomen. Auch dass die Nationalstaatsgründung durch kriegerische Gewalt herbeigeführt wurde, ist mitnichten eine deutsche Besonderheit: Nur eine Minderheit der europäischen Nationalstaaten entstand auf friedlichem Wege.[24] Wer angesichts dieser Beobachtung allerdings aufgibt, nach Spielräumen und Schattierungen zu fragen und sich stattdessen mit der Beobachtung begnügt, dass der Weg in die Moderne immer und überall von Ambivalenzen geprägt war, begibt sich in die Gefahr, eine teleologische Lesart durch eine neue zu ersetzen. Auch wenn nationale Unterschiede nicht grundsätzlicher, sondern gradueller Art waren, gilt es, sie zu erklären und auf ihre Konsequenzen hin zu befragen. Und auch wenn das Deutsche Kaiserreich wie alle Epochen vielschichtig war, lassen sich doch die verschiedenen und teilweise gegensätzlichen Tendenzen gewichten. Dass ein Krieg in die nationale Einheit geführt hatte, so lässt sich in diesem Sinne zusammenfassen, blieb für das Deutsche Kaiserreich eine Hypothek, die es bis zu seinem Ende belastete und die auch in die folgenden Epochen massiv hineinwirkte.

---

24 Vgl. Dieter Langewiesche, *Der gewaltsame Lehrer: Europas Kriege in der Moderne* (München: C. H. Beck, 2019).

Friedhelm Greis, Stefanie Oswalt
„Nie wieder Krieg!" – Positionen der Weltbühne gegen Militarismus und Aufrüstung nach dem Ersten Weltkrieg

Sie waren die Sprachkräftigsten und Sprachmächtigsten ihrer Zeit. Die besten deutschen Schriftsteller, Dichter und Journalisten haben sich auf die *Weltbühne* gestellt; sie haben dort geschrieben, gestritten und geirrt, sie haben deklamiert, agitiert, sie haben gehofft, aufbegehrt und resigniert.[1]

So charakterisiert der Publizist Heribert Prantl die Autoren der *Weltbühne*. Bis heute sind die kleinen roten Hefte Legende. 1905 zunächst unter dem Titel *Die Schaubühne* von Siegfried Jacobsohn gegründet, einem 1881 als Sohn einer jüdischen Kaufmannsfamilie in Berlin geborenen Theaterkritiker, entwickelte sich das Blatt unter dem Einfluss von Kurt Tucholsky zu einer Wochenschrift für Politik, Kunst und Wirtschaft. Seit 1918 hieß sie *Die Weltbühne* und avancierte zu *dem* Forum der intellektuellen bürgerlichen Linken der Weimarer Republik.

Das größte öffentliche Aufsehen erzielte die Zeitschrift zweifellos mit ihrem Kampf gegen Militarismus und Aufrüstung. Seine wichtigste journalistische Leistung sah Siegfried Jacobsohn selbst darin, dass er 1925 eine mehrteilige Artikelserie über Fememorde in der *Schwarzen Reichswehr* publizierte, was später sogar den Reichstag beschäftigen und zu Verurteilungen mehrerer Täter führen sollte. Internationales Aufsehen rief 1931 der sogenannte *Weltbühnen*-Prozess hervor, an dessen Ende der Journalist und Flugzeugkonstrukteur Walter Kreiser sowie der Herausgeber Carl von Ossietzky zu 18 Monaten Gefängnis wegen Verrats militärischer Geheimnisse verurteilt wurden. Mit Kurt Tucholskys Diktum „Soldaten sind Mörder" befasste sich das Bundesverfassungsgericht noch 1995.

---

1 Heribert Prantl, „Vorwort", in Greis, Oswalt, *Aus Teutschland Deutschland machen*, 7.

Hinweis: Es handelt sich bei diesem Aufsatz um das für diese Tagung bearbeitete Militarismus-Kapitel aus unserem Sammelband: Friedhelm Greis und Stefanie Oswalt, Hg., *Aus Teutschland Deutschland machen: Ein politisches Lesebuch zur „Weltbühne"* (Berlin: Lukas Verlag, 2008), 57–66. Vgl. auch Wolfram Wette, „Militarismus in der Weimarer Republik: Reichswehr und Justiz gegen pazifistische Rüstungskritiker", in *Der Antimilitarist und Pazifist Tucholsky: Dokumentation der Tagung 2007*, Hg. Friedhelm Greis und Ian King (St. Ingbert: Röhrig Universitätsverlag, 2008), 13–37; Manfred Messerschmidt, „Militärkritik in der Weltbühne", in *Die Weltbühne: Zur Tradition und Kontinuität demokratischer Publizistik. Dokumentation der Tagung „Wieder gilt: Der Feind steht rechts!"*, Hg. Stefanie Oswalt (St. Ingbert: Röhrig Universitätsverlag, 2003), 27–37.

https://doi.org/10.1515/9783111305622-010

Diese Fälle zeigen exemplarisch, mit welchen Zielen die *Weltbühne* in den 1920er Jahren publizistisch wirken wollte. Zum einen versuchte sie, die gesellschaftliche Militarisierung durch Wehrverbände und paramilitärische Jugendausbildung zu bekämpfen und die Bedeutung der Reichswehr als innenpolitischen Machtfaktor zu verringern, zum anderen wandte sie sich rigoros gegen offene oder verdeckte Versuche der Reichswehr, einen möglichen Revanchekrieg gegen die Gegner des Ersten Weltkriegs vorzubereiten. Ein drittes Motiv lag im philosophisch-ethischen Kampf gegen den Krieg und dessen Überhöhung als „Feld der Ehre" oder „Stahlbad", das Millionen Menschen das Leben gekostet hatte.

Bereits vor Ausbruch des Ersten Weltkriegs hatte Jacobsohn erste antimilitaristische Artikel in der damals noch unter dem Namen *Schaubühne* firmierenden Zeitschrift publiziert. Trotzdem dauerte es, bis das Blatt nach Ausbruch des Krieges zu seiner Haltung fand. Jacobsohn machte wiederholt Erfahrungen mit der Zensur und gerade unmittelbar nach Ausbruch des Kriegs finden sich durchaus Texte mit patriotischem Charakter. Hinzu kamen seit März 1916 Inserate für Kriegsanleihen. Jacobsohn wollte nach negativen Erfahrungen unbedingt das Verbot seiner Zeitschrift vermeiden und versuchte, auf diese Weise eine Balance zwischen Patriotismus und Kriegskritik zu finden.[2]

Dafür begann die *Weltbühne* nach Kriegsende umso entschiedener damit, die Ursachen der militärischen Niederlage zu untersuchen und sich mit den Zuständen im kaiserlichen Heer zu befassen. Hierbei nahmen autobiografische Schilderungen von ehemaligen Angehörigen des Militärs eine wichtige Rolle ein. Im Januar 1919 startete Kurt Tucholsky eine sechsteilige Serie *Militaria*, in der er schonungslos den „schlechten Geist" im Offizierskorps offenlegte und Missstände im Heer anprangerte. Dabei richtete sich der Blick nicht nur auf die Vergangenheit. Der eigentliche Zweck der Abrechnung galt der Zukunft:

> Worauf es uns ankommt, ist dies: den Deutschen, unsern Landsleuten, den Knechtsgeist auszutreiben, der nicht Gehorchen kennt, ohne zu kuschen – der keine sachliche Unterordnung will, sondern nur blinde Unterwerfung. [...] Wir haben auszufressen, was ein entarteter Militarismus uns eingebrockt hat. Nur durch völlige Abkehr von dieser schmählichen Epoche kommen wir wieder zur Ordnung. Spartacus ist es nicht; der Offizier, der sein eigenes Volk als Mittel zum Zweck ansah, ist es auch nicht – was wird es denn sein am Ende? Der aufrechte Deutsche.[3]

Arno Voigt platzierte unter dem Pseudonym „Ein Stabsoffizier" ab November 1919 eine 35-teilige Serie über *Das Alte Heer*, in der er detailliert Strukturen, Geschich-

2 Zu Jacobsohns Haltung siehe: Stefanie Oswalt, *Siegfried Jacobsohn: Ein Leben für die „Weltbühne"* (Gerlingen: Bleicher Verlag, 2000), 111–13.
3 Ignaz Wrobel (Kurt Tucholsky), „Offizier und Mann", *Die Weltbühne* 2 (1919): 38–41.

te, Biografien, Gesinnung und Niederlagen der kaiserlichen Armee analysierte – eine regelrechte Fundgrube für Zitate gegen den preußischen Militarismus. So kritisierte er etwa den Habitus des Königs, der – anders als etwa der englische König – immer in der Uniform eines „seiner Regimenter" aufgetreten sei, was ihn dem Volk entfremdet habe: „Es sah in ihm den obersten Offizier der Armee und als diese geschlagen war, brach mit ihr gleichzeitig das Königtum zusammen, das hauptsächlich diese eine Stütze besessen hatte."[4] Über Prinz Eitel Friedrich von Preußen, den Sohn des Kaisers, der im Ersten Weltkrieg als Bataillonskommandant fungiert hatte, schreibt Voigt:

> Man kann ihn sich nur in Potsdam vorstellen und an der Spitze seiner Grenadiere. Seine kurze Gastrolle im Frieden bei den Garde-Husaren vermochte aus dem Infanteristen keinen Kavalleristen zu machen. Er verkörpert den Geist von Potsdam, den soldatischen, gewollt beschränkten, engen Geist des alten Preußen, den man ablehnen und mißbilligen kann, aber doch immer beachten muß, denn die ganze Welt hat ihn gefürchtet. Sein Wesen ist: Abtötung jeder Individualität zu Gunsten des Gesamtzwecks; Erzielung von Höchstleistungen durch straffste Zusammenfassung aller Kräfte; eine ausgesprochene Ungeistigkeit in der Ueberschätzung des rein Soldatischen; Schablonisierung des ganzen Lebens. Was Jeder zu denken und zu sagen hat, ist vorgeschrieben, und man ist stolz darauf, sich in den Jahrzehnten nicht verändert zu haben. Daß von dieser ganzen Art doch eine Suggestion ausgeht, lehrt die preußische Geschichte, und zwar bis in die letzten Tage.[5]

Voigt endet fast prophetisch:

> Wie sich der Geist von Berlin mit dem Geist von Potsdam abfinden wird, ist ein Problem der Zukunft. Mit einiger Geschicklichkeit müßten kluge Männer verstehen, diese Summe von Pflichtgefühl, Einfachheit, Loyalität und Vaterlandsliebe für ihre Zwecke einzuspannen. Der Soldat ist ja im Grunde so leicht zu behandeln; man muß ihn nur kennen. Auch nach und trotz dem Staatsstreich, den wir hinter uns haben, sollten die Machthaber von heute mir glauben, wenn ich ihnen versichere: Potsdam erzieht ideale Untergebene.[6]

Die Potsdamer Militärerziehung symbolisiert besondere Borniertheit, symbolisiert die Bevorzugung des Adels gegenüber bürgerlichen, womöglich besser qualifizierten Bewerbern etwa für Offiziersstellen und steht für den Untertanengeist.

Der Pazifist und frühere Marinekapitän Lothar Persius schilderte die Ereignisse auf dem Meer, um „der Legendenbildung in der Geschichte des hinter uns

---

4 Ein Stabsoffizier (Arno Voigt), „Das alte Heer: XXXIII. Die Fürsten", *Die Weltbühne* 27 (1920): 14–18.
5 Ders., „Das alte Heer: XX. Prinz Eitel Friedrich von Preußen", *Die Weltbühne* 12–14 (1920): 373–74.
6 Ebd.

liegenden Seekriegs entgegenzutreten".[7] Jacobsohn geriet darüber in ein regelrechtes Aufklärungsfieber. Er veröffentlichte nicht nur Persius' Artikel in einer Broschüre, sondern brachte bis 1926 noch weitere sechs Bücher zum Thema Militarismus heraus, die allerdings wenig Erfolg bei den Lesern hatten, und den Verlag der *Weltbühne* an den Rand des Ruins führten.

Die Aktivitäten von *Weltbühne*-Autoren beschränkten sich jedoch nicht nur auf das Schreiben kritischer Texte. Tucholsky gehörte im Oktober 1919 neben Carl von Ossietzky zu den Mitbegründern des Friedensbundes der Kriegsteilnehmer, der auch die „Nie wieder Krieg"-Bewegung in Deutschland ins Leben rief. Jacobsohn unterstützte den Bund mit der Begründung:

> Kritik alleine genügt nicht, in diesem Deutschland schon gar nicht. Man muß auch was tun. Ich zweifle nicht, daß Sie und der Bund unter meinen Lesern viele finden werden, die mithelfen wollen, den Typ des kurzgestirnten Soldaten auszurotten.[8]

Aber schon bald musste die *Weltbühne* feststellen, dass der Geist des Militarismus keineswegs gebrochen war. Die Heerführer Erich Ludendorff und Paul von Hindenburg lehnten die Verantwortung für den verlorenen Krieg ab und unterstützten das Aufkommen der Dolchstoßlegende. Sogenannte Freikorps bildeten sich, in denen Freiwillige weiterhin gegen ausländische und inländische Gegner eingesetzt wurden. Mehrere hundert Morde an republikanischen und linksgerichteten Politikern gingen zumeist auf das Konto von Mitgliedern dieser nationalistischen Terrororganisationen. Die Bestimmungen des Versailler Vertrages zur deutschen Rüstung wurden von der *Weltbühne* begrüßt und als Möglichkeit gesehen, die Spirale der gegenseitigen Aufrüstung zu durchbrechen.

Der Schriftsteller Wilhelm Michel definierte den Begriff Militarismus damals mit den Worten:

> Militarismus bezeichnet nicht eine äußere Tatsache, sondern einen Geisteszustand. Militarismus hat nichts zu tun mit dem Vorhandensein oder dem Fehlen militärischer Machtmittel. Militarismus bedeutet vielmehr die Verdummung infolge der Macht; eine Verdummung, die zwar sehr oft, aber keineswegs mit Notwendigkeit eintritt. Militarismus liegt dann vor, wenn die nüchterne Einsicht in die Brauchbarkeit physischer Zwangsmittel entartet zum Aberglauben an die Gewalt; wenn der Muskel die Funktionen des Gehirns sich anmaßt; wenn das Dienende zum Herrschenden wird; wenn das Schwert den Arm, der es schwingen soll, lähmt und den Geist, der diesen Arm innervieren soll, versimpelt. Militarismus liegt

---

7 Lothar Persius, „Der Seekrieg: I. Die amtliche Berichterstattung", *Die Weltbühne* 17 (1919): 438–41.
8 Siegfried Jacobsohn, „Antworten: Ignaz Wrobel", *Die Weltbühne* 48 (1919): 647.

dann vor, wenn die Handhabung des Werkzeugs zur Spielerei und schließlich zur selbstmörderischen Gefahr ausartet.[9]

Auch wenn nach der Beendigung des Ruhrkampfes und der Niederschlagung des Hitler-Putsches die schlimmsten Auswüchse der Freikorps-Verbände ausgestanden waren, kam es erst Jahre später zur Aufarbeitung der von ihnen begangenen internen Verbrechen. Im Sommer 1925 gelangte Jacobsohn über den Mittelsmann Carlo Mierendorff an ein Manuskript über die Fememorde innerhalb der sogenannten Schwarzen Reichswehr. Autor dieser Aufzeichnungen mit dem Titel *Hinter den Kulissen der Vaterländischen Verbände* war der frühere Freikorps-Offizier Carl Mertens. Obwohl Jacobsohn wusste, dass er sich mit einer Veröffentlichung dieses Materials einer großen persönlichen Gefahr aussetzte, publizierte er vom 18. August 1925 an wöchentlich diese brisanten, zunächst anonymen Aufzeichnungen. Mertens schildert innerhalb dieser Verbände eine Gesinnung, wie sie für den späteren nationalsozialistischen Terror charakteristisch werden sollte: Dort herrschten Gewaltfantasien gegen Juden, Bauern, Sozialisten und Regierungsangehörige. Der Druck der Öffentlichkeit führte schließlich dazu, dass die Polizei gegen die genannten Fememörder ermittelte und von 1926 an öffentlich nach den Tätern fahndete.

In der Mitte der 1920er Jahre wurden in der *Weltbühne* auch die Auseinandersetzungen zwischen den verschiedenen pazifistischen Strömungen ausgetragen. Zu diesen zählten die bürgerlichen Pazifisten um den Friedensnobelpreisträger Ludwig Quidde und die radikaleren Pazifisten um den Philosophen Friedrich Wilhelm Foerster. Während Quidde seine Hoffnung auf internationale Organisationen setzte und diesen auch das Recht einräumen wollte, militärisch gegen Aggressoren vorzugehen, die das Völkerrecht brechen, lehnten die „radikalen Pazifisten" auch den Verteidigungskrieg ab und setzten sich für die Abschaffung des Militärs und die Kriegsdienstverweigerung ein. Quidde und Foerster stritten sich 1926 beispielsweise in der *Weltbühne* über der Frage, ob und inwieweit Deutschland entwaffnet sei und keine Gefahr mehr für den Weltfrieden darstelle. Foerster verwies dabei in einer umfangreichen Analyse auf die „Neubewaffnung, Mobilisierung und militärische Durchbildung breitester Volksschichten",[10] was als Vorbereitung auf einen neuen Krieg verstanden werden müsse. Mit seinem „revolutionären Pazifismus" entwickelte Kurt Hiller 1926 ein neues Konzept und gründete die Gruppe Revolutionärer Pazifisten. Dieser schlossen sich zahlreiche *Weltbühne*-Autoren wie Kurt Tucholsky, Alfons Goldschmidt, Walter Mehring, Ernst Toller und Walther Karsch an. Nach Hillers Vorstellungen sollte der Völkerfriede

---

9 Wilhelm Michel, „Begriffsbestimmungen", *Die Weltbühne* 42 (1922): 403–05.
10 Friedrich Wilhelm Foerster, „Deutschlands Entwaffnung?", *Die Weltbühne* 27 (1926): 5–18.

durch den Sozialismus herbeigeführt werden, wobei letzterer durchaus mit Gewalt eingeführt werden könnte.

Generell sahen es jedoch Vertreter aller pazifistischen Richtungen als ihr Recht und ihre Pflicht an, gegen heimliche Aufrüstungsbestrebungen der Reichswehr anzukämpfen und Fälle, in denen gegen den Versailler Vertrag verstoßen wurde, öffentlich zu machen. Solche Veröffentlichungen hatten jedoch meist Prozesse wegen Landesverrats zur Folge, was Kurt Tucholsky im März 1928 zu dem Schluss kommen ließ:

> Wir halten den Krieg der Nationalstaaten für ein Verbrechen, und wir bekämpfen ihn, wo wir können, wann wir können, mit welchen Mitteln wir können. Wir sind Landesverräter. Aber wir verraten einen Staat, den wir verneinen, zugunsten eines Landes, das wir lieben, für den Frieden und für unser wirkliches Vaterland: Europa.[11]

Doch in ihrem Kampf gegen Aufrüstung und Militarismus standen die wenigen Pazifisten weitgehend allein. Tucholsky musste einräumen, dass ihre Forderungen kaum Widerhall in der Bevölkerung fanden: „Tatsächlich wird der Pazifismus von den Mordstaaten sinnlos überschätzt; wäre er halb so gefährlich und wirkungsvoll, wie seine Bekämpfer glauben, dürften wir stolz sein.“[12] Daran änderte sich auch wenig, als Ende der 1920er Jahre realistische Schilderungen des Krieges zu Bestsellern wurden. Axel Eggebrecht begrüßte Erich Maria Remarques Erfolgsroman *Im Westen nichts Neues* zunächst als „unerwarteter, erster Trost in unsern Tagen, da der Mensch sich heiter daran gewöhnt hat, wie böse er ist“. Karl Hugo Sclutius hielt dem skeptisch entgegen: „Nein, lieber, talentierter, kluger Erich Maria, so herum gehts nicht. Ein Bucherfolg, sorgenlose Tage, frischer Ruhm – ich gratuliere. Aber Pazifismus? Kriegspropaganda! Einer muß es Ihnen sagen.“[13]

Anfang der 1930er Jahre bekam die *Weltbühne* selbst zu spüren, wie mächtig der Einfluss der Reichswehr geworden war. Schon bald nach dem Erscheinen von Walter Kreisers Artikel *Windiges aus der deutschen Luftfahrt* im März 1929 hatte das Reichswehrministerium Anzeige gegen den Autor sowie den *Weltbühne*-Herausgeber Ossietzky erstattet. Dennoch sollte es bis zum Frühjahr 1931 dauern, bis der Oberreichsanwalt schließlich Anklage erhob. Der Hintergrund: Das Auswärtige Amt wollte unbedingt vermeiden, dass während des Prozesses die geheime militärische Zusammenarbeit zwischen dem Deutschen Reich und der Sowjetunion publik wurde. Doch die militärischen Interessen gewannen die Oberhand. Schließlich wurden alle Prozessbeteiligten zu Schweigen verpflichtet. Unter Aus-

---

11 Ignaz Wrobel (Kurt Tucholsky), „Die Großen Familien", *Die Weltbühne* 13 (1928): 471–73.
12 Ders., „Über wirkungsvollen Pazifismus", *Die Weltbühne* 41 (1927): 555–59.
13 Karl Hugo Sclutius, „Pazifistische Kriegspropaganda", *Die Weltbühne* 14 (1929): 501–03.

schluss der Öffentlichkeit verurteilte das Reichsgericht in Leipzig am 23. November 1931 Kreiser und Ossietzky zu 18 Monaten Gefängnis.

Das Urteil erregte internationales Aufsehen. Für die ausländische Presse hatte das Reichsgericht damit indirekt eingeräumt, dass es tatsächlich den geheimen Aufbau einer Luftwaffe gab. Das Urteil sei „typisch für die rigorose Behandlung, die deutsche Gerichte jetzt jedem zuteilwerden lassen, der mit einer Rückkehr zum Vorkriegsmilitarismus in Deutschland nicht einverstanden ist", schrieb die *New York Evening Post*.[14]

Walter Kreiser setzte sich nach dem Urteil nach Frankreich ab, um der Inhaftierung zu entgehen, Ossietzky blieb in Deutschland und trat seine Haftstrafe an. Noch als Gefangener musste er sich in einem weiteren Verfahren verantworten. Im August 1931 hatte Tucholsky in einer Glosse in der *Weltbühne* geschrieben: „Da gab es vier Jahre lang ganze Quadratmeilen Landes, auf denen war der Mord obligatorisch, während er eine halbe Stunde davon entfernt ebenso streng verboten war. Sagte ich: Mord? Natürlich Mord. Soldaten sind Mörder."[15] Das Reichswehrministerium hatte darin eine Verunglimpfung der Reichswehr gesehen und Strafanzeige gestellt. Da Tucholsky zu diesem Zeitpunkt bereits permanent im Ausland lebte, war gegen ihn keine Anklage erhoben worden. In diesem Fall konnten die Anwälte Ossietzkys jedoch einen Sieg vor Gericht davontragen. Die Richter sahen in der Aussage „Soldaten sind Mörder" eine unbestimmte Gruppe und nicht speziell die Reichswehr angesprochen.

Rückblickend fasziniert die Hellsichtigkeit, Analyseschärfe und Wortgewalt, mit der die Autoren der *Weltbühne* den Militarismus ihrer Zeit analysierten. Umso schwerer ist aus heutiger Perspektive wohl zu verstehen, warum sie das Erstarken des Nationalsozialismus erst so kurz vor der Machtübernahme als wirkliche Bedrohung realisierten – so wirklich ernst schienen sie die Nationalsozialisten mit ihren wahnhaften Vorstellungen und Parteiprogrammen, mit ihrem wilden Antisemitismus wohl nicht zu nehmen. Das wird schon aus den Spitznamen deutlich, mit denen diese bedachten: „Stinkbombenwerfer"[16] oder „wildgewordene Skatbrüder"[17], „Rudel von Faselhänsen und Halbverrückten".[18] Der „kleine Goebbels"[19] wurde als „klumpfüßiger Psychopath"[20] oder „Wunderrebbe von Ber-

---

14 Zitiert nach: Anonym, „Fragen und Meinungen", *Die Weltbühne* 48 (1931): 811–13.

15 Ignaz Wrobel (Kurt Tucholsky), „Der bewachte Kriegsschauplatz", *Die Weltbühne* 31 (1931): 191–92.

16 Peter Panter (Kurt Tucholsky), „Proteste gegen die Dreigroschenoper", *Die Weltbühne* 15 (1930): 557–58.

17 Carl v. Ossietzky, „Brutus schläft", *Die Weltbühne* 5 (1931): 157–60.

18 Ebd.

19 Ders., „Die Blutlinie", *Die Weltbühne* 43 (1930): 603–04.

20 Ders., „Remarque-Film", *Die Weltbühne* 51 (1930): 889–91.

lin"[21], als „hysterische Käsemilbe"[22] verhöhnt, Hitler als „Wechselbalg des Teu-
fels"[23], „pathetisches Mondkalb"[24] oder – dafür wurde Carl von Ossietzky noch
postum kritisiert – als „verweichlichte Pyjamaexistenz."[25] Retrospektiv mussten
sich die Autoren der *Weltbühne* vorwerfen lassen, zwar kräftig polemisiert, aber
den Nationalsozialismus unterschätzt zu haben. Davon hatte auch schon der „auf-
gehörte Schriftsteller" Kurt Tucholsky eine Ahnung, der angesichts der immer
düstereren Nachrichten aus Deutschland zunehmend verstummte und am 21. Dezember 1935 im schwedischen Exil einer Überdosis Schlaftabletten erlag. Neun
Monate zuvor hatte er an seine Geliebte, die Ärztin Hedwig Müller, geschrieben:

> Nichts als Pacifist zu sein – das ist ungefähr so, wie wenn ein Hautarzt sagt: ‚Ich bin gegen
> Pickel.' Damit heilt man nicht. Ich weiß Bescheid, denn ich habe diese Irrtümer hinter mir
> […] Ein Teil liegt im Wesen der Menschen. ‚Es wird immer Kriege geben.' Es wird auch im-
> mer Morde geben. Es fragt sich nur, wie die Staatsordnung Krieg und Mord bewertet. Den
> Mord bewertet man als Rechtsbruch – den Krieg als Naturereignis, mehr: als eine heroische
> Sache. Er ist, oft und in vielem, eine Schweinerei. Also –?
> Will man aber den Krieg verhindern, dann muß man etwas tun, was alle diese nicht tun
> wollen: Man muß bezahlen.
> Ein Ideal, für das man nicht bezahlt, kriegt man nicht.
> Ein Ideal, für das ein Mann oder eine Frau nicht kämpfen wollen, stirbt – das ist ein Natur-
> gesetz.[26]

---

21 Ders., „Die Befreiten", *Die Weltbühne* 28 (1930): 39–42.
22 Ders., „Wintermärchen", *Die Weltbühne* 1 (1933): 1–6.
23 Ders., „Braun und schwarz", *Die Weltbühne* 45 (1931): 693–96.
24 Ders., „Brüning darf nicht bleiben", *Die Weltbühne* 38 (1930): 463–66.
25 Ders., „Brutus schläft", 157–60.
26 Kurt Tucholsky, *Die Q-Tagebücher 1934–1935*, Hg. Mary Gerold-Tucholsky und Gustav Huon-
ker (Reinbek: Rowohlt, 1978), 182.

Michael Sikora
Die Bedeutung der Deserteure

Bekanntlich hat Friedrich Wilhelm I., kaum dass er durch den Tod seines Vaters
Ende Februar 1713 an die Macht gelangt war, zügig die Zügel in die Hand genommen und die ihm zugefallene Herrschaftsgewalt in umtriebigen Aktivitäten und
Anordnungen zur Geltung gebracht. Noch weniger kann überraschen, dass dabei
gerade das Militär rasch zum Gegenstand von regulierenden und reformierenden
Maßnahmen wurde. Im Zuge dessen erging auch am 12. Juli ein Edikt „wieder
[sic!] die Desertion derer Soldaten".[1]

Darin wurden den Offizieren Vorsichtsmaßnahmen eingeschärft, insbesondere für den Fall, dass der Ausmarsch einer Truppe angeordnet werden sollte und
die Soldaten aus den Quartieren – sozusagen – ins Freie marschieren mussten.
Die Offiziere hatten ihrerseits die lokalen Autoritäten und diese wiederum alle
Einwohner und Untertanen dazu anzuhalten, das Militär bei der Überwachung
der Soldaten zu unterstützen. Nachlässigkeiten sollten bestraft, die Ergreifung
von Deserteuren belohnt werden, aber es wurden auch Vorkehrungen getroffen,
um die Einwohner vor Repressalien durch angezeigte Deserteure zu schützen.

Friedrich Wilhelms Edikt hatte aber auch schon eine Vorgeschichte. Noch in
den letzten Jahren Friedrichs I. war eine Reihe von Anordnungen ergangen, unter
anderem ein „Geschärfftes Edict wider die starck einreissende Desertion" im Mai

---

1 Christian Otto Mylius, *Des Corporis Constitutionum Marchicarum, Dritter Theil: Von Kriegs-Sa-
chen [...]*, Bd. 3, *Corpus Constitutionum Marchicarum, Oder Königl. Preußis. und Churfürstl. Bran-
denburgische in der Chur- und Marck Brandenburg, auch incorporirten Landen publicirte und er-
gangene Ordnungen, Edicta, Mandata, Rescripta etc. [...]* (Berlin: Buchladen des Waysenhauses,
1737), Sp. 341–48. Die preußischen Gesetzesammlungen, ab 1750 in regelmäßig erscheinenden
Bänden unter dem Titel *Novum Corpus Constitutionum Prussico-Brandenburgensium Praecipue
Marchicarum* fortgesetzt, können mittlerweile bequem online zum Selbststudium genutzt werden, suche „Preußische Rechtsquellen Digital", Web-Archiv der Staatsbibliothek Berlin,
25.11.2002, https://web-archiv.staatsbibliothek-berlin.de/altedrucke.staatsbibliothek-berlin.de/
Rechtsquellen/quellen.html. Verlinkte Inhaltsverzeichnisse erlauben den gezielten Zugriff auf einzelne Stücke. Allgemeine Rechtsordnungen in Form von Edikten sind darüber hinaus als Einzel-
drucke dem Publikum bekannt gemacht worden, äußerlich leicht variierend. Ein solches Exem-
plar des Edikts von 1713 ist beispielsweise digital verfügbar unter „Wir Friderich Wilhelm von
Gottes Gnaden [...]", Universitäts- und Landesbibliothek Sachsen-Anhalt, 2019, https://opendata.
uni-halle.de//handle/1981185920/77994.

Hinweis: Ich erlaube mir, auf Material zurückzugreifen, das ich schon vor längerer Zeit für meine
Dissertation (Michael Sikora, *Disziplin und Desertion: Strukturprobleme militärischer Organisation im
18. Jahrhundert* (Berlin: Duncker & Humblot, 1996)) zusammengetragen habe.

https://doi.org/10.1515/9783111305622-011

1711.[2] Das Edikt von 1713 war seinerseits auch nur ein Glied in einer fortlaufenden Kette von Anordnungen und Vorschriften, die sich um die Bekämpfung der Desertion drehten und die Gegenmaßnahmen immer weiter verfeinerten. Auf Alarmzeichen hatten die Bewohner der umliegenden Dörfer vorher festgelegte Posten an Brücken und Engpässen zu besetzen. Wer einen Soldaten anhielt und dessen Urlaubspass nicht lesen konnte, sollte den Soldaten zum nächsten Schulzen oder Schulmeister führen.[3] Wie ein tatsächlich beurlaubter Soldat unter diesen Umständen überhaupt vom Fleck kommen sollte, blieb offen.

Der Bekämpfung der Desertion schrieben die Könige offenbar große Bedeutung zu. Einem Sachverhalt können allerdings ganz unterschiedliche Bedeutungen zugeschrieben werden, abhängig von Perspektive und Kontext. Im Folgenden soll daher der Versuch unternommen werden, sich der Desertion im 18. Jahrhundert aus drei verschiedenen Perspektiven anzunähern, also verschiedene Bedeutungen nebeneinander zu stellen – und stehen zu lassen.

I

Die erste Perspektive konzentriert sich auf die praktischen Konsequenzen der Desertion, fragt also nach ihrer eigentlichen militärischen Bedeutung. Quantitative Angaben liegen hier allerdings nur bruchstückhaft vor. Sie spiegeln sehr unterschiedliche Verhältnisse und zeigen mitunter sehr große Schwankungen an. Gewiss waren Desertion und Verweigerung für alle europäischen Armeen dieser Epoche ein relevantes Problem. Aber für systematische, generalisierende Vergleiche geben sie bisher keine Grundlage ab. Die existierenden Angaben verdichten sich jedoch zu dem Eindruck, dass es als normal akzeptiert worden ist, wenn jährlich Soldaten im unteren einstelligen Prozentbereich desertierten. Die preußische Armee scheint sich dabei im langjährigen Schnitt nicht abgehoben zu haben.

Das klingt irgendwie wenig, aber epochenübergreifende Vergleiche, die Anhaltspunkte anbieten könnten, wären noch viel spekulativer. Immerhin kann man auch eine andere Brille aufsetzen: Da in den meisten Armeen des 18. Jahrhunderts die Soldaten für viele Jahre verpflichtet wurden – wenn nicht für die ganze Dauer ihrer Dienstfähigkeit, wie es sich die preußischen Obrigkeiten als Regelfall

---

2 Siehe die Sammlung der Rechtsquellen unter Anm. 1.

3 Eine späte Lösung für ein altes Problem, in einem Edikt aus dem Jahr 1788, vgl. „Verzeichniß derer in dem 1788sten Jahre ergangenen Edicte, Patente, Mandate, Rescripte, und Haupt-Verordnungen ec.: Nach der Zeitfolge", Web-Archiv der Staatsbibliothek Berlin, 25.11.2002, https://webarchiv.staatsbibliothek-berlin.de/altedrucke.staatsbibliothek-berlin.de/Rechtsquellen/NCCT81788/start.html.

wünschten –, so kumulieren sich die jährlichen Quoten in Relation zu der sich wesentlich langsamer erneuernden Gesamtheit der Soldaten. Für die Zeit Friedrich Wilhelms I. kann auf Daten zurückgegriffen werden. Der Abgang der einfachen Soldaten in den relativ stabilen Jahren zwischen 1727 und 1740 verteilte sich demnach auf etwas über 44 %, die regulär entlassen worden sind – meist wohl, weil sie nicht mehr diensttauglich waren –, rund 35,5 %, die in ihrer Dienstzeit gestorben sind – und 20 %, die desertiert sind – jeder fünfte verließ also irgendwann die Armee auf diesem Weg, obwohl das mit einer ziemlich geringen jährlichen Quote von nur rund 1 % einherging.[4] Dass morgens der eine oder andere Soldat verschwunden war, wird – so viel darf man wohl unterstellen – keine sonderlich außergewöhnliche Erfahrung in der Armee dieser Zeit gewesen sein.

So oder so haben aber die Desertionen die Funktionstüchtigkeit der preußischen Armeen, vielleicht bis auf wenige Ausnahmesituationen, nicht wirklich erschüttert. Die Kontrollgewalt der militärischen Hierarchie wird dazu beigetragen haben. Die Annahme, eine solche Armee könnte aber allein durch permanenten äußeren Zwang zusammengehalten worden sein, erscheint gleichwohl nicht plausibel. Arrangement mit einem dürftigen, aber dauerhaften und relativ verlässlichen Lebensunterhalt; Fügsamkeit aufgrund des in die Körper eingeschriebenen Drills; Ergebenheit gegenüber einer, womöglich als gottgewolltem Schicksal gedeuteten Herrschaftsgewalt; Teilhabe an einer *Peergroup*, die gemeinsame Erfahrungen und gemeinsame Anerkennung teilte und so etwas wie Korpsgeist entwickelte; Loyalität gegenüber einem Herrscher, von dessen Glanz auch ein paar Reflexe auf die Soldaten blitzten; patriotische Einstellungen, wie sie besonders im Siebenjährigen Krieg durch entsprechende Lyrik propagiert wurden; Vorstellungen von Ehre;[5] mitunter vielleicht auch einfach Abenteuerlust: Für alle diese Kon-

---

4 Die Zahlen stützen sich auf den anonymen Beitrag „Statistische Nachrichten über die Armee Friedrich Wilhelms I.", *Mittheilungen aus dem Archiv des königlichen Kriegsministeriums*, Heft 2 (1891): 59–65 und zugleich in *Militär-Wochenblatt* 76 (1891): Sp. 1031–1036. Sie wurden neu aufbereitet bei Willerd R. Fann, „Peacetime Attrition in the Army of Frederick William I., 1713–1740", *Central European History* XI (1978): 323–34. Die Daten sind den Nachweislisten der Armee entnommen. Weil das preußische Heeresarchiv im Krieg zum größten Teil vernichtet worden ist, kann man sich nur auf diese ältere Auswertung stützen und insofern auch keine vergleichbaren Aussagen über spätere Zeiträume treffen, was sehr bedauerlich ist. Die hier herangezogenen Zahlen beziehen sich auf die einfachen Infanteristen, die das Gros der Armee stellten. Differenzierungen und Komplikationen im Hinblick auf Unteroffiziere und unterschiedliche Truppenteile werden daher hier ausgeblendet.

5 Jüngst haben Katrin und Sascha Möbius, *Prussian Army Soldiers and the Seven Years' War: The Psychology of Honour* (London: Bloomsbury, 2020), Überlegungen zur Motivation preußischer Soldaten vorgelegt, die im Wesentlichen auf einer Relektüre der leider nicht sehr zahlreichen Selbstzeugnisse beruht; das Konzept „Ehre", mit all seinen Problemen hinsichtlich seiner Bedeutung in der Vormoderne, ist dabei eher ein gemeinsamer Nenner für differenzierte Beobachtungen.

stellationen ließen sich einzelne Belege und zeitgenössische Zuschreibungen vorbringen, ohne dass ein belastbares Psychogramm der preußischen Armee erstellt werden könnte. Die Annahme solcher Faktoren, in Kombination untereinander und mit dem äußeren Zwang, machen die relative Kohärenz solcher Armeen aber immerhin plausibler. Ihnen im Einzelnen nachzugehen, ist aber hier nicht der Ort.

II

Welche Bedeutung die Deserteure ihrerseits mit ihrer Flucht sendeten, ist schwer zu ermitteln. In den Memoiren Ulrich Bräkers heißt es trotzig und vielzitiert: „– denn was gehen mich Eure Kriege an?"[6] Bräker, ein Schweizer Hirtenjunge, der, seiner Darstellung zufolge, unter Vortäuschung falscher Umstände in die preußische Armee gelockt worden war und in seiner ersten Schlacht das Weite suchte, ist dank seiner Aufzeichnungen, für seinen Stand ganz ungewöhnlich, zu einem allgegenwärtigen Musterdeserteur geworden. Dazu trug sicherlich bei, dass seine Erinnerungen an den Militärdienst in Gustav Freytags äußerst populären *Bildern aus der deutschen Vergangenheit* komplett wiedergegeben wurden. Es ist aber bekannt, dass auch Bräkers gebildete Gönner über den Text gegangen sind und ihm so womöglich ein solches *Statement* in den Mund gelegt haben könnten.

Wenn man die Umstände der Berichte über auffällig zahlreiche Desertionen, die zeitgenössischen Ursachenforschungen und die wenigen dokumentierten Beispiele betrachtet, mag man sich umgekehrt fragen, ob es überhaupt ausgeprägter Motive bedurfte, um sich davon zu machen. Auch Zeitgenossen beklagten gelegentlich den „Leichtsinn" von Deserteuren, die anscheinend aus geringfügigen Gründen, aus der Situation heraus, fortliefen. Grob lassen sich drei Spannungsfelder ausmachen, sozusagen Sollbruchstellen der vorrevolutionären Heeresorganisation.

Gewiss spielte die Rekrutierung eine Rolle. Die preußische Armee bestand, in schwankenden Anteilen, aber bis zur Hälfte, aus mehr oder weniger freiwillig angeworbenen Soldaten. Das konnten Einheimische sein, die meisten stammten

---

6 Zitiert nach Ulrich Bräker: *Lebensgeschichte und vermischte Schriften*, Bd. 4, *Sämtliche Schriften*, Bearb. Claudia Holliger-Wiemann u. a. (München: C. H. Beck, 2000), 456. Vgl. zu Bräker Helmut Eckert, „Ulrich Bräkers Soldatenzeit und die preussische Werbung in Schaffhausen", *Schaffhauser Beiträge zur Geschichte* 53 (1976): 122–90; Jürgen Kloosterhuis, „Donner, Blitz und Braeker: Der Soldatendienst des ‚armen Mannes im Tockenburg' aus der Sicht des preußischen Militärsystems", in *Schreibsucht: Autobiographische Schriften des Pietisten Ulrich Bräker (1735–1798)*, Hg. Alfred Messerli und Adolf Muschg (Göttingen: Vandenhoeck & Ruprecht, 2004), 129–87.

aber aus dem Ausland, wobei „Ausland" in der Regel andere Territorien des Alten Reichs bedeutete. Für Männer, denen ohnehin nur geringe Erwerbschancen offenstanden, mag das als akzeptable und langfristig verlässliche Option gegolten haben. Manche werden sich auch aus prekären Lebensumständen heraus zum Eintritt in eine Armee entschieden haben, andere wollten sich auf diese Weise vielleicht auch ihren Verpflichtungen entziehen – gegenüber einem Lehrherrn, einem Grundherrn, gegenüber einem Gläubiger oder gegenüber einer Ehefrau. Schließlich wurde die „böswillige Verlassung" eines Ehepartners in der damaligen Fachsprache der Juristen ebenfalls als „Desertion" bezeichnet.

Unter normalen Umständen fanden die Werber also durchaus Interessenten. Wenn aber mehr Rekruten gefordert waren, wurde nachgeholfen, mit verlockenden Werbeprämien, mit List und Tücke – etwa zugestecktem Werbegeld –, manchmal mit Zwang. In den ersten Regierungsjahren Friedrich Wilhelms I. wurde im Zuge der Aufrüstung der Armee und dem Austausch älterer Soldaten mit aller Rücksichtslosigkeit geworben. Dass daraufhin in der ersten Hälfte seiner Regierungszeit allein über 16 000 Infanteristen desertierten,[7] muss man wohl damit in Zusammenhang bringen. Die Zahlen sanken dann aber signifikant.

Anfangs waren auch die eigenen Territorien Preußens von mitunter rabiaten, gelegentlich sogar tumultartigen Werbungen betroffen.[8] Zur Vermeidung von Konkurrenz zwischen den Regimentern, aber auch zur systematischen Erfassung der Bevölkerung, entwickelte sich in der Folge ein Regelwerk, das am Ende den Regimentern feste Werbebezirke – sogenannte Kantone – zuwies.[9] Hier wurden die Männer schon als Jugendliche erfasst, um dann je nach Bedarf – ohne Bemühungen, ohne Verhandlungen und ohne Werbegeld – taugliche Rekruten zum Ersatz der Abgänge heranziehen zu können. Zur Wahrung der Wirtschaftskraft wurden die sogenannten Kantonisten nach einer gewissen Ausbildung regelmäßig für die meiste Zeit des Jahres beurlaubt. Aus wirtschaftlichen Gründen wurden auch ganze Berufsgruppen und Kommunen von der Dienstpflicht ausgenommen.

Gemeinhin wird angenommen, dass die Ausländer unzuverlässiger gewesen seien; kein Geringerer als Friedrich II. vertrat diese Auffassung. Das ist auch insofern relevant, als der Anteil derjenigen Soldaten, die nicht aus den preußischen

---

7 Siehe dazu wiederum Fann, „Peacetime Attrition", 323–34.

8 Als ein Beispiel eine Reihe von Regesten aus westfälischen Akten bei Jürgen Kloosterhuis, *Regesten, Bd. 1, Bauern, Bürger und Soldaten: Quellen zur Sozialisation des Militärsystems im preußischen Westfalen, 1713–1803* (Münster: Selbstverlag des NW Staatsarchivs Münster, 1992), Kapitel I.1 und I.2.

9 Zur Entwicklung und komplexen Praxis dieser Form der Rekrutierung vgl. grundlegend Martin Winter, *Untertanengeist durch Militärpflicht? Das preußische Kantonsystem in brandenburgischen Städten im 18. Jahrhundert* (Bielefeld: Verlag für Regionalgeschichte, 2005).

Territorien stammten, deutlich über vergleichbaren Proportionen anderer Armeen lag, was vor allem mit der Rücksicht der Könige auf die vergleichsweise geringe Bevölkerungszahl in Preußen zusammenhing. Verlässliche Daten für größere Gruppen und Zeiträume zur Überprüfung von Annahmen liegen allerdings nicht vor. Gewiss waren die einheimischen Soldaten eher in soziale Zusammenhänge außerhalb des Militärs eingebunden als die Soldaten von jenseits der Grenzen, bei denen sich solche Bindungen bestenfalls erst entwickeln konnten, etwa durch Partnerschaften. Mutmaßlich darf man wohl auch von unterschiedlichen Graden der Integration in die militärische Gesellschaft ausgehen.

Auf der anderen Seite waren die meisten einheimischen Soldaten nicht nur in soziale Zusammenhänge eingebunden, sie konnten auch anders sanktioniert werden. Ihnen wurde bei Desertion die Beschlagnahmung aller zurückgelassenen Habe angedroht. Nicht messbar ist auch der Anteil derer, die sich der Dienstverpflichtung entzogen, sei es durch die Aushandlung von individuellen Ausnahmen, sei es durch Landflucht. So brachte die Dienstverpflichtung einen neuen Tatbestand hervor, sozusagen vor der Desertion. Es sollen auch, sicher Ausnahmen, Selbstverstümmelungen vorgekommen sein, um sich untauglich zu machen.

Ein zweites Spannungsfeld tat sich durch die Zwänge im Dienst auf.[10] Kein militärisches System kommt ohne sie aus, aber sie tragen epochenspezifische Profile. Das galt in erster Linie für den Drill. Die Soldaten mussten vor allem darauf programmiert werden, auch unter lebensgefährlicher Bedrohung, entgegen jedem der Gefahr gemäßen Impuls, sich in langen Reihen zu exponieren und unabhängig von Umständen jene an sich einfachen, aber recht zahlreichen Handgriffe, die zur Bedienung der Vorderladergewehre notwendig waren, immer wieder abzuspulen, am besten gleichzeitig. Schon Zeitgenossen verglichen die Rolle der Soldaten mit den Rädchen in einer Maschine.

Selbst Friedrich Wilhelm I. hatte beobachtet, dass das nicht einfach mit Gewalt funktionierte. Im Infanteriereglement von 1726 wurde den Ausbildern eingeschärft, die Rekruten nicht zu hart anzugehen, noch weniger sie zu schlagen. Wie im „Spielen" sollte der Rekrut lernen, „damit er nicht gleich im Anfange verdrießlich und furchtsam gemachet werde".[11] Wie das so ist mit Reglementierungen – auch auf diese Weise wird ein Problem beim Namen genannt, ohne dass es An-

---

10 Vgl. dazu zuletzt Janine Rischke-Neß, *Subjektivierungen und Kriminalitätsdiskurse im 18. Jahrhundert: Preußische Soldaten zwischen Norm und Praxis* (Göttingen: V&R unipress, 2021), Kap. 3 (dort 245–51 kommt auch das Thema Selbstverstümmelung zur Sprache). Vgl. auch Jörg Muth, *Flucht aus dem militärischen Alltag: Ursachen und individuelle Ausprägung der Desertion in der Armee Friedrichs des Großen* (Freiburg: Rombach, 2002), 94–103.
11 Zitate aus dem *Reglement vor die Königl. Preußische Infanterie von 1726* (Neudruck Osnabrück: Biblio Verlag, 1968), 222.

haltspunkte gibt, ob es durch die Anordnungen tatsächlich beseitigt worden ist. Genauso wenig belastbare Anhaltspunkte liegen vor, um die Gewalt der Disziplinierung zu bilanzieren. Differenzierende Einsichten versprechen immerhin Beobachtungen, nach denen die Praktiken anscheinend von Regiment zu Regiment variierten und man unterschiedliche Regimentskulturen zu unterscheiden hätte – mit mehr oder weniger gewalttätiger Handhabung des Drills.[12]

Willkürliche Misshandlungen waren freilich nur eine Facette des Systems, die Soldaten zur Desertion treiben konnten. Es wurde auch darüber diskutiert, inwiefern die reguläre Strafjustiz für Verstöße gegen die Dienstpflichten Soldaten vertreiben konnten. Die mehr oder weniger subjektive Auffassung, nicht das zu bekommen, was einem zusteht – an Sold, an Verpflegung, an Urlaub oder auch eine verweigerte Entlassung – konnte zur Folge haben, dass sich Soldaten nicht mehr gebunden fühlten. Eine eigene Rolle spielten drittens gerade die Beziehungen der Soldaten zu ihrem zivilen Umfeld, die Sorge um die Familie und den heimischen Hof, aber auch die Verweigerung einer Heiratserlaubnis, die nötig war, damit die militärischen Obrigkeiten die Zahl der verheirateten Soldaten steuern konnten. Diese drei typischen Problemkomplexe wurden immer wieder mit Desertionen in Verbindung gebracht. Dabei ist allerdings auch zu berücksichtigen, dass Desertionen aus meist ummauerten Garnisonsorten mit bewachten Toren und organisierten Techniken der Verfolgung, größere Risiken bargen.

Noch einmal ganz neue Herausforderungen stellten sich, wenn die Truppen tatsächlich in einen Krieg zogen, also ihrer eigentlichen Bestimmung folgten. Aus obrigkeitlicher Sicht bedeutete das zunächst einen Kontrollverlust. Friedrich Wilhelms I. frühes Edikt hatte vor allem die Situation ausmarschierender Soldaten vor Augen. Sein Sohn Friedrich II. schärfte seinen Generälen ein, es sei „ein essentielles Devoir eines jeden Generals, welcher eine Armée, oder ein separirtes Corps, von Meinen Trouppen commandiret, der Desertion vorzubeugen" – gerade weil es so aufwendig sei, die Soldaten ordentlich zu „dressieren". Dem folgte eine Liste mit 14 notwendigen Maßnahmen.[13]

---

12 Diesen Weg konkretisierte Jürgen Kloosterhuis programmatisch mit der Regestensammlung: *Legendäre „lange Kerls": Quellen zur Regimentskultur der Königsgrenadiere Friedrich Wilhelms I., 1713–1740* (Berlin: Selbstverlag des Geheimen Staatsarchivs Preußischer Kulturbesitz, 2003), freilich anhand eines besonders prominenten Falls; vgl. ders., „Kantonsystem und Regimentskultur: Katalysatoren des preußischen Militärsozialisationsprozesses im 18. Jahrhundert", in *Oppenheim-Vorlesungen zur Geschichte Preußens an der Humboldt-Universität zu Berlin und der Berlin-Brandenburgischen Akademie der Wissenschaften*, Hg. Wolfgang Neugebauer (Berlin: Duncker & Humblot, 2014), 77–139. Ähnliches Plädoyer für Regimentsforschung bei Muth, *Flucht*, 165; vgl. ebd. Kap. V.

13 Friedrich der Große, *Militärische Schriften*, erläutert und mit Anmerkungen versehen durch v. Taysen (Berlin: Richard Wilhelmi, 1882), 3–4.

Eingeschränkte Möglichkeiten der Überwachung trafen zudem, den Umständen entsprechend, auf Zumutungen, wie sie der Friedensdienst nicht kannte. Dabei stellte die Bedrohung im Gefecht eher die Ausnahme dar. Der Alltag der Kriege im 18. Jahrhundert war immer noch dadurch geprägt, dass sie ganz überwiegend zu Fuß geführt wurden, wobei mitunter viele hundert Kilometer zurückzulegen waren, dass die Soldaten oft kaum geschützt den Unbillen des Wetters ausgeliefert waren und dass es – unter den Bedingungen einer agrarischen Mangelgesellschaft und einer auf Pferdefuhrwerke angewiesenen Logistik – immer noch eine kaum zu lösende Herausforderung darstellte, die Verpflegung Tausender umherziehender Menschen sicher zu stellen.

Häufig wird konstatiert, dass die Zahl der Desertionen im Krieg zugenommen hat, aber quantifizieren lässt sich das nicht. Allem Anschein nach unterlag das Geschehen ohnehin großen Schwankungen, so dass oft ganz pauschal davon die Rede ist, die Desertionen hätten erstaunlich zugenommen. Eine Rolle spielten anscheinend Situationen, in denen der Zusammenhang der Gruppen sich auflöste, im Kleinen etwa dann, wenn die Soldaten verstreut einquartiert wurden oder wenn sie – mit oder ohne Auftrag – ausschwärmten, um Verpflegungsgüter für Mensch und Tier zu beschaffen, im Größeren, wenn Kampfhandlungen dazu führten, dass Einheiten versprengt wurden.

Die Versorgung im fremden Land scheint auch ein wichtiger Grund gewesen zu sein, um bei der Armee zu bleiben, und immer wieder heißt es, die Desertionen stiegen an, wenn die Versorgung nicht klappte. Am deutlichsten wird das am extremsten Beispiel, als Friedrich II., noch relativ früh in seiner Karriere als Heerführer, die Armee im Zweiten Schlesischen Krieg in einem kühnen Vorstoß tief nach Böhmen schickte. Den österreichischen Gegnern gelang es, die Wege, auf denen träge Fuhrwerke den Soldaten Korn und Brot hinterher schleppten, abzuschneiden. Das mündete in eine Versorgungskrise, die Tausende preußische Soldaten in die Desertion trieb – hier wurde deren Zahl einmal wirklich militärisch relevant, denn das kam einer verlorenen Schlacht gleich.[14]

Ob und welche Botschaften die einzelnen Deserteure mit ihrer Flucht senden wollten, bleibt weitestgehend verborgen, wenn nicht die Auswertung von Gerichtsakten noch zu neuen Einsichten führt. Aufs Ganze gesehen zeichneten diese Desertionen aber ein Profil derjenigen Kontexte, in denen die epochenspezifischen Praktiken der Heeresorganisation und Kriegführung an die Grenzen der epochenspezifischen Rekrutierungsweisen und Motivationsangebote gingen. So gesehen, provoziert jede Armee – und so auch die preußische – ihre typischen

---

[14] Nachweise dazu bei Sikora, *Disziplin und Desertion*, 85.

Deserteure, und so gesehen sind diese Deserteure auch integraler Bestandteil der Geschichte ihrer Armee.

III

Ein Bestandteil, mit denen die Obrigkeiten umgehen mussten – was wieder an den Ausgangspunkt des Essays zurückführt. Die Botschaften der Obrigkeit bestanden, wenig überraschend, in Drohungen und Verfolgungen. Das Edikt von 1713 und alle seine Nachfolger signalisierten einen Aufwand der Kontrolle und Verfolgung, der einen Fluchtversuch aussichtslos erscheinen lassen sollte. Eingefangene Deserteure, die wieder in die Garnison zurückgeführt wurden, scheinen diesen Eindruck bestätigt zu haben. Den Deserteuren wurden zudem die höchstmöglichen Strafen angedroht, schließlich wurde ihnen ein Eidbruch zur Last gelegt.

Auf der anderen Seite nahm man allerdings auch wahr, dass diese Drohungen Flüchtige, die nur aus der Situation heraus fortgelaufen waren oder auch solche, die gar nicht die Absicht hatten, sich dauerhaft abzusetzen, oder auch solche, die auf der Flucht nicht zurechtkamen, durchaus davon abhalten konnten, auch wieder zurückzukehren. Wie im alltäglichen Umgang mit Drill und Disziplinierung konnten Drohungen offenbar nicht nur von Abweichungen abschrecken, sondern auch Entweichungen veranlassen.

Gerade in Kriegszeiten – wenn Verfolgung ohnehin sehr erschwert war – ergingen daher häufig sogenannte „General-Pardons", die all denjenigen, denen gerade noch mit dem Strang gedroht worden war, Begnadigung anbot, wenn sie bis zu einem bestimmten Zeitpunkt zurückkehren würden. Am Ende zählte nur die Logik der größten Zahl, wie also möglichst viele Soldaten zusammengehalten werden konnten. Zeitgenössische Beobachter mutmaßten dann aber auch, dass es Soldaten wiederum eher zum Weglaufen ermuntern würde, wenn sie zuverlässig darauf rechnen könnten, später wieder begnadigt zu werden.

Neuere Beobachtungen weisen darauf hin, dass dies auch im Kleinen des Friedensalltags nicht anders war und auch im Einzelfall über die Bedingungen einer Rückkehr verhandelt werden konnte. Wer in den Dienst zurückkehrte und sich bewährte, hatte anscheinend sogar Aussichten, beschlagnahmtes Vermögen zurückzubekommen.[15] Wenn man die Spielräume hinzunimmt, unter Umständen

---

15 Dazu Martin Winter, „Desertionsprozesse in der preußischen Armee nach dem Siebenjährigen Krieg", in *Militär und Recht vom 16. bis 19. Jahrhundert: Gelehrter Diskurs – Praxis – Transformationen*, Hg. Diethelm Klippel, Kai Lohsträter und Jutta Nowosadtko (Göttingen: V&R unipress, 2016), 187–207. Die Beobachtungen greifen auf Akten der General-Invalidenkasse zurück

auch die Einziehung als Kantonist durch Absprachen vermeiden zu können, erweist sich das militärische System am Boden als erstaunlich geschmeidig. Diese Beobachtungen heben die Leiden im und am System nicht auf, stellen sich aber dazu.

Und sie werfen die Frage auf, wie ernst Maßnahmen gemeint waren, deren perfekte Umsetzung ohnehin nicht zu erwarten war und die willkürlich aufgehoben werden konnten, wenn sich ihr Effekt ins Gegenteil verkehrte. Vielleicht tut hier ein Perspektivwechsel not. Einerseits stellen die eingangs angesprochenen Edikte an sich für monarchische Regierungspraktiken des 18. Jahrhunderts, wie sie gerade unter den preußischen Königen gepflegt wurden, keine Besonderheit dar. Durch einen permanenten Output an Reskripten, Resolutionen, Verordnungen, Patenten, Edikten, Reglements oder ähnlichem suchten die Könige und ihre Stäbe, in allen Bereichen von Wirtschaft, Gesellschaft, Kirche, Justiz, Finanzen und eben auch Militär durch Eingriffe von oben steuernd, ordnend und verbietend einzugreifen.

Gemessen daran ist die Aufmerksamkeit, die der Bekämpfung der Desertion gewidmet worden ist, nicht wirklich auffällig. Das gilt auch für deren Umsetzung: In gewisser Hinsicht bildeten die Normen einen Entwurf von Ordnung ab, wie sie sich die Regierenden vorstellten, eine Art Utopie von oben. Abgesehen davon, dass dahinter eine ziemlich schlichte Vorstellung davon stand, wie Menschen gelenkt werden könnten: Diese Utopie kann selbst als Botschaft verstanden werden, mit der sich eine ordnende Obrigkeit inszenierte.[16]

Das hatte dann aber auch Effekte jenseits der konkreten Umsetzungen. Während quantitative Vergleiche über die Epochengrenzen hinweg viele Probleme aufwerfen, darf im Hinblick auf die Bekämpfung der Desertion die These gewagt werden, dass diese Herrschaftspraxis weder vorher noch nachher in ähnlicher Weise in aller Öffentlichkeit ausgebreitet und ja mehr oder weniger die ganze Bevölkerung dafür in den Dienst genommen wurde. Gewiss ist: Kaum ein Einwohner Preußens wird in dieser Zeit nicht irgendwann in irgendeiner Weise mit der Verfolgung von Deserteuren in Berührung gekommen sein – und sei es nur am Sonntag in der Kirche, wenn der Pfarrer im Auftrag der Obrigkeit die Verordnungen bekannt zu machen hatte.

Wahrscheinlich aber hätte er ein Jahrhundert vorher noch nicht einmal gewusst, was ein Deserteur ist. Im Titel einer brandenburgischen Verordnung taucht

---

und veranschaulichen einen der Wege, wie der Kriegsverlust des Heeresarchivs zumindest ansatzweise kompensiert werden kann.

16 Immer noch inspirierend dazu Wolfgang Schlumbohm, „Gesetze, die nicht durchgesetzt werden: ein Strukturmerkmal des frühneuzeitlichen Staates?", *Geschichte und Gesellschaft* 23, 4 (1997): 647–63.

der Begriff „Deserteur" erstmals 1659 auf. Das soll natürlich nicht heißen, dass vorher noch keine Soldaten aus brandenburgischen Truppen davongelaufen wären. Aber es ist ein Beispiel dafür, dass man sich für einen Sachverhalt, der bis dahin diffuser benannt und diffuser wahrgenommen worden war, einer militärrechtlichen Fachterminologie zu bedienen begann. Dies ist nur ein Indiz dafür, wie sich mit den Botschaften der Obrigkeiten auch die Wahrnehmung der Sachverhalte änderte.

Den wesentlichen Unterschied über die Zeit markiert die Institutionalisierung des Militärs in Gestalt stehender Heere, in mehrfacher Hinsicht. Sie waren größer als die meisten Armeen des Dreißigjährigen Krieges – erst recht im Vergleich zum 16. Jahrhundert – weshalb ihr Unterhalt auch im Frieden einen höheren Bedarf an Rekruten erforderte. Daraus entstanden erst die Probleme der Rekrutierung, die sich bei den älteren, kleineren Heeren so nicht beobachten lassen.

Neue Probleme aber erforderten neue Lösungen. Institutionalisierung und systematische Verschriftlichung ermöglichten einen Grad an Kontrolle über die Truppen, die in den früheren Armeen gar nicht vorstellbar waren; sie wurden ja überwiegend nur unter den tumultuarischen Umständen des Krieges unterhalten und unterstanden noch dazu der Befehlsgewalt von Söldnerführern, derer man sich selbst nicht immer sicher sein konnte. In der preußischen Armee des 18. Jahrhunderts mussten die Befehlshaber der Kompanien und Regimenter dagegen monatliche Bestandlisten abliefern.

Das Hauptproblem in den älteren Armeen waren Meutereien, also kollektive Dienstverweigerungen von Soldaten, die gar nicht weglaufen wollten, sondern eigene Forderungen zur Geltung brachten, was meist ausstehende Bezahlung und Verpflegung betraf. Dass einzelne oder auch kleinere Gruppen von Soldaten davonliefen – Feldflucht begingen, wie es oft hieß –, wurde zwar gelegentlich wahrgenommen, konnte aber kaum verfolgt, geschweige denn systematisch erfasst werden. In der preußischen Armee des 18. Jahrhunderts mag es vielleicht mal Verabredungen zu gemeinsamer Desertion gegeben haben, aber keine Meutereien mehr. Das hat nicht nur etwas mit dem Druck der Disziplinierung zu tun, sondern auch mit der institutionellen Stabilisierung, auch im Hinblick auf Versorgung und Besoldung.

Der Vergleich stellt aber auch die ganzen Anstrengungen gegen die Desertion in ein zusätzliches Licht. Aus der einen Sicht spiegeln sie die Grenzen der Disziplinierung, sowohl im Hinblick auf die Desertion als auch im Hinblick auf die Umsetzung ihrer Verfolgung. Aus einer anderen Sicht spiegeln die Anstrengungen aber eben auch eine fortschreitende Disziplinierung, die die Widerstände vereinzelte und Möglichkeiten entfaltete, jedem einzelnen Deserteur glaubhaft Verfolgung und Bestrafung anzudrohen. Die Botschaft der Edikte und Verordnungen lautete in diesem Sinn, vom General bis zum Bauern gegen jeden Einzelnen mobil machen zu wollen. Ganz unabhängig vom Grad der Umsetzung wäre eine solche Dro-hung ein Jahrhundert früher absurd gewesen. Zugespitzt gesehen, realisiert sich darin eine weitere Dimension der Verquickung von System und Delinquenz: erst diese Möglichkeiten der Kontrolle brachten es mit sich, dass die Tatbestände defi-niert wurden, dass Deserteure Deserteure genannt wurden, dass sie verfolgt und bestraft wurden. Ein Effekt ist nicht zuletzt, dass sie dadurch überhaupt erst sicht-bar wurden.

Teil III: **Gewaltakte und Gewaltexzesse**

Agnieszka Pufelska
Militär im Dienst der Aufklärung: Friedrich II. und seine Expansionspolitik

Vom Militärstaat Preußen zum Kulturstaat Preußen

Bilder, die seit Chodowiecki und Menzel den preußischen König Friedrich II. (1712–1786), als Soldaten darstellen, sind kanonisch. Umgeben von Generälen oder Grenadieren seines Heeres, in seiner schlichten Uniform, mit Degen, Ordensstern und Krückstock wirkt der Monarch wie ein weiser Stratege und erfolgreicher Feldherr, der viele Kriege und Schlachten in enger Verbindung zu seinen Truppen entschieden hat. So bilden „Friedrich und seine Armee" im Bewusstsein der Nachwelt eine untrennbare Einheit. Obwohl dieses ikonografische Friedrich-Bild, das historische Markenprodukt des „Alten Fritz", geradezu als historische Symbolfigur für den Primat der preußischen Militärgeschichte gilt, wird es in der letzten Zeit, besonders in Potsdam, selten aufgegriffen. Stattdessen wird Friedrich verstärkt als *roi philosophe*, Protagonist der Aufklärung und Schöngeist präsentiert und erinnert. Die Fokussierung auf den „kulturellen" Friedrich und seinen Potsdamer Musenhof lässt sich schwer allein als Versuch abtun, die borussische Geschichtsklitterung des 19. Jahrhunderts revidieren zu wollen. Die aktuellen Bemühungen, mit Hilfe eines korrigierten Friedrich-Bildes aus dem Militärstaat Preußen einen Kulturstaat Preußen zu machen, können nicht darüber hinwegtäuschen, dass der machtpolitische Aufstieg Preußens unter Friedrich II. vor allem dank seiner militärischen Stärke und imperialen Herrschaftspraxis möglich war.

Preußen, das im 18. Jahrhundert weder über eine nennenswerte Bevölkerung noch über eine große wirtschaftliche Bedeutung oder eine günstige geopolitische Lage verfügte, konnte seine Großmachtansprüche nur auf der Basis seiner militärischen Stärke betreiben. In Anbetracht dieser widrigen materiellen, geografischen und politischen Voraussetzungen konnte dieser Mangel nur durch die „umfassende Ausnutzung der wirtschaftlichen Kräfte des Landes mit Hilfe einer an den Zielen einer gewaltsamen Außenpolitik orientierten Verwaltung" gesichert werden.[1]

---

1 Bernhard R. Kroener, „Die materiellen Grundlagen österreichischer und preußischer Kriegsanstrengungen 1756–1763", in *Europa im Zeitalter Friedrichs des Großen: Wirtschaft, Gesellschaft, Kriege*, Hg. Bernhard R. Kroener (München: Oldenbourg, 1989), 78. Vgl. dazu auch Marcus Junkelmann, „Der Militärstaat in Aktion: Kriegskunst des Ancien Régime", in *Friedrich der Große in*

https://doi.org/10.1515/9783111305622-012

Friedrich II. hatte es vor allem der konsequenten Militarisierungspolitik seines Vaters Friedrich Wilhelm I. zu verdanken, dass ihm während seiner Herrschaft von 1740 bis 1786 ein unverhältnismäßig großes Heer zur Verfügung stand. In seinem Todesjahr kamen auf 5,7 Millionen Einwohner 194 000 Soldaten, was einer Relation von einem Soldaten auf 27 bis 29 Einwohner entspricht. Das war ein Verhältnis, das in keinem anderen europäischen Staat auch nur annähernd erreicht wurde.[2] Voraussetzung dafür war, dass das Königreich Preußen den größten Teil seiner Staatseinnahmen, nämlich 70–80 % des Gesamtetats, im Krieg über 90 % auf das Militär verwendete, während in anderen Staaten diese Ausgaben bei nur 50 % lagen.[3]

Dieser außergewöhnlich hohe Grad an Mobilisierung von Ressourcen war allerdings nur unter der enormen Anstrengung der eigenen Bevölkerung zu bewältigen. Obwohl die Unterhaltung eines so riesigen Militärapparates als ein gewaltiger Akt der Innenpolitik anzusehen ist, wurde die Frage, welche Folgen diese starke Militarisierung unter Friedrich II. für die Bewohnerinnen und Bewohner Preußens hatte, bis heute kaum gestellt. Gerade in der zweiten Hälfte des 18. Jahrhunderts geriet die Wirtschaft des Landes durch die mehrjährigen und kostspieligen Kriege des Preußenkönigs in eine instabile Lage.[4] Und obwohl es Friedrich letztendlich gelang, durch institutionelle Erneuerung eine wirtschaftliche Stabilität zu erreichen, blieb die *ordinaire Oeconomie* im merkantilistischen Preußen rigoros seiner Großmachtpolitik und den daraus resultierenden militärischen Erfordernissen untergeordnet.[5]

Von den neueren Interpretationsansätzen eines „Kulturstaats Preußen" ist eine kritische Reflexion über Friedrich II. als „ersten Diener des Staates" kaum zu erwarten. Wenn der populäre Preußenkönig nicht mehr als Stifter eines gewaltsamen militärischen Machtstaates wahrgenommen wird, dann kann auch das sogenannte „friderizianische Preußen" als unproblematischer Teil der deutschen Identität neu belebt werden. Der eifrige Wiederaufbau der preußischen Schlösser ist hierfür nur ein Beleg. Die Verschiebung des Politischen ins Ästhetische hilft gleichzeitig, zu verschweigen, dass Friedrichs Herrschaftspraxis keine widerspruchsvolle war, wie es häufig rechtfertigend im Sinne von Theodor Schieder

---

Europa: Geschichte einer wechselvollen Beziehung, Bd. 2, Hg. Bernd Sösemann und Gregor Vogt-Spira (Stuttgart: Franz Steiner Verlag, 2012), 168.

2 Vgl., ebd.,169.

3 Vgl., ebd.

4 Vgl. Philipp Robinson Rössner, „Das Friderizianische Wirtschaftsleben – eine moderne Ökonomie?", in Sösemann, Vogt-Spira, *Friedrich der Große in Europa*, Bd. 1, 407.

5 Vgl. Volker Hentschel, „Der Merkantilismus und die wirtschaftlichen Anschauungen Friedrichs II.", in *Friedrich der Große: Herrscher zwischen Tradition und Fortschritt*, Hg. Peter Baumgart (Gütersloh: Bertelsmann, 1985), 139–44.

postuliert wird,[6] sondern dass er konstant eine expansionistische Machtpolitik verfolgte, wenn auch nicht immer mit militärischen Mitteln.

Eroberungskriege: Militarismus in Aktion

Am Anfang war Schlesien. Als in Wien der Kaiser starb, marschierte der 28-jährige Verfasser des *Antimachiavell* und seit ein paar Monaten neu amtierende König in Preußen im Dezember 1740 in Schlesien ein. Der preußische Staat war von Friedrichs Vater, dem „Soldatenkönig", zu einer brauchbaren Waffe hochgerüstet worden. Während aber der martialische Friedrich Wilhelm I. das Kriegführen stets vermieden hatte, nahm sein feinsinniger Sohn und Nachfolger die ererbte Waffe ohne Zögern in die Hand und fiel – ohne Kriegserklärung und entgegen früherer Versicherungen – mit 27 000 Soldaten in das zu Österreich gehörende Schlesien ein.

Den Entschluss, in Schlesien einzumarschieren, rechtfertigte Friedrich in seiner *Histoire de mon temps* mit einer Mischung aus Rechtsansprüchen auf Schlesien, dem Wunsch, seinem Königreich eine größere Reputation zu verschaffen und dem Willen zum Ruhm. „Ich liebe den Krieg um des Ruhmes willen",[7] hatte Friedrich notiert und sich nicht geirrt. Ohne die Eroberung Schlesiens wäre Friedrich II. nie zu Friedrich dem Großen erhoben worden. Für den Historiker Sven Externbrink prägen in erster Linie Kriege nicht nur Friedrichs Regierung, sondern auch die Erinnerung an den Preußenkönig:

Da Friedrich II. in der zweiten Hälfte des 19. Jahrhunderts zur Chiffre alles „Preußischen" wurde, überhöhten Historiker und Autoren seine Taten ins Mythische, und nur wenige Autoren wagten, Kritik an der kriegerischen Außenpolitik des Königs zu äußern.[8]

Der beliebte Preußenmonarch kannte aber nicht nur die kriegerische Praxis, er hatte auch umfängliche Werke über die Theorie des Krieges verfasst, die international bekannt wurden und europaweit in den Kadettenschulen als Lehrwerke

---

6 Vgl. Theodor Schieder, *Friedrich der Grosse: Ein Königtum der Widersprüche* (Frankfurt a. M.: Propyläen, 1983). Diese größtenteils apologetische Biografie scheint bis heute die populärste und auflagenstärkste Abhandlung über Friedrich II. und seine Politik zu sein.
7 Zit. nach Otto Bardong, Hg., *Friedrich der Große* (Darmstadt: wbg, 1982), 95. Vgl. auch Johann David Erdmann Preuß, Hg., *Histoire de mon temps*, Bd. 2, *Œuvres de Frédéric le Grand* (Berlin: Decker, 1846), 66 (dort heißt es: „Adieu, partez. Je vous suivrai incessamment au rendez-vous de la gloire qui nous attend.").
8 Sven Externbrink, „Die Verschwörung der Mächte Europas gegen Preußen? Das Staatensystem im Wandel", in Sösemann, Vogt-Spira, *Friedrich der Große in Europa*, Bd. 2, 117.

dienten. Etwa die *Generalprinzipien des Krieges* (1752), die *Gedanken und allgemei-nen Regeln für den Krieg* (1755) oder die *Betrachtungen über die Taktik und einige Teile des Krieges* (1758). Vor allem die Suche nach der schnellen Entscheidung, dem günstigen Augenblick, der überraschenden Attacke hinter dem Rücken des Feindes durchzogen seine Sicht auf das Kriegshandwerk. „Das ganze System be-ruht also auf der Schnelligkeit der Bewegungen und auf der Notwendigkeit des Angriffs", instruierte er seine Generäle.[9]

Diese Taktik war erfolgreich. Der herrschende Konflikt zwischen Frankreich und Österreich kam dem preußischen König dabei entgegen. Die geschwächten und weit unterlegenen österreichischen Truppen wurden durch seine Armee zum Rückzug gezwungen und innerhalb weniger Wochen war Habsburgs reichste Pro-vinz in preußischer Hand. Nach der endgültigen Sicherung von Schlesien 1742 be-fürchtete Friedrich II. allerdings einen Gegenschlag der Kaiserin Maria Theresia. Außerdem fühlte er sich stets dem expansiven Programm seiner Vorfahren ver-pflichtet, wo immer möglich, weitere territoriale Gewinne anzustreben. Eine Rückgewinnung Schlesiens durch Habsburg wäre ihm daher als sträfliche Ver-nachlässigung seiner Pflichten erschienen. Nur ein energischer Befreiungsschlag gegen Österreich, das damals das Herz der antipreußischen Koalition in Europa bildete, schien ihm seine territoriale Expansion zu sichern. So brach dann 1756 erneut ein Krieg um den Besitz Schlesiens und die Gestalt des Königreichs Preu-ßen aus.[10]

Das erste Opfer dieses erneuten Angriffskrieges war das benachbarte Sach-sen, das im Sommer 1744 den in Böhmen eingedrungenen Preußen in den Rücken gefallen war, und das Friedrich jetzt rücksichtslos ausbeutete, um den Zweiten Schlesischen Krieg durchhalten zu können. Eine offizielle preußische Kriegserklä-rung hatte es nie gegeben, ja es gab nicht einmal einen realen Kriegsgrund.[11] Im Gegensatz zu Schlesien ließen sich im Falle Sachsen nicht einmal zweifelhafte Erbansprüche anmelden. Der unerwartete Überfall auf das reiche Sachsen, mit dem Friedrich II. den Siebenjährigen Krieg eröffnete, brachte ihm enorme strate-gische und finanzielle Vorteile, die für seinen langfristigen Erfolg eine ausschlag-gebende Rolle spielen sollten. Mit rund 48 Millionen Talern leistete Sachsen den

---

9 Zit. nach Gustav Berthold Volz, Hg., *Militärische Schriften*, Bd. 6, *Die Werke Friedrichs des Gro-ßen* (Berlin: Hobbing, 1913), 80.

10 Eine überschaubare und neuere Darstellung der preußisch-österreichischen Kriege findet man in Johannes Söngen, *Geschichte der Schlesischen Kriege* (Norderstedt: BoD – Books on De-mand, 2020).

11 Entscheidend für Friedrichs Entschluss zum Überfall Schlesiens war die Information, wonach die Russen planten, mit einem starken Armeekorps in Sachsen einzumarschieren. Vgl. Walter Mediger, *Moskaus Weg nach Europa: Der Aufstieg Russlands zum Europäischen Machtstaat im Zeitalter Friedrichs des Großen* (London: Weidenfeld und Nicolson, 1952), 627.

Löwenanteil zur Finanzierung der preußischen Kriegskosten in Höhe von 139 Millionen Talern.[12]

Zu den sächsischen Abgaben muss aber auch noch eine „Menschensteuer" in Form von Zwangsrekrutierungen gezählt werden. Fast alle Armeen Europas wiesen einen hohen Ausländeranteil auf. Während in Österreich der Anteil der Soldaten, die nicht aus den Erblanden stammten, bei 20 % und in Frankreich bei 30 % lag, machten die ausländischen Soldaten in Preußen bereits zu Friedenszeiten zwei Drittel der Gesamtstärke aus. 1751 waren es 50 000 bei einer 133 000 Mann zählenden Armee.[13] Gewiss waren nicht alle ausländischen Soldaten in der preußischen Armee zwangsrekrutiert. Es mutet daher eher unrealistisch an, dass eine Armee mit einer so hohen Anzahl gewaltsam entführter Soldaten noch funktioniert haben soll. Dennoch verlor die preußische Armee während des Siebenjährigen Krieges bei einer Gesamtzahl von ca. 180 000 Soldaten etwa 80 000 Mann durch Desertion, wovon knapp 10 000 aus den 1756 unter die preußischen Fahnen gepressten sächsischen Regimentern stammten.[14]

Die breite Koalition aus Österreich, Frankreich, Russland, Schweden und Teilen des Reiches gegen Preußen „war ein politischer Albtraum und bezeugte zugleich das tragische Scheitern der Diplomatie des Potsdamer Autokraten", resümiert Klaus Jürgen Bremm.[15] Angesichts dieser unterlegenen Position musste Friedrich II. militärstrategisch unorthodoxe Lösungen wählen, die seine persönliche Präsenz auf dem Schlachtfeld – häufiger als für die Kriegführung der damaligen Zeit üblich – erforderte. So führte der *roi connétable* seine Armeen im Siebenjährigen Krieg persönlich in elf größeren Schlachten, zahlreichen kleineren Gefechten sowie mehreren Belagerungen. Ihre Folgen waren verheerend: Von den etwa 1,2 Millionen Opfern des Siebenjährigen Krieges in Europa entfiel fast die Hälfte auf die Zivilbevölkerung. Preußen trug mit etwa 575 000 Menschen, darunter 180 000 Soldaten, den Löwenanteil der Verluste. Knapp 12 % seiner Bevölkerung hatten damit den Krieg nicht überlebt, was den Verlustraten Polens und Serbiens im Zweiten Weltkrieg entspricht.[16]

Nicht aufgrund seiner militärischen Stärke, sondern vor allem dank der labilen Lage in Europa konnte Preußen nach der katastrophalen Niederlage von Kun-

---

12 Vgl. Olaf Groehler, *Die Kriege Friedrichs II.* (Berlin: Brandenburgisches Verlagshaus, 1990),158.
13 Vgl. John Charles Roger Childs, *Armies and Warfare in Europe 1648–1789* (Manchester: University Press, 1986), 47. Vgl. auch Klaus Jürgen Bremm, *Preußen bewegt die Welt: Wie eine Großmacht entsteht* (Darmstadt: wbg, 2021), 43.
14 Vgl. Bremm, *Preußen bewegt die Welt*, 43.
15 Ebd., 111.
16 Vgl., ebd., 337; Groehler, *Kriege Friedrichs II.*,156–57. Der Bevölkerungsrückgang lag in der Kurmark bei 10 %, in Pommern bei 20 % und in der Neumark sogar bei 25 %.

ersdorf 1759 seinen Rang unter den europäischen Großmächten letztendlich behaupten. Für den Westen und die Mitte Europas begann mit den Friedensschlüssen von Hubertusburg und Paris (1763) eine für das kriegerische 18. Jahrhundert ungewöhnliche lange Friedensphase von fast 30 Jahren, die auch durch den kurzen Bayerischen Erbfolgekrieg von 1778/79 nicht wirklich unterbrochen wurde. Maria Theresias Sorge vor der Militarisierung Europas durch ein siegreiches Preußen erwies sich als unbegründet. Unter Friedrichs direkten Nachfolgern unterhielt Preußen zwar weiterhin eine große Armee, doch seine einstige Rolle als Kasernenhof Europas war in der von den Rosenkreuzern in den Bann gezogenen preußischen Monarchie Friedrich Wilhelms II. bald nur noch eine verblassende Erinnerung. Wie die folgenden hundert Jahre bis zu Bismarcks Reichsgründung 1871 dann zeigten, konnte Russland als der neue Lenker unter den Mächtigen Europas mit einem um Schlesien erweiterten Preußen in der Rolle des Juniorpartners gut leben.

Teilung Polens: Diplomatie mit militärischen Mitteln

Nach der Erfahrung des Siebenjährigen Krieges und einem Frieden, der Preußen in jeder Hinsicht „erschöpft" aus dem Krieg entlassen hatte, beschloss Friedrich, seine bis dahin nach Westen ausgerichtete Außenpolitik gänzlich zu ändern und seine politischen Interessen nach Osten zu verlegen. Infolge des Krieges avancierte Russland zu einem der bedeutendsten Staaten Europas, der als einziger Garant das Gleichgewicht zwischen Preußen und Österreich wahren konnte. Für Friedrich galt daher die Allianz mit Russland und seiner Armee als die bestmögliche Versicherung für eine Friedensperiode und er machte dieses Bündnis zum dominierenden Element in seinem politischen Kalkül. Gleichzeitig legte das russisch-preußische Abkommen die langfristige Haltung beider Länder gegenüber ihrem gemeinsamen Nachbarn Polen fest. Friedrich erkaufte sich diese Allianz mit der bedingungslosen Unterstützung der russischen Vorherrschaft in Polen, die seinen expansionistischen Plänen nach Osten nur entgegenkam.

Seit Anbeginn seiner Herrschaft versuchte Friedrich, die Entwicklung Preußens durch macht- und finanzpolitische Maßnahmen auf Kosten der polnischen Republik zu befördern. Seit dem Siebenjährigen Krieg (an dem Polen formal nicht teilnahm) verübte Preußen systematisch kriegerische Gewaltakte im Grenzgebiet, warb durch Rekrutenfang widerrechtlich Soldaten an und requirierte zwangsweise landwirtschaftliche Erzeugnisse aus Polen für das preußische Heer.[17] Die schädlichste aller Konspirationen Friedrichs II. zum Nachteil Polen-Litauens war allerdings die von ihm durchgeführte Falschmünzerei. Erste Versuche dieser Art unternahm der Preußenkönig schon 1750 und bediente sich dabei auch der ansonsten wenig geschätzten Juden.[18] Von 1756 an benutzte er gefälschte oder in Sachsen gefundene polnische Münzstempel, um große Mengen minderwertiger polnischer Münzen zu schlagen. Auf diese Weise finanzierte Polen *nolens volens* die preußischen Kosten des Siebenjährigen Krieges mit. Jörg K. Hoensch schätzt die gesamten materiellen Verluste des neutralen Polen-Litauen im Laufe dieser preußischen Ausplünderung auf eine Summe zwischen 25 bis 35 Millionen Taler.[19]

Neben einer materiellen Ausbeutung erhob der Preußenkönig auch territoriale Ansprüche auf polnische Besitzungen. Im Sinne einer berechnenden Arrondierungspolitik, die auf dem Gedanken beruhte, dass Staaten sich vergrößern müssen, wenn sie sich im Konkurrenzsystem der europäischen Mächte behaupten wollen, begann der preußische König schon sehr früh, über Teilungsprojekte nachzudenken. In seinem *Politischen Testament* von 1752, das wegen seiner Brisanz erst im 20. Jahrhundert veröffentlicht wurde, formulierte er seine diesbezüglichen Überlegungen:

> Polen ist ein Wahlreich; beim Tode des jeweiligen Königs wird es jedesmal durch Parteikämpfe zerrissen. Das muss man sich zunutze machen und um den Preis seiner Neutralität bald eine Stadt, bald ein anderes Gebiet erwerben, bis man alles geschluckt hat.[20]

---

17 Nach Einschätzung von Andrzej Kamieński entführte Preußen während des Siebenjährigen Krieges fast 3 000 Bauern mit ihren Familien aus Polen. Vgl. Andrzej Kamieński, „Polityka Polska Fryderyka II w latach 1740–1763", in *Między Lwowem a Wrocławiem: Księga jubileuszowa Profesora Krystyna Matwijowskiego*, Hg. Bodan Rok und Jerzy Maroń (Toruń: Wydawnictwo uniwersyteckie, 2006), 292. Vgl. Hans-Jürgen Bömelburg, „Die Politik Friedrichs II. gegenüber Polen-Litauen", in *Friedrich II. und das östliche Europa: Deutsch-polnisch-russische Reflexionen*, Hg. Olga Kurilo (Berlin: Berliner Wissenschafts-Verlag, 2013), 21–25.
18 Vgl. Friedrich von Schrötter, *Das Geld des Siebenjährigen Krieges und die Münzreform nach dem Frieden: 1755–1765*, Bd. 3, *Das preußische Münzwesen im 18. Jahrhundert: Münzgeschichtlicher Teil* (Berlin: Dombrowski, 1910), 43–77, 20.09.2023, https://de.scribd.com/document/236960945/Das-Preussische-Munzwesen-im-18-Jahrhundert-Munzgeschichtlicher-Teil-Bd-III-Das-Geld-des-Siebenjahrigen-Krieges-und-die-Munzreform-nach-dem-Fried.
19 Vgl. Jörg K. Hoensch, „Friedrichs II. Währungsmanipulationen im Siebenjährigen Krieg und ihre Auswirkung auf die polnische Münzreform von 1765/66", *Jahrbuch für die Geschichte Mittel- und Ostdeutschlands* 22 (1977): 110–75. Siehe dazu auch Hans-Jürgen Bömelburg, *Zwischen Polnischer Ständegesellschaft und preußischem Obrigkeitsstaat: Vom Königlichen Preußen zu Westpreußen (1756–1806)* (München: Oldenbourg, 1995), 195; Marian Drozdowski, „W sprawie reformy monetarnej w początkach panowania Stanisława Augusta (tzw. afera Schweigerta)", *Roczniki do dziejów społecznych i gospodarczych* 35 (1974): 90–91; Kamieński, „Polityka Polska Fryderyka II", 293.
20 Richard Dietrich, Hg., *Die politischen Testamente der Hohenzollern* (Köln: Böhlau, 1986), 375.

Um das „Schlucken" zu erleichtern, brauchte Friedrich allerdings neue Bündnisse und vor allem eine günstige machtpolitische Konstellation in Europa. Auf diese musste er mehrere Jahre warten, bis 1768 ein Krieg zwischen Russland und dem Osmanischen Reich ausbrach. Als überraschende militärische Niederlagen der Osmanen die Chancen auf große russische Gebietsgewinne im europäischen Südosten eröffneten, wurden die zur Subsidienzahlung an Russland verpflichteten Bündnispartner Preußen und Österreich mit eigenen Ansprüchen aktiv. Sie erhoben zunächst ultimativ Einspruch gegen einen befürchteten einseitigen Machtgewinn Russlands und arbeiteten anschließend auf eine Lösung allseitiger territorialer Kompensation hin.[21] Anfang 1769 sondierte Friedrich als Erster auf diplomatischem Wege die Lage. Nach langwierigen Verhandlungen und dem bahnbrechenden Besuch des Prinzen Heinrich bei der russischen Kaiserin Katharina II. in Petersburg wurde im August 1772 schließlich der Teilungsvertrag zwischen Preußen, Russland und Österreich unterzeichnet. Dieser bedeutete für Polen einen Verlust von mehr als einem Drittel seiner Bevölkerung sowie über einem Viertel seines bisherigen Staatsgebietes.

Obwohl Preußen mit dem Ermland und Teilen Großpolens „nur" 35 000 Quadratkilometer mit 365 000 Einwohnerinnen und Einwohner gewann, durfte sich der preußische König als eigentlicher Gewinner der Teilung fühlen.[22] Mit dem Einsatz von tausenden Soldaten war es ihm gelungen, die seit Generationen von den Hohenzollern angestrebte Landverbindung zwischen Ostpreußen und Brandenburg herzustellen und – durch die Besetzung der Weichselmündung – die Kontrolle über den lukrativen polnischen Außenhandel zu übernehmen. Mit dieser ersten Teilung Polens gewann Friedrich II. zudem das Recht, sich endlich König „*von* Preußen" nennen zu können; zuvor hatte nur der Titel „*in* Preußen" gegolten.[23]

Friedrich interpretierte die preußische Annexion in Polen als eine zivilisatorische Mission seiner Monarchie und notwendige Maßnahme zur Rettung des europäischen Gleichgewichts und er hatte mit dieser Propaganda Erfolg. Der Katastro-

---

21 Vgl. Michael G. Müller, *Die Teilungen Polens 1772, 1793, 1795* (München: C. H. Beck, 1984), 34–35.
22 Vgl. Viktor Urbanek, *Friedrich der Große und Polen nach der Konvention vom 5. August 1772* (Breslau: Friedrich-Wilhelm-Universität, 1914), 10–41; Agnieszka Pufelska, *Der bessere Nachbar?: Das polnische Preußenbild zwischen Politik und Kulturtransfer (1765–1795)* (Berlin: De Gruyter, 2017), 125.
23 Vgl. Agnieszka Pufelska, „„Schliesslich soll doch jeder etwas haben': Vor 250 Jahren haben Europas Grossmächte die erste Teilung Polens beschlossen", *Neue Züricher Zeitung* (06.08.2022).

phe Polens zollten Voltaire und viele andere Aufklärer Beifall.[24] So konnte Friedrichs gewaltsame Aggression und territoriale Expansion auf Kosten Polens seinen Ruf als Philosoph von Sanssouci und aufgeklärter Monarch festigen. Bei dieser bis heute anhaltenden Idealisierung Friedrichs wird allerdings zu leicht vergessen, dass sein aufgeklärter Rationalismus die Grundzüge einer Rhetorik der modernen Polenfeindschaft bereitstellte, die die deutschen Angriffskriege gegen Polen stets zu legitimieren half.

---

24 Mehr dazu bei Iwan d'Aprile, „Universalismus und Pluralismus: Voltaires und Rousseaus Beiträge zu den Debatten um die Erste Polnische Teilung", in *Aufklärung zwischen Nationalkultur und Universalismus*, Hg. Brunhilde Wehinger (Hannover: Wehrhahn Verlag, 2007), 167–78.

Sandra Maß

Von Potsdam in die Welt: Militärische Netzwerke, entgrenzte Gewalt und koloniale Männlichkeit am biografischen Beispiel von Paul von Lettow-Vorbeck

In den späten 1990er Jahren war das Nischendasein der sogenannten Überseege-schichte beendet und Kolonialgeschichte wurde sukzessive zur allgemeinen Ge-schichte.[1] Mittlerweile ist die Kolonialgeschichtsschreibung in der Mitte der Diszi-plin angekommen; sie prägt zudem die öffentlichen Diskurse über Restitution und Gedenkkultur nachhaltig.[2] Die Militärgeschichte des Imperialismus gehört zu den-jenigen Bereichen der Geschichtsschreibung, die in den letzten Jahrzehnten – ver-gleichbar mit der Kulturgeschichte, der Neuen Militärgeschichte oder der Ge-schlechtergeschichte des Militärs – neue Perspektiven auf einen der ältesten Ge-genstände der Geschichtsschreibung entwickelt haben. Im Rahmen von *Post-Colonial-Theory* und Globalgeschichte sowie der gesellschaftspolitischen Ausein-andersetzung über das postkoloniale Erbe Europas rückten auch die deutschen Kolonialkriege und indigenen Aufstände in den Vordergrund historiografischer Aufmerksamkeit. Die Bekämpfung des Boxeraufstandes in einigen Provinzen Chi-nas im Jahr 1900 mit Zehntausenden von hingerichteten Chinesen, Massenverge-waltigungen und Plünderungen, der Genozid an den Herero und Nama in Nami-bia, dem damaligen Deutsch-Südwestafrika, in den Jahren 1904 bis 1908, verübt unter dem sogenannten „Vernichtungsbefehl" General von Trothas, die Politik der verbrannten Erde im Rahmen des Maji-Maji-Aufstands 1905 bis 1907 im damaligen Deutsch-Ostafrika mit hunderttausenden Opfern auf Seiten der Zivilbevölkerung (vor allem aufgrund der Hungersnot) sowie die ostafrikanischen Feldzüge der deutschen Schutztruppe unter Führung des Kommandeurs Paul von Lettow-Vor-beck im Ersten Weltkrieg sind die Zentralereignisse des deutschen Militärs im

---

1 Für die DDR-Historiografie gilt dies nur bedingt, vgl. Ulrich van der Heyden, „Die Kolonialge-schichtsschreibung in der DDR", *Politisches Lernen* 39 (2021).
2 Vgl. Thomas Sandkühler, Angelika Epple und Jürgen Zimmerer, Hg., *Geschichtskultur durch Restitution? Ein Kunst-Historikerstreit* (Köln: Böhlau, 2021); Kaya de Wolff, *Post-/koloniale Erinne-rungsdiskurse in der Medienkultur: Der Genozid an den Ovaherero und Nama in der deutschspra-chigen Presse von 2001 bis 2016* (Bielefeld: transcript, 2021); Kim Sebastian Todzi und Jürgen Zim-merer, *Hamburg: Tor zur kolonialen Welt, Erinnerungsorte der (post-)kolonialen Globalisierung* (Göttingen: Wallstein, 2021); Gesine Krüger, „Denkmalsturz", Geschichte der Gegenwart, 21.06.2020, https://geschichtedergegenwart.ch/denkmalsturz/.

https://doi.org/10.1515/9783111305622-013

Rahmen imperialer Kriegführung.[3] Die Kriege unterschieden sich zum damaligen Zeitpunkt deutlich von den Kriegen auf dem europäischen Kontinent: Die Gegner – vor allem die Schwarzafrikaner – galten als kulturlos, als minderwertig, als geschichtslos, die verschiedenen Vernichtungslogiken der Kolonialkriege erhielten durch den Rassismus und die Zivilisationsdiskurse ihre Legitimation. Bei allen Unterschieden zwischen Kolonial- und Kontinentalkriegen ist jedoch auch nach den Gemeinsamkeiten zu fragen, und es ist zu bezweifeln, ob sich die Geschichte der Kolonialkriege, der indigenen Aufstände und der imperialen Aufstandsbekämpfung tatsächlich auf die damaligen Kolonialgebiete beschränken lässt. Für Kolonialkriege muss vielmehr gelten, was für die gesamte Kolonialgeschichtsschreibung zentrales Explanans ist: Die Kolonien und die europäischen Kolonialstaaten waren über den Transfer von Wissen, Menschen, Ideologemen und Artefakten eng und reziprok miteinander verwoben.[4] So gesehen, ist die militärische Kolonialgeschichte auch keine Frage von „Übersee", sondern betrifft den europäischen Kontinent im Kern.

Berechtigterweise wurde in den letzten Jahren danach gefragt, ob der nationalsozialistische Krieg im Osten Europas als ein imperialer Krieg oder gar ein Kolonialkrieg zu verstehen sei. Die dem deutschen Feldzug zugrunde liegenden Elemente der expansiven und liminalen Raumvorstellungen, die antisemitischen und rassistischen Abwertungsdiskurse, die Kriegstechnik der verbrannten Erde, die Ermordung von Zivilbevölkerungen und die Kasernierung und Vernichtung in Lagern finden sich, wenn auch nicht in der nationalsozialistischen umfassenden Zuspitzung auch in den kolonialen Kriegen. Diese Kontinuität einzelner Elemente der Kriegführung produzierte die Frage, ob die Deutschen im ehemaligen Deutsch-Südwestafrika gar den Völkermord geübt und dann im Zweiten Weltkrieg an den europäischen Juden und Jüdinnen perfektioniert hätten.[5] Birthe Kundrus

---

3 Exemplarisch seien genannt: Susanne Kuss, *German Colonial Wars and Context of Military Violence*, Übers. Andrew Smith (Cambridge, MA: Harvard University Press, 2017); Jürgen Zimmerer und Joachim Zeller, Hg., *Völkermord in Deutsch-Südwestafrika: Der Kolonialkrieg 1904–1908 in Namibia und seine Folgen* (Berlin: Ch. Links Verlag, 2003); Matthias Häussler, *Der Genozid an den Herero: Krieg, Emotion und extreme Gewalt in „Deutsch-Südwestafrika"* (Weilerswist: Velbrück, 2018); Felicitas Becker und Jigal Beez, *Der Maji-Maji-Krieg in Deutsch-Ostafrika: 1905–1907* (Berlin: Ch. Links Verlag, 2005); ein frühes Beispiel: Detlef Bald, „Afrikanischer Kampf gegen koloniale Herrschaft: Der Maji-Maji-Aufstand in Ostafrika", *Militärgeschichtliche Mitteilungen* 19, Heft 1 (1976): 23–50.
4 Vgl. Volker Barth und Roland Cvetkovski, Hg., *Imperial Co-operation and Transfer, 1870–1930: Empires and Encounters* (London: Bloomsbury, 2015).
5 Vgl. Jürgen Zimmerer, *Von Windhuk nach Auschwitz? Beiträge zum Verhältnis von Kolonialismus und Holocaust* (Münster: LIT Verlag, 2011). Ihren Ursprung hat die Auseinandersetzung in Hannah Arendts Annahme, dass die Ursprünge für die Gewalt der Weltkriege im imperialen Kon-

hat auf die Schwierigkeiten, militärische Gewalttransfers in der Geschichte nach-
zuweisen, mehrfach hingewiesen.[6] Andere verweisen auf die fehlenden personellen und institutionellen Bezüge der Nationalsozialisten auf die Kolonialkriege des
Kaiserreichs.[7] Die wissenschaftliche Auseinandersetzung über diese These hat
sich mittlerweile beruhigt, und es dominieren empirische Studien, die versuchen,
einzelne Fäden des Arguments nicht generell, sondern exemplarisch zu verfolgen.[8]

Operabel und erkenntnisreich ist insbesondere die biografische Betrachtung.
Keineswegs ist dabei an die mittlerweile überkommene Biografie als Form der
historischen Darstellung zu denken. Vielmehr steht bei der Betrachtung imperialer Subjekte zum einen die enge Verzahnung von Raum und Subjekt im Fokus,
zum anderen gilt es, die lineare Narration von der Geburt bis zum Tod zugunsten
der multiperspektivischen Verwobenheit der betrachteten Person aufzugeben.[9]
Der Generalmajor und spätere General Paul von Lettow-Vorbeck, Kommandeur
der deutschen Schutztruppe in Deutsch-Ostafrika im Ersten Weltkrieg, bietet sich
an, um auf der Basis seiner Biografie die Bedeutung des Imperialismus für die politische und militärische Kultur Deutschlands zu verdeutlichen, die Funktion militärischer Netzwerke sowie die globalen Erfahrungs- und Gewaltgemeinschaften

---

text zu suchen seien. Schon in den 1960er Jahren beschäftigte diese Frage west- und ostdeutsche
Historiker.

6 Vgl. Birthe Kundrus, „Kolonialismus. Imperialismus. Nationalsozialismus? Chancen und Grenzen eines neuen Paradigmas", in *Kolonialgeschichten: Regionale Perspektiven auf ein globales Phänomen*, Hg. Claudia Kraft, Alf Lüdtke und Jürgen Martschukat (Frankfurt a. M.: Campus, 2010),
187–210.

7 Vgl. Robert Gerwarth und Stephan Malinowski, „Der Holocaust als ‚kolonialer Genozid'?", *Geschichte und Gesellschaft* 33 (2007): 439–66; in deutlicher Absetzung von der Kontinuitätsthese
auch: Kuss, *German Colonial Wars*.

8 Vgl. Michelle Gordon and Rachel O'Sullivan, Hg., *Colonial Paradigms of Violence: Comparative
Analysis of the Holocaust, Genocide, and Mass Killing* (Göttingen: Wallstein, 2022).

9 Vgl. Volker Depkat, „Biographieforschung im Kontext transnationaler und globaler Geschichtsschreibung", *BIOS: Zeitschrift für Biographieforschung, Oral History und Lebensverlaufsanalysen*
28 (2015): 3–18; David Lambert and Alan Lester, „Introduction: Imperial Spaces, Imperial Subjec-
ts", in *Colonial Lives across the British Empire: Imperial Careering in the Long Nineteenth Century*,
Hg. dies. (Cambridge: Cambridge University Press, 2006), 1–31. Die vergleichende und transimpe-
riale Perspektive kann nationale Besonderheiten kontextualisieren, möglicherweise relativieren
oder besonders scharf nachzeichnen. Vgl. Thoralf Klein und Frank Schumacher, Hg., *Kolonialkriege: Gewalt im Zeichen des Imperialismus* (Hamburg: Hamburger Edition, 2006). Vgl. aber Isabel Hull für ein nationales Argument über den deutschen Militarismus. Isabel V. Hull, *Absolute
Destruction: Military Culture and the Practices of War in Imperial Germany* (Ithaca, NY: Cornell
University Press, 2005).

der Kolonialoffiziere hervorzuheben, aber auch die enge Verzahnung mit Familien- und Männlichkeitsvorstellungen zu berücksichtigen.[10]

Lettow-Vorbeck, der in der Weimarer Republik das wichtigste Gesicht des deutschen Kolonialrevisionismus wurde, konnte auf eine mehrere Generationen umfassende familiäre Militärtradition und eine langjährige Erfahrung im kolonialen Krieg zurückschauen, als er 1914 in Deutsch-Ostafrika die Führung der Schutztruppe antrat. Er wurde 1870 in Saarlouis in eine Familie geboren, deren wichtigste Charakteristika er selbst mit „Frömmigkeit, Königstreue und Vaterlandsliebe" beschrieb.[11] Seinen Vater, der General der Infanterie Paul Karl von Lettow-Vorbeck, bezeichnete er später als cholerisch und übertrieben streng.[12] Dieser sah für seine drei Söhne eine vergleichbare militärische Karriere vor. Mit elf Jahren besuchte Lettow-Vorbeck, wie zuvor sein Vater, das Kadettenkorps in Potsdam und machte 1888 auf der Hauptkadettenschule in Groß-Lichterfelde bei Berlin, der militärischen Kaderschmiede des deutschen Kaiserreichs, mit kaiserlicher Belobigung sein Abitur. Integraler Bestandteil der militärischen Sozialisation des jungen Lettow-Vorbeck war der Umgang mit dem Soldatentod: An der Schule war der Gedanke selbstverständlich, dass viele Väter der Kadetten im Krieg fielen. Familiär sollte sich diese Nähe zum Tod deutlich niederschlagen: Im Ersten Weltkrieg starben von zwölf familiären Kriegsteilnehmern sechs Männer, im Zweiten Weltkrieg von neun ebenfalls sechs. Lettow-Vorbecks weitere Laufbahn orientierte sich an einer traditionellen militärischen Elitekarriere: Fähnrichsdienst, Kriegsschule, Kriegsakademie. Nach seinem Abschluss an der Akademie 1899 wurde er zum Großen Generalstab berufen, wo er vor allem für Südafrika und den Burenkrieg sowie für England und deren Kolonien zuständig war. In dieser Position sammelte er seine ersten Erfahrungen mit Kolonialkriegen. Im Jahr 1900 ging er schließlich als Adjutant der I. Ostafrikanischen Infanteriebrigade bzw. Kompanie-Chef zur

---

10 Die folgenden Ausführungen basieren auf dem Buch: Sandra Maß, *Weiße Helden, schwarze Krieger: Zur Geschichte kolonialer Männlichkeit in Deutschland, 1918–1964* (Köln: Böhlau, 2006). Vgl. auch Eckard Michels, *„Der Held von Deutsch-Ostafrika": Paul von Lettow-Vorbeck, Ein preußischer Kolonialoffizier* (Paderborn: Ferdinand Schöningh Verlag, 2008); Tanja Bührer, *Die Kaiserliche Schutztruppe für Deutsch-Ostafrika: Koloniale Sicherheitspolitik und transkulturelle Kriegführung 1885 bis 1918* (München: Oldenbourg Wissenschaftsverlag, 2011); Uwe Schulte-Varendorff, *Kolonialheld für Kaiser und Führer: General Lettow-Vorbeck, Eine Biographie* (Berlin: Ch. Links Verlag, 2006). Kritisch über die Konzentration auf Lettow-Vorbeck: Bill Nasson, „More Than Just von Lettow-Vorbeck: Sub-Saharan Africa in the First World War", *Geschichte und Gesellschaft* 40 (2014): 160–83. Eine alternative biografische Betrachtung bietet: Heiko Wegmann, *Vom Kolonialkrieg in Deutsch-Ostafrika zur Kolonialbewegung in Freiburg: Der Offizier und badische Veteranenführer Max Knecht (1874–1954)* (Freiburg: Rombach Verlag, 2019).
11 Paul von Lettow-Vorbeck, *Mein Leben*, Hg. Ursula von Lettow-Vorbeck (Biberach an der Riss: Koehler, 1957), 50.
12 Vgl. ebd., 179.

Niederschlagung des so genannten „Boxeraufstands" nach China, wo er für seine Leistungen das Hauptmannspatent erhielt. Seine China-Erfahrung galt ihm als eine Initiation in das Zeitalter der globalen Kriege. Amerikanische, österreichisch-ungarische, britische, französische, deutsche, italienische, japanische und russische Soldaten traten gegen China an. Der Kriegsschauplatz wurde von vielen als ein Treffpunkt für europäische Militärs geschildert, die dort Kontakte knüpften und sich später auf den verschiedenen imperialen Schlachtfeldern der Welt wieder trafen. Auch Lettow-Vorbeck machte da keine Ausnahme: „Es war ein reger geselliger und kameradschaftlicher Verkehr von großer Buntheit", resümierte er später.[13]

Die nächste militärische Station des Adjutanten Lettow-Vorbeck war die Niederschlagung des Herero-Nama-Aufstandes in der Kolonie Deutsch-Südwestafrika, wo er für die taktische Planung der Vernichtung der Herero am Waterberg zuständig war. Die Herero, Männer, Frauen und Kinder sowie ihre Viehherden wurden in die Omaheke-Wüste getrieben. Die Rückkehr, und damit der Zugang zu den Wasserquellen, wurde ihnen durch die Schutztruppe unmöglich gemacht. Jene Herero, die im Oktober 1904 noch nicht an Hunger und Durst gestorben waren und aus der Wüste zurückkamen, befahl General von Trotha zu erschießen oder zurück in die Wüste zu jagen. Trotha, ein kolonialer Kriegführer, den Lettow-Vorbeck bereits in China kennen- und würdigen gelernt hatte, war der Oberbefehlshaber der genozidalen Niederschlagung des Aufstandes der Herero und Nama. Die schon zeitgenössische Kritik an dessen „genozidaler Kriegführung"[14] betrachtete Lettow-Vorbeck als ungerechtfertigt. Im Gegenteil, von Trotha habe hart durchgreifen müssen. Die das Kriegsrecht verletzenden Erschießungen der Herero, die Ablehnung von Trothas, Kriegsgefangene zu machen, und die Vertreibung und Ermordung der Zivilbevölkerung wurden von Lettow-Vorbeck legitimiert. Er erinnerte sich später daran, dass die Mission der Schutztruppe darin bestand, Farmern, Frauen und Kindern mit dem „richtigen männlichen Soldatengeist" zu helfen.[15] „Ich glaube", so Lettow-Vorbeck rückblickend noch in den 1950er Jahren, „daß ein Aufstand solchen Umfanges erst mal mit allen Mittel ausgebrannt werden muß. Der Schwarze würde in Weichheit nur Schwäche sehen."[16] Die Härte des weißen Mannes war ihm wichtig: „Der General war nicht weich. Als die Manneszucht in der Brigade einmal nachließ, griff er sofort als alter Praktiker

---

13 Ebd., 64.
14 Jürgen Zimmerer, *Deutsche Herrschaft über Afrikaner: Staatlicher Machtanspruch und Wirklichkeit im kolonialen Namibia* (Münster: LIT Verlag, 2001), 32.
15 Lettow-Vorbeck, *Mein Leben*, 72.
16 Ebd., 81.

durch, ließ täglich exerzieren, und die Ordnung war hergestellt."[17] So beschrieb Lettow-Vorbeck von Trotha und inszenierte sich in seinen Erinnerungsschriften ab 1918 selbst als harter Mann. Mit der Härte, die Lettow-Vorbeck an Trotha bewunderte, versuchte er auch sich selbst auszustatten. In der Beschreibung einer schweren Typhuserkrankung und einer Zahnwurzelbehandlung betont Lettow-Vorbeck, dass er Stärke gezeigt habe, um den anderen „keinen Anlaß zum Spott zu geben."[18] Diese Selbstkontrolle orientierte sich an dem schon in kolonialen Reiseberichten des 19. Jahrhunderts immer wieder betonten Topos, dass das Verbergen von eigener Schwäche die Herrschaft über die indigene Bevölkerung sichern sollte.[19] Während einer Schlacht im Jahr 1906 wurde Lettow-Vorbeck jedoch so schwer verletzt, dass er Afrika verlassen musste. Er verbrachte die nächsten Jahre in Kassel und Wilhelmshaven, wo er ab 1909 als Kommandeur das 2. Seebataillon führte.

Zu diesem Zeitpunkt häuften sich die familiären Auseinandersetzungen mit seinem Vater, so dass er kein „Mädchen" in die Familie einführen wollte. Als er nach der Versöhnung mit seinem Vater verschiedenen Frauen Heiratsanträge machte, wurden diese jedoch negativ beschieden: „So war ich bei aller Schärfe meines militärischen Dienstes innerlich zeitweise recht geknickt."[20] Die Konflikte mit dem Vater blieben jedoch in seinen autobiografischen Selbstkonstruktionen wichtig. So schilderte er seine Mutter Marie (geb. Eisenhart-Rohe) nach ihrem Tod als eine nüchterne und starke Frau: „Meine Mutter war eine hochbegabte Frau, sehr klug, von strengstem, christlichen Pflichtgefühl, ohne jede Spur von Falsch [...]".[21] Er betonte das Leiden und die Überlastung der Mutter in der Ehe mit dem strengen und cholerischen Vater, und deutete damit sein eigenes Leiden an. Der indirekte Schuldspruch über seinen Vater spiegelt sich auch in Lettow-Vorbecks fehlender Reaktion auf dessen Tod im selben Jahr wider. Die Mutterfigur dagegen, die Lettow-Vorbeck in seinen Erinnerungen zeichnet, entspricht der Figur, die in Erinnerungen vergleichbarer Männer seiner Generation produziert wurden und von Klaus Theweleit als „gespaltene gute Mutterfigur" interpretiert worden ist. Diese erscheine geteilt in eine liebevolle schützende Hälfte (eigene Mutter), die vor allem die Kinder vor dem Vater schützt, und in eine Hälfte, die selbst hart ist (die Mutter von Kameraden, etc.); diese erscheinen als Mütter aus Eisen, denen

---

17 Ebd., 65.
18 Ebd., S. 86.
19 Vgl. Johannes Fabian, *Im Tropenfieber: Wissenschaft und Wahn in der Erforschung Zentralafrikas* (München: C. H. Beck, 2001), 89.
20 Lettow-Vorbeck, *Mein Leben*, 114.
21 Ebd., 179.

keine Wimper zuckt bei der Nachricht vom Tode ihrer Söhne, die sie doch so auf-opfernd großgezogen haben.[22]

An anderer Stelle, bei der Beschreibung seines Chinafeldzuges, hatte Lettow-Vorbeck schon einmal auf die zweite Komponente einer solchen Mutterfigur Be-zug genommen: Er habe in China viel gelernt, insbesondere von General von Schwarzhoff und dessen Mutter, die bei dem Tod ihres Sohnes „nicht zusammen-brach. Sie vertrat den Standpunkt: es ist nichts so schwer, daß es nicht ertragen werden könnte! Ein Beispiel preußischer Lebensauffassung.“[23]

Ungeachtet dieser familiären Erfahrungen und Konflikte ging seine militäri-sche Karriere weiter voran. Unter der Obhut von Kaiser Wilhelm II. wurde er 1913 zum Kommandeur der Schutztruppe in Kamerun und 1914 zum Kommandeur der Schutztruppe von Deutsch-Ostafrika ernannt. Der Krieg in und rund um Deutsch-Ostafrika von 1914 bis 1918 war ein weiterer, unter globaler Beteiligung geführter Krieg. Anne Samson hat darauf hingewiesen, dass „wenigstens 23 unterschiedliche ethnische Gruppen daran beteiligt waren“.[24] Die kriegführenden Nationen – Deutschland, Großbritannien, Portugal und Belgien – nutzten jeweils die lokale Bevölkerung als Arbeiter, beispielsweise als Träger, und rekrutierten Soldaten in ihren jeweiligen Kolonien, wie Indien, Südafrika, Nigeria, Goldküste und den West Indies. Aber auch Schweizer, Italiener, Dänen, Türken und Österreicher wurden eingezogen, wenn sie in der jeweiligen Kolonie lebten. Die genauen Zah-len sind schwer festzumachen und in der Forschungsliteratur variieren die Anga-ben. Zu den 14 600 Soldaten aus Schwarz- und Nordafrika in der deutschen Schutztruppe kamen noch weitere zehntausende Träger und Arbeiter. Ab 1916 lässt sich der Krieg rund um Deutsch-Ostafrika aus deutscher Perspektive eher als eine Flucht nach vorne bezeichnen. Lettow-Vorbeck trieb die Soldaten und Träger quer durch die Kolonien; sie brandschatzten und plünderten und viele Soldaten desertierten.[25]

Nach der Kapitulation der Schutztruppe im November 1918 kamen die meis-ten deutschen Soldaten erst 1919 zurück nach Europa und waren mit einer neuen politischen Lage konfrontiert: Kriegsniederlage, Verlust der Kolonien und einer deutlich veränderten nationalen Selbstbeschreibung. Das Selbstbild des kaiserli-

---

22 Klaus Theweleit, *Frauen, Fluten, Körper, Geschichte*, Bd. 1, *Männerphantasien* (Reinbek bei Hamburg: Rowohlt, 1990), 109–10.
23 Lettow-Vorbeck, *Mein Leben*, 59.
24 Anne Samson, *When Two Bulls Clash, the Grass Suffers: The Impact of World War 1 in East Africa*, Lecture, British High Commission Residence, unpublished paper.
25 Vgl. Stefanie Michels, *Schwarze deutsche Kolonialsoldaten: Mehrdeutige Repräsentationsräu-me und früher Kosmopolitismus in Afrika* (Bielefeld: transcript, 2009), 127. Vgl. auch: Michelle Moyd, *Violent Intermediaries: African Soldiers, Conquest, and Everyday Colonialism in German East Africa* (Athens, OH: Ohio University Press, 2014).

chen Deutschlands als wichtige und sogar hegemoniale Nation in Europa war zerstört. Der medial inszenierte Marsch im März 1919 durch das Brandenburger Tor versinnbildlichte, was die revisionistische Kolonialbewegung in den folgenden Jahren tradieren würde: Die „ungeschlagene Truppe" unter der Führung Paul von Lettow-Vorbecks und die Heldengeschichte des weißen Mannes und seiner getreuen Askari. Diese Legende wurde offiziell gestützt: Aufgrund seiner militärischen Durchhaltestrategie wurde Lettow-Vorbeck am Ende des Krieges zum General ernannt und mit dem höchsten militärischen Orden „Pour le Mérite" ausgezeichnet. Mit dem Tod seiner Eltern im Jahr 1919 und seiner Verheiratung mit Martha Wallroth im selben Jahr begann Lettow-Vorbecks weiterer biografischer Werdegang in Deutschland, der sich wie eine idealtypische Karriere eines konservativen, autoritären Militärs in der Weimarer Republik ausnimmt, der die Republik zu Beginn mit allen Mitteln bekämpfte. Als Mitglied der Reichswehr wurde er damit beauftragt, eine Freikorpsdivision zusammenzustellen, um in Hamburg gegen die linken Aufständischen vorzugehen. Dieser Division gehörten die Freikorps Erhard und von Loewenfeldt an. Ein Jahr später war Lettow-Vorbeck in Mecklenburg an der Durchführung des Kapp-Lüttwitz-Putsches 1920 beteiligt. Nach dessen Scheitern wurde er wegen Hochverrats angeklagt, doch die Klage gegen ihn wurde fallen gelassen und das Verfahren endete mit einem Freispruch. Für eine kurze Zeit war aus dem Helden ein Verbrecher geworden, der den „afrikanischen Buschkrieg" nach Mecklenburg gebracht habe, wie die *Norddeutsche Zeitung* am 23.3.1920 schrieb. Infolgedessen wurde Lettow-Vorbeck aus der Reichswehr entlassen und betätigte sich vornehmlich publizistisch und politisch, so zum Beispiel in der „Antibolschewistischen Liga" und als Standartenführer im „Stahlhelm". Er engagierte sich weiterhin im Sinne der Kolonialbewegung und reiste zu Vorträgen, Gedenkfeiern und Kolonialtagungen. Durch die Klassiker, die er über Ostafrika publizierte, wie zum Beispiel das Jungenbuch *Heia Safari* oder die Ausgabe für Erwachsene *Meine Erinnerungen aus Ostafrika*, vor allem aber durch die zahllosen Kolonialerinnerungen, die Angehörige der ostafrikanischen Schutztruppe veröffentlichten, wurde eine koloniale und militärische Heldenlegende um Lettow-Vorbeck konstruiert und blieb während der Weimarer Republik im öffentlichen Gedächtnis insbesondere der Rechten und der Kolonialbewegung präsent. Zwischen 1928 und 1930 saß Lettow-Vorbeck schließlich als Vertreter des Wahlkreises Oberbayern-Schwaben für die DNVP im Reichstag, trat aber nach Alfred Hugenbergs Machtübernahme in die DVP ein. Der Aufstieg der Nationalsozialisten verlangte ihm Bewunderung ab, insbesondere die Straßenumzüge hatten es ihm angetan: „Ich muß gestehen, daß ich durch deren Haltung und Disziplin beeindruckt war. Das war Preußengeist [...].“[26] Auch die Ernennung Hitlers zum Reichskanzler wurde von ihm explizit begrüßt.[27] Seine weitere Karriere im Nationalsozialismus war gekennzeichnet von der wechselhaften Haltung der NSDAP und Hitlers zur Kolonialfrage. Er wurde zum Vorzeigesoldaten für die Wehrmacht, zum lebenden Beispiel der „ungeschlagenen deutschen Armee“ und agierte selbst in diesem Sinne. Straßen und Kasernen wurden nach ihm benannt.[28] Dennoch blieb seine Figur umstritten, er repräsentierte das alte wilhelminische System. Andere „weiße Helden“ – wie der von der nationalsozialistischen Propaganda revitalisierte Carl Peters oder später der „Afrikaheld“ Erwin Rommel – waren eindeutiger für die Ideologie der deutschen Nationalsozialisten zu verwerten.[29]

Lettow-Vorbecks globaler Lebenslauf ist geradezu paradigmatisch für eine Generation von Männern, denen Kaiser und Krieg noch alles im Leben bedeuteten. Im Rahmen seiner familiär vorbestimmten militärischen Karriere betrat er alle wichtigen Schlachtfelder des deutschen Kolonialismus. Der Kolonialaufenthalt verstärkte das adelig-militärische Männlichkeitskonstrukt durch den besonderen Fokus auf die „Härte“ und den „Charakter“ des weißen deutschen Offiziers. Seine Selbstinszenierung und seine Außenwahrnehmung entsprachen dem „Ideologem“ des deutschen Offiziers, wie dies Markus Funck konzise beschrieben hat.[30] In dieser Gestalt war er von erheblichem integrativen Nutzen für die NSDAP und band gemeinsam mit anderen die alte Kolonialbewegung an die Diktatur. Seine konkreten Erfahrungen aber in der Kriegführung wurden von der Wehrmacht und den Einsatzgruppen nicht genutzt. In anderen Ländern wiederum, die länger als Kolonialmacht agierten, lassen sich militärstrategische Traditionslinien der Aufstandsbekämpfung, der asymmetrischen Kriegführung und des Guerillakampfes deutlicher ausmachen. Die Europäer und vor allem die Amerikaner haben aus ihren Kolonialkriegen viel gelernt und sind ihr Gewalterbe angetreten. So haben etwa die Franzosen in Algerien die dort angewandten Folter- und Verfolgungstechniken später in die lateinamerikanischen Militärdiktaturen transferiert. Dierk Walter betont dementsprechend die lange Kolonialtradition gegenwärtiger Militäreinsätze. Sie hätten, so Walter, „in den prägenden Determinanten der Kriegführung, in Erscheinungsform und Konfliktlogik“ viel mit den Kolonialkriegen des

26 Lettow-Vorbeck, *Mein Leben*, 209.
27 Vgl. ebd., 210.
28 Vgl. Michels, *Schwarze deutsche Kolonialsoldaten*, 131.
29 Vgl. Maß, *Weiße Helden*, 294.
30 Vgl. Markus Funck, „Bereit zum Krieg? Entwurf und Praxis militärischer Männlichkeit im preußisch-deutschen Offizierkorps vor dem Ersten Weltkrieg“, in *Heimat-Front: Militär- und Geschlechterverhältnisse im Zeitalter der Weltkriege*, Hg. Karen Hagemann und Stefanie Schüler-Springorum (Frankfurt a. M.: Campus, 2002), 69–90.

europäischen Imperialismus gemeinsam.[31] Deutschland steht hierbei aus naheliegenden Gründen sicherlich nicht an erster Stelle. Lettow-Vorbecks Biografie verdeutlicht jedoch die Bedeutung des imperialen Raumes für die politische und militärische Kultur seit dem Boxer-Aufstand, sie illustriert die aus diesem Kriegszusammenhang stammenden militärischen Netzwerke und damit die Gewalt- und Erfahrungsgemeinschaften der Kolonialoffiziere. Seine Biografie ist auch ein Paradebeispiel für die Konstruktion weißer soldatischer Männlichkeit, worin womöglich der deutlichste Transfer kolonialer Imagination und Gewaltform auf den europäischen Kontinent zu sehen ist.

---

31 Dierk Walter, *Organisierte Gewalt in der europäischen Expansion: Gestalt und Logik des Imperialkrieges* (Hamburg: Hamburger Edition, 2014), 9.

Rainer Orth
Die Freikorps der Jahre 1918 bis 1921

Die „Freikorps", die in den Jahren unmittelbar nach dem Ende des Ersten Weltkriegs in Deutschland existierten, stellen ein charakteristisches Phänomen dieser
Zeit dar. Nicht ohne Grund hat dieses Phänomen sowohl in der Presse und Publizistik der Jahre, während derer die Freikorps aktiv waren, in der Presse und Publizistik der späteren Jahre der Weimarer Republik, wie auch in der nach 1945
veröffentlichten wissenschaftlichen Literatur, eingehende Betrachtung gefunden.[1]

Mit dem Begriff „Freikorps" werden militärische bzw. militärähnliche Freiwilligenverbände bezeichnet, die in den Monaten nach dem militärischen Zusammenbruch des Deutschen Reiches am Ende des Ersten Weltkriegs im November
1918 gebildet wurden, um nach außen wie nach innen zur militärischen Sicherung
des Staates beizutragen.

---

[1] Ein großer Teil der eigenen Akten der Freikorps, die in den Jahren nach dem Ersten Weltkrieg
aktiv waren, sowie der Akten, die von anderen Stellen über diese Freikorps angelegt wurden,
wurde bei der Zerstörung des Heeresarchivs Potsdam Anfang 1945, in der Schlussphase des Zweiten Weltkriegs, vernichtet. Aus dem erhaltenen Material sind insbesondere Unterlagen bemerkenswert, die verstreut im Bundesarchiv Berlin, im Bundesarchiv Freiburg und im Münchener
Kriegsarchiv liegen. Aus der Masse der Literatur seien nur die im Weiteren referenzierten Publikationen genannt: Harold J. Gordon, *Die Reichswehr und die Weimarer Republik 1919–1926*, Übers.
Siegfried Maruhn (Frankfurt a. M.: Bernhard & Graefe, 1959); Lothar Hartung, *Deutsche Freikorps
1918–1921: Spezialkatalog* (Langeloh bei Schneverdingen: Hartung, Selbstverlag, 1997); Nigel H.
Jones, *Hitler's Heralds: The Story of the Freikorps 1918–1923* (London: Murray, 1987); Erwin Könnemann, „Freikorps 1918–1920", in *Fraktion Augsburger Hof – Zentrum*, Bd. 2, *Die bürgerlichen
Parteien in Deutschland: Handbuch der Geschichte der bürgerlichen Parteien und anderer bürgerlicher Interessenorganisationen vom Vormärz bis zum Jahre 1945*, Hg. Dieter Fricke (Leipzig: Bibliographisches Institut, 1970), 53–64; Ingo Korzetz, *Die Freikorps in der Weimarer Republik: Frei-
heitskämpfer oder Landsknechthaufen? Aufstellung, Einsatz und Wesen bayerischer Freikorps
1918–1920* (Marburg: Tectum, 2009); Bernhard Sauer, „„Auf nach Oberschlesien': Die Kämpfe
der deutschen Freikorps 1921 in Oberschlesien und den anderen ehemaligen deutschen Ostpro-
vinzen", *Zeitschrift für Geschichtswissenschaft* 58 (2010): 297–320; ders., „Vom ‚Mythos eines ewigen Soldatentums': Der Feldzug deutscher Freikorps im Baltikum im Jahre 1919", *Zeitschrift für
Geschichtswissenschaft* 43 (1995): 869–902; Hagen Schulze, *Freikorps und Republik* (Boppard:
Boldt, 1969); Robert Thoms und Stefan Pochanke, *Handbuch zur Geschichte der deutschen Freikorps* (Bad Soden: MTM-Verlag, 2001); Robert G. L. Waite, *Vanguard of Nazism: The Free Corps
Movement in Post-War Germany, 1918–1923* (New York: W. W. Norton, 1969). Grundlegend, aber
mit Vorsicht zu lesen, sind auch die zeitnahen Arbeiten von Friedrich Wilhelm von Oertzen, *Die
deutschen Freikorps 1918–1923* (München: F. Bruckmann, 1936); Ernst von Salomon, *Die Geächteten* (Berlin: Rowohlt, 1930); ders., *Nahe Geschichte: Ein Überblick* (Berlin: Rowohlt, 1936); Edgar
von Schmidt-Pauli, *Geschichte der Freikorps 1918–1924* (Stuttgart: R. Lutz, 1936).

https://doi.org/10.1515/9783111305622-014

In der Praxis hatten die unter dem Namen „Freikorps" aktiven Formationen zwei Hauptaufgaben:

Erstens sollten sie als sogenannter „Grenzschutz" die östlichen Teile des deutschen Staatsgebietes gegen mögliche territoriale Ausdehnungsbestrebungen der östlichen Nachbarn des Reiches sichern.

Zweitens sollten sie die bestehende innere Ordnung des Deutschen Reiches, also die etablierten politischen, gesellschaftlichen und wirtschaftlichen Verhältnisse im Land, aufrechterhalten. Dies bedeutete in der Praxis, dass die Freikorps verhindern sollten, dass es den radikalen Elementen unter den Revolutionären gelänge, die relativ moderate Revolution, die das Land Ende 1918 erlebt hatte, weiterzutreiben, einen radikalen Umbruch zu verwirklichen und dann ein kommunistisches Herrschaftssystem nach Vorbild des 1917 in Russland etablierten Sowjetregimes in Deutschland durchzusetzen.[2]

Abb. 1: Freikorpswerbeplakat von 1919, Archiv der Jugendbewegung

---

2 So gab Friedrich Ebert bereits im November 1918 die Losung aus, dass die „Vermeidung russischer Zustände" in Deutschland anzustreben sei (vgl. Könnemann, „Freikorps", 53).

Die Idee der Freikorps, wie auch der Name „Freikorps", lehnte sich an militärische Freiwilligenverbände an, die während verschiedener Kriege, die im 18. und frühen 19. Jahrhundert auf dem Gebiet der damaligen deutschsprachigen Länder ausgefochten wurden, aufgestellt worden waren und die damals unter eben dieser Bezeichnung an diesen Konflikten teilgenommen hatten.

Leitend bei der Entscheidung der *Spiriti Rectores* hinter der Aufstellung der 1918 und 1919 entstandenen militärischen Freiwilligenverbände, ihren Verbänden die Bezeichnung „Freikorps" zu geben, waren wahrscheinlich vor allem historische Assoziationen und Anlehnungswünsche: Da man sich Ende 1918 und 1919 erneut, wie in der Napoleonischen Ära, in einem Krieg zur Befreiung der Nation wähnte, hielt man es für logisch, den Formationen, die jetzt die Befreiung des Vaterlandes erstreiten sollten, denselben Namen (eben: „Freikorps") zu geben, wie dies die entsprechenden Formationen knapp 100 Jahre früher getan hatten.

Die Entstehung der Freikorps und der zeitliche Rahmen ihrer Existenz

Nach der militärischen Niederlage Deutschlands im Ersten Weltkrieg, dem Sturz der Monarchie und der Ausrufung der Republik am 7. November 1918 verbündeten sich die von Reichskanzler Friedrich Ebert geführte provisorische Reichsregierung und die Oberste Heeresleitung, deren entscheidender Kopf damals General Wilhelm Groener war, am 10. November 1918 in einem als „Ebert-Groener-Pakt" bekannt gewordenen Bündnis.

Beide Seiten stimmten darin überein, dass verhindert werden müsse, dass das Land dem Chaos oder dem Radikalismus anheimfalle. Man verständigte sich daher, zusammenzuarbeiten, um zu verhindern, dass die radikalen (kommunistischen) Revolutionäre die Macht im Land übernähmen, um stattdessen politisch stabile Verhältnisse im Land herzustellen.

Als Mittel zur Erreichung dieser Ziele wurde naturgemäß eine bewaffnete Macht gebraucht. Von den Angehörigen des ab November 1918 in die Heimat zurückströmenden Weltkriegsheeres waren jedoch nur die allerwenigsten bereit, nach den langen Kriegsjahren weiterhin Dienst in einem militärischen Verband zu tun. Ein Einsatz bereits bestehender Formationen zur Abwehr der radikalen Revolution schied daher aus, da die meisten Mitglieder dieser Formationen sich damals in raschem Tempo zerliefen.

Stattdessen entschloss man sich, neue Ordnungskräfte zu schaffen, indem man die wenigen Männer, die sich Ende 1918 entschieden, nicht nach Hause zu gehen, sondern bei den Fahnen zu bleiben, aus den Formationen der Kriegsjahre, die nun in großer Zahl mit jeweils nur noch sehr wenigen Männern bestanden, in einer vergleichsweise kleinen Zahl von Freiwilligenformationen zu bündeln.

So kam es, dass auf Initiative der Regierung und der Militärführung Ende 1918 / Anfang 1919 eine größere Zahl von Freiwilligenformationen geschaffen wurde, die bis auf Weiteres für die innere und äußere Sicherheit des Reiches sorgen sollten. Dabei wurde es rasch allgemein üblich, diese Formationen als „Freikorps" zu bezeichnen.

Die Hochzeit der Freikorps war die erste Jahreshälfte des Jahres 1919. Nach diesem Zeitpunkt verringerte sich ihre Zahl rapide. Zu Beginn des Jahres 1920 war die Situation so, dass die meisten Freikorps-Formationen bereits aufgelöst oder abgewickelt waren. Einige wenige damals noch bestehende Freikorps lösten sich im Januar und Februar 1920 auf Druck der Westmächte allerdings nur zum Schein auf, bestanden aber in getarnter Form weiter.

Während des Kapp-Putsches vom März 1920 wurden diese verborgen fortexistierenden Freikorps als aktive Truppen reaktiviert und aufgrund der direkt nach dem Zusammenbruch des Kapp-Putsches an verschiedenen Stellen des Reiches ausbrechenden Arbeiteraufstände von lokalen Wehrkreisbefehlshabern mit Zustimmung der Reichsregierung in den Status offizieller staatlicher militärischer Formationen erhoben. Diese Freikorps kämpften im März und April 1920 an verschiedenen Stellen im Reich gegen die sich zum Teil aus diesen Aufständen ergebenden Versuche von „roten" Arbeitern, einen sozialistischen Umsturz ins Werk zu setzen.

Nachdem diese Aufgabe bewältigt war, wurden diese Freikorps zum zweiten Mal offiziell aufgelöst. Sie existierten anschließend jedoch gut ein Jahr lang erneut – getarnt als Landarbeiterorganisationen und ähnliches mehr – im Untergrund weiter. Anlässlich der im Mai 1921 beginnenden deutsch-polnischen Grenzkämpfe in Oberschlesien wurden diese letzten Freikorps ein letztes Mal reaktiviert: Sie kämpften nun von Mai bis zum Ende dieser Auseinandersetzungen im Juli 1921 als Teil des „Oberschlesischen Selbstschutzes" in Oberschlesien.

Nach dem Ende der Kämpfe in Oberschlesien zwangen die Westmächte die Reichsregierung im Spätsommer 1921 unter Androhung scharfer Sanktionen schließlich dazu, ihr seit langer Zeit gegebenes Versprechen, die Freikorps komplett zu beseitigen, endlich wahr zu machen: Daraufhin setzte die Reichsregierung im September 1921 die praktische Abwicklung der letzten Freikorpsformationen durch. Formalisiert und offiziell bekannt gegeben wurde das Ende der Freikorps am 24. November 1921 durch einen Erlass der Reichsregierung. Dieser trug den bezeichnenden Titel: „Bekanntmachung, betreffend die Auflösung der Organisationen Roßbach, Hubertus, Aulock, Heydebreck und Oberland". Die physische Auflösung dieser fünf letzten, noch verbliebenen Formationen bildete gleichsam den Schlusspunkt der Ära der Freikorps.[3]

Namensgebungspraxis

Die meisten Freikorps trugen Namen, die auf Basis der folgenden zwei Namensgebungspraktiken zustande gekommen waren: Erstens trugen viele Freikorps den Familiennamen ihres Gründers und Kommandeurs, wie zum Beispiel das „Freikorps Heydebreck", das nach seinem Kommandeur Hans Peter von Heydebreck benannt worden war. Und zweitens trugen viele Freikorps Namen, die in irgendeiner Weise den Ort anzeigten, an dem sie aufgestellt worden waren. Beispiele hierfür waren das „Freikorps Potsdam", das „Freikorps Landshut" oder das „Freikorps Oberland".

Einige wenige Formationen trugen auch ständisch-geografische Mischbezeichnungen wie zum Beispiel das „Akademische Wehr Münster" oder Formationsnamen, die den Eindruck erwecken sollten, dass es sich bei ihren Trägern um offizielle Formationen der Armee handelte wie zum Beispiel das „Freiwillige Landesjägerkorps". Andere Freikorps schmückten sich dagegen auch mit leicht exotischen Namen, die ohne weitere Erläuterung etwas undurchsichtig wirkten wie beispielsweise die „Eiserne Division" oder das „Freikorps Schwarze Jäger".

Die Zahl der Freikorps und die Zahl der Freikorpsangehörigen

Die Angaben in der Forschungsliteratur zu der Zahl der in den Jahren 1918 bis 1921 bestehenden Freikorps klaffen weit auseinander.

Dies ergibt sich daraus, dass es mitunter schwer ist, Freikorps und die Formationen anderer Typen damals bestehender, bewaffneter Organisationen (wie Einwohnerwehren, Selbstschutztruppen, Studentenwehren etc.), klar voneinander zu trennen. Eine weitere Schwierigkeit besteht darin, dass viele kleinere Freikorpsformationen aufgrund eines Mangels an schriftlicher Überlieferung und dem hohen Grad an Fluktuation, der bei den Freikorps existierte, für den Historiker kaum noch fassbar sind: Diese Fluktuation ergab sich daraus, dass viele als Frei-

---

3 Vgl. „Bekanntmachung, betreffend die Auflösung der Organisationen Roßbach, Hubertus, Aulock, Heydebreck und Oberland", *Reichsgesetzblatt 1921 II*, 24. November 1921, 1370.

korps anzusehende Einheiten nur für sehr kurze Zeit existierten, weil sie sich größeren Verbänden korporativ eingliederten[4] und daher viele Einheiten ihren Namen wechselten. Letzteres bedeutete, dass dieselbe Formation mitunter unter mehreren verschiedenen Bezeichnungen in den Akten und in der Literatur anzutreffen ist, so dass derselbe reale / physische Verband, da er unter mehreren Namen greifbar ist, mehrfach gezählt wurde. Dadurch wurde in den Versuchen, die Gesamtzahl der damals bestehenden Freikorps in den Nachkriegsjahren zu berechnen, das Ergebnis irrtümlich höher veranschlagt, als sie realiter war.

Abb. 2: Werbeplakat der Antibolschewistischen Liga, welche die Freikorps finanzierte. Grafik Stephan Krotowski, Propaganda Verlag

Auf Basis der Vielzahl unterschiedlicher Angaben, die sich in der Literatur zu den Fragen finden, wie viele Freikorps es in den Jahren nach dem Ersten Weltkrieg gab, und wie viele Männer diesen Freikorps insgesamt angehörten, ist der Verfasser dieses Beitrags zu der Einschätzung gelangt, dass den Freikorps während ihrer Hochphase im Frühjahr 1919 etwa 210 000 Männer als Mitglieder angehörten. Und

---

4 So vereinigten sich z. B. im Januar 1919 das „Freikorps Reichstag" und das „Freikorps Liebe" zu dem neuen Freikorps „Republikanische Schutztruppe".

weiter, dass die Gesamtzahl aller Personen, die in der Zeitspanne von der Konstituierung der ersten Freikorpsformationen im November 1918 bis zur Auflösung der letzten Formationen im Oktober 1921, irgendwann einmal in den Reihen eines Freikorps standen – das heißt die Summe aller Personen, die in den Jahren nach dem Ersten Weltkrieg irgendwann einmal (teils für längere, teils für kürzere Zeit) einem Freikorps angehörten –, auf 260 000 bis 300 000 Männer zu taxieren ist.[5]

Finanzierung der Freikorps

Eine bislang nur sehr partiell aufgeklärte Frage ist die, wie die Freikorps der Jahre 1918 bis 1921 finanziert wurden.

Aus einer Rede, die der Freikorpsführer Gerhard Roßbach im November 1922 anlässlich einer Feier zum vierten Jahrestag der Gründung seines Verbandes, der „Sturmabteilung Roßbach", hielt, wissen wir, dass zumindest einige Freikorps in der Zeit direkt nach der Aufstellung der ersten Formationen dieser Art Ende 1918 und Anfang 1919 noch keine finanzielle Unterstützung durch staatliche Stellen oder vonseiten der Wirtschaft erhielten, sondern dass sie darauf angewiesen waren, sich die für den Unterhalt ihrer Organisationen erforderlichen Mittel zunächst selbst zu beschaffen.

Wie Roßbach 1922 ganz unverhohlen zugab, behalfen sich sein Freikorps und auch andere Freikorps, indem sie die ihnen fehlende Löhnung einfach „bei den Polen requirierten", sich also diese durch Plünderung, die sich gegen die Bevölkerung des Nachbarlandes richtete, beschafften.[6]

Erst im Januar 1919 erhielten die Freikorps eine systematische Unterstützung durch pekuniär potente Förderer. Namentlich begannen Interessenverbände der Wirtschaft sowie der Staat zu dieser Zeit, die Freikorps zu finanzieren.

Kommen wir zunächst auf die Wirtschaft zu sprechen: Am 10. Januar 1919 trafen sich die Spitzenvertreter der deutschen Wirtschaft zu einer Besprechung in

---

5 Vgl. Hans-Ulrich Wehler, *Vom Beginn des Ersten Weltkriegs bis zur Gründung der beiden deutschen Staaten 1914–1949*, Bd. 4, *Deutsche Gesellschaftsgeschichte* (München: C. H. Beck, 2008), 385; Thoms und Pochanke, *Handbuch*, 62; Gordon, *Reichswehr*, 414–15; Jones, *Heralds*, 249–50; Schulze, *Freikorps*, 36. Weitere abweichende Zahlen liefern Salomon, *Nahe Geschichte*, 96 und ders., *Der Fragebogen* (Hamburg: Rowohlt, 1951), 343–44; Schmidt-Pauli, *Freikorps*, 365–67; Hartung, *Freikorps*, 3; Korzetz, *Freikorps*, 45–47.
6 Zu Roßbachs einschlägigen Ausführungen während seiner Rede vom November 1922, vgl. Bericht der Polizeidirektion Bericht „IV. Jahresfeier der Gründung der Sturmabteilung Rossbach" im Münchener Kreuzbräu am 23. November 1922 vom 24. November 1922, Bundesarchiv Berlin, R 1507/345, Bl. 267.

Berlin. Auf Initiative von Hugo Stinnes (1870–1924), des damals wichtigsten deutschen Wirtschaftsführers, wurde bei diesem Treffen ein „Antibolschewistenfonds" gegründet. Die Wirtschaftsführer einigten sich darauf, diesem Fonds eine üppige Grundlage von 500 Mio. Reichsmark zur Verfügung zu stellen. Diese Summe wurde anschließend von den verschiedenen Konzernen und Wirtschaftsverbänden, die sich hieran beteiligten, aufgebracht und einbezahlt.[7]

Beteiligt waren Vertreter von Industrie, Handel und Großbanken. Der Großteil der Mittel wurde wahrscheinlich von der Schwerindustrie aufgebracht. So waren neben Hugo Stinnes und seinem Manager Albert Vögler auch andere maßgebliche Köpfe der westdeutschen Schwerindustrie – Emil Kirdorf, Gustav Krupp und Paul Reusch – mit ihren Konzernen an der Einrichtung und Ausstattung des Antibolschewistenfonds beteiligt.

Die Mittel dieses Fonds ließ die Schwerindustrie nun auf vielfältigen Kanälen in eine Reihe von einschlägigen Organisationen fließen, die damit alle möglichen Aktivitäten und Maßnahmen finanzierten, die sich gegen die Bestrebungen der Kommunisten, die Macht in Deutschland zu übernehmen, richteten. Ein Großteil dieser Mittel der Wirtschaft wurde von diesen Zwischenstellen an die Freikorps zur Deckung ihrer finanziellen Bedürfnisse weitergeleitet.[8]

Es war jedoch nicht nur der *private sector* in Gestalt von Konzernen der Großwirtschaft und finanziell potenten Privatpersonen, der sich maßgeblich an der Finanzierung der Freikorps beteiligte. Auch der Staat unterstützte in den Jahren 1919 und 1920 den Aufbau und Unterhalt dieser Verbände mit erheblichen Geldzuflüssen.

Die Einzelheiten darüber, auf welche Weise der Staat den Freikorps Geld zukommen ließ, sind bis heute nicht geklärt. In der Literatur finden sich meist etwas vage Angaben, wie die, dass die Finanzierung der Freikorps „aus dem Etat des

---

7 Zum Beitrag der Wirtschaft zur Finanzierung der Freikorps durch den Antibolschewistenfonds, vgl. den einschlägigen Bericht in dem Erinnerungsbuch von Eduard Stadtler, *Als Antibolschewist 1918/19* (Düsseldorf: Neuer Zeitverlag, 1935), 12–21, 48–49, 52, 56–57, 71–72 und 115. Siehe zudem die Fachliteratur: Christoph Hübner, *Die Rechtskatholiken, die Zentrumspartei und die katholische Kirche in Deutschland bis zum Reichskonkordat von 1933: Ein Beitrag zur Geschichte des Scheiterns der Weimarer Republik* (Berlin: LIT Verlag, 2014), 148; Gerd Krumeich, *Nationalsozialismus und Erster Weltkrieg* (Essen: Klartext, 2010), 92; Joachim Petzold, *Wegbereiter des deutschen Faschismus: Die Jungkonservativen in der Weimarer Republik* (Köln: Pahl-Rugenstein, 1983), 64–67; Henry Ashby Turner, *Die Großunternehmer und der Aufstieg Hitlers*, Übers. Hildegard Möller und Marina Münkler (Berlin: Siedler, 1985), 28.
8 Vgl. ebd.

Heeres" erfolgte,[9] oder dass die Reichswehr „Geheimfonds" besaß, die sie „zur Ausrüstung der Freikorps" verwendete.[10]

Die Tatsache, dass der Staat an der Finanzierung der Freikorps beteiligt war, wurde der Öffentlichkeit 1919 und 1920 verheimlicht. Auch anschließend blieb dies noch jahrelang ein wohlgehütetes Geheimnis der Spitzen der Regierung und der Freikorpsführer. Erst Ende der 1920er Jahre wurde diese Tatsache durch Berichte der Presse über die sogenannten „Fememord"-Prozesse dieser Jahre publik. Während der öffentlich verhandelten Sitzungen dieser Prozesse verrieten einige der Männer, die 1919 und 1920 führend an den Aktivitäten der Freikorps beteiligt gewesen waren, meist ungewollt, dass die Freikorps damals aus Regierungsmitteln mitfinanziert worden waren. Journalisten, die als Prozessberichterstatter in den Gerichtssälen anwesend waren, während dieser bisher klandestine Fakt ausgeplaudert wurde, gaben daraufhin diese, so *en passant* enthüllten, sensationellen Information dann eilig in ihren Prozessberichten an die breite Öffentlichkeit weiter.

Ein Beispiel dafür, wie das bis dahin wohlgehütete Geheimnis der Mitfinanzierung der Freikorps durch den Staat während der Jahre 1919 und 1920 durch die Femeprozesse der späten 1920er Jahre öffentlich ruchbar wurde, ist der Fememordprozess gegen den späteren zweiten Mann der nationalsozialistischen SA, Edmund Heines (1897–1934), von 1929.

Eine kleine Sensation ereignete sich, als Heines, während seiner Vernehmung bei der Sitzung des Stettiner Gerichtes am 25. Februar 1929, anscheinend aus Versehen erwähnte, dass die Löhnung, die die Angehörigen des Freikorps Roßbach 1919/1920 erhalten hatten, von der Reichswehr bezahlt worden war.[11]

Aufgrund der Berichte in der Presse über Heines Bekundungen, erfuhr die Öffentlichkeit, dass die Reichswehr und somit der Staat zumindest einige der Freikorps, die das Land 1919 und 1920 mit brutaler Gewalt überzogen hatten, mitfinanziert hatte.

Wie durch die Feme-Prozesse der späten 1920er Jahre ungewollt ans Licht kam, wurden jene Freikorps, die während der Jahre 1920 und 1921 im Verborgenen weiterexistierten, während dieser beiden Jahre durch die ostelbischen Großagrarier und ihre Interessenorganisationen finanziert.

---

9 Schulze, *Freikorps*, 42.

10 John Wheeler-Bennett, *Die Nemesis der Macht: Die deutsche Armee in der Politik, 1918–1945* (Düsseldorf: Droste, 1954), 207.

11 Vgl. „Neue Beweisanträge der Verteidiger", *Deutsche Zeitung*, 26. Februar 1929.

Abb. 3: Karikatur aus dem *Vorwärts* vom 27.4.1928 zum Ans-Licht-Kommen der bisher geheim geblie-
benen Quellen der Finanzierung der getarnten Freikorps von 1920/1921 während des Stettiner Fememord-Prozesses von 1928

So verrieten insbesondere der pommersche Rittergutsbesitzer Wilhelm Messner
(1882–1949) und der ehemalige Vorsitzende des Landbundes in Pommern, Friedrich Wilhelm von Bodungen (1879–1943), während des Stettiner Fememord-Prozesses von 1928, dass einige der damals in Gestalt von landwirtschaftlichen „Ar-
beitsgemeinschaften" weiterhin zusammengehaltenen Freikorps während der
Jahre 1920 und 1921 zu einem kleineren Teil von den Grundbesitzern, auf deren
Gütern sie untergebracht waren, und zu einem größeren Teil durch Mittel des
Reichslandbundes finanziert worden waren. Ein Großteil jenes größeren Teils der
Mittel zur Finanzierung der Freikorps, den der Landbund stellte, wurde wieder-
um aus Zuschüssen bestritten, die die Reichswehr dem Landbund zum Zweck der
Unterhaltung der getarnten Freikorps zukommen ließ.[12]

---

[12] Zu dem Umstand, dass der Rittergutsbesitzer Messner und der ehemalige pommersche Land-
bundvorsitzende Bodungen während des Stettiner Fememord-Prozesses von 1928 die referierten
Enthüllungen über die Finanzierung der auf verschiedenen Rittergütern Pommerns verborgenen
Angehörigen des Freikorps Roßbach in den Jahren 1920 und 1921 machten, vgl. „Ein Gutachten
General Höfers", *Berliner Tageblatt*, Morgenausgabe, 22. April 1928. Siehe weiter „Fememorde auf
Befehl!", *Vorwärts*, Morgenausgabe, 21. April 1928 und „Was wollte die Reichswehr mit Roß-
bach?", *Vossische Zeitung*, Morgenausgabe, 21. April 1928 sowie Schreiben der Anwälte Bloch
und Holtz vom 24. März 1928, Bundesarchiv Berlin, R 43-I/1241, Bl. 14.

Gewaltexzesse der Freikorps

In diesem Unterabschnitt werden zwei als *pars pro toto* für eine Vielzahl gleichartiger Vorkommnisse stehende Fälle beschrieben, die die exzessive, mitunter grausame, Gewaltbereitschaft und Gewalttätigkeit anschaulich machen, die die Freikorps während ihrer Einsätze während der Jahre 1919 und 1920 häufig an den Tag legten.

Erstens die Niederschlagung der als „Spartakusaufstand" bekannt gewordenen Unruhen im Zentrum von Berlin im Januar 1919 durch das Freikorps Potsdam sowie zweitens der zu einer regelrechten Mordorgie geratene Rückzug einer Reihe von Freikorps aus dem Baltikum im November und Dezember 1919. Diese Ereignisse werden hier streiflichtartig unter dem Gesichtspunkt skizziert, was sie über die Gewalt-„Kultur" der Freikorps besagen.

Kommen wir zunächst zur Niederschlagung des „Spartakusaufstandes":

Am 5. Januar 1919 war eine Massendemonstration von Arbeitern im Zentrum von Berlin außer Kontrolle geraten. Hieraus hatte sich ein spontaner und unkoordinierter Aufstand entwickelt. Die Aufständischen hatten – durch ihre momentane Übermacht dazu verleitet, ihre eigene Stärke gewaltig zu überschätzen – beschlossen, die Macht in der Reichshauptstadt zu übernehmen. Als einen ersten Schritt zur Erreichung dieses Zieles hatten sie das Zeitungsviertel von Berlin besetzt. Es war ihnen gelungen, die Gebäude der größten Verlage der Stadt (Scherl, Ullstein und Mosse), das Wolffsche Telegraphenbüro sowie das Gebäude des *Vorwärts* in ihre Gewalt zu bringen. Letzteres war besonders wichtig, da es sich bei dieser Zeitung um die offizielle Parteizeitung der SPD handelte, die damals die Reichsregierung stellte.

Die Besetzung des Berliner Zeitungsviertels durch die Insurgenten sollte nicht lange währen: Am 11. Januar 1919 gab der Reichswehrminister Gustav Noske dem „Freikorps Potsdam", einer zur Jahreswende 1918/1919 in der alten Residenzstadt der preußischen Könige bei Berlin aufgestellten Freiwilligentruppe, den Befehl, ins Zentrum von Berlin zu ziehen und das Zeitungsviertel gewaltsam zu entsetzen. Unter dem Kommando seines Befehlshabers Franz von Stephani (1876–1939) marschierten daraufhin die Potsdamer in voller Kriegsausrüstung ins Stadtzentrum und eroberten dieses am 11. und 12. Januar 1919 zurück.

Bei der Rückeroberung der Straßen und Gebäude des Viertels legte das Freikorps ein erschütterndes, weit über die Erfordernisse der Situation hinausgehendes Maß an Brutalität und Rohheit an den Tag: Die Aufständischen, die nicht annähernd so gut bewaffnet waren, wie die Angreifer, waren diesen hoffnungslos unterlegen. Daher gelang es den „Potsdamern" rasch, die Besetzer zu überwinden und das Zeitungsviertel wieder unter die Kontrolle der amtlichen Ordnungskräfte zu bringen.

Offiziellen Erhebungen zufolge wurden mindestens 156 Personen von den Freikorpsmännern während der Rückeroberung des Viertels oder unmittelbar danach zu Tode gebracht. Die Dunkelziffer der darüber hinaus Getöteten wird auf einige Dutzend geschätzt. Die allerwenigsten dieser Personen starben allerdings bei Kampfhandlungen: Die meisten Getöteten waren Aufständische, die erschossen wurden, nachdem sie sich (meist freiwillig) ergeben hatten.[13]

Als besonders ruchlos erwiesen sich die Freikorpsmänner, als sie sieben Aufständische, die sich ihnen mit der weißen Flagge näherten, um als Parlamentäre über die Übergabe des Vorwärts-Gebäudes zu verhandeln, kurzerhand gefangen nahmen, sie als Geiseln in eine nahe gelegene Kaserne brachten und dort ohne weiteres Aufhebens erschossen.

Drei Tage nach der bluttriefenden Erstickung des Aufruhrs im Berliner Zeitungsviertel, am 15. Januar 1919, wurden die Anführer der Spartakusgruppe, Karl Liebknecht und Rosa Luxemburg, die man irrtümlich für die Anstifter des Aufstandes hielt, aufgespürt und von Freikorpsangehörigen ermordet.[14]

Das zweite Exempel für die exzessive Gewalttätigkeit, die von den Angehörigen der Freikorps 1919 und 1920 vielfach praktiziert wurde, ist der Rückzug der „Sturmabteilung Roßbach", der „Eisernen Division" und einiger kleinerer Freikorps aus dem Baltikum im November und Dezember 1919.

Die komplizierte Geschichte, aus der es sich ergab, dass überhaupt deutsche Freikorps im Herbst 1919 im hohen Norden des europäischen Kontinents standen, kann hier aus Platzgründen nicht im Einzelnen geschildert werden.

Es genügt Folgendes festzuhalten: Im Herbst 1919 war die nach dem Ersten Weltkrieg im Baltikum stehende Freikorps-Formation „Eiserne Division" in der lettischen Stadt Thorensberg südlich von Riga von Truppen der lettischen Unab-

---

13 Zur Zahl von 156 während und nach der Niederschlagung des Spartakusaufstandes getöteten Personen, vgl. Wolfram Wette, *Gustav Noske: Eine politische Biographie* (Düsseldorf: Droste, 1987), 308. Diese Zahl wurde nach den Ereignissen durch die Recherchen eines Untersuchungsausschusses des Preußischen Landtages, der zur Klärung der Ereignisse vom Januar eingesetzt wurde, ermittelt.

14 Zum „Spartakusaufstand" und zu den Morden an Karl Liebknecht und Rosa Luxemburg, vgl. Klaus Gietinger, *Eine Leiche im Landwehrkanal – Die Ermordung der Rosa L.* (Berlin: Verlag 1900, 2002); Heinrich Hannover und Elisabeth Hannover-Drück, Hg., *Der Mord an Rosa Luxemburg und Karl Liebknecht: Dokumentation eines politischen Verbrechens* (Frankfurt a. M.: Suhrkamp, 1989); Ottokar Luban, *Die ratlose Rosa: Die KPD-Führung im Berliner Januaraufstand 1919: Legende und Wirklichkeit* (Hamburg: VSA-Verlag, 2001); Jörn Schütrumpf, Hg., *„Spartakusaufstand": der unterschlagene Bericht des Untersuchungsausschusses der verfassunggebenden Preußischen Landesversammlung über die Januar-Unruhen 1919 in Berlin* (Berlin: Dietz, 2018).

hängigkeitsarmee eingeschlossen. Jedermann war klar, dass die Letten in die Stadt eindringen und der „Eisernen Division" den Garaus bereiten würden, sobald der Fluss, der die Stadt größtenteils umgab, im Winter fest genug zugefroren sein würde, um diesen gefahrlos zu überqueren.

In dieser Situation richteten die Männer der Eisernen Division einen Hilferuf an ihre Kameraden in Deutschland: Daraufhin brach im Oktober 1919 die Sturmabteilung Roßbach, das von dem Oberleutnant Gerhard Roßbach gegründete Freikorps, von seinem Standort in Culmsee in Westpreußen zu einer Hilfsaktion auf. In einem mehrwöchigen Gewaltmarsch zogen die „Roßbacher" von Culmsee nach Thorensberg. Am 31. Oktober 1919 überschritten sie bei Tilsit in Ostpreußen die Grenze nach Litauen und am 11. November 1919 trafen sie vor den Toren von Thorensberg ein.

Abb. 4: Kämpfe der Freikorps in Thorensberg, einem Vorort von Riga, 1919, Archiv der Jugendbewegung

Das Freikorps Roßbach überraschte die Thorensberg umzingelnden lettischen Truppen von hinten. So gelang es ihnen, eine Schneise in den Belagerungsring, den diese um die Stadt gezogen hatten, zu schlagen. Anschließend vereinigten sich das Freikorps Roßbach und die Eiserne Division vor den Toren von Thorensberg zu einem Großverband. Es zeigte sich jedoch bald, dass die sich neu formierenden Letten auch diesem vereinigten Verband weit überlegen waren, weshalb sich die Roßbacher und die Eiserne Division entschlossen, ihr Heil in der Flucht zu suchen und eilig den Rückmarsch nach Deutschland antraten.

Während der folgenden fünf Wochen zogen die beiden Freikorps und einige kleinere sie unterstützende Verbände unter heftigen Kämpfen mit den sie verfolgenden lettischen und litauischen Unabhängigkeitstruppen von Thorensberg durch Lettland und Litauen bis zur rettenden deutsch-litauischen Grenze in Ostpreußen.

Dieser fünfwöchige Rückzug der Freikorps aus dem Baltikum war ein Schauspiel von markerschütternder Brutalität und Grausamkeit. Die Formationen mordeten, folterten, plünderten und brandschatzten sich durch die 250 Kilometer lange Strecke von Thorensberg bis zur Grenze nach Ostpreußen.[15]

Der Schriftsteller Ernst von Salomon (1902–1972), der dies als Angehöriger der Eisernen Division miterlebte, hat später einen bestürzenden und anschaulichen Bericht über das infernalische Treiben, das die Angehörigen der Freikorps während ihres Vernichtungszuges aufführten, verfasst. In diesem heißt es:

> Wir erschlugen, was uns in die Hände fiel, wir verbrannten, was brennbar war. Wir sahen rot, wir hatten nichts mehr von menschlichen Gefühlen im Herzen.
> Wo wir gestürmt hatten, da lagen, wo früher Häuser waren, Schutt, Asche und glimmende Balken, gleich eitrigen Geschwüren im blanken Feld.
> Eine riesige Rauchfahne bezeichnete unseren Weg. Wir hatten einen Scheiterhaufen angezündet, da brannte mehr als totes Material, da brannten die bürgerlichen Tafeln, die Gesetze und Werte der zivilisierten Welt.[16]

Auch ein anderer Mann hat einen hochgradig verstörenden Erinnerungsbericht aus der Perspektive eines Mittäters über die Gewaltexzesse hinterlassen, die die Freikorps 1919 während ihres Abzugs aus dem Baltikum veranstalteten. Dieser Mann war Rudolf Höß (1901–1947), der spätere Kommandant des Vernichtungslagers Auschwitz.

Höß, der als Achtzehnjähriger mit der Sturmabteilung Roßbach ins Baltikum gezogen war, hat im Jahr 1947, während er auf seine Hinrichtung wartete, seine Lebenserinnerungen verfasst. In diesen beschrieb er zwar keine präzisen Einzelfälle der damals von ihm und seinen Kameraden begangenen Gräueltaten, aber es gibt eine Schilderung, die das grauenhafte Wesen der Taten, die die „Eisernen

---

15 Zum Zug der Freikorps ins Baltikum im Herbst 1919, vgl. Sauer, „Mythos",; Schulze, *Freikorps*; Forschungsanstalt für Kriegs- und Heeresgeschichte, Hg., *Die Kämpfe im Baltikum nach der zweiten Einnahme von Riga: Juni bis Dezember 1919*, Bd. 3, *Darstellungen aus den Nachkriegskämpfen deutscher Truppen und Freikorps* (Berlin: Mittler, 1938).
16 Salomon, *Die Geächteten*, 167–68.

Divisionäre" und die „Roßbacher" während ihrer Flucht aus dem Baltikum an der lettischen und litauischen Bevölkerung begingen, in allgemeiner (aber aufwühlender) Form erahnen lässt.

Abb. 5: Das Freikorps Roßbach überschreitet die litauischen Grenze am 21. Oktober 1919, Archiv der Jugendbewegung

Die Kämpfe [1919] im Baltikum waren von einer [einzigartigen] Wildheit und Verbissenheit. [...] wo es zum Zusammenstoß kam, wurde es eine Metzelei bis zur restlosen Vernichtung. [...]

Unzählige Male sah ich die grauenhaften Bilder mit den ausgebrannten Hütten und verkohlten oder angeschmorten Leichen von Frauen und Kindern.

Als ich dies zum ersten Mal sah, war ich wie versteinert. Ich glaubte damals, daß es eine Steigerung menschlichen Vernichtungswahns nicht mehr geben kann, obwohl ich später viel grausigere Bilder fortgesetzt sehen mußte, steht mir die halbverbrannte Hütte mit der darin umgekommenen ganzen Familie [...] heute noch deutlich vor Augen. Damals konnte ich noch beten und tat es![17]

Höß' Aufzeichnung und sein Lebensweg nach seinem Dienst im Freikorps Roßbach legen, wenn man beides in Bezug zueinandersetzt, in eindringlicher Weise die Annahme nahe, dass der Einsatz in den Freikorps sich häufig in einer äußerst verrohenden und brutalisierenden Weise auf die Männer, die diese „Schule" durchliefen, auswirkte. Die Dinge, die die Freikorpsangehörigen während ihrer Zeit in den Freikorps erlebten, sowie die Dinge, die sie während dieser Zeit taten und zumal die Dinge, die sie anderen antaten, deformierten das Denken, den moralischen Referenzrahmen, an dem sie sich in ihrem Handeln orientierten, sowie das Gefühlsleben dieser Männer dauerhaft.

Es ist gewiss keine gewagte Schlussfolgerung, davon auszugehen, dass die Brutalisierung des Gemüts – also die Brutalisierung des Denkens, der Haltung und der Gefühlswelt –, die das Durchlaufen der „Schule" der Freikorps bei jenem Teil der Täter der nationalsozialistischen Gewaltverbrechen der 1930er und 1940er Jahre, der aus den Freikorps hervorgegangen war, erzeugt hatte, entscheidend dazu beitrug, bei diesen Männern den Willen und die Selbstüberwindung zu erzeugen, die erforderlich war, um sie innerlich dazu in die Lage zu versetzten, die Gewalttaten, die sie während des kalten Bürgerkrieges im Deutschland der Jahre 1930 bis 1932 und dann von 1939 bis 1945 in den von Deutschland okkupierten Gebieten begingen, zu begehen.

Der kommunistische Publizist Albert Norden hat in diesem Kontext das als zutreffend erscheinende Bild benutzt, dass die Freikorps der Jahre nach 1918 die „Drachensaat" gewesen seien, aus der später „die Zähne des Hitlerfaschismus" gewachsen seien.[18]

Im Ganzen erscheint daher das Urteil nicht als ungerecht, das Phänomen der Freikorps der Jahre 1919 bis 1921 und zumal die während dieser Jahre von den Freikorps praktizierte Gewaltausübung, als eine Präfiguration im Kleinen des mörderischen Infernos zu bewerten, das zwanzig Jahre später den gesamten europäischen Kontinent im größten Maßstab überziehen sollte.

---

17 Rudolf Höß, *Kommandant in Auschwitz: Autobiographische Aufzeichnungen von Rudolf Höß* (Stuttgart: Deutsche Verlags-Anstalt, 1958), 34–35.
18 Albert Norden, *Zwischen Berlin und Moskau. Zur Geschichte der deutsch-sowjetischen Beziehungen* (Berlin: Dietz, 1954), 249.

Jochen Böhler
Verbrechen der Wehrmacht in Polen

Der Einsatz der deutschen Wehrmacht in Polen im Zweiten Weltkrieg stellt die Frage nach Traditionen und Kontinuitäten in der deutschen militärischen Tradition in besonderer Weise. Der 1. September 1939 war ohne Frage ein Schlüsselmoment in der deutschen Militärgeschichte. Mit dem deutschen Überfall wurde die Willkür, die das nationalsozialistische Regime in der „Gegnerbekämpfung" vor allem im Reich, ab 1938 aber auch in der Tschechoslowakei und Österreich anwandte, auf die Bevölkerung eines Staates angewandt, der sich mit dem „Dritten Reich" im Krieg befand. So wenig wie die deutsche Führung im „Maßnahmenstaat" nach innen auf die Einhaltung juristischer Grundsätze achtete,[1] so wenig – oder noch weniger – war sie bereit, diese in Feindesland einzuhalten.

Für die Kriegführung galt seit Beginn des 20. Jahrhunderts die Haager Landkriegsordnung als internationale Norm, die vor allem Zivilisten und Kriegsgefangene vor militärischer Willkür schützen sollte. Bereits 1914 war aber beim deutschen Einmarsch in Belgien und der österreichischen Besetzung Serbiens offenbar geworden, dass sich deutsche Militärs nur dann daran zu halten gedachten, wenn dies militärische Belange nicht beeinträchtigte. Andernfalls ging man schnell zur summarischen Exekution tausender Zivilisten über.[2] Für den „Fall Weiß", wie der deutsche Überfall auf Polen 1939 zu Tarnzwecken genannt wurde, hatte die deutsche Wehrmacht dementsprechend schwammig verfügt, die Haager Landkriegsordnung sei hier „sinngemäß" anzuwenden.[3]

---

1 Vgl. Ernst Fraenkel, *Der Doppelstaat*, Hg. Alexander v. Brünneck (Hamburg: Europäische Verlags-Anstalt, [1941] 2001).
2 Vgl. Isabel V. Hull, *A Scrap of Paper: Breaking and Making International Law during the Great War* (Ithaca, NY: Cornell University Press, 2014); John Horne und Alan Kramer, *Deutsche Kriegsgreuel 1914: Die umstrittene Wahrheit* (Hamburg: Hamburger Edition, 2004); Jonathan E. Gumz, „Norms of War and the Austro-Hungarian Encounter with Serbia, 1914–1918", *First World War Studies* 4 (2013), 1, 97–110. Für einen Vergleich des Vorgehens deutscher Soldaten gegen Zivilisten in Belgien 1914 und in Polen 1939 siehe Jochen Böhler, „L'adversaire imaginaire. ‚Guerre des francs-tireurs' de l'armée allemande en Belgique en 1914 et de la Wehrmacht en Pologne en 1939. Considérations comparatives", in *Occupation et répression militaire allemandes: La politique de ‚maintien de l'ordre' en Europe occupée, 1939–1945*, Hg. Gaël Eismann und Stefan Martens (Paris: Édition Autrement, 2007), 17–40.
3 Vgl. Oberkommando des Heeres (OKH), „Sonderbestimmungen zu den Anordnungen für die Versorgung" vom 9.8.1939, Abschnitt Ic), Bundesarchiv-Militärarchiv (BArch-MA), RH19–I/91, Bl. 20.

https://doi.org/10.1515/9783111305622-015

In der Forschung war lange Zeit umstritten, in welchem Ausmaß die Wehrmacht in Polen bereits seit Beginn des Krieges an Kriegsverbrechen beteiligt war.
In der westlichen Forschung standen bis zur Jahrtausendwende hauptsächlich die
Massenmorde der Einsatzgruppen der Sicherheitspolizei und des „Volksdeutschen
Selbstschutzes" im Zentrum des Interesses, denen bis Ende 1939 über 60 000 polnische und jüdische Zivilisten zum Opfer fielen, die als Angehörige der Bildungs-
schichten, einer zukünftigen Widerstandsbewegung oder der jüdischen Minderheit zu „reichsfeindlichen Elementen" gezählt wurden.[4] Die Wehrmacht sah man
dabei allenfalls als militärische Instanz, die bis Ende Oktober 1939 die „vollziehen-
de Gewalt" im besetzten Gebiet innehatte und somit ihrer Verantwortung zum
Schutze der Zivilbevölkerung nicht nachgekommen war. In Wirklichkeit ermorde-
te die Wehrmacht selber im September 1939 tausende Zivilisten, die sie der Parti-
sanentätigkeit verdächtigte, ohne dazu kriegsgerichtliche Untersuchungen einzu-
leiten, und erschoss tausende polnische Soldaten unmittelbar nach deren Gefan-
gennahme.[5] Im Gegensatz zur Selbstdarstellung deutscher Generäle vor und nach
Kriegsende arbeitete die Wehrmacht, von wenige Konflikten abgesehen, bereits in
Polen 1939 gut mit der SS und den Einsatzgruppen zusammen.[6] Der September
1939 ist somit ein Bindeglied zwischen Erstem und Zweitem Weltkrieg: Die Ermordung von Zivilisten als vermeintliche Partisanen verweist auf die Kriegsschauplät-
ze Belgien und Serbien 1914, die summarische Ermordung von Kriegsgefangenen
und die bereitwillige Kooperation mit den Mordbataillonen von Sicherheitspolizei

---

4 Vgl. Helmut Krausnick, *Die Truppe des Weltanschauungskrieges: Die Einsatzgruppen der Sicherheitspolizei und des SD, 1938–1942* (Stuttgart: DVA, 1981); Christian Jansen und Arno Weckbecker,
Der „Volksdeutsche Selbstschutz" in Polen 1939/40 (München: Oldenbourg, 1992).
5 Vgl. Alexander B. Rossino, *Hitler Strikes Poland: Blitzkrieg, Ideology, and Atrocity* (Lawrence,
KS: University Press of Kansas, 2003). Die polnische Nachkriegsforschung hatte freilich schon seit
Kriegsende über diese Wehrmachtsverbrechen berichtet, siehe z. B. Szymon Datner, *55 dni wehr-
machtu w Polsce. Zbrodnie dokonane na polskiej ludności cywilne w okresie 1.IX–25.X.1939 r.*
(Warszawa: Wydawnictwo Ministerstwa Obrony Narodowej, 1967); ders., *Crimes against Pri-
soners-of-War: Responsibility of the Wehrmacht* (Warszawa: Zachodnia Agencja Prasowa, 1964);
jüngste Publikation zum Thema Dawid Golik, *Wrzesień 1939 w dolinie Dunajca. Bój graniczny
walki nad górnym Dunajcem między 1 a 6 września 1939 roku* (Kraków: IPN, 2018). Schon 1940
hatte der Chef der Sicherheitspolizei, Reinhard Heydrich, in einem ein Aktenvermerk darauf aufmerksam gemacht, dass die Wehrmacht in Polen nicht weniger gemordet habe, als seine Truppen,
siehe Helmut Krausnick, „Hitler und die Morde in Polen: Ein Beitrag zum Konflikt zwischen Heer
und SS um die Verwaltung der besetzten Gebiete", *Vierteljahreshefte für Zeitgeschichte* 11 (1963), 2,
196–209.
6 Vgl. Klaus-Michael Mallmann, Jochen Böhler und Jürgen Matthäus, *Einsatzgruppen in Polen:
Darstellung und Dokumentation* (Darmstadt: wbg, 2008).

und SS auf den Kriegsschauplatz Sowjetunion 1941.[7] In tödlicher Verbindung ergaben hier altes Gewohnheitsrecht und neue ideologische Kriegführung den nationalsozialistischen Vernichtungskrieg, der in Polen 1939 seinen Anfang nahm.

Sowieso ließen sich beide Komponenten schon zu Beginn des Zweiten Weltkrieges nicht klinisch voneinander trennen. Die Einsatzgruppen der Sicherheitspolizei begründeten ihre Mordexzesse mit der Sicherung des eroberten Gebietes
im Rücken der Wehrmacht, die Wehrmacht selber beteiligte sich an der Verfolgung und Ermordung von Juden, die aus rassenideologischen Gründen in Polen
faktisch zu Freiwild wurden. So tötete die Wehrmacht in Tschenstochau am 3.
und 4. September 1939 mindestens 227 Einwohner – vorwiegend Männer, aber
auch Frauen und Kinder –, ein Zehntel von ihnen Juden. Selbst die Einsatzgruppen zeigten sich erstaunt über das brutale Vorgehen des Militärs.[8]

Abb. 1: Gefangene Einwohner auf dem Marktplatz, Tschenstochau, 4.9.1939,
© United States Holocaust Memorial Museum, #26829

---

7 Vgl. Jochen Böhler, *Auftakt zum Vernichtungskrieg: Die Wehrmacht in Polen 1939* (Frankfurt
a. M.: Fischer, 2006). Zur kriegsvölkerrechtlichen Einordnung siehe Andreas Toppe, *Militär und
Kriegsvölkerrecht: Rechtsnorm, Fachdiskurs und Kriegspraxis in Deutschland 1899–1940* (München: Oldenbourg, 2008), 281–426.
8 Vgl. Böhler, *Auftakt*, 98–106. Andere Schätzungen gehen von bis zu 500 Opfern aus, siehe Jan
Pietrzykowski, *Cień swastyki nad Jasną Górą. Częstochowa w okresie hitlerowskiej okupacji 1939–
1945* (Katowice: Śląski Instytut Naukowe, 1985).

Abb. 2: Einwohner werden nach Waffen durchsucht, Tschenstochau, 4.9.1939,
© United States Holocaust Memorial Museum, #26823

Abb. 3: Wehrmachtssoldaten und getötete Einwohner, Tschenstochau, 4.9.1939,
© United States Holocaust Memorial Museum, #26826

Abb. 4: Wehrmachtssoldaten und getötete Einwohner, Tschenstochau, 4.9.1939,
© United States Holocaust Memorial Museum, #26828

Mit etwa 10 % entsprach die Zahl jüdischer Opfer in Tschenstochau dem damaligen Anteil von Juden an der Gesamtbevölkerung Polens. Juden wurden aber in Feldpostbriefen und Kriegstagebüchern deutscher Soldaten 1939 besonders abfällig beschrieben.[9] Auch hier liegt eine Parallele zum Ersten Weltkrieg vor: Schon damals sprach aus den Beschreibungen des östlichen Europas und seiner jüdischen Bevölkerung in den Aufzeichnungen deutscher Soldaten eine gewisse Überheblichkeit und Abscheu.[10] Im Unterschied zu damals führte diese Mischung aus Belustigung, Überlegenheitsgefühl und Abscheu im September 1939 jedoch zu gezielten Demütigungen, Misshandlungen und sogar Morden von polnischen Juden durch Wehrmachtssoldaten. Hier hatten offenbar die jahrelange Indoktrination der NS-Propaganda der 1930er Jahre und die Veralltäglichung der Gewalt – wie etwa im Verlauf der Novemberpogrome 1938 – im „Dritten Reich" eine Enthemmung bewirkt, die im besetzten Polen zu Gewaltexzessen führte. Vor dem Überfall

---

9 Vgl. Alexander B. Rossino, „Destructive Impulses: German Soldiers and the Conquest of Poland", *Holocaust and Genocide Studies* 11 (1997), 3: 351–65.
10 Vgl. Vejas Gabriel Liulevicius, *Kriegsland im Osten: Eroberung, Kolonisierung und Militärherrschaft im Ersten Weltkrieg* (Hamburg: Hamburger Edition, 2002); Robert L. Nelson, *German Soldier Newspapers of the First World War* (Cambridge: Cambridge University Press, 2011).

verlesene Warnungen der Wehrmachtführung vor angeblich heimtückischen Slawen und Juden hatten die meist unerfahrenen Rekruten in ihrem ersten Einsatz zusätzlich aufgehetzt.[11]

Gezielte Jagd auf polnische Juden machten dennoch vor allem die Einsatzgruppen. Hier hinterließen besonders die Einsatzgruppe I und die Einsatzgruppe zur besonderen Verwendung in Südpolen eine Blutspur, die vom ostoberschlesischen Industriegebiet ostwärts verlief.[12] Ziel dieses Terrors war offenbar, innerhalb der jüdischen Gemeinden eine Fluchtbewegung über die Demarkationslinie zum sowjetisch besetzten Ostpolen auszulösen. Auch hier beteiligte sich die Wehrmacht an Verfolgung und Mord. „Dann bekam ich erneut ein Kommando", berichtete ein Polizist aus den Reihen der Einsatzgruppen Ende 1939, „die Sansicherung von Jaroslau bis Sandomierz. Diese Strecke habe ich dann judenfrei gemacht und etwa 18 000 Juden über den San abgeschoben. Das Gebiet war vor allem mit der Wehrmacht gesäubert worden."[13] Zur selben Zeit verübten im nur wenige Kilometer südlich gelegenen Przemyśl Einsatzgruppen unter Beteiligung von Wehrmachtsoldaten das größte Massaker an Juden des Polenfeldzugs mit mindestens 500 Opfern.[14] Im Ersten Weltkrieg war eine solche Massengewalt von deutschen Soldaten gegen Juden nicht verübt worden. Vielmehr arbeiteten damals Juden in Polen oftmals als Übersetzer für das deutsche und österreichische Militär.

Ähnlich verhält es sich mit dem Einsatz der Luftwaffe, die im Ersten Weltkrieg noch zu wenig entwickelt war, um als eigene Teilstreitkraft eingesetzt zu werden. In den 1930er Jahren waren jedoch die deutschen Panzertruppen und die Luftwaffe ausgebaut und von Generälen wie Heinz Guderian und Wolfram von Richthofen taktisch in die zukünftige Kriegführung mit eingebunden worden. Im Krieg gegen Polen zerstörte die Luftwaffe über 150 Städte und Ortschaften aus der Luft und zehntausende Menschen starben in den Trümmern. Dem Kriegstagebuch des Chefs des Generalstabs Franz Halder ist zu entnehmen, dass die deutschen Bomber sowohl militärische als auch gezielte Terrorangriffe auf polnische Städte und Ortschaften flogen.

Der deutsche Einmarsch in Polen 1939 war daher auch hinsichtlich der dabei gegen Zivilisten und Kriegsgefangenen begangenen Gewalttaten eine Grenzüberschreitung. Während vielen der durchweg jungen deutschen Frontsoldaten der Unterschied zur herkömmlichen Kriegführung mangels Erfahrung nicht klarge-

---

11 Vgl. Böhler, *Auftakt*, 36–41..

12 Vgl. Alexander B. Rossino, „Nazi Anti-Jewish Policy during the Polish Campaign: The Case of the Einsatzgruppe von Woyrsch", *German Studies Review* 24 (2001), 1: 35–53.

13 Zeugenaussage Kriminalkommissar K. 9.12.1939, Bundesarchiv Berlin (BArch), Bestand Berlin Document Center, Ordner Hasselberg, Bl. 439.

14 Vgl. Rossino, „Nazi Anti-Jewish Policy", 41–42; Böhler, *Auftakt*, 212–15.

wesen sein mag, stand er manch altgedientem Offizier deutlich vor Augen: „Und wir haben die traurigen Bilder gesehen", hielt ein Kommandeur im Oktober 1939 seinen Untergebenen vor, „und miterlebt, dass deutsche Soldaten sengen, brennen, morden, plündern, ohne sich etwas dabei zu denken. Erwachsene Menschen, die sich nicht einmal dessen bewusst sind, was sie tun, die – ohne sich ein Gewissen daraus zu machen – gegen gegebene Gesetze und Vorschriften und gegen die Ehre des deutschen Soldaten verstoßen."[15]

Aber solche Mahnungen verhallten weitgehend ungehört, die Büchse der Pandora wurde nicht mehr geschlossen. Mit dem Überfall auf die Sowjetunion im Sommer 1941 wiederholten sich vielmehr die Verbrechen von Wehrmacht und Einsatzgruppen aus dem Jahr 1939, doch nun in noch weitaus größeren Dimensionen.

Mit dem 25. Oktober 1939 endete die deutsche Militärverwaltung in den besetzten polnischen Gebieten, in denen nun Zivilverwaltungen eingerichtet wurden. Die Wehrmacht trat nunmehr als Besatzungsmacht in den Hintergrund, in den annektierten Gebieten und im Generalgouvernement für die besetzten polnischen Gebiete setzen vor allem hochrangige NSDAP-Mitglieder, SS und Polizei eine brutale „Volkstumspolitik" gegen die einheimische Bevölkerung in die Tat um, der bis Ende des Krieges Millionen von Menschen zum Opfer fielen. Doch auch hier beteiligte sich die Wehrmacht ab 1942 an den Morden im Zuge der Bekämpfung der polnischen Partisanenbewegung, die es 1939 faktisch noch gar nicht gegeben hatte, die nun aber durch das gnadenlose Vorgehen der Deutschen immer mehr an Zulauf gewann. Hierbei wurden im besetzten Polen alsbald dieselben Kollektivmaßnahmen gegen „bandenverseuchte Gebiete" angewandt wie in der Sowjetunion, ganze Ortschaften wurden niedergebrannt, die Einwohner getötet oder verschleppt. Den blutigen Höhepunkt bildete dabei die Niederschlagung des Warschauer Aufstands Ende 1944 mit 150 000 bis 220 000 ermordeten Zivilisten.[16]

Die Wehrmachtführung hatte, was den Einsatz im Osten – in Polen und der Sowjetunion, aber auch in Jugoslawien und Griechenland[17] – angeht, geltendes

---

15 Vortrag des Kommandeurs der III. Batterie des Artillerieregiments 31 für den Dienstunterricht vom 12.10.1939, BArch-MA, RH41/1177.

16 Vgl. Daniel Brewing, *Im Schatten von Auschwitz: Deutsche Massaker an polnischen Zivilisten 1939–1945* (Darmstadt: wbg, 2016).

17 Vgl. Christian Hartmann, Johannes Hürter, Peter Lieb und Dieter Pohl, Hg., *Der deutsche Krieg im Osten 1941–1944: Facetten einer Grenzüberschreitung* (München: Oldenbourg, 2009); Waitman Wade Beorn, *Marching Into Darkness: The Wehrmacht and the Holocaust in Belarus* (Cambridge, MA: Harvard University Press, 2014). Walter Manoschek, *„Serbien ist judenfrei": Militärische Besatzungspolitik und Judenvernichtung in Serbien 1941/42* (München: Oldenbourg, 1995); Mark Mazower, *Inside Hitler's Greece: The Experience of Occupation, 1941–44* (New Haven, CT: Yale Univer-

Kriegsrecht bewusst missachtet und sich aktiv und wissend an Kriegsverbrechen bis dahin ungekannten Ausmaßes beteiligt. Wie sehr dies dem militärischen Kalkül entsprach belegt die Tatsache, dass deutsche Kriegsgerichte sich mit den Übergriffen nicht befassten. Beim „Unternehmen Barbarossa", dem Überfall auf die Sowjetunion, war dies durch den „Kriegsgerichtsbarkeitserlass" sogar offiziell verfügt worden. Doch bereits 1939 in Polen hatte man, von Einzelfällen abgesehen, auf den Einsatz von Kriegsgerichten verzichtet. Eine von Hitler nach Abklingen der Kampfhandlungen erlassene Generalamnestie erklärte die während des deutschen Einmarsches begangenen Übergriffe nachträglich für nichtig. Diese Linie sollte sich nach 1945 fortsetzen: Zahlreiche Ermittlungsverfahren verliefen ohne eine einzige Verurteilung. Es reichte in der Regel, sich auf Befehlsnotstand zu berufen oder die Opfer deutscher militärischer Willkür 1939 kurzerhand (und fälschlicherweise) zu Partisanen zu erklären. Hunderte von Rechtshilfegesuchen von polnischer Seite an die Bundesrepublik Deutschland verliefen unter fadenscheinigen Begründungen im Sand.[18]

Gegen die Missachtung des Kriegsrechts und Verbrechen an Einheimischen seitens der Wehrmacht gab es innerhalb der Truppe nur wenig Widerstand.[19] Vereinzelte Fälle von Rettungswiderstand seitens deutscher Soldaten in Polen sind in der Vergangenheit beschrieben worden. Das prominenteste Beispiel ist sicherlich Wilm Hosenfeld, der unter anderem den polnisch-jüdischen Klaviervirtuosen Władysław Szpilman rettete und dem Roman Polanski in seinem Film *Der Pianist* (2002) ein Denkmal gesetzt hat. Solche Beispiele belegen anschaulich, dass viel mehr Menschen in Polen hätten überleben können, wenn mehr Wehrmachtangehörige diese Art von Zivilcourage gezeigt hätten.[20]

---

sity Press, 2001); Hermann Frank Meyer, *Blutiges Edelweiß: Die 1. Gebirgs-Division im Zweiten Weltkrieg* (Berlin: Ch. Links Verlag, 2008).

18 Vgl. Witold Kulesza, „Verbrechen der Wehrmacht in Polen im September 1939", in *„Größte Härte...": Verbrechen der Wehrmacht in Polen September–Oktober 1939*, Hg. Jochen Böhler (Osnabrück: fibre, 2005), 39–48.

19 In Bezug auf Polen siehe Gerd R. Ueberschär, *Der militärische Widerstand, die antijüdischen Maßnahmen, „Polenmorde" und NS-Kriegsverbrechen in den ersten Kriegsjahren (1939–1941)*, in *NS-Verbrechen und der militärische Widerstand gegen Hitler*, Hg. ders. (Darmstadt: wbg, 2000), 31–43.

20 Vgl. Christiane Goos, *„Ich habe mich geschämt, daß ich zu denen gehöre ...": Rettungswiderstand in der Wehrmacht im besetzten Polen 1939 bis 1945* (Weilerswist-Metternich: Velbrück Wissenschaft, 2020); Wilm Hosenfeld, *„Ich versuche jeden zu retten": Das Leben eines deutschen Offiziers in Briefen und Tagebüchern*, Hg. Thomas Vogel (München: DVA, 2004). Zu Rettungswiderstand innerhalb der deutschen Streitkräfte im Zweiten Weltkrieg siehe Wolfram Wette, Hg., *Retter in Uniform: Handlungsspielräume im Vernichtungskrieg der Wehrmacht* (Frankfurt a. M.: Fischer, 2003).

Teil IV: **(Un-)Geist von Potsdam**

Barbara Stollberg-Rilinger
Der Soldatenkönig und der Geist von Potsdam

Es gibt nicht einen, sondern verschiedene Geister von Potsdam. Die Vergangenheit ist eine Rumpelkammer, aus der man sich vieles heraussuchen kann. Der Geist von Potsdam, den Joseph Goebbels' Propagandamaschine meinte, der Geist des preußischen Militarismus, verband und verbindet sich bis heute nicht nur mit Friedrich II., sondern ebenso mit dem Soldatenkönig,[1] der für die Stadtgeschichte zweifellos eine fundamentale Rolle gespielt hat. Stadtmarketing, Lokalfolklore, Bürgerinitiativen, die Homepage des ehemals regierenden Hauses, aber auch Teile der aktuellen landesgeschichtlichen Forschung bemühen sich in den letzten Jahren, Friedrich Wilhelm I. diesen bösen Geist des Militarismus auszutreiben.

Der Werbetext einer Veranstaltung der Potsdamer Initiative Mitteschön lautet: „Er gilt vielen als Tyrann, der seinen schöngeistigen Sohn, den Kronprinzen Friedrich, unterdrückte, als Militärkönig, der am liebsten seine ‚Langen Kerls' paradieren sah", und fragt rhetorisch: „Doch stimmt dieses Bild, das die Öffentlichkeit vom Preußenkönig Friedrich Wilhelm I. hat?" Es fehle an Unvoreingenommenheit, die großen Verdienste des Königs anzuerkennen. Man beklagt, der König sei in der DDR unverdient schlechtgeredet worden, in Wahrheit sei er doch ein Friedensfürst, als Gründer der Charité und des Militärwaisenhauses der „erste Sozialpolitiker auf deutschem Thron", der „einen unglaublichen Wirtschaftsaufschwung auslöste". „Warum wird das nicht gewürdigt?" Der Grund: „pathologische" alte Ängste, die verhinderten, dass seine sterblichen Überreste, mindestens aber ein Denkmal von ihm, nach Potsdam heimgeholt wird.[2] Die Initiative zum Wiederaufbau der Garnisonkirche lässt sich in diese Reihe stellen, auch wenn es noch andere Motive dafür geben mag.

Teile der neuesten landesgeschichtlichen Forschung folgen dieser Erzählung.[3] Der Soldatenkönig soll rehabilitiert, das „Schreckensbild des prügelsüchtigen Ty-

---

1 Das Folgende beruht auf meinem Aufsatz: „Friedrich Wilhelm I. König von Preußen – ein selbsternannter Tyrann", in *Tyrannen: Eine Geschichte von Caligula bis Putin*, Hg. André Krischer und Barbara Stollberg-Rilinger (München: C. H. Beck, 2022), 137–50.
2 Internetauftritt der Initiative Mitteschön, https://www.mitteschoen.de; z. B. das Video „Der vergessene König – Friedrich Wilhelm I., der Soldatenkönig: Vater Friedrichs des II. in Potsdam", Youtube, 13.05.2018, https://www.youtube.com/watch?v=4VUR0FIBwOs.
3 Zuletzt Frank Göse und Jürgen Kloosterhuis, Hg., *Mehr als nur Soldatenkönig: Neue Schlaglichter auf Lebenswelt und Regierungswerk Friedrich Wilhelms I.* (Berlin: Duncker & Humblot, 2020); Frank Göse, *Friedrich Wilhelm I.: Die vielen Gesichter des Soldatenkönigs* (Darmstadt: wbg, 2020).

https://doi.org/10.1515/9783111305622-016

rannen" und Urhebers des preußischen Militarismus zurechtgerückt werden –
das alles sei üble Nachrede, basierend auf den Übertreibungen seiner hysteri-
schen Tochter Wilhelmine und später aufgegriffen von antiborussischen „Gesin-
nungsliteraten".[4] Doch die Unterstellung, Friedrich Wilhelm I. sei von der Historiografie immer schon ungerecht behandelt worden, ist verwunderlich. Denn die
preußische und später deutsche Historiografie hat ihn seit jeher als „Preußens
großen Staatsbaumeister", ja „Erzieher des deutschen Volkes zum Preußentum"
gerühmt und alles daran gesetzt, ihn gegen die Vorwürfe seiner eigenen Zeitgenossen in Schutz zu nehmen.[5] So wie zum Beispiel gegen Montesquieu, der auf seiner Deutschlandreise 1728 über ihn notierte: „Es ist ein Elend, Untertan dieses
Fürsten zu sein. Man wird in seinem Besitz und an seiner Person beschädigt [...].
An seinen Untertanen verübt er eine abscheuliche Tyrannei. [...] In seinen Staaten
herrscht Armut, und er selbst benimmt sich lächerlich."[6]

Die Rezeptionsgeschichte dieses Königs ist eine Geschichte erstaunlicher normativer Verwandlungen. Individuelle Obsessionen verwandelten sich nachträglich in einen großen sittlichen Plan; Gewalt verwandelte sich nachträglich in
Recht; was Devianz gewesen war, wurde zur neuen Norm. Ich rufe im Folgenden
ganz kurz ein paar mehr oder weniger bekannte Tatsachen über Friedrich Wilhelm I. in Erinnerung und konzentriere mich dann auf die Rezeptionsgeschichte.

Als er im Jahr 1713 die Regierung antrat, strich er bekanntlich den gesamten
Hof und sämtliche Staatsausgaben auf ein Minimum zusammen und ordnete fort-
an alles zwei Zielen unter: der Anhäufung eines immensen baren Staatsschatzes
und dem Aufbau einer ebenfalls riesigen, perfekt gedrillten, „formidablen" Armee
aus schönen großen Männern, mit dem ausdrücklichen Ziel, von den anderen Potentaten bewundert, gefürchtet und respektiert zu werden (nicht etwa, um tatsächlich Krieg damit zu führen). Er richtete die gesamte Wirtschaft und den gesamten Machtapparat auf die Bedürfnisse des Militärs aus – wenn auch weit we-

---

4 Jürgen Kloosterhuis, „Einleitung", in Göse, Kloosterhuis, *Mehr als nur Soldatenkönig*, 10–11.
5 Vgl. Johann Gustav Droysen, *Geschichte der Preußischen Politik* (Leipzig: Veit und Company,
1869–1870); Gustav Schmoller, „Die innere Verwaltung des preußischen Staates unter Friedrich
Wilhelm I.", *Preußische Jahrbücher* 25 (1870): 575–91 sowie 26 (1870): 1–16 (für viele andere); Otto
Hintze, *Die Hohenzollern und ihr Werk* (Berlin: Paul Parey, 1915); Friedrich von Oppeln-Bronikowski, *Der Baumeister des preußischen Staates: Leben und Werk des Soldatenkönigs Friedrich Wilhelms I.* (Jena: Eugen Diederichs, 1934); Carl Hinrichs, *Jugend und Aufstieg*, Bd. 1, *Friedrich Wilhelm
I.: König in Preußen* (Hamburg: Hanseatische Verlagsanstalt, 1941), mehr Bände sind nicht erschienen; popularisiert von Jochen Klepper, *Der Vater: Roman eines Königs* (Stuttgart: Deutsche Verlags-Anstalt, 1937); Wolfgang Venohr, *Der Soldatenkönig: Revolutionär auf dem Thron* (Frankfurt
a. M.: Ullstein, 1988).
6 Charles-Louis de Secondat Baron de la Brède et de Montesquieu, *Meine Reisen in Deutschland
1728–1729*, Hg. Jürgen Overhoff, Übers. Hans W. Schumacher (Stuttgart: Cotta, 2014), 142, 131.

niger durchschlagend, als man früher gemeinhin angenommen hat. „In der Erhaltung der Armee", so hat schon Otto Hintze festgestellt, „gipfelte der gesamte Finanzhaushalt des preußischen Staates".[7] Dem Finanzhaushalt wiederum dienten die Verwaltungsreformen, die merkantilistische Wirtschaftspolitik, die Ansiedlung von Glaubensflüchtlingen und so fort.

Bei der eigentümlichen königlichen Sammelleidenschaft für große, schöne, perfekt gedrillte Soldaten handelte es sich keineswegs um eine Marginalie. Diese persönliche Obsession beherrschte alles andere, sie bildet den Schlüssel zur gesamten Politik des Königs. Die Armee war eine lebendig gewordene politische Allmachtsphantasie. Ihr ordnete er alles unter: Er verkaufte Privilegien, Titel und Ämter an den Meistbietenden, verstieß massiv gegen seine eigenen Gesetze und nahm Konflikte mit sämtlichen Nachbarfürsten in Kauf. Und vor allem: Er ignorierte oder beseitigte alle noch übrigen Formen politischer Partizipation und ersetzte sie durch Gewalt oder Gewaltandrohung. Supplikanten, Beamte, Bürgermeister, Advokaten, Zeitungsschreiber und Ständevertreter – sie alle wurden mit Festungshaft nicht nur bedroht, sondern nicht selten auch tatsächlich eingekerkert. Als Autokrat im buchstäblichen Sinne isolierte sich der König fernab vom Berliner Hof und traute keinem Ratgeber, Minister oder Gesandten (mit ganz wenigen, fatalen Ausnahmen). Leib, Leben und Gut der Untertanen, den Adel eingeschlossen, betrachtete er ausdrücklich als sein Eigentum. Nur die Seelen nahm er davon aus; Konfessionszwang übte er nicht aus. Dass sein Herrschaftsstil radikal war, daraus machte er gar kein Hehl, sondern bezeichnete sich selbst als „Tirang" und seine Regierung als „despoticke".[8]

Schon in der Kindheit zeigte er, das ist im Tagebuch seines Erziehers sehr genau nachzulesen, ein zwanghaftes Verhaltensmuster, das er zeitlebens nicht ablegte. Da wechselten Gewaltausbrüche gegen die ganze Umgebung und nicht zuletzt gegen sich selbst regelmäßig ab mit stundenlangen Weinkrämpfen und tiefer Zerknirschung. Selbst seine Mutter Sophie Charlotte bescheinigte ihm erschreckende Habgier und Mangel an Mitgefühl, kurz: ein „böses Herz".[9] Vergebens suchte man ihm die Tugenden eines guten Herrschers und *honnête homme* nahezubringen: Großmut, Milde und Barmherzigkeit, Mäßigung und Affektkontrolle, Distanz und Takt, aber auch einen galanten Umgang mit dem weiblichen Ge-

---

7 Hintze, *Die Hohenzollern*, 299.

8 Königliche Akademie der Wissenschaften, Hg., *Behördenorganisation und die allgemeine Staatsverwaltung Preußens im 18. Jahrhundert*, Bd. 2., *Acta Borussica: Denkmäler der Preußischen Staatsverwaltung im 18. Jahrhundert* (Berlin: Paul Parey, 1898), 131–32, 19.09.2023, https://archive.org/details/diebehrdenorgan00posngoog/page/131/mode/2up?view=theater.

9 Königin Sophie Charlotte an Henriette von Pöllnitz, in *Mémoires pour servir à l'histoire de Sophie Charlotte Reine de Prusse*, Hg. Jean-Pierre Erman (Berlin: G. F. Starcke, 1801), 183–84.

schlecht – alles katastrophal erfolglos. Nur in einem Punkt war sein Erzieher sehr erfolgreich: dem Kronprinzen eine verzweifelte Angst vor einem ungnädigen, zornigen Gott einzuprägen. Alles, was er mit dem Hof des Vaters und dem Salon der Mutter verband, blieb ihm zeitlebens aufs Äußerste verhasst. Als er dann mit nur 24 Jahren selbst König wurde, erhob er genau den anti-höfischen, frauenverachtenden, soldatisch-grobianischen Habitus zur Norm, für den er selbst als Kind bestraft worden war.

Der tiefe Kulturbruch wurde von den Zeitgenossen genauso wahrgenommen, wie der neue König ihn auch selbst provokativ inszenierte, nämlich als tyrannisch. Zeitgenossen fühlten sich an Figuren wie Nero, Vitellius und Caligula erinnert, auf den er sich mitunter selbst berief. In der alteuropäischen Fürstenspiegeltradition ist ein Tyrann ein Herrscher, der seiner Willkür folgt und das Recht verachtet. Er ist habgierig und grausam, behandelt Land und Leute wie sein Eigentum und verschont gerade auch die „Großen" nicht. Seine Herrschaft gründet sich auf Furcht und Gewalt statt auf Vertrauen und Zustimmung. Er lässt sich von Affekten statt von der Vernunft leiten und ist selbst für seine engste Umgebung unberechenbar. Niemand kann ihm trauen, weshalb er nur Schmeichler um sich hat. Deshalb misstraut er seinerseits aller Welt und wird von Verschwörungsangst umgetrieben. Alle diese Kriterien erfüllte Friedrich Wilhelm in nahezu lehrbuchartiger Weise. Nur in puncto Keuschheit, Arbeitseifer und Gottesfurcht passte er nicht in das klassische Schema.

Entsprechende Urteile finden sich unter den Zeitgenossen aus allen Ständen, vom Barbier bis zum Reichsfeldmarschall, vom Zeitungskorrespondenten bis zu der eigenen Tochter. Mit dem neuen König sei „eine elende und trübseelige Zeit angebrochen", hieß es etwa, jedermann leide „unter der immer allhier zunehmende[n] Noth"; „des Lamentirens und Klagens" sei kein Ende.[10] Auswärtige Gesandte berichteten, „Confusion und Mißvergnügen" seien, „nicht zu beschreiben, und ein jeder [...] sowohl Bauer, Bürger, Hofbediente, Civil- und Militairstand so desolat und so übel zufrieden seien, daß es auch nicht zu glauben." Das komme: „Von der Conduite des König [...], welcher alles selbst und allein thun wollte, [...] dann sein Sinnen und Trachten auf nichts als Haben und Haben und Zusammenbringung

---

10 Ernst Consentius, Hg., *Meister Johann Dietz erzählt sein Leben. Nach der alten Handschrift in der Königlichen Bibliothek zu Berlin* (Ebenhausen: Langewiesche-Brandt, 1915), 309. Ähnlich z. B. Ernst Friedländer, Hg., *Berliner geschriebene Zeitungen aus den Jahren 1713 bis 1717 und 1735: Ein Beitrag zur Preußischen Geschichte unter König Friedrich Wilhelm I.* (Berlin: Verlag des Vereins für die Geschichte Berlins, 1902), 88, 105, 124 und passim.

großen Gelds und Armeen gerichtet, er auch, umb darzu zu gelangen, alle ersinnliche Mittel anwendete, die man fast nicht begreifen könnte."[11]

Von Anfang an gab es nicht wenige, die meinten, „daß es bißweilen mit dem König nicht richtig sein müßte."[12] Dass er schubweise Symptome von Geisteskrankheit zeige, diagnostizierten die Hofärzte, und hinter seinem Rücken flüsterten das auch seine engsten Vertrauten.[13]

Die Frage ist nun: Wie kam es, dass dieser Monarch, der die fundamentalen Normen und Werte seiner Zeit demonstrativ mit Füßen trat, und aus der Sicht seiner Zeitgenossen fast alle Kennzeichen eines klassischen Tyrannen aufwies, ja sich selbst als solchen geradezu inszenierte – sich posthum in den „Erzieher des deutschen Volkes zum Preußentum" verwandelte?

Die entscheidenden Weichen stellte sein eigener Sohn, der bekanntlich am meisten von allen von Friedrich Wilhelm gedemütigt und traumatisiert worden war. Als kluger Historiograf seines eigenen Hauses prägte Friedrich II. die historische Deutung für spätere Generationen und im Grunde bis heute, indem er Vater und Sohn als Gestalter des einen, gemeinsamen großen Werkes inszenierte.[14] In der Rolle des großen Vollenders erschien er nicht nur selbst als derjenige, der seinen Vater auf dessen ureigenstem Feld, dem militärischen, übertrumpft hatte, sondern stand auch als großzügiger Versöhner da. Er rettete damit zugleich die dynastische Loyalität, die sein Vater mit Füßen getreten hatte. Seine Erzählung erleichterte späteren preußisch-deutschen Historikergenerationen die Arbeit außerordentlich; denn deren Problem bestand ja darin, trotz des skandalösen Vater-Sohn-Konflikts ein konsistentes Narrativ zu finden, das mit der gebotenen Ehrfurcht vor dem Herrscherhaus vereinbar war. Friedrichs eigenes Deutungsangebot ermöglichte ihnen, sich nicht zwischen Vater und Sohn entscheiden zu müssen, sondern den tiefen Konflikt zwischen beiden in höherer Harmonie aufzulö-

---

11 So der kaiserliche Gesandte Damian Hugo Graf Schönborn-Buchheim nach Wien, in Königliche Akademie der Wissenschaften, Hg., *Behördenorganisation und die allgemeine Staatsverwaltung Preußens im 18. Jahrhundert*, Bd. 1, *Acta Borussica: Denkmäler der Preußischen Staatsverwaltung im 18. Jahrhundert*, bearb. von Gustav Schmoller und Otto Krauske (Berlin: Paul Parey, 1894–1912), 441–42, 19.09.2023, https://archive.org/details/diebehrdenorgan01posngoog/page/441/mode/2up.

12 Ebd. 445, 19.09.2023; vgl. Claus A. Pierach und Erich Jennewein, „Friedrich Wilhelm I. und Porphyrie", *Sudhoffs Archiv* 83, Heft 1 (1999): 50–66.

13 Z. B. sein enger Vertrauter Grumbkow: Vgl. Christophe Louis de Seckendorf, *Journal secret* (Tübingen: Cotta, 1811), 70, 87–88 u. ö.

14 Vgl. „Mémoires pour servir à l'histoire de la Maison de Brandebourg", in *Œuvres de Frédéric le Grand*, Hg. Johann David Erdmann Preuss, Bd. 1 (Berlin: Decker, 1846); vgl. dazu zuletzt Timothy Blanning, *Friedrich der Große, König von Preußen: Eine Biographie*, Übers. Andreas Nohl (München: C. H. Beck, 2019).

sen. Friedrich II. wurde zum Kronzeugen der moralischen und politischen Rehabilitation seines brutalen Vaters. Tatsächlich profitierte der Sohn ja von den ungeheuren Ressourcen an Geld und Menschen, die ihm sein Vater hinterlassen hatte. Die machtpolitischen und militärischen Erfolge des Sohnes verliehen den Obsessionen des Vaters nachträglich Ziel und Zweck.

Schon viele Aufklärer des späten 18. Jahrhunderts sympathisierten mit Friedrich Wilhelms Sparsamkeit, seinem Arbeitseifer und seinen antihöfischen Affekten. Sie erkannten sich darin wieder und deuteten seinen Habitus als bürgerlich. Was allerdings ein Missverständnis war, denn allein die Tatsache, dass Friedrich Wilhelm ein erklärter Feind der Hofkultur und der Adelsprivilegien war, machte ihn noch lange nicht zu einem Freund des Bürgertums, geschweige denn der Gelehrten. Andererseits nahmen die Aufklärer durchaus Anstoß an seinem grobianischen Habitus, seiner Gewalttätigkeit, seiner Verachtung der Gelehrsamkeit und all den anderen bizarren Verhaltensauffälligkeiten, die nicht zu übersehen und mit aufklärerischen Humanitätsidealen schwer vereinbar waren.

Diese Inkonsistenzen lösten die preußischen Historiker im 19. Jahrhundert im Stahlbad der hegelianischen Geschichtsmythologie auf. Die erste auf Archivquellen gestützte Biografie des Soldatenkönigs (1834) stammt von dem Berliner Hegel-Freund Friedrich Förster.[15] Nach Hegel kann auch ein obsessiver Charakter wie Friedrich Wilhelm, indem er allein seinen eigenen Interessen und Leidenschaften folgt, zum „Geschäftsführer des Weltgeistes" werden, wenn er tut, „was an der Zeit ist". Es kann dabei durchaus zu unschönen Details kommen, das räumte Hegel ein, aber moralisierende Mäkelei verbiete sich, denn „große Männer müssen die Blumen am Wegesrand mitunter zertreten".[16] Bei Förster, der selbst noch in den Befreiungskriegen gekämpft hatte, wird Friedrich Wilhelm zu einem „König von derbem, deutschem Schrot und Korn, der mit ureigener, gesunder Kraft sein Szepter führte und den weiteren Fortschritten der Universalherrschaft des Franzosenthums in Deutschland einen festen Damm entgegensetzte". Das rechtfertigte alles, „was wir nun auch von Willkühr, Härte, Leidenschaft und anscheinender Barbarei unter dieser Regierung zu melden haben werden".[17] Förster nennt Friedrich Wilhelm einen Autokrator und räumt ein: „Wie froh wir uns auch fühlen mögen, daß dergleichen Zustände hinter uns liegen, so müssen wir doch gestehen, daß das Erzittern [seiner Untertanen] in der Furcht des Herrn der Freiheit Anfang war." Denn „es war an der Zeit, daß dem entarteten, verweichlichten Geschlechte

---

15 Vgl. Friedrich Förster, *Friedrich Wilhelm I. König von Preußen*, 3 Bde. und 2 Urkundenbände (Potsdam: Riegel, 1834–1835).
16 Georg Wilhelm Friedrich Hegel, *Vorlesungen über die Philosophie der Geschichte* (Stuttgart: Reclam, 1975), 78.
17 Förster, *Friedrich Wilhelm I.*, Bd. 1, 2.

das Selbstgefühl wiederum durch Züchtigung geweckt wurde". Weniger sei Friedrich Wilhelm des Despotismus anzuklagen, als vielmehr „die Nation der sclavischen Gesinnung".[18] Mit anderen Worten: das Volk brauchte den strengen Zuchtmeister.

Es war also nicht Friedrich Wilhelm, sondern der Weltgeist, der durch ihn handelte. So Otto Hintze: „Wir wissen, daß dieses Regierungssystem nicht auf persönlicher Willkür oder despotischer Laune beruhte, sondern auf einer großen politischen Notwendigkeit", nämlich der preußisch-deutschen Staatsbildung.[19] Seiner patrimonialen Autokratie wurde nachträglich höchste sittliche Würde zugeschrieben, und dafür war es irrelevant, dass der König selbst noch keinerlei Begriff von der abstrakten Souveränität des Staates gehabt hatte. Alle Härten erschienen nun als notwendige Opfer zum höheren Ziel, der staatlichen Größe Preußens beziehungsweise – seit der zweiten Jahrhunderthälfte – Preußen-Deutschlands.[20] Die absolute Staatsgewalt – nicht nur grammatisch in der Rolle des handelnden Subjekts – forderte „die Opferung individueller Interessen, Rechte und Glücksansprüche", so Gustav Schmoller. Und damit waren keineswegs in erster Linie die Opfer der Untertanen gemeint. Denn nirgends habe die Staatsgewalt, so Schmoller weiter, „von den Regenten selbst solche Opfer verlangt" wie in Preußen.[21]

Die Nationalsozialisten schließlich hatten kein Problem mit Friedrich Wilhelms Devianz, ganz im Gegenteil. Was sie an ihm schätzten, liegt auf der Hand: die Verachtung des Rechts, den scharfen Anti-Intellektualismus, die Militarisierung der Gesellschaft, die Männerbündelei, die „schonungslose Härte" und „notwendige Grausamkeit", die Herstellung von „nichts als blindeste[r] Disziplin". Friedrich Wilhelm habe „unserer Zeit Manches zu lehren und zu sagen", hieß es, die Stichworte waren „restlose Hingabe an das Gemeinwohl", „Wohlfahrtsdiktatur" und „Revolution von oben". Schon Oswald Spengler hatte aus Friedrich Wilhelm I. einen Staatssozialisten *avant la lettre* gemacht. Nun war vom „Staatserziehungswerk Friedrich Wilhelms I." und der „Formung des preußischen Menschen" die Rede.[22]

Friedrich Wilhelm I. eignete sich im Nationalsozialismus als historische Identifikationsfigur vor allem aber deshalb so gut, weil er es erlaubte, die Gegensätze

---

18 Ebd., 169.

19 Hintze, *Die Hohenzollern*, 282.

20 Vgl. Axel Gotthard, „Preußens deutsche Sendung", in *Mythen in der Geschichte*, Hg. Helmut Altrichter, Klaus Herbers, Helmut Neuhaus (Freiburg: Rombach, 2004), 321–69.

21 Gustav Schmoller, Das politische Testament Friedrich Wilhelms I. von 1722. *Rede am Geburtstage Seiner Majestät des Kaisers und Königs in der Aula der Friedrich-Wilhelms-Universität zu Berlin am 27. Januar 1896* (Berlin: Julius Becker) 1896, 24.

22 So Otto Weber-Krohse, „Friedrich Wilhelm, König in Preußen", *Nationalsozialistische Monatshefte* 5 (1934): 646–65, 758–74, für viele andere.

zu vereinen: sowohl die glorreiche Hohenzollerntradition zu vereinnahmen als auch zugleich einen historischen Aufbruch zu symbolisieren, ganz im Sinne des gesuchten Schulterschlusses zwischen dem Nationalsozialismus und den National-konservativen, wie er am „Tag von Potsdam" inszeniert wurde.[23] Auch Historiker, die keine glühenden Nazis waren, entdeckten 1934 in Friedrich Wilhelm I. „den-selben Geist", der „gerade jetzt" wieder im Begriff sei, Neues aufzubauen – eben den Geist von Potsdam.[24] Das sahen übrigens auch die Feinde so: In New York er-schien 1941 eine Biografie Friedrich Wilhelms mit dem Titel *The Potsdam Füh-rer*.[25]

Allerdings: Dieser Vergleich hinkte in einem wesentlichen Punkt: Als Führer ließ Friedrich Wilhelm I. zeitlebens Kriegsbereitschaft und Expansionswillen ver-missen, die dann erst der strahlende Held Friedrich II. an den Tag legte. Um beide Könige für sich vereinnahmen zu können, lag den Nationalsozialisten daran, den Vater-Sohn-Konflikt in Harmonie aufzulösen. Der allererste Propagandafilm der von Goebbels gegründeten Produktionsfirma Deka-Film war daher nicht zufällig *Der alte und der junge König* von 1935. Der Film verherrlicht die absolute Unter-werfung des Sohnes unter den Vater, ohne dessen brutale Härte er nicht „der Gro-ße" hätte werden können. Der Völkische Beobachter jubelte: „Das ist ein Film. Der deutsche Film. Endlich..."[26]

Zur selben Zeit verklärte der protestantische Theologe Jochen Klepper in dem Bestseller *Der Vater* die Lebensgeschichte Friedrich Wilhelms I. zur göttlichen Of-fenbarungsgeschichte und ihn selbst zum heroischen Selbstopfer: Für Klepper war der König „von Gott dazu bestimmt, andere zu misshandeln und dabei schul-dig zu werden"; er opferte sich selbst, „indem er die volle Härte der königlichen Pflicht auf sich nahm. Seine Krone war ihm wie eine Dornenkrone geworden, sein Zepter zum Kreuz" – eine pervertierte *Imitatio Christi*. Nicht nur Friedrich Wilhelm, sondern auch der Nationalsozialismus wurde von Klepper zum göttli-chen Werkzeug geadelt.[27]

---

23 Vgl. Klaus-Jürgen Müller, „Der Tag von Potsdam und das Verhältnis der preußisch-deutschen Militär-Elite zum Nationalsozialismus", in *Potsdam: Staat, Armee, Residenz in der preußisch-deut-schen Militärgeschichte*, Hg. Bernhard Kroener (Frankfurt a. M.: Propyläen, 1993), 435–51.
24 Z. B. Oppeln-Bronikowski, *Der Baumeister*, 7.
25 Robert Ergang, *The Potsdam Führer: Frederick William I, Father of Prussian Militarism* (New York: Octagon Books, 1941).
26 *Völkischer Beobachter*, 7. Februar 1935.
27 Vgl. Thomas Stamm-Kuhlmann, „Der Vater in den Nöten seines Dienstes: Zur Rezeptionsge-schichte Friedrich Wilhelms I.", in *Der Soldatenkönig: Friedrich Wilhelm I. in seiner Zeit*, Hg. Fried-rich Beck und Julius H. Schoeps (Potsdam: Verlag für Berlin-Brandenburg, 2003), 315–36; Hans-Christof Kraus, „Innere Emigration und preußische Idee. Das Beispiel Jochen Klepper", in *Preu-

Wenn ausgerechnet Friedrich Wilhelm I. von den preußisch-deutschen Historikern als „Erzieher des deutschen Volkes zum Preußentum" gepriesen worden war, so konnten die Alliierten 1947 genau das beim Wort nehmen, als sie Preußen nach dem Krieg von der Landkarte strichen, mit der Begründung, es sei „seit jeher Träger des Militarismus und der Reaktion" gewesen. Von einer solchen Kontinuität wollte man in Deutschland nach 1945 auf einmal nichts mehr wissen. Dabei verdrängten die Nachkriegs-Historiker allerdings geflissentlich, wie tatkräftig sie selbst an dieser Erzählung mitgewirkt hatten.[28]

Heute herrscht in der Forschung, wie erwähnt, die Tendenz vor, den König als einen „normalen" Fürsten der Frühaufklärung erscheinen zu lassen und seine bizarren Züge herunterzuspielen.[29] Um ihn zu rehabilitieren, deutet man etwa den Fluchtversuch des Kronprinzen, der das Todesurteil gegen Friedrich und die Hinrichtung seines Freundes Katte zur Folge hatte, als „versuchten Staatsstreich", also als Majestätsverbrechen.[30] Man entschärft damit das seinerzeit unerhörte Skandalon des Kronprinzenprozesses, indem man sich die von notorischer Verschwörungsangst geprägte Sicht des Königs selbst umstandslos zu eigen macht. Oder man beschreibt das grobianische Tabakskollegium als eine Art herrschaftsfreien Diskurs *avant la lettre*, als zwanglosen frühaufklärerischen Gesprächszirkel in entspannter, formloser Atmosphäre.[31] Man übersieht dabei, dass Formlosigkeit in einer Autokratie nur dem Autokraten zugutekommt, und verschweigt, dass die dort praktizierte Geselligkeit nicht für alle Teilnehmer gleichermaßen entspannt war. Der König befahl – nur zum Beispiel – Schein-Duelle und Schein-Hinrichtungen, so dass nicht nur der notorische Paul Jakob Gundling zu Flucht- und Suizidversuchen getrieben wurde.[32]

Tatsächlich lässt sich Friedrich Wilhelm auch heute wieder sehr gut für den Geist neu-rechter Männlichkeit reklamieren, einen Geist von Härte und Sentimentalität, Grausamkeit, Eliten- und Frauenverachtung. Es ist deshalb kein Wunder,

---

ßische Stile. Ein Staat als Kunststück, Hg. Patrick Bahners und Gerd Roellecke (Stuttgart: Klett-Cotta 2001), 447–466.

28 Z. B. Stephan Skalweit, „Friedrich Wilhelm I. und die preußische Historie", in *Moderne Preußische Geschichte 1648–1947: Eine Anthologie*, Hg. Otto Büsch und Wolfgang Neugebauer, Bd. 1 (Berlin: De Gruyter, 1981), 105–30.

29 Vgl. oben Anm. 3.

30 Benjamin Marschke, „Die russische Partei, ein Pietist auf dem Thron, und ein Hof-Komödiant: Wandel und Wendepunkte am Hof Friedrich Wilhelm I.", in Göse, Kloosterhuis, *Mehr als nur Soldatenkönig*, 83.

31 Vgl. Erika L. Preiße, „Geselligkeit und Genuss: Friedrich Wilhelm I. im Spektrum höfischer Kommunikationsstrategien", in Göse, Kloosterhuis, *Mehr als nur Soldatenkönig*, 297.

32 Vgl. Martin Sabrow, *Herr und Hanswurst: Das tragische Schicksal des Hofgelehrten Jacob Paul von Gundling* (Stuttgart: Deutsche Verlags-Anstalt, 2001).

dass das erwähnte Buch von Jochen Klepper, das bis heute die populärste Biografie des Königs geblieben ist, und sein Protagonist bezeichnenderweise derzeit bei der Neuen Rechten eine gewisse Renaissance erleben.[33] Diesen Geist sollte man sich in Potsdam lieber nicht zurückwünschen.

---

33 Vgl. „„Jochen Klepper": Erik Lehnert und Götz Kubitschek im Livestream", 12.02.2024, https://sezession.de/63944/live-am-mittwoch-jochen-klepper (mittlerweile nicht mehr zugänglich).

Matthias Grünzig

„Auf den Opfern und auf den Waffen beruht der Sieg" – Militaristische Netzwerke in Potsdam während der Weimarer Republik

Potsdam

Mein Text will Ihnen das Potsdam der Weimarer Republik, in der Zeit zwischen 1918 und 1933, vorstellen. Potsdam war damals eine außergewöhnliche Stadt, und zwar aus drei Gründen:

Erstens: Potsdam verfügte über eine spezifische Sozialstruktur. In der Stadt gab es kaum Industrie und kaum eine Industriearbeiterschaft, die in anderen Städten als Träger demokratischer Bewegungen fungierte. Stattdessen gab es viel Beamtenschaft, Adel und vor allem viel Militär. Potsdam war nach wie vor ein wichtiger Reichswehrstandort. Hier befand sich das Reichsarchiv, das damals den Charakter einer militärischen Forschungsanstalt hatte. Besonders aktiv waren pensionierte Militärs, für die Potsdam ein attraktiver Alterssitz war. Diese Schichten waren mehrheitlich antidemokratisch eingestellt. Sie waren oft materiell gut situiert, und hatten viel Zeit, um Politik zu treiben. Deshalb war Potsdam eine extrem politisierte Stadt.[1]

Zweitens: Potsdam war mit einem besonderen Mythos verbunden, dem „Geist von Potsdam". Dieser Geist stand damals deutschlandweit für Demokratieverachtung und Kriegsbegeisterung. In Potsdam befand sich auch die Garnisonkirche, die wie kein zweites Gebäude für diesen „Geist von Potsdam" stand.[2]

Drittens: Potsdam befand sich in unmittelbarer Nachbarschaft zur Reichshauptstadt Berlin. Schon damals gab es schnelle Zugverbindungen zwischen Potsdam und Berlin. Man konnte also von Potsdam aus die Berliner Politik mitbestimmen.[3]

---

1 Vgl. Erich Konter und Harald Bodenschatz, *Städtebau und Herrschaft: Potsdam: Von der Residenz zur Landeshauptstadt* (Berlin: DOM publishers, 2011), 88–95.
2 Vgl. Matthias Grünzig, *Für Deutschtum und Vaterland: Die Potsdamer Garnisonkirche im 20. Jahrhundert* (Berlin: Metropol, 2017).
3 Einen guten Eindruck von diesen Aktivitäten vermitteln die Tagebücher von Wilhelm von Dommes: Wilhelm von Dommes, Tagebücher, Bundesarchiv (BArch), N 512/4b-h (nachfolgend zitiert als Wilhelm von Dommes, BArch).

Hinweis: Der Titel bezieht sich auf ein Zitat von Franz Seldte, dem 1. Bundesführer des Stahlhelm – Bund der Frontsoldaten, in: Propaganda-Abteilung des Stahlhelm Bundesamtes, Hg., *Die Stahlhelm-Fibel* (Berlin: Selbstverlag, o. J.).

https://doi.org/10.1515/9783111305622-017

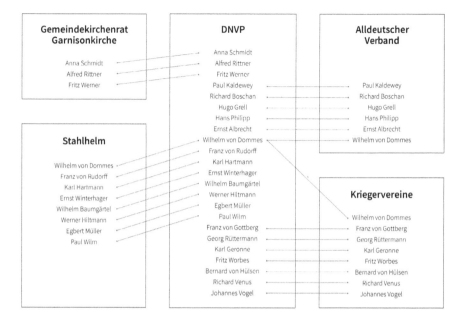

Abb. 1: Personelle Vernetzung rechtsradikaler Kreise in Potsdam während der Weimarer Republik. Eigene Darstellung

Diese drei Faktoren führten dazu, dass sich Potsdam während der Weimarer Republik zu einer Hochburg des deutschen Rechtsextremismus entwickelte.

Hier entstand eine einzigartige Dichte an rechtsextremen Organisationen, hier erreichten rechtsextreme Parteien weit überdurchschnittliche Wahlergebnisse.[4] Diese Organisationen existierten nicht nebeneinander, sondern sie bildeten ein dichtes Netzwerk, das durch zahlreiche personelle Verflechtungen verbunden war.[5] Die wichtigsten Organisationen waren: die Deutschnationale Volkspartei, der Stahlhelm – Bund der Frontsoldaten, der Alldeutsche Verband, die Kriegervereine und der Gemeindekirchenrat der Zivilgemeinde der Garnisonkirche. Letztere

---

4 Zum Vergleich der Ergebnisse der DNVP zu den Reichstagswahlen in Potsdam und im Reich: 04.05.1924: Potsdam: 50,6 %, Reich: 19,5 % „Die Wahl in Potsdam", *Potsdamer Volksblatt*, 08.12.1924; 20.05.1928: Potsdam: 38,6 %, Reich: 14,2 %; „Reichstagswahl in Potsdam", *Potsdamer Tageszeitung*, 21.05.1928; 14.09.1930: Potsdam: 25,4 %, Reich: 7,0 %; „Wahlergebnisse in Potsdam", *Potsdamer Tageszeitung*, 15.09.1930; 31.07.1932: Potsdam: 18,9 %, Reich: 5,9 %; „Wahlergebnisse in Potsdam", *Potsdamer Tageszeitung*, 01.08.1932.
5 Vgl. Matthias Grünzig, „„Die Geburtsstätte des Dritten Reiches': Netzwerkbildung antidemokratischer Kräfte in Potsdam während der Weimarer Republik", *Zeitschrift für Geschichtswissenschaft* 68, 4 (2020): 311–21.

Institution war deshalb wichtig, weil die Garnisonkirche ein wichtiger rechtsextremer Symbolbau war. Über die Nutzung der Garnisonkirche entschied laut der preußischen Kirchenverfassung der Gemeindekirchenrat.[6] In Potsdam existierte damals ein einzigartiges Panoramabild des deutschen Rechtsextremismus. Viele dieser Organisationen sind in Vergessenheit geraten. Deshalb will ich jetzt die wichtigsten Organisationen dieses Netzwerkes vorstellen.

Die Deutschnationale Volkspartei

Im Zentrum des Netzwerkes stand die Deutschnationale Volkspartei (DNVP), die bis 1930 die führende rechtsextreme Partei in Deutschland war. Welche Positionen vertrat die DNVP? Sie war zuallererst antidemokratisch. Die DNVP strebte eine Zerschlagung der demokratischen Republik an. Sie forderte die Aufhebung der demokratischen Grundrechte, sie propagierte die Abschaffung der Parlamente und das Verbot der Parteien.[7] An die Stelle der Republik sollte ein autoritärer Staat treten. Die DNVP ersehnte ein neues, „Drittes Reich".[8] Als Vorbild galt ab 1922 das faschistische Italien.[9] Die DNVP bewunderte die Brutalität, mit der Mussolini gegen politische Gegner vorging. Der Potsdamer DNVP-Politiker Werner Hiltmann hatte 1930 mit einer Delegation Italien bereist, dort auch persönlich mit Mussolini gesprochen und zeigte sich begeistert. Enthusiastisch berichtete er auf einer DNVP-Kundgebung am 22. Mai 1930: „Streik und Aussperrung sind verboten. Wer streikt oder sabotiert, wird unerbittlich erschossen."

Ebenso positiv wertete Hiltmann die unumschränkte Macht Mussolinis. Beispielsweise heißt es in einem Zeitungsartikel:

> Als bedeutsame Nutzanwendung seiner Beobachtungen stellt der Redner die Tatsache hin, daß es unter den Anhängern Mussolinis in Italien keine Kritik und keine Diskussion seiner

---

6 Vgl. Dieter Kraus, Hg., *Evangelische Kirchenverfassungen in Deutschland: Textsammlung mit einer Einführung* (Berlin: Duncker & Humblot, 2001), 942.

7 Vgl. „Schmidt vor der D. N. V. P.", *Potsdamer Tageszeitung*, 30.10.1930; „Kreisappell beim Stahlhelm", *Potsdamer Tageszeitung*, 13.11.1930; „Die Wahlkampf-Spiegel", *Potsdamer Volksblatt*, 18.07.1932; „Wählerversammlung der Deutschnationalen", *Potsdamer Tageszeitung*, 31.10.1932; „Reichsgründungsfeier der Deutschnationalen Volkspartei", *Potsdamer Tageszeitung*, 13.01.1933.

8 Vgl. „Reichsgründungsfeier", *Potsdamer Tageszeitung*, 19.01.1928; „Preußentag in Potsdam", *Potsdamer Tageszeitung*, 09.11.1928; „Reichsgründungsfeier", *Potsdamer Tageszeitung*, 18.01.1930; „Reichsgründungsfeier der Deutschnationalen Volkspartei", *Potsdamer Tageszeitung*, 19.01.1932.

9 Vgl. „Oeffentliche Versammlung der Deutschnationalen Volkspartei", *Potsdamer Tageszeitung*, 10.05.1930; „Deutschnationale Wahlversammlung", *Potsdamer Tageszeitung*, 01.09.1930.

Handlungen gibt. Man vertraut ihm und seiner genauen Kenntnis aller politischen Zusammenhänge, und folgt ihm blindlings.[10]

Verbunden mit der Begeisterung für den Faschismus war die Sehnsucht nach einem „Führer". Der Potsdamer DNVP-Politiker Alexander Held erklärte am 18. Januar 1929 auf einer DNVP-Veranstaltung: „Ein deutscher Mann mit männlichem Sinn, ein Führer, der durchzugreifen versteht, würde bald einen Wechsel unserer Lage und unseres Ansehens herbeiführen."[11]

Dann war die DNVP nationalistisch. Sie strebte eine deutsche Weltmachtrolle an. Dafür sollten auch fremde Territorien erobert werden. Beispielsweise plädierte der DNVP-Politiker Otto Schmidt-Hannover 1932 für eine „zielstrebige raumschaffende Außenpolitik." Ergänzend führte er aus: „Die deutsche Aufgabe der Zukunft ist, den Raum zwischen Flandern und Burgund, Siebenbürgen und Riga neu zu gestalten."[12] Zu diesem Zweck wurden auch recht unverhohlen eine Aufrüstung und ein neuer Krieg angestrebt.

Dann hatte die DNVP eine antisemitische Stoßrichtung. Sie überzog das Land mit antisemitischer Hetze.[13]

Die DNVP war bei Wahlen im deutschlandweiten Maßstab nur mäßig erfolgreich. Ihr bestes Ergebnis bei Reichstagswahlen erzielte sie am 7. Dezember 1924 mit 20,5 %.[14] Anschließend ging es mit den Wahlergebnissen abwärts, bis 5,9 % am 31. Juli 1932.[15] Dennoch war die DNVP einflussreich: Sie hatte viele Mitglieder und Sympathisanten in der Beamtenschaft, in der Justiz, beim Militär und in Teilen der Wirtschaft. 1928 wurde Alfred Hugenberg DNVP-Vorsitzender. Hugenberg war Inhaber des Hugenberg-Konzerns, des größten Medienkonzerns Deutschland. Zum Hugenberg-Konzern gehörten zahlreiche Tageszeitungen, Illustrierte und die UFA. Damit verfügte die DNVP über eine enorme Medienmacht.[16]

---

10 „Deutschnationale Mitgliederversammlung", *Potsdamer Tageszeitung*, 24.05.1930.
11 „Reichsgründungsfeier der Deutschnationalen Volkspartei und des Stahlhelm", *Potsdamer Tageszeitung*, 21.01.1929.
12 „Reichsgründungsfeier der Deutschnationalen Volkspartei", *Potsdamer Tageszeitung*, 19.01.1932.
13 Vgl. „Deutschnationale Volkspartei, Kreisverein Potsdam", *Potsdamer Tageszeitung*, 17.02.1926; „Oeffentliche Versammlung gegen den Volksentscheid", *Potsdamer Tageszeitung*, 09.06.1926; „Anzeige", *Potsdamer Tageszeitung*, 19.06.1926; „Deutschnationale Volkspartei", *Potsdamer Tageszeitung*, 05.05.1928; „Anzeige", *Potsdamer Tageszeitung*, 19.05.1928 und 11.03.1933; „Aus der Partei ‚Halb und Halb'", *Potsdamer Volksblatt*, 09.01.1925.
14 Vgl. „Die Wahl in Potsdam", *Potsdamer Volksblatt*, 08.12.1924.
15 Vgl. „Wahlergebnisse in Potsdam", *Potsdamer Tageszeitung*, 01.08.1932.
16 Vgl. Heidrun Holzbach, *Das „System Hugenberg": Die Organisation bürgerlicher Sammlungspolitik vor dem Aufstieg der NSDAP* (Stuttgart: Deutsche Verlags-Anstalt, 1981).

In Potsdam war die DNVP die dominante Partei.[17] Sie verfügte 1920 über rund 6 000 Mitglieder, diese Zahl war in einer Stadt mit gut 60 000 Einwohnern ein extrem hoher Wert.[18] Sie erreichte in Potsdam Wahlergebnisse von teilweise über 50 %.[19] In der Stadtverordnetenversammlung stellte sie zwischen 1924 und 1928 zusammen mit zwei anderen rechtsextremen Parteien (der Deutschvölkischen Freiheitspartei und der Deutsch-Sozialen Partei) die absolute Mehrheit.[20] Sie stellte zudem ab 1924 den Oberbürgermeister Arno Rauscher und dominierte daher die Potsdamer Lokalpolitik.[21]

Die DNVP nutzte diese Macht, um Potsdam gezielt zu einer rechtsextremen Hochburg auszubauen. Sie förderte rechtsextreme Organisationen, wie den Stahlhelm.[22] Daneben betrieb sie sehr viel Symbolpolitik, mit der sie ihre Verachtung für die Demokratie ausdrückte. Am bekanntesten war die Weigerung der Stadt Potsdam, auf städtischen Gebäuden die schwarz-rot-goldene Fahne der Republik zu hissen. Der preußische Innenminister Carl Severing gab dann den sogenannten Flaggenerlass heraus, durch den die Stadt Potsdam zum Hissen der schwarz-rot-goldenen Fahne verpflichtet wurde.[23] Die Stadt Potsdam zog dagegen bis vor das Reichsgericht und gewann.[24]

Die Stadt kümmerte sich aber auch, soweit es im kommunalen Rahmen möglich war, um Kriegsvorbereitung. Sie förderte Schießausbildung in den Schulen,[25] sie kümmerte sich um den Kauf von Gasmasken für die Bevölkerung.[26] Sie ließ

---

17 Eine umfassendere Darstellung der Potsdamer DNVP liefert der Aufsatz: Matthias Grünzig, „‚Fanatiker im Kampfe für den nationalen Gedanken müssen wir alle werden.' Die Deutschnationale Volkspartei in Potsdam 1918–1933", *Zeitschrift für Geschichtswissenschaft* 68, 1 (2020): 5–26.
18 Vgl. „Kreisparteitag der Deutschnationalen Volkspartei", *Potsdamer Tageszeitung*, 04.04.1921.
19 Vgl. „Die Wahl in Potsdam", *Potsdamer Volksblatt*, 08.12.1924.
20 Vgl. „Die Völkischen entpuppen sich!", *Potsdamer Volksblatt*, 02.04.1924.
21 Vgl. Kristina Hübener, „Stadtentwicklung und Verwaltungspolitik, Potsdams Oberbürgermeister als Gestalter einer kommunalen Leistungsverwaltung zwischen 1850 und 1918/24", in *Die Stadtverordnetenversammlung von Potsdam im Wandel der Zeit*, Hg. Christiane Büchner und Andreas Musil (Potsdam: Universitäts-Verlag, 2011), 93–94.
22 Vgl. „Zwei Lesungen wegen 5 000 Mark", *Potsdamer Tageszeitung*, 30.04.1927; „Potsdamer Stadtverordnetensitzung", *Potsdamer Volksblatt*, 30.04.1927; „Stahlhelm und Turnhallen", *Potsdamer Volksblatt*, 04.05.1927; „Geld für Luftschutz und Stahlhelmtag", *Potsdamer Volksblatt*, 15.10.1932.
23 Vgl. „Politik auf der Straße", *Potsdamer Tageszeitung*, 02.09.1927; „Aus der Stadtverordnetensitzung", *Potsdamer Volksblatt*, 13.12.1924; „Flaggendebatten im Landtag", *Potsdamer Volksblatt*, 14.10.1927.
24 Vgl. „Potsdam siegt vor dem Staatsgerichtshof", *Potsdamer Tageszeitung*, 10.07.1928.
25 Vgl. „Genossen, achtet auf die Schulen!", *Potsdamer Volksblatt*, 01.10.1924; „Waffen in der Hand der Jugend ein Unfug", *Potsdamer Volksblatt*, 22.02.1928.
26 Vgl. „Was der Leser wissen will", *Potsdamer Volksblatt*, 08.10.1932.

1932 einen Musterkeller für den Schutz vor Giftgasangriffen einrichten,[27] und sie ließ am 29. September 1932 eine Luftschutzübung durchführen, bei der ein Bombenangriff auf Potsdam simuliert wurde.[28]

Zudem griff die Potsdamer DNVP auch in die deutschlandweite Politik ein. Vor allem der Potsdamer DNVP-Vorsitzende Wilhelm von Dommes betätigte sich als umtriebiger Netzwerker. Sein Ziel war es, alle rechtsextremen Kräfte – vom Stahlhelm bis zur NSDAP – zu einer Einheitsfront zusammenzuführen, und das tat er ziemlich erfolgreich.[29]

Der „Stahlhelm – Bund der Frontsoldaten"

Die zweite wichtige Organisation war der „Stahlhelm Bund der Frontsoldaten". Der Stahlhelm war eine Wehrorganisation, die Uniformen trug, Waffen besaß und eine Wehrausbildung durchführte. Der Stahlhelm wurde 1918 gegründet.[30] Sein Ausgangspunkt war die Vorstellung, dass der Erste Weltkrieg verloren wurde, weil die deutsche Gesellschaft nicht fanatisch genug war, weil sie nicht brutal genug war, weil sie nicht opferbereit genug war. Sein erstes Ziel war deshalb die Umerziehung der deutschen Gesellschaft, zu mehr Fanatismus, zu mehr Brutalität, zu mehr Opferbereitschaft. Der Stahlhelm hatte den Krieg nicht nur befürwortet, sondern auch einen regelrechten Kult um den Krieg betrieben. Der Krieg war für den Stahlhelm nicht nur ein Mittel zum Zweck, er war geradezu ein volkspädagogisches Instrument, um die Bevölkerung zu mehr Härte zu erziehen. Beispielsweise heißt es in einem Artikel der Stahlhelm-Zeitung von 1925:

> Wir bejahen den Krieg! Nicht weil wir den Grauenvollen lieben, sondern weil er Naturereignis ist wie Gewitter und Sturm, weil er die Probe ist für die Selbstüberwindungskraft des Menschen, für alle männlichen, d. h. schöpferischen Kräfte in uns. Und weil ohne die harte Peitsche des Kampfes die Menschheit verfaulen muß und ersticken im Fette ihrer Spießigkeit. Das Leben aller gottgeschaffenen Kreatur beruht auf Kampf und Vernichtung.[31]

---

27 Vgl. „Gasschutzausstellung in der Polizeiunterkunft", *Potsdamer Tageszeitung*, 01.10.1932.

28 Vgl. „Bombenabwurf auf Potsdam", *Potsdamer Tageszeitung*, 30.09.1932.

29 Vgl. Wilhelm von Dommes, BArch.

30 Vgl. Alois Klotzbücher, *Der politische Weg des Stahlhelm, Bund der Frontsoldaten, in der Weimarer Republik: Ein Beitrag zur Geschichte der „Nationalen Opposition" 1918–1933* (Tübingen: Hogl, 1964).

31 Zitiert nach Joachim Tautz, *Militaristische Jugendpolitik in der Weimarer Republik: Die Jugendorganisationen des Stahlhelm, Bund der Frontsoldaten: Jungstahlhelm und Scharnhorst, Bund deutscher Jungmannen* (Regensburg: Roderer, 1998), 163.

In Potsdam zählte der Stahlhelm rund 1 000 Mann.[32] Die Aktivitäten des Potsdamer Stahlhelm waren vielfältig. Vor allem widmete er sich der Wehrausbildung. Die Stahlhelmer trugen Uniformen, sie verfügten über Waffen und sie betrieben physischen Terror.[33] In harmloseren Fällen wurden Veranstaltungen demokratischer Organisationen durch Pfiffe und Stinkbomben gestört, in härteren kam es zu Überfällen und Messerstechereien. Oft reichten aber auch Drohungen mit Gewalt aus, um Veranstaltungen demokratischer Organisationen zu verhindern.[34]

Daneben betrieb der Stahlhelm eine umfangreiche Kriegspropaganda. Er gab zahlreiche Zeitungen heraus, in denen nicht nur zum Krieg aufgerufen, sondern auch gegen die Demokratie gehetzt und antisemitische Stimmungsmache betrieben wurde. Im Nachrichtenblatt des Potsdamer Stahlhelm wurde mehrfach zum Boykott jüdischer Geschäfte und jüdischer Medien aufgerufen.[35] So forderte beispielsweise das Nachrichtenblatt des Potsdamer Stahlhelm 1929: „Es geht nicht an, daß unsere Kameraden und ihre Familien ihr Geld in jüdische oder internationale Geschäfte tragen. [...] Kameraden, kauft nicht bei euren Gegnern; [...] Deutsche, kauft bei Deutschen deutsche Waren!"[36]

---

32 Vgl. „Stahlhelm-Gauappell", *Potsdamer Tageszeitung*, 03.12.1930.

33 Vgl. Schreiben von Polizeipräsident von Berlin, Landeskriminalpolizeistelle (IA) an den Regierungspräsidenten von Potsdam vom 25.6.1931, Brandenburgisches Landeshauptarchiv (BLHA), Rep. 2A I Pol. 1109, Bl. 123 (nachfolgend zitiert als: Schreiben von Polizeipräsident von Berlin, BLHA); „Wehrsport der Bürgerkriegsbanden", *Vorwärts*, 21.10.1931; G. V. A. und Deutscher Volkssportverein, BLHA, Rep. 2A I Pol. 1104, Bl. 374–91 (nachfolgend zitiert als: G. V. A., BLHA); Schreiben Betrifft: Staatsfeindliches Treiben politischer Verbände auf dem Truppenübungsplatz Döberitz von Ehrig (Amtsvorsteher des Amtsbezirks Dallgow) an den Landrat in Nauen vom 26.1.1932, BLHA, Rep. 2A I. Pol. 1104, Bl. 363–64 (nachfolgend zitiert als: Staatsfeindliches Treiben, BLHA); Der Regierungspräsident von Potsdam: Vermerk vom 6.2.1932, BLHA, Rep. 2A I. Pol. 1104, Bl. 372–73 (nachfolgend zitiert als: Der Regierungspräsident von Potsdam, BLHA); „Stahlhelm-Uebung um Potsdam", *Potsdamer Tageszeitung*, 27.06.1932.

34 Vgl. „Die Basch-Versammlung in Potsdam", *Potsdamer Volksblatt*, 07.10.1924; „Ein Sonntag der Republik", *Potsdamer Volksblatt*, 27.10.1924; „Gegen das Stahlhelm-Rowdytum", *Potsdamer Volksblatt*, 14.05.1925; „Sieg der Republik in Potsdam", *Potsdamer Volksblatt*, 02.09.1927; „Nachlese zur Severing-Versammlung", *Potsdamer Volksblatt*, 27.01.1928; „Rückschau auf die Bannerweihe des Potsdamer Reichsbanners", *Potsdamer Volksblatt*, 30.10.1924; „Potsdamer Stahlhelm-Tumult", *Potsdamer Volksblatt*, 05.09.1927; „Ungesühnte Stahlhelm-Rüpelei", *Potsdamer Volksblatt*, 30.08.1928; „Der Stahlhelmüberfall in Potsdam", *Potsdamer Volksblatt*, 28.08.1928; „Der Stahlhelmüberfall", *Potsdamer Volksblatt*, 01.10.1928; „Stahlhelmer-Ausschreitungen", *Potsdamer Volksblatt*, 02.10.1928; „Kriegsschauplatz in Potsdam", *Potsdamer Volksblatt*, 17.08.1929; „Potsdamer Tagesspiegel", *Potsdamer Volksblatt*, 17.06.1931.

35 Vgl. Gerhard Wernicke, „Lernt vom Gegner", *Nachrichtenblatt des Gaues Potsdam des Stahlhelm*, 1 (1930).

36 Ders., „Abwehr", *Nachrichtenblatt des Gaues Potsdam des Stahlhelm*, 2 (1929).

Der Stahlhelm kreierte aber auch neue Formen politischer Kundgebungen, wie z. B. die Massenaufmärsche, bei denen uniformierte Stahlhelmer in großer Zahl und in militärischer Ordnung aufmarschierten, um ihre Macht zu demonstrieren. Höhepunkte waren die jährlichen Reichsfrontsoldatentage. Diese Reichsfrontsoldatentage waren Showveranstaltungen mit zahlreichen Massenaufmärschen und Kundgebungen. Diese wurden dann auch gefilmt und die Filme anschließend in den Kinos gezeigt.[37] Die Reichsfrontsoldatentage 1927 und 1932 fanden in Berlin und Potsdam statt.[38] Sehr wirkungsvoll war auch die Potsdamer Stahlhelm-Kapelle. Diese spielte bei Veranstaltungen rechtsextremer Organisationen, wie der DNVP oder den Kriegervereinen. Sie spielte aber auch am Wochenende in Ausflugslokalen.[39] Auf diese Weise erreichte der Stahlhelm eine große Akzeptanz.

Daneben widmete sich der Stahlhelm auch der Sozialfürsorge. Der Potsdamer Stahlhelm betrieb eine Wärmestube am Alten Markt. Es gab eine Stahlhelm-Speisung, ein Kohlenlager, ein Lebensmitteldepot, eine Kleiderkammer und eine Stel-

---

37 Vgl. „Anzeige", *Potsdamer Tageszeitung*, 02.11.1929; „Der verbotene Stahlhelmfilm", *Potsdamer Tageszeitung*, 24.01.1931; „Anzeige", *Potsdamer Tageszeitung*, 28.01.1931; „Die Filme von Breslau und Harzburg", *Potsdamer Tageszeitung*, 31.10.1931; „Breslau und Harzburg im Film", *Potsdamer Tageszeitung*, 09.11.1931; „Stahlhelm-Gauappell", *Potsdamer Tageszeitung*, 29.10.1932.
38 Vgl. „Die Mobilmachung der Stahlhelmer", *Potsdamer Tageszeitung*, 07.05.1927; „Die Potsdamer Stahlhelmtage", *Potsdamer Tageszeitung*, 09.05.1927; „Der Sinn des Stahlhelmaufmarsches", *Potsdamer Tageszeitung*, 01.09.1932; „Der große Stahlhelmaufmarsch", *Potsdamer Tageszeitung*, 05.09.1932; „Potsdamer Heerschau des ‚Stahlhelm'", *Potsdamer Tageszeitung*, 05.09.1932.
39 „Stahlhelmabend", *Potsdamer Tageszeitung*, 09.06.1925; „Reichsgründungsfeier der Deutschnationalen Volkspartei", *Potsdamer Tageszeitung*, 19.01.1932; „Wenn Deutschland seine Ketten bricht...", *Potsdamer Tageszeitung*, 29.06.1932; „Letzte deutschnationale Wahlversammlung", *Potsdamer Tageszeitung*, 30.07.1932; „Deutschnationale Wahlkundgebung", *Potsdamer Tageszeitung*, 03.11.1932; „Reichsgründungsfeier der Deutschnationalen Volkspartei", *Potsdamer Tageszeitung*, 13.01.1933; „Konzert und Fackelzug der ehem. 35er", *Potsdamer Tageszeitung*, 05.10.1925; „Wohltätigkeits-Konzert der Stahlhelmkapelle", *Potsdamer Tageszeitung*, 02.12.1927; „Konzert der Stahlhelmkapelle", *Potsdamer Tageszeitung*, 02.03.1929; „Walzer-Abend des Stahlhelm", *Potsdamer Tageszeitung*, 19.11.1929; „Wohltätigkeitskonzert der Artilleristen", *Potsdamer Tageszeitung*, 06.06.1930; „Der Havelhof", *Potsdamer Tageszeitung*, 21.08.1930; „Volksfest auf der Ravensburg", *Potsdamer Tageszeitung*, 03.09.1930; „Stahlhelmkonzert", *Potsdamer Tageszeitung*, 07.02.1931 / 23.06.1931 / 02.07.1931; „Großes Extrakonzert im Wirtshaus Luftschiffhafen", *Potsdamer Tageszeitung*, 03.08.1931; „Das Doppel-Blaskonzert", *Potsdamer Tageszeitung*, 07.08.1931; „Begeisterte Kundgebung zum Volksentscheid", *Potsdamer Tageszeitung*, 08.08.1931; „Anzeige", *Potsdamer Tageszeitung*, 30.07.1929 / 07.08.1929 / 07.06.1930 / 09.08.1930 / 17.09.1930 / 08.08.1931 / 12.08.1931 / 30.12.1931 / 11.06.1932 / 24.06.1932 / 26.07.1932 /05.09.1932 / 31.10.1932 / 25.11.1932.

lenvermittlung.[40] Nach der Einführung des Freiwilligen Arbeitsdienstes 1931 richtete der Stahlhelm Arbeitslager ein. In diesen wurde gearbeitet, vor allem aber Wehrausbildung betrieben.[41]

Der Stahlhelm hatte auch ein weibliches Pendant: den Bund Königin Luise. Dieser Bund kümmerte sich vor allem um Ausbildung von Frauen in Zivilschutz. Dieser Bund war nicht weniger fanatisch wie der Stahlhelm.[42]

Der Reichskriegerbund Kyffhäuser

Ein weiterer wichtiger Spieler war der Reichskriegerbund Kyffhäuser. Dieser Bund war eine Dachorganisation für zahlreiche Kriegervereine in ganz Deutschland. In Potsdam gab es besonders viele Kriegervereine. Hier existierten über 30 Vereine mit über 4 000 Mitgliedern, wie z. B. der Verein ehemaliger Kameraden des Ersten Garde-Regiments zu Fuß, der Verein ehemaliger Leib-Garde-Husaren, der Verein ehemaliger Erster Garde-Ulanen und so weiter.[43]

Diese Vereine waren *pro forma* überparteilich, in der Praxis aber hetzten sie gegen die Demokratie. Sie propagierten die Dolchstoßlegende, nach der die Demokraten die Kriegsniederlage 1918 verschuldet hätten. Sie traten auch für eine Aufrüstung ein und forderten einen neuen Krieg.[44]

Eine wichtige Aktivität der Kriegervereine waren die monatlichen Schießübungen. Daneben führten die Kriegervereine zahlreiche Veranstaltungen durch.[45] Diese Veranstaltungen waren oft recht altbacken, allerdings entwickelten

---

40 Vgl. „Stahlhelmhilfe in Potsdam", *Potsdamer Tageszeitung*, 31.10.1930; Werner Hiltmann, „Wie wir helfen", *Nachrichtenblatt des Gaues Potsdam des Stahlhelm* 12 (1930); „100 Tage Stahlhelm-Hilfswerk", *Potsdamer Tageszeitung*, 19.02.1931.

41 Vgl. Friedrich Wilhelm Heinz, „Stahlhelm und Arbeitsdienst", in *Der Stahlhelm, Erinnerungen und Bilder*, Hg. Franz Seldte, Band 2 (Berlin: Stahlhelm-Verlag, 1933), 105–33.

42 Vgl. „Kaiserin-Gedenkfeier", *Potsdamer Tageszeitung*, 27.10.1931; „Königin Luise Bund", *Potsdamer Tageszeitung*, 13.05.1933; vgl. auch: Andrea Süchting-Hänger, *Das „Gewissen der Nation": Nationales Engagement und politisches Handeln konservativer Frauenorganisationen 1900 bis 1937* (Düsseldorf: Droste, 2002).

43 1928 zählte der Kreiskriegerverband Potsdam 32 Vereine mit 4 417 Mitgliedern, vgl. „Der Kreiskriegerverband tagt", *Potsdamer Tageszeitung*, 25.01.1928.

44 Z. B.: „Tagung des Kreiskriegerverbandes Potsdam", *Potsdamer Tageszeitung*, 30.10.1929 / 22.01.1930 / 22.10.1930 / 08.01.1931 / 17.06.1931 / 28.10.1931 / 08.06.1932 / 02.02.1933.

45 Vgl. „Hauptversammlung des Vereins ehem. Kameraden des Ersten Garde-Regiments z. F.", *Potsdamer Tageszeitung*, 10.01.1931; „Generalversammlung des Vereins ehem. Garde-Jäger", *Potsdamer Tageszeitung*, 19.01.1931.

die Kriegervereine schon durch ihre Vielzahl eine enorme Präsenz. Sie bestimmten das gesellschaftliche Leben in Potsdam.

Ein zentrales Thema der Kriegervereine war der ersehnte neue Krieg. Auf den Veranstaltungen der Kriegervereine wurde intensiv über den neuen Krieg diskutiert, es wurde die Entwicklung der Rüstungstechnik erörtert. Den Militärs war dabei völlig klar, dass der kommende Krieg sehr viel grausamer als der Erste Weltkrieg werden würde. Dennoch sehnten sie diesen Krieg herbei.[46]

Der Alldeutsche Verband

Ein weiterer Akteur war der Alldeutsche Verband. Dieser war ein elitärer Verband, der vor allem ideologische Arbeit leistete. Er war also eine Art Denkfabrik der rechten Szene.[47] Während der Weimarer Republik beschäftigte er sich vor allem mit Rassentheorien. Zum Beispiel propagierte er die Heranzüchtung einer nordischen Herrenrasse. Gleichzeitig betrieb er eine antisemitische Hetze, die bis zur Forderung nach der Vernichtung der Juden reichte.[48]

Der Alldeutsche Verband hatte 1919 eine Tochtergesellschaft gegründet, den Deutschen Schutz- und Trutzbund, der später in Deutschvölkischer Schutz- und Trutzbund umbenannt wurde. Dieser Bund hatte nur ein Ziel: die Hetze gegen die Juden, weshalb der Bund das ganze Land mit einer Flut antisemitischer Flugblätter überschwemmte, in denen die Juden für alle Probleme verantwortlich gemacht wurden.[49] Dabei wurde verschwiegen, dass der Deutsche Schutz- und Trutzbund eine Gründung des Alldeutschen Verbandes war. Vielmehr sollte es so aussehen, als ob sich hier der Volkszorn entladen würde.[50]

Diese Hetze hatte einen realen Hintergrund: der Alldeutsche Verband hatte vor 1914 immer wieder zum Krieg aufgerufen und während des Ersten Weltkrieges immer für einen Kampf bis zum Endsieg geworben. Er war also mitverantwortlich für den Ersten Weltkrieg. Als der Krieg verlorenging, fürchtete der Alldeutsche Verband, nun zur Zielscheibe der enttäuschten Bevölkerung zu werden. Deshalb fand am 19. und 20. Oktober 1918 ein Krisentreffen der Führung statt.

---

46 Vgl. „General von Borries über den Zukunftskrieg", *Potsdamer Tageszeitung*, 28.03.1931; „Kampf um die Wehrmacht", *Potsdamer Tageszeitung*, 04.12.1931.
47 Vgl. Rainer Hering, *Konstruierte Nation: Der Alldeutsche Verband 1890–1939* (Hamburg: Christians, 2003).
48 Vgl. *Alldeutsche Blätter* 29 (1919)–42 (1932).
49 Vgl. BArch, R 8048/257, Bl. 50–148.
50 Vgl. Bericht über die Verhandlungen des Geschäftsführenden Ausschusses in Bamberg am 16. und 17. Februar 1919, S. 13–14, BArch, R 8048/252, Bl. 100–101.

Dort wurde beschlossen, so steht es wörtlich im Protokoll, „die Juden als Blitzab-
leiter für alles Unrecht zu benutzen".[51] Diese Hetze war also nicht der Ausdruck
von Wahnsinn, sondern beruhte auf kalter Berechnung.

Der Deutsch-Völkische Schutz- und Trutzbund wurde nach dem Mord an Walter Rathenau 1922 verboten. Doch der Alldeutsche Verband konnte weiter seinen
Ungeist verbreiten.[52]

Vernetzungen

Schließlich muss erwähnt werden, dass die rechtsextreme Szene in Potsdam nicht
isoliert war. Sie konnte sich nur deshalb so gut ausbreiten, weil sie über einflussreiche Komplizen verfügte. Einer dieser Komplizen war der Polizeipräsident Henry von Zitzewitz. Er war kein Demokrat, sondern Mitglied der DNVP, der dann
aus Rücksicht auf sein Amt austrat. Dennoch deckte er die rechtsextremen Aktivitäten und unternahm beispielsweise nichts gegen den Stahlhelm-Terror.[53] Dann
gab es eine Justiz, die oft von DNVP-Mitgliedern und deren Sympathisanten dominiert wurde. Stahlhelm-Schläger hatten von dieser Justiz wenig zu fürchten. Ent-
weder wurden sie aus Mangel an Beweisen freigesprochen oder erhielten eine
läppische Geldstrafe.[54]

Es gab eine Reichswehr, die mit dem Stahlhelm und später auch der SA Wehr-
übungen durchführte.[55] Dann gab es Schulen, in denen demokratiefeindliche Inhalte propagiert wurden.[56] Es gab eine Presse, die rechtsextreme Organisationen
publizistisch unterstützte. Die größte Potsdamer Zeitung war die Potsdamer Tageszeitung, die regelmäßig rechtsextreme Organisationen wie den Stahlhelm glorifizierte.[57]

51 Bericht über die Sitzung der Hauptleitung und des Geschäftsführenden Ausschusses vom 19.
und 20. Oktober zu Berlin, S. 6, BArch, R 8048/252, Bl. 11.
52 Vgl. Hering, *Konstruierte Nation*, 144–46.
53 Vgl. Grünzig, *Für Deutschtum und Vaterland*, 32–36.
54 Vgl. „Ungesühnte Stahlhelm-Rüpelei", *Potsdamer Volksblatt*, 30.08.1928; „Diesen Urteilen steht
man machtlos gegenüber", *Potsdamer Volksblatt*, 17.05.1932.
55 Vgl. Schreiben von Polizeipräsident von Berlin, BLHA; „Wehrsport", *Vorwärts*; G. V. A., BLHA;
Staatsfeindliches Treiben, BLHA; Der Regierungspräsident von Potsdam, BLHA; „Naziausbildung
in Döberitz", *Potsdamer Volksblatt*, 10.02.1932; „Truppenübungsplatz Döberitz", *Potsdamer Volksblatt*, 18.02.1932; „Der Volkssport des Herrn Helldorf", *Potsdamer Volksblatt*, 24.02.1932.
56 Vgl. „Potsdamer Schulgeist", *Berliner Volkszeitung*, Nr. 559, 25.11.1924; „Jubelfeier des Realgymnasiums", *Potsdamer Tageszeitung*, 20.04.1929.
57 Vgl. „Die Mobilmachung der Stahlhelmer", *Potsdamer Tageszeitung*, 07.05.1927; „Die Potsdamer Stahlhelmtage", *Potsdamer Tageszeitung*, 09.05.1927; „Der Sinn des Stahlhelmaufmarsches",

Dank dieser Faktoren konnte das rechtsextreme Lager in Potsdam eine effektive Arbeit leisten, die auch deutschlandweit ausstrahlte, und das in dreifacher Hinsicht:

Erstens: Potsdam entwickelte sich zum Schauplatz deutschlandweit beachteter Großveranstaltungen, auf denen die Demokratie verteufelt, gegen andere Länder gehetzt und für einen neuen Krieg geworben wurde.[58]

Zweitens: Potsdam hat auch Großveranstaltungen in der demokratischen Hochburg Berlin ermöglicht, zum Beispiel den Reichsfrontsoldatentag des Stahlhelm 1927 in Berlin und Potsdam. Die Berliner Stadtverordnetenversammlung hatte damals einen Beschluss gefasst, nach dem der Stahlhelm in Berlin nicht willkommen sei,[59] weshalb dieser in der Folge Probleme hatte, Säle und Unterkünfte in der Stadt zu finden.[60] In diese Bresche sprang jedoch Potsdam ein deren Stadtverordnetenversammlung daraufhin beschloss, dass der Stahlhelm in Potsdam sehr willkommen sei, dass der Oberbürgermeister den Stahlhelm persönlich begrüßen solle und dass die Stadt Potsdam städtische Räume, wie Schulen und Turnhallen für die Unterbringung der Stahlhelmer zur Verfügung stellen werde. Zudem unterstützte die Stadt Potsdam den Aufmarsch des Stahlhelms auch finanziell.[61] Dank dieser Hilfe konnte der Reichsfrontsoldatentag dann in Berlin und Potsdam stattfinden.

Drittens: Potsdam war ein Vorreiter für eine rechtsextreme Einheitsfrontpolitik. Hier gab es schon früh ein Zusammenwirken rechtsextremer Parteien. Bereits 1924 wurde in der Potsdamer Stadtverordnetenversammlung eine gemeinsame Fraktion aus DNVP, Deutschvölkischer Freiheitspartei und Deutschsozialer Partei (DSP) gebildet.[62] Anfang 1930 erfolgte die Bildung einer gemeinsamen Fraktion aus DNVP und NSDAP.[63]

Potsdamer Tageszeitung, 01.09.1932; „Der große Stahlhelmaufmarsch", *Potsdamer Tageszeitung*, 05.09.1932; „Potsdamer Heerschau des ‚Stahlhelm'", *Potsdamer Tageszeitung*, 05.09.1932.

58 Z. B.: „Skagerakfeier in der Garnisonkirche", *Potsdamer Tageszeitung*, 07.06.1926; „Gegen Versailles und die Kriegsschuldlüge", *Potsdamer Tageszeitung*, 29.06.1929; „Tausend Jahre urgermanischer Osten", *Potsdamer Tageszeitung*, 09.09.1929; „Heldentag in der Garnisonkirche", *Potsdamer Tageszeitung*, 10.11.1930; „20 000 zur Altveteranen-Johannisfeier", *Potsdamer Tageszeitung*, 15.06.1932.

59 Vgl. „Eine Absage an die Stahlhelmer", *Vorwärts*, 01.04.1927.

60 Vgl. „Der Stahlhelm in Potsdam", *Potsdamer Volksblatt*, 09.05.1927.

61 Vgl. „Zwei Lesungen wegen 5 000 Mark", *Potsdamer Tageszeitung*, 30.04.1927; „Potsdamer Stadtverordnetensitzung", *Potsdamer Volksblatt*, 30.04.1927; „Stahlhelm und Turnhallen", *Potsdamer Volksblatt*, 04.05.1927.

62 Vgl. „Die Völkischen entpuppen sich!", *Potsdamer Volksblatt*, 02.04.1924.

63 Vgl. „Wer wird Stadtrat?", *Potsdamer Tageszeitung*, 20.01.1930.

Diese Erfahrungen strahlten auch auf die deutsche Politik aus. Vor allem der Potsdamer DNVP-Kreisvorsitzende Wilhelm von Dommes war ein unermüdlicher Netzwerker. Er reiste fast täglich nach Berlin und bemühte sich dort um eine Zusammenarbeit zwischen DNVP, Stahlhelm, NSDAP und anderen rechtsextremen Organisationen. Diese Bemühungen sollten am Ende auch zum Erfolg führen.[64]

Fazit

Warum ist das alles wichtig? In Potsdam kann man sehr viel über die Entstehungsgeschichte des „Dritten Reichs" erfahren. Die Entstehung des „Dritten Reichs" wird heute vor allem als das Werk der NSDAP oder gar Adolf Hitlers angesehen. Demnach hätte Hitler mit seinen dämonischen Verführungskünsten die deutsche Gesellschaft manipuliert. Die Beschäftigung mit der rechtsextremen Szene in Potsdam zeigt jedoch ein deutlich komplexeres Bild:

Die Ideologie des „Dritten Reichs" war keine Schöpfung der NSDAP, sondern sie wurde von anderen Organisationen, wie der DNVP, dem Stahlhelm, den Kriegervereinen und dem Alldeutschen Verband entwickelt. Der Wunsch nach einem „Dritten Reich" und einem neuen Krieg gehörte schon lange vor dem Aufstieg der NSDAP ab 1929 zum gängigen Repertoire rechtsextremer Organisationen. Die NSDAP hat diese Ideen lediglich übernommen. Organisationen wie die DNVP, der Stahlhelm, die Kriegervereine und der Alldeutsche Verband haben also den geistigen Nährboden bereitet, auf dem die NSDAP erfolgreich sein konnte.

Zudem haben diese Organisationen selbst wichtige Schritte zur Zerstörung der demokratischen Republik zu verantworten. Der Preußenschlag vom 20. Juli 1932, bei dem die SPD-geführte Regierung Preußens abgesetzt wurde, war kein Werk der NSDAP. Dieser Staatsstreich wurde von der Regierung Papen, die von der DNVP dominiert und vom Stahlhelm unterstützt wurde, ins Werk gesetzt. Dieser Schritt war ganz wichtig, weil die preußische Landesregierung die wichtigste Bastion der demokratischen Kräfte war.

Auch die Regierung Hitler war keine Alleinregierung der NSDAP, sondern eine Koalitionsregierung aus NSDAP, DNVP und Stahlhelm. Der Weg in das „Dritte Reich" wurde also von vielen Organisationen vorangetrieben. Potsdam spielte dabei eine Schlüsselrolle.

---

64 Vgl. Wilhelm von Dommes, BArch.

Marcus Funck
Das 9. Preußische Infanterie-Regiment zwischen sozialer Exklusivität und militärischer Professionalität

Das 9. Preußische Infanterie-Regiment, vor allem in Potsdam und Berlin stationiert, war eines von 21 Infanterie-Regimentern im durch den Versailler Vertrag auf eine Stärke von 100 000 Mann begrenzten Heer der Reichswehr der Weimarer Republik. Seine Personalstärke betrug etwa 2 000 Soldaten mit ca. 50 Offizieren.

Obwohl es sich organisatorisch und militärisch kaum von den anderen Regimentern abhob, handelte es sich beim Infanterie-Regiment 9 um die bekannteste militärische Truppeneinheit der Reichswehr, die eine starke öffentliche Aufmerksamkeit auf sich zog. Schon Zeitgenossen galt dieses Regiment als bedeutender institutioneller, sozialer und politischer Ort innerhalb des geschrumpften Militärs der Weimarer Republik.

Erstens handelte es sich bei diesem Regiment um eine militärische Einheit, bei der nach den tiefen Brüchen des industrialisierten Massenkriegs 1914–1918, dem Zusammenbruch, der Revolution und der Konterrevolution 1918/19 eine spezifisch preußische aristokratisch-wilhelminische Offizierskultur zumindest in Teilen und für einen kurzen Moment wiederhergestellt werden konnte. Das IR „Graf Neun" mit seinem überdurchschnittlichen Anteil von Offizieren aus überwiegend preußischem Adel, repräsentierte gewissermaßen die Idee vom preußischen Heer als *rocher de bronze* und bildete somit eine Brücke zwischen altem und neuem Heer. Zweitens verstand sich das Regiment, insbesondere dessen Offiziere, als eine schillernde Eliteeinheit inmitten der feldgrauen Reichswehrtruppen. Dieser Anspruch gründete allerdings nicht mehr nur auf der Herkunft zahlreicher Offiziere aus Adelsfamilien mit langer Militärtradition und Bewährung im Kriege, sondern auch auf der besonderen Betonung von Leistungsfähigkeit und Bildungsorientierung. Eine auffällig hohe Zahl an Offizieren waren dem Kader für die Armee der Zukunft zugeordnet, belegte Kurse an Universitäten und reüssierte auch nach dem Zweiten Weltkrieg in der Bundesrepublik in Führungspositionen in Militär, Politik und Gesellschaft. Drittens galt militärkritischen Beobachtern aus dem Spektrum der demokratischen Parteien das Regiment als ein Hort des monarchietreuen Antirepublikanismus und als verlängerter Arm antidemokratischer Kräfte in der Armee der Republik. Vor allem Potsdam als einer der Regimentsstandorte entwickelte sich zum zentralen Ort monarchistisch-antirepublikanischer Agitation, woran die Soldaten des Regiments sich direkt oder indirekt beteiligten. Und

https://doi.org/10.1515/9783111305622-018

viertens wurde im Zuge der Etablierung des militärisch-konservativen Widerstands als maßgebliche Traditionslinie der Wehrmacht in die junge Bundeswehr
hinein, auch das Infanterie-Regiment 9 seit den späten 1950ern zu einem zentralen Ort der Dissidenz zum Nationalsozialismus verklärt und für eine positive Bezugnahme hergerichtet. Zwar wurde eine die Herstellung einer direkten Traditionslinie von den preußischen Gardeinfanterie-Regimenter über das Regiment der
Reichswehr- und Wehrmachtszeit bis in die Gegenwart hinein seitens der Bundeswehrführung vermieden, doch seit 1961 übernahm der Semper talis Bund e. V. in
eigener Verantwortung und mit wohlwollender Unterstützung der Bundeswehr
im Umfeld des Wachbataillons diese Funktion.[1]

Das Infanterie-Regiment 9 im Übergang von Monarchie zu Republik

Vielen repräsentiert das Infanterie-Regiment 9 eine ungebrochene Kontinuitätsli-
nie des preußischen Militärs vom wilhelminischen Obrigkeitsstaat zur Weimarer
Republik.[2] Doch lässt sich ohne Berücksichtigung der traumatischen Erfahrungen
des Ersten Weltkriegs, Kriegsniederlage und Kaiserflucht, Revolution und vor-
übergehendem Kontrollverlust über Waffen und Gewaltmonopol das Verhalten
des Offizierskorps und insbesondere seiner Mitglieder in der Reichswehrzeit nicht
angemessen verstehen.[3] Dies gilt in besonderem Maße für die adligen Offiziere,
die mit der Abdankung Wilhelms II. eine doppelte Autorität in der Krise verloren
hatten.[4] Zwar blieb die Monarchie für den größten Teil der Generalstabs- und
Truppenoffiziere die einzig denkbare Staatsform, doch nahm die zunächst nur
privat geäußerte, dann auch öffentliche Kritik adliger Offiziere an der Person des
Kaisers wie des Kronprinzen schnell an Ausmaß und Schärfe zu. Während nur
bei einer ganz unwesentlichen Minderheit der Offiziere dieser schleichende Ablösungsprozess vom Monarchen mit einer Hinwendung zur Republik korrespon-

---

1 Vgl. die Selbstdarstellung des Semper talis Bundes e. V. unter: Heinz-Günter Jansen, „Der Semper talis Bund e. V.", https://semper-talis-bund.de/semper-talis-bund/geschichte.php, abgerufen am
20.10.2023.
2 Beispielhaft für die ältere Literatur Francis L. Carsten, *Reichswehr und Politik 1918–1933* (Köln:
Kiepenheuer & Witsch, 1964).
3 Vgl. Marcus Funck, „Schock und Chance: Der preußische Militäradel in der Weimarer Republik
zwischen Stand und Profession", in *Adel und Bürgertum in Deutschland: Entwicklungslinien und
Wendepunkte*, Bd. 2, Hg. Heinz Reif (Berlin: Akademie-Verlag, 2001), 127–71.
4 Vgl. Martin Kohlrausch, *Der Monarch im Skandal: Die Logik der Massenmedien und die Transformation der wilhelminischen Monarchie* (Berlin: Akademie-Verlag, 2005).

dierte, sahen eher traditional-konservativ eingestellte Offiziere im absolut gesetzten Staat und einem übergeordneten Reichsgedanken, die Brücke zwischen Vergangenheit, Gegenwart und Zukunft.[5] Einen gewissen Bruch mit der aristokratischen Offizierstradition markierte die Orientierung zum Volk als Grundlage militärischer Arbeit, eine Einstellung wie sie besonders außerhalb des institutionalisierten Militärs häufig aufzufinden war. Diesen Übergang zum Völkischen formulierte in zunächst noch gemäßigter Form Admiral Adolf v. Trotha in einer Denkschrift vom 12. März 1919:

> In der Vergangenheit gab sich der Offizier mit seiner ganzen Person in die Hand des Monarchen als der Verkörperung des Staates, seines Vaterlandes. [...] Heute haben sich diese Verhältnisse ganz verschoben. Der ideelle Mittelpunkt liegt jetzt im völkischen Staat, im Vaterland selbst.

Im Ansatz wurde bereits hier das Beharren auf ständische Exklusivität relativiert, Adel als gesellschaftliche Führungsschicht in einen völkischen Nationsbegriff eingebunden, jedoch ein Bekenntnis zur republikanischen Staatsform durch eines zum Volk als Essenz der Nation ersetzt. Die dritte Variante, die insbesondere innerhalb der Reichswehrführung immer stärker in den Vordergrund rückte, sah im nur sich selbst verpflichteten militärischen Dienst die „Quelle neuer Arbeitsfreudigkeit". Im Antrittsschreiben als Chef des Truppenamts, die Neubezeichnung für den eigentlich verbotenen Generalstab, im Juli 1919 forderte Hans v. Seeckt die Offiziere auf, nur „so lange zurückzuschauen, wie Kraft für die Zukunft geschöpft" werden könne, sich ansonsten aber sachlicher militärischer Zukunftsarbeit zu verpflichten.[6] In der Praxis durchmischten sich diese Legitimationsgrundlagen militärischer Arbeit sicherlich, doch bleibt festzuhalten, dass in zunehmend geringerem Maße die Monarchie als politische Orientierungsgröße für die Offiziere infrage kam, die Republik schon gar nicht, sondern ein abstrakter Staat, das organisch gewachsene Volk oder das professionelle Militär.

---

5 Allg. Stephan Malinowski, *Vom König zum Führer: Sozialer Niedergang und politische Radikalisierung im deutschen Adel zwischen Kaiserreich und NS-Staat* (Berlin: Akademie-Verlag, 2003), 189–246; siehe auch Funck, „Schock und Chance", 145–51.
6 Erlass des Chefs der Heeresleitung, Generalmajor v. Seeckt, an die Generalstabsoffiziere vom 07.07.1919 in Hans Meier-Welcker, Hg., *Offiziere im Bild von Dokumenten aus drei Jahrhunderten* (Stuttgart: DVA, 1964), 217–19.

Neue Konzepte der Reichswehrführung

Darauf aufbauend entwickelte die Reichswehrführung, über die bekannten Restaurationsbestrebungen hinaus, eigene Elitekonzepte, die erstens zur inneren sozialen und institutionellen Ordnung der Reichswehr beitragen sollten und zweitens der Idee des Kaderheeres für eine zukünftige Erweiterung geschuldet waren. Diese Elitekonzepte zielten gleichzeitig auf Re-Aristokratisierung wie auf Professionalisierung des Offizierskorps, was von den Offizieren keineswegs als Widerspruch verstanden wurde. Das Konzept der Re-Aristokratisierung bezog sich in diesen Entwürfen in erster Linie auf das soziale Verhalten und die gesellschaftliche Position der Offiziere, während das Konzept der Professionalisierung das militärfachliche Verhalten und zivil-militärische Beziehungen betraf. Der von Wilhelm Groener im Zusammenbruch 1918/19 eingeschlagene und von v. Seeckt fortgeführte Kurs, die Reichswehr auf der personellen und organisatorischen Basis des ehemaligen Generalstabs zu konstituieren, ist auch von deren Nachfolgern, trotz einiger historisch interessanter Experimente, niemals verlassen worden, so dass der professionelle Kern gegen die Gefahr des Eindringens von „Frontsoldaten" oder gar von „demokratischen Offizieren" zuverlässig abgeschirmt wurde. Die Reinigung der Armee „von den Schlacken des Krieges und der Revolutionszeit", wie es Groener im unnachahmlichen Ton formulierte,[7] beinhaltete eben auch eine klare Absage an Modelle einer „republikanischen Armee", wie sie bspw. von dem ersten preußischen Kriegsminister der Weimarer Republik und Vorgänger Seeckts als Chef der Heeresleitung des neuen Reichsheeres, dem Württemberger Walther Reinhardt, ersonnen worden waren.

Re-Aristokratisierung und Adelsanteil im IR 9 und in der Reichswehr

Es sind zunächst die Zahlen, die nach anfänglichem Zögern auf eine erstaunliche Beharrungskraft des preußischen Kleinadels verweisen – allerdings auf erheblich niedrigerem Niveau als vor 1914. Der Adelsanteil unter den Offizieren insgesamt schwankte zwischen 20 und knapp über 30 %. In einzelnen Regimentern, darunter das 9. Preußische Infanterie-Regiment, betrug er zeitweilig bis zu 60 %. Allerdings

---

7 Wilhelm Groener an den preußischen Kriegsminister Walther Reinhardt vom 24.8.1919, zit. nach Detlef Bald, Gerhild Bald-Gerlich und Eduard Ambros, Hg., *Tradition und Reform im militärischen Bildungswesen: Von der preußischen Allgemeinen Kriegsschule zur Führungsakademie der Bundeswehr; Eine Dokumentation 1810–1985* (Baden-Baden: Nomos, 1985), 46, 153.

hieß das in absoluten Zahlen auch, dass zu keiner Zeit mehr als 1 000 adlige Offiziere in der Reichswehr und auf Regimentsebene keine 50 gleichzeitig dienten. Die Tendenz zur Re-Aristokratisierung äußerte sich nicht nur in formaler Traditionspflege und in der Konzentration des Adels in bestimmten Regimentern nach wilhelminischem Muster, sondern auch in weitreichenden Eingriffsversuchen der Heeresleitung in die private Lebensführung der Offiziere zur Wiederaufrichtung eines homogenen Offiziersstands. Nicht zuletzt drückte der „aristokratische Stil" der Reichswehr deren Anspruch aus, auch über die fachmilitärische Sphäre hinaus, konservativ-gesellschaftliche Werte zu repräsentieren und im Ernstfall zu verteidigen. Im Unterschied zum Status des Offizierskorps vor 1914 hingegen stieß die Militärführung sehr schnell an ihre Grenzen. Wenngleich die nachträgliche Selbsteinschätzung, die Reichswehroffiziere seien „Parias der Gesellschaft" gewesen,[8] eine bewusste Übertreibung war, stimmt doch so viel an dieser Beobachtung, dass sie sich in ihrem Anspruch der Repräsentation von gesamtgesellschaftlichen Werten mit einer Vielzahl anderer sozialer und politischer Gruppen auseinanderzusetzen hatten und dabei nicht von vornherein eine Position der Stärke einnahmen.

Das Verhältnis des Adels zur Reichswehr war zunächst ein zwiespältiges. Vor allem die landgesessenen Familien verhielten sich recht zurückhaltend gegenüber der neuen Reichswehr. Grundsätzlich wurde das „Söldnerheer" der Republik kritisch und ablehnend beurteilt, dagegen die glorreiche militärische Vergangenheit in erster Linie von ehemaligen Offizieren beschworen. Aus dem Zwang zur beruflichen Neuorientierung heraus und aufgrund der ökonomischen Dauerkrise, die gerade die militäradligen Familien belastete, ergingen jedoch schon sehr früh Aufrufe an den Adelsnachwuchs, sich der „militärischen Aufbauarbeit" nicht zu verweigern.[9] Umgekehrt vermittelte die Reichswehrführung unter v. Seeckt erfolgreich den Anschein der Kontinuität und so mancher Erlass des Chefs der Heeresleitung liest sich geradezu als ein Angebot an die Söhne dieser Familien. Dies lag hauptsächlich daran, dass in den zahlreichen Denkschriften, Erlassen und Auftragsarbeiten der Reichswehrführung mit der Forderung nach „Persönlichkeit" und „Charakter" rhetorisch an Konzepte der Vorkriegszeit angeknüpft wurde, die den Adel besonders anzogen. In Ermangelung einer zeitgemäßen Begrifflichkeit hüllte die Reichswehr selbst ihre eigentlich „modernen" Elitenkonzepte in den Mantel des Vergangenen und trug somit zur Aufwertung des aristokratischen Offizierskonzepts bei.

---

8 Wilhelm Heye, Mein Lebenslauf, Bundesarchiv-Militärarchiv N 18/4, fol. 216.
9 „Adelige an die Front!" und Hauptmann v. Kortzfleisch, „Der Offizierberuf im Reichsheer", *Deutsches Adelsblatt* 39 (1921): 132–33, 338–39.

Mit nur kleinen Einschränkungen blieb den Regimentern bzw. Kompanien das Recht auf Auswahl der Offiziere und des Ersatzes an Unteroffizieren und Mannschaften belassen, so dass in einzelnen Einheiten alte Regiments- und Familienbeziehungen erneut Tendenzen zur Konzentration und Abschließung begründeten. Durch die Betonung der Traditionspflege wurde gerade adligen Offiziersfamilien, mit ihren generationenübergreifenden Verbindungen zu einzelnen Einheiten, der Wiedereinstieg in den Offiziersberuf erleichtert. Mit dem Ziel, die militärische Vergangenheit mit der Gegenwart zu versöhnen, wurden seit 1921 den Kompanien sogenannte Traditionsregimenter zugewiesen, aus deren Geschichte die jungen Einheiten Kraft für die gänzlich unheroische Tagesarbeit beziehen sollten. Was lag für einen adligen Offiziersanwärter näher, als sich um die Aufnahme in solchen Einheiten zu bemühen, deren Geschichte untrennbar mit dem eigenen Familiennamen verwoben war? Und umgekehrt mussten auch die Regimenter Interesse an Offizieren haben, die in ihrer Einheit mehr als nur eine nummerierte Versorgungsanstalt sahen, unter der sie militärische Tagesarbeit leisteten. Einzelne Regimenter, wie das Infanterie-Regiment 9 – Tradition vor allem der Infanterie-Garderegimenter – und das Reiter-Regiment 4 – Tradition u. a. der Gardes-du-Corps – in Potsdam sowie das Bamberger Reiter-Regiment 17 – Tradition der bayerischen Garde-Kavallerie u. a. des 1. Ulanen-Regiments – entwickelten sich so wieder zu Bastionen des Militäradels. Die Erwähnung der sogenannten „17er Reiter" erfolgte daher nicht zufällig, konzentrierte sich doch hier insbesondere der süddeutsche Adel, zum Teil auch aus standesherrlichen Familien. Dort dienten Claus Schenk Graf von Stauffenberg und andere Offiziere aus dem militärisch-konservativen Widerstand. Der Adelsanteil lag hier mit leicht absteigender Tendenz bei bis zu 60 %.[10]

Gegen die Absichten der Offiziere in der Reichswehrführung gab es auf Initiative „von unten" also durchaus Möglichkeiten, regimentale Eigenheiten zu bewahren und Freiräume für spezifisch adlige Vorstellungen von *Offiziertum* zu schaffen. Dies äußerte sich in kleinen Widerständigkeiten und Beharrungsleistungen auf dem gesellschaftlichen Parkett. Gerade in den kleinen, verstreuten Garnisonsstädten auf dem Lande – solche ländlich-kleinstädtischen Standorte blieben sehr zum Leidwesen der Reichswehrführung in der Mehrzahl –, in denen das Offizierskasino wieder zum Mittelpunkt des geselligen Lebens erhoben wurde, konnten die Offiziere einen Lebensstil kultivierten, der an die „besseren Regimenter" im Kaiserreich anknüpfte. Im Mikrokosmos der Regimenter und Kompanien boten sich Nischen zum standesgemäßen Überleben und zur Pflege eines aristokratischen Kriegerethos, die der Adel, soweit es ihm möglich war, konsequent besetzte

---

10 Für das Infanterie-Regiment 9 vgl. Hermann Teske, „Analyse eines Reichswehr-Regiments", *Wehrwissenschaftliche Rundschau* 12 (1962): 252–69.

und mit eigenem Inhalt und Sinn füllte. In den Regimentern und Regimentsvereinen lieferte insbesondere der Adel ein Surrogat für die realen sozio-kulturellen Verluste infolge des tiefen Kontinuitätsbruchs zwischen alter Armee und Reichswehr. Kraft der historischen Tiefe seiner Familiennamen und dem Glanz der militärischen Vergangenheit versorgte er ein geschichtsloses Heer mit einem Hauch von sozialem Status, Kontinuität, Farben- und Formenpracht sowie Geschlossenheit. Hier konnte er in verkleinertem Maßstab die Stärken seiner Repräsentationskultur und seiner Symbolwelt ausspielen. Neben dem schlichten Feldgrau, der Farbe des Krieges, und dem jovialen, „zivilistischen" Stil des Ministeriums glänzten die wilhelminisch prachtvollen Uniformen der alten Regimenter umso mehr. Anlässlich des Hochverratsprozesses gegen die Ulmer Reichswehroffiziere, durch den das Ausmaß der inneren Zerrissenheit der Reichswehr sowie die Frontstellung ihrer Führung gegen die politische Einflussnahme der Wehrverbände öffentlich wurde, kommentierte Generalleutnant a. D. August v. Cramon, dass die Reichswehr ihrer eigentlichen Aufgabe, der Pflege der Tradition und deren Übertragung auf die Gegenwart nicht gewachsen sei. Durch den Wegfall der Monarchie fehlten der Reichswehr die Voraussetzungen, die unbedingtes Vertrauen und innere Zufriedenheit gewährleisten, zumal die Republik nichts Gleichwertiges hätte aufbauen können. Zwar überschätzte der überzeugte Monarchist alter Prägung die Anziehungskraft der monarchischen Idee, doch lag er mit seiner Beobachtung richtig, dass sich gerade jüngere Truppenoffiziere, fern von der Berliner Zentrale, auf der Suche nach einer „übergreifenden Idee" an Angeboten jenseits der Reichswehr der Republik aufrichteten.[11] Die Ausstrahlung der aristokratisch orientierten Regimenter und Vereine, deren Zahl geradezu ins Unermessliche stieg, blieb auf den Ort bzw. die Region oder auf Teilbereiche der nationalen Militärkultur begrenzt. Um aber in der fragmentierten militärischen und zivilen Gesellschaft der Weimarer Republik integrativ zu wirken, fehlten der aristokratischen Interpretation des Offiziersberufs letztlich die Legitimation und eine zukunftsweisende Perspektive.

In diesem weiteren Kontext entfaltete sich die Anziehungs- wie Ausstrahlungskraft des Potsdamer Infanterie-Regiments 9. Personelle Kontinuitäten, die Standorte Potsdam und Berlin mit ihrer Nähe zu den zahllosen rechten, monarchistischen Vereinen und Verbänden, die vorzugsweise von arbeitslos gewordenen Offizieren a. D. geleitet wurden, die Nähe aber auch zu den militärischen Entscheidungszentralen sowie schließlich zum preußischen Königshaus, vor allem aber der sogenannte Traditionserlass des Chefs der Heeresleitung vom Sommer 1921 ließen den Dienst für sogenannte „Traditionssöhne" in diesem Regiment als

---

11 Vgl. August v. Cramon, „Der Leipziger Hochverratsprozess im Lichte deutscher Freiheit", Bundesarchiv-Militärarchiv N 266/80, fol. 15–18.

besonders attraktiv erscheinen.[12] Mit dem Traditionserlass, der die junge Reichswehr symbolisch und emotional an das alte Heer binden sollte, wurden den Kompanien des Regiments u. a. die Traditionen bedeutender preußischer Garderegimenter, insbesondere die Tradition des ersten Garderegiments zu Fuß, Hausregi-
ment der Hohenzollern, zugewiesen.[13] Infolge dieser Nähe zu aristokratisch-
wilhelminischen Traditionen sowie des deutlich sichtbaren weit überproportiona-
len Anteils adliger Offiziere erhielt das Regiment den Spitznamen „Graf Neun",
ein Begriff auf den in der Erinnerungsliteratur durchgängig positiv Bezug genommen wird.

Exemplarisch für die neugewonnene Attraktivität des Dienstes in gerade diesem Regiment steht der Lebens- und Berufsweg des wohl berühmtesten Offiziers
im Infanterie-Regiment in der unmittelbaren Nachkriegszeit. Henning von Treskow hatte nach der Kriegsniederlage den Dienst quittiert und sich auf das elterli-
che Gut zurückgezogen. Strebte er zunächst eine Karriere in der Privatwirtschaft
an, entschied er sich nach einer Weltreise, die er zusammen mit dem Militärpubli-
zisten Kurt Hesse unternommen hatte, für die Rückkehr zum Offiziersdienst, den
er ab 1926 im Infanterie-Regiment 9 leistete.[14] Es ist bemerkenswert, dass der ehemalige Gardeoffizier v. Treskow mit privatwirtschaftlicher Tätigkeit und Weltreise einerseits den engen Horizont der Lebenswelt des Kleinadels verlassen hatte,
mit der Rückkehr in das Nachfolgeregiment der preußischen Garde gewissermaßen an seinen angestammten Ort zurückkehrte.

Hier überlebte ein keineswegs repräsentativer aristokratisch-monarchisti-
scher Mikrokosmos, in dem das Kulturmodell des wilhelminischen Offiziers vorherrschte, von dem Max Weber sagte, dass dessen Formen nicht demokratisierbar
gewesen seien. Diese antirepublikanische aristokratische Offizierskultur lässt sich
in sozialen Verhaltensweisen, inneren Haltungen und schließlich auch in politischen Einstellungen beschreiben. Sie war geprägt von dem festen Beharren auf
Vor-Rang und Exklusivität, die sich aus der generationentiefen Verbundenheit der
„heldische Familien" zum Militärischen im Allgemeinen, spezifischen militäri-

---

12 Vgl. Schreiben des Kommandeurs Gruppenkommando 2, Generalmajor Friedrich v. Loßberg,
„Erhaltung der Überlieferung des alten Heeres", Bundesarchiv-Militärarchiv N 247/89 (v. Seeckt),
fol. 5 f. Siehe auch Friedrich v. Rabenau, „Auszug aus meinen Erinnerungen an meine Adjudan-
tenzeit", Bundesarchiv-Militärarchiv N 62/11 (v. Rabenau), fol. 19–29.
13 Vgl. Reichswehrministerium – Chef der Heeresleitung, General der Infanterie v. Seeckt, „Die
Grundlagen der Erziehung des Heeres" vom 1.1.1921, abgedruckt in Meier-Welcker, *Offiziere im
Bild*, 224–26. Der eigentliche „Traditionserlass" stammt vom 24.8.1921.
14 Vgl. Fabian v. Schlabrendorff, *Begegnungen aus fünf Jahrzehnten* (Tübingen: Wunderlich,
1979), 108 und Kurt Hesse, *Der Geist von Potsdam* (Mainz: Hase & Koehler, 1967), 97–101. Die einzige umfassende Biografie, die wissenschaftlichen Standards allerdings nur zum Teil entspricht:
Bodo Scheurig, *Henning v. Treskow: Ein Preuße gegen Hitler* (Berlin: Propyläen, 2004).

schen Einheiten im Besonderen speisten. Damit verbunden war ein unbedingter Anspruch auf Herrschaft und Führung, der sich traditionell aus der Nähe zum Monarchen ableitete, zunehmend aber auch andere, allerdings nicht-demokratische Legitimationsquellen einschloss, inklusive eines ausgeprägten Opfer- und Heldenkultes, der soziale Exklusivität in Beziehung zu erfolgreichen militärischen Leistungsproben setzte.[15] Selbst das Ideal vom Offizier nicht als Beruf, sondern als Stand; vom Offizier als ästhetisiertes Gesamtkunstwerk modernen Rittertums inmitten des grauen bürgerlichen Alltags konnte, befeuert durch sensationalistische mediale Berichterstattung, in diesem Milieu präserviert werden. Allerdings stand diese Rückbesinnung auf ein aristokratisches Offiziersmodell in einem mitunter eklatanten Widerspruch zu dessen materiellen Voraussetzungen.[16]

Die aktiven Offiziere des Preußischen Infanterie-Regiments 9 waren zu politischer Zurückhaltung gezwungen, so dass es kaum direkte Belege für unmittelbar politisches Agieren gibt. Allerdings bewegten sie sich in einem sozio-kulturellen Raum, der sich als Gegenentwurf zur republikanischen Staatsform und parlamentarischen Demokratie verstand. Autobiografischen Berichten lassen sich vereinzelt Hinweise auf symbolische Praktiken im militärischen Alltag entnehmen, die eine fortdauernde tiefe Distanz zur Republik als Staatsform repräsentieren, obwohl die Reichswehr insgesamt nach dem Rücktritt Seeckts infolge der „Prinzenaffäre", der Teilnahme eines Hohenzollernprinzen an einem Manöver des Infanterie-Regiments 9, eigentlich näher an die Republik herangerückt war.[17] Insbesondere der direkte Austausch mit den sich zunehmend radikalisierenden Ehemaligenverbänden, die sich wie z. B. der Schlieffen-Verein der ehemaligen Generalstabsoffiziere, die Vereinigten Vaterländischen Verbände oder die Traditionsvereine der ehemaligen Garderegimenter, nicht nur gegen die Republik, sondern v. a. nach dem erzwungenen Rücktritt Seeckts auch offen gegen die Reichs-

---

15 Vgl. Marcus Funck, „The Meaning of Dying: East Elbian Military Clans as ,Warrior Tribes'", in *Sacrifice and National Belonging in Twentieth-Century Germany*, Hg. Greg Eghigian and Matthew Paul Berg (College Station: Texas A&M University Press for the University of Texas at Arlington, 2002), 26–62.

16 Vgl. Stephan Malinowski, „,Wer schenkt uns wieder Kartoffeln?' Deutscher Adel nach 1918, eine Elite?", in *Deutscher Adel im 19. und 20. Jahrhundert*, Hg. Günther Schulz und Markus Denzel (St. Katharinen: Scripta Mercaturae, 2004), 503–37.

17 So berichtet beispielsweise Christoph v. L'Estocq, wie er als junger Leutnant die Farben der Republik verächtlich machte und vor Hoheitszeichen der Republik den üblichen militärischen Gruß verweigerte. Siehe: Christoph v. L'Estocq, *Unser Potsdam: Eine Erinnerung. Mit altvertrauten Bildern* (Limburg an d. Lahn: Starke, 1985). Zur Politik der Reichswehrführung „in die Republik hinein": Vgl. Michael Geyer, „The Past as Future: The German Officer Corps as Profession", in *German Professions 1800–1950*, Hg. Geoffrey Cocks und Konrad Jarausch (New York: Oxford University Press, 1990), 183–212.

wehrführung stellten, obwohl diese die Verbände finanziell unterstützte, sorgte für eine fortdauernde Einhegung dieser Offiziere in das Potsdamer Milieu, aber auch für fortdauernde konflikthafte Spannungen zwischen aktiven und inaktiven Offizieren.[18]

Konkrete Begegnungsräume boten einerseits die zahllosen gemeinsamen Gedenkveranstaltungen, die sich aus der Traditionsverpflichtung ergaben, andererseits dienstliche wie private Geselligkeit in den Offizierskasinos und privaten Haushalten. Hauptort der Traditionspflege war die Potsdamer Garnisonkirche, in der reliquienartig die Fahnen der Garderegimenter der untergegangenen preußischen Armee aufbewahrt wurden.[19] Es liegt in der Natur der Sache, dass über Begegnungen an vertraulichen Rückzugsorten selbst anekdotische Evidenz nur sporadisch überliefert ist. Doch sollte die Bedeutung insbesondere des Offizierskasinos als *safe space* konspirierender Militärs sowohl im Kampf gegen die Republik als auch in der Distanzierung vom Nationalsozialismus keineswegs unterschätzt werden. Erinnerungen von ehemaligen Offizieren des Regiments lassen jedenfalls keinen anderen Schluss zu, als dass die große Mehrheit der Regimentsangehörigen auf Distanz zur Republik blieb, hingegen die Nähe zu monarchistischen Traditionen, bald aber auch zu alternativen politischen Optionen suchte.

Das IR 9 im NS-Regime

Mit der Machtübernahme der Nationalsozialisten änderte sich für die Reichswehr auf Truppenebene zunächst nur sehr wenig. Mit General Werner v. Blomberg als Reichswehrminister schien die fachmilitärische Kontinuität gewahrt. Die rüstungspolitischen und revisionistischen Ziele der Nationalsozialisten waren ohnehin Konsens bis weit in das liberale politische Spektrum hinein. Der Tag von Potsdam, zu dem das Regiment selbstverständlich die wichtige militärische Staffage bereithielt, schien die Versöhnung konservativ-monarchistischer Militärtradition mit der jungen Armee des neuen Deutschlands auf einunverbrüchliches Funda-

---

18 Vgl. James M. Diehl, „Von der Vaterlandspartei zur nationalen Revolution: Die Vereinigten Vaterländischen Verbände Deutschlands 1922–1933", *Vierteljahreshefte für Zeitgeschichte* 33 (1985): 617–39. Zum antidemokratischen Potsdamer Milieu der aktiven und ehemaligen Militärs mit vielen Beispielen: Vgl. Matthias Grünzig, „Die ‚Geburtsstätte' des Dritten Reiches: Netzwerkbildung antidemokratischer Kräfte in Potsdam während der Weimarer Republik", *Zeitschrift für Geschichtswissenschaft* 68 (2020): 311–21.
19 Vgl. Matthias Grünzig, *Für Deutschtum und Vaterland: Die Garnisonkirche im 20. Jahrhundert* (Berlin: Metropol Verlag, 2017).

ment und symbolisch auf Dauer zu stellen.[20] Selbst die Erschütterungen infolge der Ermordung u. a. von Kurt v. Schleicher und Ferdinand v. Bredow im Zusammenhang mit der Röhm-Affäre führten nur sehr vereinzelt und hauptsächlich aus den Kreisen ehemaliger Generale, wie insbesondere durch den ehemaligen Gardeoffizier Kurt Freiherr von Hammerstein-Equord, dem Hans Magnus Enzensberger ein literarisches Denkmal gesetzt hat, zu offener Kritik, obwohl damit das Argument von der Reichswehr und ab 1935 der Wehrmacht, als einem sicheren und autonomen Ort vor Zugriff des NS-Regimes in deutlicher Weise Lügen gestraft worden war.[21]

Zweifellos wurde die Machtübernahme der Nationalsozialisten von den allermeisten Regimentsangehörigen begrüßt. Die Überwindung des zerrütteten „Parteienstaats" und der in der Militär- wie Außenpolitik „wehrlosen" Weimarer Republik war insbesondere bei den Offizieren von größerer Bedeutung als etwaige Bedenken gegenüber dem ideologischen Programm des Nationalsozialismus. Im Gegenteil, aufgrund der Nähe zu den militärischen wie politischen Schaltzentralen auch über 1933 hinaus spielte das Regiment eine aktive Rolle in der militärischen Aus- und Weiterbildung von ideologisch eindeutigen nationalsozialistischen Formationen wie der der SS. Mag es unter Regimentsangehörigen in Details auch unterschiedliche Einschätzungen des Nationalsozialismus gegeben haben, so überwog doch die eindeutige Zustimmung und Unterstützung des Regimes. Das Regiment im engeren Sinne war Teil der nationalsozialistischen Kriegführung und insofern auch Teil der Vernichtungsmaschinerie. Dafür bedurfte es nicht einmal einer besonderen nationalsozialistischen Indoktrinierung als die unterschiedlichen Varianten der ideologischen Orientierung, von konservativ-monarchistisch, fachmilitärisch-professionell bis hin zu offen nationalsozialistisch, die in keinem grundsätzlichen Gegensatz zum Nationalsozialismus standen. Auch aufgrund der herausgehobenen Stellung einzelner ehemaliger Regimentsangehöriger im nationalsozialistischen Militärapparat lässt sich eine klare Trennlinie zwischen regimentaler Kultur und NS-Staat nicht ziehen.

Aus dem unmittelbaren Umfeld des Regiments jedenfalls sind keine frühen Absetzbewegungen vom Nationalsozialismus überliefert. Im Gegenteil, selbst spätere überzeugte Gegner des Nationalsozialismus, wie Henning von Tresckow, begrüßten bekanntermaßen die Machtübernahme Hitlers und stellten sich in den

---

20 Für viele: Christoph Kopke und Werner Treß, Hg., *Der Tag von Potsdam: Der 21. März 1933 und die Errichtung der nationalsozialistischen Diktatur* (Berlin: De Gruyter, 2013).
21 Vgl. Hans Magnus Enzensberger, *Hammerstein oder Der Eigensinn: Eine deutsche Geschichte* (Frankfurt a. M.: Suhrkamp, 2008).

Dienst des Regimes.[22] Das Infanterie-Regiment 9 übernahm wie andere Regimenter der früheren Kaderarmee Ausbildungsaufgaben für neu aufgestellte Regimenter der Wehrmacht, aber auch andere bewaffneter Verbände. So fungierte es als Ausbildungsregiment für die SS-Leibstandarte „Adolf Hitler" unter Sepp Dietrich. Bemerkenswert daran ist unter anderem, dass die Reichswehr/Wehrmacht und die Offiziere mit der Aufgabe des Waffenmonopols im NS-Staat im Unterschied zur Zeit der Weimarer Republik keine Schwierigkeiten zu haben schienen. Die Heeresvermehrungen seit 1935, bis zum Ausbruch des Krieges wuchs die Zahl der Planstellen für Offiziere ungefähr um das Zehnfache, eröffneten den Offizieren und potentiellen Anwärtern der exklusiven Regimenter auch neue Berufs- und Aufstiegschancen, die neben den Erfolgen des militär- und außenpolitischen Revisionismus die Bindungen an das NS-Regime nur verstärkten. Die Heeresvermehrungen hatten allerdings auch zur Folge, dass die bislang sehr kompakten Regimenter der früheren Kaderarmee aufgeteilt, erweitert, auf andere Standorte verteilt wurden, so dass die soziale Exklusivität und die kulturellen Besonderheiten des Infanterie-Regiments 9 zunehmend an Bedeutung verloren. Letztlich transformierte es zu einem Regiment von nahezu herkömmlichem Charakter unter den Bedingungen der nationalsozialistischen Indoktrinierung und Kriegführung seit 1939.[23]

Während des Zweiten Weltkrieges wurde das Infanterie-Regiment 9 insbesondere 1939 beim Überfall auf Polen, später im Westfeldzug in Belgien und Frankreich und ab Juni 1941 als Teil der Heeresgruppe Mitte im Vernichtungskrieg gegen die Sowjetunion eingesetzt. Frühe zentrale Thesen des Historikers Christian Gerlach über die unmittelbare und zustimmende Beteiligung von Angehörigen des Infanterie-Regiments 9 an Kriegsverbrechen sowie Henning von Tresckows, zur Zeit des Angriffs auf die Sowjetunion Erster Generalstabsoffizier der Heeresgruppe Mitte, willentliche Zu-Arbeit zu Massenverbrechen der SS wurden zwar überzeugend widerlegt,[24] dass es aber aus einer militärischen Sachlogik heraus

---

22 Vgl. Karl Otmar v. Aretin, „Henning von Tresckow und der militärische Widerstand", in *Henning von Tresckow, ich bin, der ich war: Texte und Dokumente*, Hg. Sigrid Grabner und Hendrik Röder (Berlin: Lukas Verlag, 2005), 121–36.

23 Zur Indoktrination der Wehrmacht noch immer: Manfred Messerschmidt, *Die Wehrmacht im NS-Staat: Zeit der Indoktrination* (Hamburg: v. Decker, 1969).

24 Vgl. Christian Gerlach, „Männer des 20. Juli und der Krieg gegen die Sowjetunion", in *Vernichtungskrieg: Verbrechen der Wehrmacht 1941–1944*, Hg. Hannes Heer und Klaus Naumann (Hamburg: Hamburger Edition, 1994), 427–46 sowie ders., *Kalkulierte Morde: Die deutsche Wirtschafts- und Vernichtungspolitik in Weißrußland 1941–1944* (Hamburg: Hamburger Edition, 1999). Dagegen eine ganze Reihe von Publikationen zusammenfassend: Klaus Jochen Arnold, „Verbrecher aus eigener Initiative? Der 20. Juli 1944 und die Thesen Christian Gerlachs", *Geschichte in Wissenschaft und Unterricht* 53 (2002): 20–31.

Kooperationen gab und Kriegsverbrechen im Wissen der Wehrmachtsoffiziere erfolgten, steht außer Frage.

Es stellt sich die Frage, inwiefern die unmittelbare Kenntnis von Kriegsverbrechen und Judenmord Offiziere des Regiments dazu bewegt haben mochten, ihre Widerstandsaktivitäten zu intensivieren. Denn der Bekanntheitsgrad des Regiments in der Gegenwart resultiert aus der besonderen Stellung des Regiments und vieler seiner ehemaligen Offiziere im Netz des militärischen Widerstands. Hier wird man wohl auf jeden einzelnen Fall blicken müssen. Zumindest bei Henning von Tresckow kann als verbürgt gelten, dass seine zunehmende Entfremdung vom Nationalsozialismus zunächst Resultat einer zunehmenden Desillusionierung, schließlich aber an die unmittelbare Einsicht in dessen verbrecherischen Charakter geknüpft war. Ob diese schließlich grundlegende moralische Ablehnung des Regimes ohne weiteres auf den „Charakter" eines gesamten Regiments übertragen werden kann, ist durchaus fraglich. Jedoch gehörten zwei Drittel der 33 Offiziere, die im Jahr der Machtübernahme der Nationalsozialisten im Regiment Dienst taten, dem militärischen Widerstand gegen Hitler und NS-Regime an. Es steht also außer Frage, dass eine erstaunlich hohe Zahl von Regimentsoffizieren an den Aktivitäten des Widerstands unmittelbar beteiligt war.

Von individuellen Entscheidungen abgesehen wurde das Regiment zu einem zentralen Begegnungs- und Entscheidungsort des militärischen Widerstands.[25] Gemäß der preußischen Militärtradition war ein Regiment die niedrigste Truppeneinheit mit relativer Autonomie gerade in Fragen der Geselligkeit. Das Recht zur Auswahl der Offiziere lag beim Regimentskommandeur, so dass die beteiligten Offiziere sich auch aus anderen sozialen Zusammenhängen kannten und zum Teil sogar entfernt miteinander verwandt waren. Aus der relativen Herkunftshomogenität ergab sich eine Vertrautheit, die durch den Ort noch verstärkt wurde. Denn das Offizierskasino war nur aktiven und inaktiven Angehörigen des Regiments zugänglich, so dass unter dem Deckmantel dienstlicher Gespräche oder Geselligkeit ebendort Netzwerkarbeit für den Widerstand verrichtet werden konnte. Niemand wird noch ernsthaft behaupten wollen, dass das Regiment von einem altpreußischen „Geist von Potsdam" beseelt gewesen war, der folgerichtig in den Widerstand geführt hätte. Doch bot der Regimentsrahmen die sozialen, kommunikativen und auch politischen Rahmenbedingungen innerhalb derer sich widerständiges Denken und ein Widerstandsnetzwerk entfalten konnte.

Laut Militärhistoriker Volker Schobeß interessierte sich „die Masse des Regiments [...] wenig für den militärischen Widerstand." „Eroberungswille und die

25 Für das Folgende: Vgl. Eckart Conze, „Adel und Adeligkeit im Widerstand des 20. Juli", in *Adel und Bürgertum in Deutschland: Entwicklungslinien und Wendepunkte im 20. Jahrhundert*, Hg. Heinz Reif (Berlin: Akademie-Verlag, 2001), 269–96.

Selbstbehauptung an allen Fronten" trieben es an. Exemplarische Analysen zeigen bis Kriegsende den „ungebrochene Glaube an den Sieg, die Treue zum ‚Führer'" in Kontinuität auf. Eine große Zahl von Offizieren des Regiments stellten „ihre bewiesene Nähe zum Nationalsozialismus nie infrage".[26]

Dass Regimentszugehörigkeit alleine keine hinreichende Bedingung für die zu Zugehörigkeit zum Widerstand war, sondern ganz im Gegenteil auch in exklusive Machtbereiche des NS-Regimes führte, zeigt nicht zuletzt der Karriereweg von Rudolf Schmundt, der in den 1920er Jahren in herausgehobener Stellung im Infanterie-Regiment 9 diente. Der spätere General der Infanterie sorgte zunächst als Chefadjutant der Wehrmacht bei Hitler, zu dem er ein enges und vertrauensvolles Verhältnis hatte, für einen Ausgleich der Interessen zwischen Wehrmacht, SS und Gestapo. Seit 1942 auch Chef des Heerespersonalamts betrieb er dort eine Personalpolitik nach nationalsozialistischen Grundsätzen. Als ausgewiesen politischer General und überzeugter Antisemit stellte sich Schmundt in einflussreicher Stellung ganz in den Dienst des NS-Regimes. Es war eine Ironie der Geschichte, dass er beim Attentat des 20. Juli 1944 ums Leben kam.[27]

Zur Geschichtsschreibung nach 1945

Im Zuge der Wiederbewaffnung und der damit verbundenen Heraushebung des konservativ-militärischen Widerstands nach 1945 arbeitete eine ganze Schar von ehemaligen Neunern, Militärschriftstellern und auch militärischer Behörden an der Festschreibung eines einseitig positiven Bildes des militärischen Widerstands im Allgemeinen und der zentralen Rolle des Regiments im Besonderen. Neben den zahllosen Memoirenschreibern waren es so unterschiedliche bürgerliche Autoren wie der Archivar Hermann Teske, der Militärpublizist Kurt Hesse oder später auch Wolfgang Paul, die seit den späten 1950er Jahren zur Wiederherstellung der Vorstellung eines spezifischen „Geistes von Potsdam" beitrugen.[28] Dieser „Geist von Potsdam", der sich aus einer vermeintlich ungebrochenen preußisch-

---

26 Volker Schobeß, *Das Kriegshandwerk der Deutschen – Preußen und Potsdam 1717–1945* (Berlin: Trafo, 2015), 656–58.

27 Reinhard Stumpf, General der Infanterie Rudolf Schmundt, in *Hitlers militärische Elite. 68 Lebensläufe*, Hg. Gerd R. Ueberschär, Bd. 2, (Darmstadt: Primus-Verlag, 1998), 226–235 und schärfer im Urteil: Wolfram Wette, *Die Wehrmacht. Feindbilder, Vernichtungskrieg, Legenden* (Frankfurt a. M.: Fischer: 2002), 134–135.

28 Vgl. Hermann Teske, „Analyse eines Reichswehr-Regiments", *Wehrwissenschaftliche Rundschau* (1951): 252–69; Kurt Hesse, *Der Geist von Potsdam* (Mainz: Hase & Koehler, 1967); Wolfgang Paul, *Das Potsdamer Infanterie-Regiment 9: 1918–1945* (Osnabrück: Biblio-Verlag, 1983).

aristokratischen Militärtradition speiste, sei für den militärischen Widerstand maßgeblich handlungsleitend gewesen. Und selbst der Bundeswehr-Reformer und Mitbegründer des Konzepts der Inneren Führung, Wolf Graf Baudissin, ebenfalls ein ehemaliger Neuner, ließ trotz seiner ostentativen Abkehr von den preußisch-deutschen Militärtraditionen, ebendiese Traditionen in der jungen Bundeswehr fortschreiben.

Der Geschichte des Potsdamer Infanterie-Regiments 9 wird allerdings weder eine perhorreszierende Anklage als einem durchgängigen Hort der Reaktion noch eine ungebrochene Heldenerzählung vom Widerstand gegen den Nationalsozialismus gerecht. Aus den Trümmern der preußischen Garderegimenter hervorgegangen, blieb das Regiment personell, sozial und politisch eng an die Traditionen des preußischen Militär- und Machtstaates gebunden. Gestützt durch die erweiterte Potsdamer „Gesellschaft der Ehemaligen", von der Revolution in ihrer einstigen Machtstellung erschütterten konservativ-monarchistischen Elite, diente das Regiment mit seinen abgeschlossenen Räumlichkeiten als konspirativer Ort gegen die Weimarer Republik und unterstützten Regimentsangehörige aktiv antirepublikanische Aktionen und Kundgebungen. Doch war das Regiment eben auch eine militärische Einheit der „Wehrmacht der Republik" und agierte innerhalb sich wandelnder Rahmenbedingungen: Professionalisierung und Kaderdenken, Auflösung zivil-militärischer Grenzziehungen oder eine allgemeine Politisierung des militärischen Alltags waren Entwicklungen, die sich nicht ohne weiteres in die Erzählung von der Armee als unwandelbaren *rocher de bronze* integrieren lassen.

Warum letztlich doch eine noch immer bemerkenswert große Zahl ehemaliger Regimentsoffiziere in allerdings unterschiedlicher Intensität den militärischen Widerstand gegen Hitler unterstützte oder gar forcierte, bleibt eine bedeutende Frage. Viele Einzeluntersuchungen haben aufgezeigt, wie wenig hilfreich eine klare Gegenüberstellung des militärisch-konservativen Widerstands und NS-Staat ist. Auch helfen metaphysische Begriffe wie „Verstrickung", „Verhängnis" oder „Schicksal", die in der autobiografischen und apologetischen Literatur gerne verwendet werden, nicht viel weiter. Sinnvoller scheint es, einerseits nach den immateriellen und materiellen Bedingungen widerständigen Handelns sowie nach den konkreten Erfahrungen und Wendepunkten im Leben der einzelnen Akteure zu fragen. Bei aller Unterschiedlichkeit der einzelnen am militärischen Widerstand beteiligten Offiziere wird man bei nahezu allen einen graduellen Ablösungsprozess feststellen können, der sich in Angesicht von Verbrechen und sich abzeichnender Kriegsniederlage mitunter erheblich beschleunigte.

Das Infanterie-Regiment 9 hat eine erhebliche Bedeutung für die Geschichte des militärischen Widerstands: als ein Ort der Konspiration, als ein Ort privilegierten Zugangs zu Machtpositionen, als ein Ort relativer Autonomie. Ob dieses anzuerkennende moralisches Erbe jedoch tatsächlich für eine ungebrochene Traditionsbildung innerhalb der Bundeswehr wie der Demokratie nach 1945 taugt, ist eine Frage, die allerdings bereits seit den 1960er Jahren insbesondere von Hans Mommsen kritisch gestellt wurde.[29]

Die Geschichte des Regiments war eine ambivalente und sollte in dieser Ambivalenz auch in der Traditionsbildung wie in der öffentlichen Diskussion erzählt werden.[30]

---

29 Vgl. Hans Mommsen, „Gesellschaftsbild und Verfassungspläne des deutschen Widerstandes", in *Der deutsche Widerstand gegen Hitler: 4 historisch-kritische Studien*, Hg. Walter Schmitthenner und Hans Buchheim (Köln: Kiepenheuer & Witsch, 1966), 73–167.

30 Vgl. Stephan Malinowski, „Beide Geschichten erzählen", in *Der SPIEGEL*, 11. Juli 2004, 46–48.

Philipp Oswalt
Was symbolisiert die Potsdamer Garnisonkirche?

Auf der Breiten Straße flanieren im morgendlichen Sonnenschein Paare, Freunde, Familien und Mütter mit ihren Kindern vor der Potsdamer Garnisonkirche. Mit dieser idyllischen Szene präsentiert der Maler Carl Hasenpflug auf seinem Ölgemälde von 1827 das Bauwerk. Doch dieser Anschein von Bürgerlichkeit auf der weit verbreiteten Darstellung der Kirche ist irreführend. Denn Potsdam war Garnisonstadt und bis 1945 von Militär geprägt. Zeitweilig war ein Drittel ihrer Einwohner Soldaten. Ebenso beherrschten unzählige Militärbauten das Stadtbild: Kasernen, Kommandanturen, Wachen, Marställe, Exerzierplätze, Lazarette, Invalidenhäuser, Munitions- und Gewehrfabriken. So wenig Potsdam eine freie Bürgerstadt war, so wenig war die Garnisonkirche ein übliches Gotteshaus. Und so überrascht es kaum, dass zahlreiche historische Fotos zeigen, wie Soldaten und andere Uniformierte vor der Garnisonkirche aufmarschieren oder sich bei ihr versammeln. Ein anderes häufig gemaltes, fotografiertes und gefilmtes Bildmotiv ist der Turm der Garnisonkirche, der hinter Soldaten aufragt, die im Lustgarten aufmarschieren und paradieren.

Worin also liegt die Symbolbedeutung der Garnisonkirche? Direkt dem König unterstellt, war der 1735 eingeweihte Bau Symbol weltlicher Macht: Er verkörperte den religiös legitimierten Herrschaftsanspruch des preußischen Königs. Zugleich war er ein militärischer Erziehungsort: Die Kirche fasste 3 000 Plätze, um in den Gottesdiensten jeweils einer großen Zahl von Soldaten die Prinzipien von Gehorsam, Pflichterfüllung, Opferbereitschaft und Korpsgeist zu vermitteln.

Der 88 Meter hohe Kirchturm war schon aus weiter Ferne zu sehen: „Am Horizonte stand in scharfen Linien steif-grenadierhaft die Garnisonkirche von Potsdam: das Symbol des Jüngstgeborenen im alten Europa, des Militärstaats Preußen",[1] schrieb Theodor Fontane 1869. Im Halbstundentakt erklang das Glockenspiel mit seinen an die preußischen Tugenden mahnenden Weisen über der Stadt. Der Bau prägte optisch wie akustisch das Potsdamer Stadtzentrum.

---

1 Theodor Fontane, *Ost-Havelland*, Bd. 3, *Wanderungen durch die Mark Brandenburg* (Berlin: Hertz, 1873), 183.

https://doi.org/10.1515/9783111305622-019

Abb. 1: Garnisonkirche und Breite Brücke mit Blick auf das Stadtschloss, Gemälde von Carl Hasen-pflug, 1827, Stiftung Stadtmuseum Berlin

Direkt neben der Kirche lagen der „Lange Stall" und ihr gegenüber Garnisonver-waltung, Kaserne und Gewehrfabrik, am anderen Ende der Breiten Straße das Stadtschloss mit dem Lustgarten als großem Exerzierplatz. All dies formte einen engen funktionalen Zusammenhang: Der Kirchturm überragte den benachbarten Kasernenhof, vom dem aus allsonntäglich die Soldaten zum Gottesdienst abkom-mandiert wurden. In dem als Exerzierhalle erbauten „Langen Stall" spendeten die Garnisonkirchenpfarrer bei den regelmäßigen Rekrutenvereidigungen den kirch-lichen Segen. Und auf der Breiten Straße zog nicht nur die Schlosswache auf, son-dern sie war auch der Ort unzähliger Militärparaden, welche zwischen Schloss und Garnisonkirche abgehalten wurden. Eine besonders feierliche Variante wa-ren die Kirchenparaden, wie sie Kaiser Wilhelm II. beschrieb: „Das Regiment setz-te die Gewehre auf dem Lustgarten zusammen, marschierte zur Garnisonkirche und wohnte dort in Anwesenheit des Königs und des Königlichen Hauses dem Gottesdienst bei." Dies taten sie in voller Uniform und bewaffnet. „Nach dem Got-tesdienst marschierten die Bataillone zum Lustgarten zurück, nahmen die Geweh-

re in die Hand und wurden aufgerichtet."[2] Der Lustgarten als Exerzierplatz bildete eine räumliche wie funktionale Einheit mit der Garnisonkirche, und dies nicht
nur beim Aufmarschieren und Paradieren. Zu Beginn des Ersten Weltkriegs etwa
platzierte der Garnisonkirchenpfarrer den Feldaltar aus der Garnisonkirche auf
dem Lustgarten und segnete und verabschiedete dort die große Zahl der ausrü-
ckenden Soldaten. Militärisch geprägt war auch die Symbolik des Kirchenbaus,
dessen Bedeutung sich über die Jahrhunderte wandelte.

Abb. 2: Parade im Lustgarten anlässlich des Besuches der Queen Victoria, Aquarell von Julius Rabe, 1858

Militär- und Herrschertempel: 1735

Verblüffend ist, dass die 1735 fertiggestellte Kirche so gut wie keine christlichen
Motive aufwies. Der teilweise üppige Bauschmuck außen wie innen[3] symbolisierte
nahezu ausschließlich Militär und weltliche Herrschaft. Die am Kirchturm ange-
brachten Dutzende von Trophäen und Reliefs zeigten allein Kriegswerkzeuge:
Rüstungen, Helme, Harnische, Gewehre, Fahnen und Standarten. Bekrönt war der
Kirchturm nicht wie üblich mit einem christlichen Kreuz, sondern mit einem ab-

---

2 Kaiser Wilhelm II., *Aus meinem Leben 1859–1888* (Berlin: K. F. Koehler, 1927), 41.
3 Hierzu präzise und detailliert: Ludwig Bamberg, *Die Garnisonkirchen des Barock in Berlin und
Potsdam: Baukunst im Kontext* (Hildesheim: Georg-Olms-Verlag, 2018).

solutistischen Herrschaftszeichen: Eine Königskrone mit Reichsapfel bildet die Basis der Wetterfahne, auf die ein Gestell mit dem preußischen Adler, der sich der Sonne entgegenstreckte, und dem Monogramm des Königs befestigt war. Eine Kanonenkugel balancierte das Gewicht der Konstruktion aus. Auf dem berühmten Glockenspiel erklangen zwar immer auch christliche Choräle, aber von Anfang an ebenso weltliche Lieder, seit 1797 die die preußischen Tugenden zelebrierende weltliche Weise *Üb' immer Treu und Redlichkeit*. Während des Ersten Weltkriegs wies der Kaiser zudem an, vor allem patriotisches und militaristisches Liedgut erklingen zu lassen. Nun waren hier die Melodien von *Wohlauf, Kamerad, aufs Pferd*, *Heil Dir im Siegeskranz* und *Deutschland, Deutschland über alles* zu hören.

Abb. 3: Nordosttrophäe auf dem Ersten Turmabsatz: Rüstung- und Waffenschmuck, Foto aus den 1920er Jahren, Brandenburgisches Landesamt für Denkmalpflege

Auch die Ausschmückung im Inneren war wenig religiös, sondern machte die Kirche zu einem Militär- und Herrschertempel. Bis auf das in üppigem Barock geschmückte, zentrale „Königliche Monument" war der Raum ausgesprochen karg gehalten. Das Monument hatte Friedrich Wilhelm I. statt einer üblichen Kanzel errichten lassen. Bestimmend und namensgebend war für dieses die ebenerdige Königsgruft, über deren Eingang die Kanzel platziert wurde. Diese zierten keine Evangelisten, sondern Waffen, Fahnen und Trompeten. Über ihr schwebte der preußische Adler, Helmharnische mit Federbusch und als einziges christliches Zeichen des gesamten Baus ein goldenes Dreieck als Symbol der Dreifaltigkeit. Flankiert wurde die Kanzel von Statuen der mit Schwert bewaffneten Kriegsgötter Mars und Minerva.[4] Auch Kanonen, Mörser und das Monogramm des Königs waren zu sehen.

Als fünf Jahre nach der Fertigstellung der Bauherr, König Friedrich Wilhelm I., starb, wurde sein Leichnam in der Gruft beigesetzt. Nach dem Tod seines Sohns Friedrich II. im Jahr 1786 wurde dessen Sarg gegen dessen Willen auch hierhin verbracht. Der Bau wurde damit zum zentralen nationalen Symbol- und Wallfahrtsort Preußens. Hier ruhten nun die beiden Begründer des preußischen Imperiums als wichtigste Vertreter der Herrschaftsdynastie, gestützt auf sichtbare Zeichen militärischer Macht und religiöser Legitimation. Und es war genau diese Bedeutung als imperiales Zeichen, die Zar Alexander I. und Napoleon diese Stätte Anfang des 19. Jahrhunderts aufsuchen ließen.

Siegestempel und Ruhmeshalle: 1816

Die Bestattung Friedrichs des Großen leitete den Wandel des Baus zum Siegestempel ein, denn hier wurde er als großer Feldherr verehrt, der mit seinen Angriffskriegen das Territorium des preußischen Staates erheblich erweitert hatte. Im Rahmen der Befreiungskriege begann man ab 1813, Kriegergedächtnistafeln in der Garnisonkirche anzubringen, zunächst für die besonders tapferen Truppenteile und die gefallenen Soldaten der Napoleonischen Kriege, dann für die der Brüder- und Einigungskriege der Jahre 1864, 1866 und 1870/71, und schließlich für die der Kolonialkriege in China und Afrika 1900/01 und 1905–1907. Das Anbringen dieser Tafeln an den Wänden änderte am Raumeindruck zunächst wenig. Dies änderte sich aber, als 1816 über zwei Dutzend von der französischen Armee in den Befreiungskriegen erbeutete Standarten und Fahnen als Siegestrophäen beidseits

---

4 1816 wurden diese in das Treppenhaus des Stadtschlosses transferiert, um für das Aufstellen der von der französischen Armee erbeuteten Trophäen Platz zu schaffen.

des Abendmahltisches ausgestellt wurden. Später kamen über 100 weitere von dänischen, österreichischen und französischen Truppen eroberte Fahnen hinzu, welche nun an den Pfeilern im gesamten Innenraum angebracht wurden und diesen zunehmend dominierten.[5] Der Bau wurde damit zu einem Siegestempel, in dem nicht nur an ein abgeschlossenes Erbe erinnert, sondern die gefeierte militärische Tradition mit der Ausbildung neuer Soldaten fortgeführt wurde. Kaiser Wilhelm ließ den bislang überwiegend schlicht gestalteten Innenraum im Geist seiner Zeit neobarock ausschmücken. Die militärische Symbolik wurde hierbei verstärkt, etwa mit einem neuen, mit Waffen dekorierten Marmoraltar.

Abb. 4: Königliches Monument mit Eingang zur Gruft mit den Königssärgen, seitlich an den Pfeilern die erbeuteten Truppenzeichen feindlicher Heere.

---

5 Vgl. Gustav Lehmann, *Die Trophäen des Preußischen Heeres in der Königlichen Hof- und Garnisonkirche zu Potsdam*, 2. Auflage (Berlin: Ernst Siegfried Mittler und Sohn, 1899).

Antidemokratische Traditionsstätte: 1919

Mit der deutschen Niederlage im Ersten Weltkrieg und dem Abdanken des Kaisers geriet die bisherige Symbolbedeutung in eine Krise. Die Herrscherdynastie der Hohenzollern verkörperte nun nicht mehr die weltliche Macht und die militärische Macht war gebrochen. Gemäß des Versailler Vertrages waren die französischen Trophäen zurückzugeben. Dazu kam es zwar nicht, weil Unbekannte diese zuvor entwendeten, aber auch so gingen sie verloren.

Die militärische Führung und ihre Potsdamer Truppen waren nicht bereit, das Ende der Monarchie und die Demilitarisierung Deutschlands zu akzeptieren. Bei ihrer Demobilisierung im Dezember 1918 lehnten sie ab, sich der demokratischen Revolution und der sich formierenden Republik zu fügen. Sie versammelten sich in der Garnisonkirche, überführten ihre Regimentsfahnen in die Königsgruft und hofften auf ein militärisches Wiedererwachen und die Erneuerung einer autoritären Staatsform.[6] Für sie entbehrte die Republik jeglicher Legitimation, die es daher zu überwinden galt. Mit dem Wegfall ihres einstigen obersten Dienstherren wurde die „Hof- und Garnisonkirche" in „Garnisonkirche" umbenannt.

1921 gründeten die Veteranen der Garderegimenter den Semper talis Bund, der verlautbarte:

> Am 13.12.1918 wurde das Erste Garderegiment hier in unserer alten Garnisonkirche vor der Gruft der beiden großen Preußenkönige in unbeflecktem Ehrenkleide begraben. So soll es ruhen, bis Preußen wieder einst aufsteigt zu neuer Größe und mit ihm sein Erstes Garderegiment.[7] [...] Wir hoffen und wünschen, daß noch einmal Zeiten über Deutschland emporsteigen, wo Friedrichs des Großen Geist das deutsche Herz wieder erfüllt und fortreißt, wo die alten Fahnen wieder über einem neuen Gardecorps wehen, wo auch unser altes Regiment neu entsteht, getragen von dem alten Geist: Semper talis![8]

Das christliche Wiederauferstehungsmotiv wurde auf Friedrich den Großen, die Monarchie und das preußische Militär übertragen und die Garnisonkirche zu dem Ort, an dem diese ersehnte Wiederauferstehung sich vollziehen sollte. Bereits um 1900 imaginierte der Historienmaler Georg Schöbel mit seinem Gemälde *Fridericus Immortalis* eine Wiedererweckung Friedrich des Großen, der aus der Gruft entsteigt und zu neuem Leben erwacht. In der großen Beliebtheit des Bildes in der Weimarer Republik und im frühen NS-Regime manifestierten sich die Ablehnung der jungen Demokratie und die Sehnsucht nach dem Wiederaufstieg eines preu-

---

6 Hierzu: Albrecht Hannibal, *800–1920*, Bd. 1, *Semper Talis* (Münster: Verlagshaus Monsenstein und Vannerdat, 2009), 746–48.
7 Zur Einweihung des Semper Talis Monuments am 24.6.1924.
8 Oberpfarrer Paul Thiede, „Aus Potsdam. Erinnerung an unsere alte Soldatenkirche", *Zeitschrift Semper Talis* 26 (1927): 16–17.

ßisch-deutschen Imperiums. Als Sehnsuchtsort avancierte die Garnisonkirche zugleich zu einem politischen Symbolort für die Gegner der Weimarer Republik.

Im November 1919 fand hier eine Heldengedächtnisfeier für die Gefallenen des Ersten Weltkriegs statt. Bei dieser hielt der ehemalige Chef des Generalstabs und der Dritten Obersten Heeresleitung Erich Ludendorff in Anwesenheit von Generalmajor Prinz Eitel Friedrich von Preußen als Repräsentant des Hauses Hohenzollern eine Brandrede gegen die Republik und redete der Schaffung einer neuen Militärdiktatur das Wort.[9] Diese Feier war Auftakt von Dutzenden von Großveranstaltungen der antidemokratischen, nationalen und rechtsradikalen Kräfte in der Garnisonkirche, welche in den folgenden Jahren das Wiederaufleben des „Geistes von Potsdam" herbeisehnten. Dazu gehörte die Heldenverehrung der Gefallenen des Ersten Weltkriegs, die neben zahlreichen Feiern mit dem Anbringen von Gedenktafeln und Aufstellen von Denkmälern geehrt wurden.

Zum 200-jährigen Kirchenjubiläum im Oktober 1932 schrieb der Potsdamer Obermagistratsrat Friedrich Bestehorn in der Zeitschrift des Semper talis Bundes unter dem Titel *Potsdamer Geist* ein Loblied auf das Militärische und Soldatische, welches sein Verständnis von der Symbolfunktion des Baus zum Ausdruck brachte:

> Die Garnisonkirche, an ihrer äußeren Fassade geschmückt mit Gewehren und Trommeln und Pfeifen, übertönt mit ihrem Stundenchoral vom Glockenturm aus die alte Soldatenstadt. Hier schlägt das Mahngewissen des Potsdamer Geistes ‚Üb' immer Treu' und Redlichkeit' und ‚Lobe den Herren, den mächtigen König der Ehren'.

Und in drastischen Worten umreißt er sein Verständnis vom Geist von Potsdam:

> Fordert der Potsdamer Geist vom Geführten blinden Gehorsam, so zeichnen den Potsdamer Führergeist fanatischer Tatwille und Verantwortungsfreudigkeit aus. [...] Potsdamer Führergeist will die Nation groß und stark und selbst den kleinsten Staatsbürger glücklich sehen. [...] Solange dieser Potsdamer Geist im deutschen Volke leben wird, solange pulst in den Adern des Volkes noch Leben. Nie war dieser Pulsschlag leiser als in den letzten dreizehn Jahren, nun aber wird sein Schlag wieder vernehmbar.[10]

Das NSDAP-Mitglied Bestehorn selber sollte dazu bald einen gewichtigen Beitrag leisten, denn er war es, der nach dem Reichstagsbrand am 1. März 1933 die Idee entwickelte, die Reichstagseröffnung in der Garnisonkirche Potsdam zu zelebrieren.[11]

---

9 Vgl. Matthias Grünzig, *Für Deutschtum und Vaterland: Die Potsdamer Garnisonkirche im 20. Jahrhundert* (Berlin: Metropol, 2017), 82–87.

10 Friedrich Bestehorn, „Potsdamer Geist", *Zeitschrift Semper Talis* 48 (1932): 3–4.

11 Siehe hierzu: Friedrich Bestehorn, „Der ‚Tag von Potsdam' und seine Vorgeschichte: Das Werden des 21. März 1933", *Mitteilungen des Vereins für die Geschichte Potsdams* 12, N. F. 7 (1937), Heft 4, Nr. 353, 219–222.

Geburtsstätte des „Dritten Reichs": 1933

Am 21. März 1933 schien sich in der Garnisonkirche die Sehnsucht nach Reinkarnation des preußisch-deutschen Geistes zu erfüllen. In Anwesenheit von führenden Repräsentanten der alten Reichswehr und des Hauses Hohenzollern übertrug der Reichspräsident und ehemalige Generalfeldmarschall Paul von Hindenburg symbolisch die militärische und herrschaftliche Tradition auf Adolf Hitler. Der Handschlag von Potsdam „heiligt, ein jeder spürt es, das neue Reich mit dem Segen einer jahrtausendalten Tradition",[12] hieß es in der nationalsozialistischen Propaganda. In dem Narrativ der „nationalen Erhebung" trat der neue Reichskanzler Adolf Hitler das Erbe Friedrich des Großen und der Hohenzollern in modernisierter, verjüngter Gestalt an. 14 Jahre nach der als Schmach empfundenen Revolution erfüllte sich so die Sehnsucht nach einer „nationalen Wiederauferstehung".

Der Tag von Potsdam machte die Garnisonkirche Potsdam zur sakralen Geburtsstätte des „Dritten Reichs". Ein wahres Pilgertum setzte ein. Binnen eines Jahres suchten 350 000 Menschen den nationalsozialistischen Wallfahrtsort auf, ein Vielfaches der Besucherzahlen im Vergleich zu den Zeiten der Weimarer Republik.[13] Strenge Maßgaben schützten die Aura des „einzigartigen deutschen Nationalheiligtums".[14] Veränderungen an seiner Ausgestaltung waren ebenso verboten wie Filmaufnahmen. Die Kirche wurde nun millionenfach abgebildet, auf Münzen, Postkarten, in Schul- und Geschichtsbüchern, in Reiseführern und Spielfilmen, auf Reklamemarken, Schokoladen, Bierkrügen und Uhren. Ihr Glockenspiel erklang täglich im Reichsrundfunk. Vor allem in den Anfangsjahren der NS-Diktatur bezog sich die Propaganda stark auf den symbolischen Gründungsakt in der Garnisonkirche. 1939 wurde das Glockenspiel um vier Schwingglocken erweitert, die auf die Töne F-As-C-Es gestimmt waren und somit ein Bekenntnis zum Faschismus manifestierten.[15] Ansonsten war die Kirche und der Tag von Potsdam in der NS-Propaganda angesichts der eigenen politischen und wirtschaftlichen „Erfolge" des Regimes zwischenzeitlich etwas in den Hintergrund getreten, bis mit der Niederlage von Stalingrad im Februar 1943 die historische Legitimation des Regimes erneut große Wichtigkeit erlangte. *De facto* wurde die Symbolik des Ortes zwar beschädigt, weil in Folge des sich nun ausweitenden Luftkriegs die

---

12 Wilfrid Bade, *Deutschland erwacht: Werden, Kampf und Sieg der NSDAP* (Hamburg-Bahrenfeld: Cigaretten-Bilderdienst, 1933). 90.

13 Vgl. Bamberg, *Die Garnisonkirchen*, 394. Die Besucherzahl ist für das Jahr 1935.

14 Verfügung des Regierungspräsidenten an die Diana-Tonfilm GmbH vom 14.7.1936, zit. n. ebd., 397.

15 Siehe hierzu: Uwe-Karsten Plisch, „F–As–C–Es: Wenn's vom Turm Faschismus läutet", *Ansätze (Zeitschrift des ESG)* 1–2 (2023): 11–12.

Abb. 5: Fotocollage zum „Tag von Potsdam" als Geburtsstunde des
„Dritten Reichs", Postkarte 1933

Särge der beiden Preußenkönige in einen unterirdischen Bunker in Sicherheit gebracht werden mussten. Doch dies blieb eine Geheimaktion und ermöglichte dem
Regisseur Veit Harlan, die Dreharbeiten für seinen Durchhaltefilm *Kolberg* dann
doch in der Garnisonkirche durchzuführen. Gerade in seinem Untergang wurde
der Bezug zum Preußenerbe für das NS-Regime erneut wichtig. So dekorierte
Adolf Hitler sein Arbeitszimmer im Führerbunker mit einem Portrait Friedrichs
des Großen.

Mahnmal: 1945

In Folge der Bombardierung Potsdams am 14. April 1945 wurde die Garnisonkirche schwer beschädigt. Der Krieg, der nicht zuletzt von hier ausging, traf diese nun selbst. Durch Funkenflug entzündeten sich das Dach des Kirchenschiffs wie auch die hölzerne Turmhaube mit Glockenspiel und Wetterfahne. Die ausgebrannte Ruine wurde zum Mahnmal ihrer selbst. Schon von Weitem war der

Abb. 6: Ruine der Garnisonkirche, 1960, Foto: Wolfgang Schwarz, Archiv Andreas Kitschke

gestutzte, stumpfe Kirchturm zu sehen, der einst so stolz Stadt und Landschaft dominiert hatte. Mit der Auflösung der Wehrmacht verlor die Kirche ihre Militärgemeinde. Die verbleibende Zivilgemeinde, welche im Fuß des Turms eine Kapelle einrichtete, änderte aus Scham und Buße ihren Namen 1949 in Heilig-Kreuz-Gemeinde. Aus den Resten des beim Brand der Kirche zerstörten Glockenspiels ließ die Gemeinde im Frühjahr 1950 zwei kleine neue Glocken gießen, deren Inschrift an die Kriegszerstörung erinnerte und zum Frieden mahnte. Für über zwei Jahrzehnte wirkte die Kirchenruine wie manch' andere[16] als Antikriegsmahnmal, bevor sie 1968 gesprengt wurde.

---

16 Hierzu gehören etwa in Berlin die Kaiser-Wilhelm-Gedächtniskirche und die Kirche zum Grauen Kloster, in Dresden die Kreuzkirche und die Frauenkirche bis zu ihrem Wiederaufbau in den 1990er Jahren.

Virtueller Sehnsuchtsort: 1968

Mit dem Abriss der Ruine waren nahezu alle Reste der Garnisonkirche physisch ausgelöscht, aber der Bau lebte in der kollektiven Erinnerung fort. Ihre schrittweise Zerstörung galt nun vielen als Symbol der Preußenfeindlichkeit der Alliierten und der Kirchenfeindlichkeit des DDR-Regimes. Diese Interpretation führte zu einer Täter-Opfer-Umkehr, wie sie auch im späteren Gründungstext der Wiederaufbaubefürworter *Ruf aus Potsdam* von 2004 zu finden ist. Bezeichnenderweise stimmten bei der Bewertung der Bombardierung Potsdams die Ideologen des DDR-Regimes mit den bis heute fortwirkenden rechtslastigen Geschichtsrevisionisten überein.[17] Beide deuten diese als sinnfreie, kulturbarbarische Strafaktion, obwohl sie *de facto* zur militärischen Vorbereitung des Angriffs der Roten Armee auf die Reichshauptstadt diente, der leider nötig war, weil die längst besiegte Wehrmacht nicht bereit war, zu kapitulieren.

Die Erinnerung an die Garnisonkirche wurde nach ihrem Abriss mit Publikationen, Vorträgen, Schallplatten und Nachbildungen ihres Glockenspiels wachgehalten. So baute der Semper talis Bund e. V. in den Jahren 1980 bis 1984 ein Uhrwerk mit Tonband sowie ein vier Meter großes Modell der Garnisonkirche für das Wachbataillon des Bundesministeriums der Verteidigung, welches die Semper-talis-Tradition fortführte, in Bergisch Gladbach und Siegburg. 1985 wurde ein Nachbau des Potsdamer Glockenspiels in der Kirche St. Peter und Paul auf Nikolskoe in Westberlin nahe der Zonengrenze eingeweiht, ein anderes für das Gedenken an die „Antifaschisten und Kämpfer der Arbeiterbewegung" im Ehrenhain des Alten Friedhofs in Potsdam.[18]

Traditionsort: 2017

1984 begannen in der damaligen Bundesrepublik Bemühungen um den Wiederaufbau der Garnisonkirche. Die – zum Teil rechtsradikalen – Initiatoren der „Traditionsgemeinschaft Potsdamer Glockenspiel" wollten bruchlos wieder an den Bau von 1735 und die mit ihm bis 1945 verbundene Tradition anknüpfen. Dieser stellte für sie ein von preußischem Geist geprägtes Nationalsymbol dar, welches

---

17 Siehe hierzu auch den Beitrag von Paul Koszuszeck in diesem Band.
18 Vgl. Dominik Juhnke, „Potsdams umstrittenes Wahrzeichen: Wissenschaftliches Gutachten über die Geschichte des nachgebauten Glockenspiels der Garnisonkirche", 10.02.2021, https://lernort-garnisonkirche.de/wp-content/uploads/2021/05/2021_Gutachten_Juhnke_Iserlohner-Glockenspiel.pdf, 38–41, nennt weitere Nachbauten.

die Verbindung von preußischen Tugenden und christlichem Glauben verkörpert und für ein enges Bündnis zwischen Kirche, Staat und Militär gestanden hatte. Der erste Schritt zum Wiederaufbau war der Nachbau des Glockenspiels der Kirche. Dieses verkörpere – so der Initiator des Projektes, Bundeswehroffizier Max Klaar, die „lebendige Tradition preußisch-deutschen Soldatentums", die sich auf „Demut, Verantwortung vor Gott, uneigennützigem Dienst, gewissenhafte Pflichterfüllung, Standhaftigkeit und Opferbereitschaft gründete".[19] Mit der Übernahme dieser preußisch-deutschen Militärtradition wollte die Traditionsgemeinschaft „in einer Zeit ethischer Orientierungslosigkeit an unsere große preußisch-deutsche Geschichte anknüpfen und die preußischen Tugenden als Erziehungsziele für jeden von uns anstreben."[20] Dabei wollte sie einen Traditionsbogen von Friedrich II. über die Wehrmacht bis zur Bundeswehr schlagen.

Nachdem die private Initiative aus dem Kontext der Bundeswehr das Projekt zwei Jahrzehnte lang vorangetrieben hatte, und nach und nach Politiker wie Medienvertreter von ihrem Vorhaben überzeugt hatte, wandte sich die evangelische Kirche dem Vorhaben zu und brachte neue Ideen hierzu ein. Zentraler Baustein war hierbei, die Kontinuität mit einem symbolischen wie inhaltlichen Bruch zu verbinden. Zwar akzeptierte die Kirche weitestgehend den Wunsch der Initiatoren und Spender nach einem originalgetreuen Wiederaufbau, sie wollte diesen aber durch eine Veränderungen der Turmspitze – Nagelkreuz statt Wetterfahne – sowie durch die Zufügung eines Lichtspiels sichtbar brechen.[21] Zudem sollte für die Nutzung ein „Internationales Versöhnungszentrum Potsdamer Garnisonkirche" gegründet werden. Doch auf Druck der Spender wurde all' dies wieder zurückgenommen, der Kirchturm ohne visuellen Bruch wiederaufgebaut und auch auf ein Internationales Versöhnungszentrum verzichtet. Einzig das Bibelzitat „Richte unsere Füße auf den Weg des Friedens" wurde in fünf Sprachen in den Steinsockel des Kirchturms eingemeißelt. Die einstigen Initiatoren verabschiedeten sich gleichwohl aus dem Projekt, weil der von ihnen ebenfalls geforderte Einfluss auf die Inhalte von Gottesdiensten für den kirchlichen Träger nicht akzeptabel war. Mit einer Gemeindezusammenlegung 2019 verschwand auch der Name

---

19 Max Klaar: An alle Freunde Preußens, *Soldat im Volk* 09 (1984), 23.

20 Ders., Rede zur Einweihung des ersten Bauabschnitts am 30. November 1984 in Iserlohn, zitiert nach dem Mitteilungsblatt der Kameradschaftlichen Vereinigung des ehemaligen Infanterie-Regiments Nr. 67, Heft Mai 1985, 14. Jahrgang, Nr. 26, 21–22.

21 Vgl. Kirchenkreis Potsdam AG Garnisonkirchturm, „Veränderung ist möglich: Spirit of Change: Das Nutzungskonzept für den Potsdamer Garnisonkirchturm", 26.7.2001, https://garnisonkirche-potsdam.de/fileadmin/user_upload/Website/Dokument/Ueber_uns/Nutzungskonzept_1_2001.pdf, 9–10.

der Heilig-Kreuz-Gemeinde, während der Wiederaufbau den alten Namen „Garnisonkirche Potsdam" trägt.

Dass es bei dem Wiederaufbau in erster Linie um die Wiederherstellung eines baulichen Symbols geht, zeigen die nüchternen Fakten: Für den 2017 begonnenen Bau von 1 200 qm Nutzfläche mussten 50 Millionen Euro aufgebracht werden, das Zehnfache des Üblichen für Räumlichkeiten dieser Größe. Der überwiegende Aufwand geht in die Ausgestaltung des hochaufragenden baulichen Symbols, dem die Wiederaufbaubetreiber zugleich eine Symbolbedeutung absprechen. „Können Steine schuldig sein?"[22] fragen sie rhetorisch, als sei der Bau ein Baustofflager.

Doch welche Botschaft das Vorhaben am Ende vermitteln wird, ist noch unklar. Sollte anstelle eines Nachbaus des Kirchenschiffs das benachbarte, ehemalige Rechenzentrum von 1971 erhalten bleiben, würde sich mit dieser Gegenüberstellung von Bau und Gegen-Bau die deutsche Geschichte in ihrer Widersprüchlichkeit und ihren Brüchen zeigen und unterschiedliche Sichtweisen ermöglichen. Sollte hingegen das Rechenzentrum abgerissen werden, würde sich mit dem Kirchturm – mit oder ohne Kirchenschiff – ungebrochen ein idealisiertes Verständnis der Tradition präsentieren, „als habe es all die Schmerzen der Geschichte nie gegeben".[23] Gerade an diesem Ort wäre dies ein fataler Geschichtsrevisionismus. Die ungebrochene, originalgetreue Wiederherstellung des Barockbaus als „nationales Tafelsilber"[24] wäre eine Deckerinnerung,[25] welche andere Erinnerungen verdrängt und einem problematischen Geschichtsverständnis – wenn auch von den meisten Unterstützern unbeabsichtigt – Vorschub leistet, welches den Nationalismus zum „Vogelschiss in über 1 000 Jahren erfolgreicher deutscher Geschichte"[26] deklariert. Die Kraft des wiederauferstandenen baulichen Symbols wird dabei vom inhaltlichen Geschehen in seinen Inneren offenkundig wenig tan-

---

22 So auch die Überschrift im Artikel von Matthias Schulz, „Können Steine schuldig sein?", *Der Spiegel* 22, 26.5.2017.

23 So das Magazin *Der Spiegel* einst lobend über das Hotel Adlon. Vgl. Susanne Beyer, „Sehnsucht nach Säulen", *Der Spiegel* 13, 26.03.2000.

24 Leitgedanken des Projekts „Wiederaufbau Garnisonkirche Potsdam", 16.5.2022, Siehe: https://web.archive.org/web/20220516043444/https://garnisonkirche-potsdam.de/das-projekt/leitgedanken/.

25 Der Begriff stammt aus der Psychoanalyse Sigmund Freuds und wurde in den Diskurs zu Erinnerungskulturen übertragen, vgl. 12.02.2024, https://de.wikipedia.org/wiki/Deckerinnerung. Siehe Michael Rothberg, *Multidirektionale Erinnerung: Holocaustgedenken im Zeitalter der Dekolonisierung* (Berlin: Metropol Verlag, 2021), 37. Ich danke Ibrahim Klingeberg-Behr für diesen Hinweis.

26 So der damalige AfD-Partei- und Fraktionsvorsitzende Alexander Gauland beim Bundeskongress der AfD-Nachwuchsorganisation *Junge Alternative* im thüringischen Seebach am 28. Juli 2018.

giert. So ist für Rechtsradikale wie Andreas Kalbitz und Billy Six die wiederaufge-
baute Garnisonkirche ein wichtiger, positiv besetzter Symbolbau.[27]

Abb. 7: Rekonstruierter Kirchturm und Rechenzentrum, 2023, Foto: Christian-Morgenstern

---

27 Siehe hierzu: Philipp Oswalt, „Potsdamer Garnisonkirche: Wiederaufbau zwischen militärischer Traditionspflege, protestantischer Erinnerungskultur und Rechtsextremismus", in *Bauen
am nationalen Haus: Architektur als Identitätspolitik*, Hg. ders. (Berlin: Berenberg Verlag, 2023),
43–116, hier insbes. 102–05.

Teil V: **Traditionsstolz oder lange Schatten?**

Detlef Bald
Kontinuitäten nach 1945. Die Bundeswehr auf der Suche nach der Tradition

Die Bundeswehr steht in der Geschichte des modernen deutschen Militärs und dessen ideellen Höhepunkt in Preußen; sie folgt direkt auf die Wehrmacht. Die langen Zeiten der Geschichte Preußens und Preußen-Deutschlands werden mit dem Begriff des Militarismus gekennzeichnet, die zwölf Jahre des „Dritten Reiches" gelten seit dem Historikertag 1953 als Jahre des „extremsten Militarismus" der deutschen Geschichte.[1] Danach verlangten „Haltung und Gesinnung" der Wehrmacht – eine deutsche „Katastrophe" – einen „radikalen Bruch mit unserer militärischen Vergangenheit".[2] Dieses Urteil konservativer Historiker war durch die Alliierten Beschlüsse 1945 in Potsdam in Schloss Cecilienhof vorbereitet, den deutschen „Hort des Militarismus" ein für allemal, definitiv zu beseitigen und daher die Wehrmacht aufzulösen.

Mit Blick auf die Kontinuität nach 1945 stellt sich die Frage, wie umgehen mit dieser Katastrophe? Der britische Historiker Niall Ferguson formulierte: „Erkenntnis: Wir müssen dringend aus unsern Fehlern lernen. Und zwar viel schneller als bisher."[3] Denn nach dem Kriegsende 1945 schien das Ende der wohl etwa zweihundert Jahre alten militaristischen Traditionen klar zu sein. Das verlangte eine Absage an das genuin militärische Milieu der politischen Expansion, eine Absage an das System der sozialen und klassenmäßigen Privilegien der Offiziere und eine Absage an die antidemokratischen Haltungen in der Elite-Kultur – kurz: eine Zustimmung zu den „Idealen von 1789" wie sie sich politisch im Grundgesetz der Bundesrepublik 1948 manifestierten.

Das hier gestellte Thema irritierte. Klärung gab General Ulrich de Maizière, ein respektiert-abwiegender Soldat. Er sprach im Jahr 1999 immerhin von Zweifeln, „ob und inwieweit die Tradition der Bundeswehr speziell auch an die Wehrmacht anknüpfen sollte." Ergänzend fügte er an, sie sei eine „Neuschöpfung" und

---

1 Vgl. Gerhard Ritter, „Das Problem des Militarismus in Deutschland", *Historische Zeitschrift* 177 (1954): 21–23; zum Hintergrund noch Detlef Bald, Johannes Klotz und Wolfram Wette, *Mythos Wehrmacht: Nachkriegsdebatten und Traditionspflege* (Berlin: Aufbau Verlag, 2001).
2 Friedrich Meinecke, *Die deutsche Katastrophe: Betrachtungen und Erinnerungen* (Wiesbaden: Brockhaus, 1955), 77, 156.
3 Niall Ferguson, „Katastrophen", *Süddeutsche Zeitung*, 17. Dezember 2022, 54.

https://doi.org/10.1515/9783111305622-020

„keine einfache Fortsetzung der früheren deutschen Armee".[4] Also doch Kontinuität von der Wehrmacht, wenn auch keine einfache? Man spürt beim Lesen sein Zögern – ein halbes Jahrhundert nach Kriegsende. Doch wenig später, in einer seiner letzten Äußerungen zur Kontinuität, tauchte eine Wendung auf: de Maizière zitierte einen Leitsatz der Planung der Bundeswehr, „dass ohne Anlehnung an die Formen der Wehrmacht heute grundlegend Neues zu schaffen ist".[5] Damit erinnerte er an Wolf Graf von Baudissin, der diesen Satz 1950 in der Gründungsstunde der Bundeswehr in der Himmeroder Denkschrift gegen den Protest zorniger Generäle durchgesetzt hatte.

1 Beginn mit dem Segen der Alten

In Widerspruch zu den Voten der Historiker und dem Beschluss der Alliierten gab es ein Fortwirken der alten Kräfte des NS-Regimes. Der Kanzler in Bonn suchte seine Macht durch eine Vergangenheitspolitik abzusichern, welche „die unleugbaren Schrecken der historischen Realität überdeckte".[6] Er fand diese Kontinuität auch in den Reihen der ehemaligen Wehrmacht; sie hielten das traditionalistische Selbstverständnis eines Militärs *sui generis* hoch, also der eigen-typischen Wertewelt der „sauberen" Wehrmacht. Diese Kontinuität stand vor dem Anfang der Bundeswehr, sie wies dann der Praxis im Amt Blank sowie beim Aufbau nach 1955 die Richtung. Leitfiguren waren höchste Repräsentanten des NS-Regimes. Diese knüpften nach Kriegsende Netzwerke, an deren Spitze Generalfeldmarschälle wie Hermann Foertsch und Erich von Manstein auf Seiten des Heeres oder Großadmirale wie Karl Dönitz und Erich Raeder in der Marine standen. Sie sicherten die Kontinuität. Die Führungsriege der Bundeswehr holte sich per Handschlag den Segen der alten Garde – als Ritual der persönlichen Legitimierung. Sie formte den Grund des Anfangs und die Konformität der Neuen; dies „rechtfertigt das eigene Sein".[7]

---

4 Ulrich de Maizière, „Bundeswehr – Neuschöpfung oder Fortsetzung der Wehrmacht", in *Die Wehrmacht: Mythos und Realität*, Hg. Rolf-Dieter Müller und Hans-Erich Volkmann (München: Oldenbourg, 1999), 1179, 1182.
5 Ulrich de Maizière, „Was war neu an der Bundeswehr? Betrachtungen eines Zeitzeugen", in *Entschieden für Frieden: 50 Jahre Bundeswehr: 1955 bis 2005*, Hg. Klaus-Jürgen Bremm, Hans-Hubertus Mack und Martin Rink (Freiburg: Rombach Verlag, 2005), 11.
6 Norbert Frei, *Vergangenheitspolitik: Die Anfänge der Bundesrepublik und die NS-Vergangenheit* (München: C. H. Beck, 1996), 404.
7 Thorsten Loch und Lars Zacharias, „Tradition in deutschen Streitkräften", *Militärgeschichte, Zeitschrift für historische Bildung*, 3 (2010): 8.

Ein Element dieser Identität bildete die Verachtung des Widerstandes gegen das NS-Regime, insbesondere die Ablehnung der politischen Ziele der Attentatsversuche, wie dem 20. Juli 1944; dies sei mit ihren Werten unvereinbar. Eidbrecher zählten nicht zur Tradition; Respekt von den Befehlsgebern schon, bis hin zum Oberbefehlshaber, Adolf Hitler. Die Initiative zu dieser Gesinnung hatten prominente Offiziere lanciert, als sie vor dem Internationalen Gerichtshof in Nürnberg die berüchtigte „Denkschrift der Generäle" für die „Gesamtheit des Deutschen Heeres" vorlegten.[8] Der Eid begründete die unantastbare Hierarchie. Wie die Wehrmacht war auch die Bundeswehr sauber, Kontinuität der Soldaten, aber keine Kontinuität von Nazis?

Reichswehr und Wehrmacht bildeten konstitutiv ein Element des NS-Regimes, nicht nur irgendwie ins NS-System „verstrickt". Denn Militärs, der berühmte Generalfeldmarschall und ein General der Infanterie, landeten 1933, symbolisch am Tag von Potsdam, den Coup, Hitler in das Amt des Reichskanzlers zu hieven. Endlich war doch dieser General (von Schleicher), der „emsige Strippenzieher", der das NS-Regime installieren wollte, erfolgreich – nicht um eine infame Militärdiktatur zu etablieren, sondern um den „Krebsschaden Demokratie" auszumerzen, dachte die Generalität. Das Militär trägt Verantwortung in der Geburtsstunde des NS-Regimes.

Militärs wirkten ebenso bei der Prägung des militärischen Charakters dieses NS-Systems mit wie auch bei der Formatierung der Wehrmacht im Gefolge des Röhm-Putsches. Die wechselseitige Verquickung oder die Abhängigkeit von NS-System und Militär ist bekannt. Doch diese Kooperation fand ohne Nazis in der Wehrmacht statt? Hier liegt ein weites Feld, ein Desiderat der Forschung; die NS-Relikte in der Wehrmacht als auch in der frühen Bundeswehr bleiben im Dunkeln – schlicht entpolitisiert. Solche Erkenntnisse an Kontinuität über einen Geheimdienst der Wehrmacht, „Fremde Heere Ost", hin zum BND liegen doch vor, warum nicht über die Bundeswehr?[9]

---

8 Vgl. Manfred Messerschmidt, *Militarismus, Vernichtungskrieg, Geschichtspolitik: Zur deutschen Militär- und Rechtsgeschichte* (Paderborn: Ferdinand Schöningh Verlag, 2006), 315–17; vgl. Peter Reichel, Harald Schmid und Peter Steinbach, Hg., *Der Nationalsozialismus: Die zweite Geschichte: Überwindung, Deutung, Erinnerung* (München: C. H. Beck, 2009).
9 Vgl. Gerhard Sälter, *NS-Kontinuitäten im BND: Rekrutierung, Diskurse, Vernetzungen* (Berlin: Ch. Links Verlag, 2022).

2 Einsame Reformer

Um den Begriff der „Neuschöpfung" von Ulrich de Maizière aufzugreifen: das Militär der Bundesrepublik gewann mit der „Wehrgesetzgebung" von 1954 bis 1957 im Blick auf das Verhältnis Staat – Militär ein konstitutiv neues Format. Dies gelang, weil einige Abgeordnete durch die Gesetzeskontrolle der Alliierten unterstützt wurden, um das Militär im System des Grundgesetzes zu verankern. Die Lehre aus der Geschichte war, 1789 anzuerkennen. Die alte Ordnung war dahin. Das Prinzip einer „legislatorisch gesteuerten Verwaltung" konnte umgesetzt werden.[10] Konkret hieß dies: Abschaffung der Militärjustiz, Einführung der zivilen Verwaltung und Leitung und Vieles mehr. Gravierender erwies sich der Verlust der nationalen Souveränität, denn die Bundeswehr ist ohne die NATO nicht denkbar: reduzierte Befehlsgewalt und internationale Kontrolle der Waffenbestände, so in den 1955 international vereinbarten Verträgen.

Soweit so gut. Wo liegt nun das Problem? Die Bundeswehr wurde seit 1950 als „neue Wehrmacht" geplant und aufgestellt, das garantierte Kontinuität. Das Signal setzte die Reform. Diese führte zum Konflikt mit den Ansprüchen nach Kontinuität der Wehrmacht. Ehemalige Generäle kreierten ihre Ziele mit den Normen des „Inneren Gefüges"; das kannten sie aus der Wehrmacht. Als Folge entstanden strukturelle Gegensätze, mehr als Dissonanzen. General Baudissin kämpfte Jahre, die Reform mit dem neuen Begriff „Innere Führung" zu retten, indem er sie mit dem „Staatsbürger" identifizierte.

Warum „Staatsbürger"? Der Begriff stammt aus der Zeit der revolutionären Umbrüche von 1789 und der Einflüsse Napoleons. Es erinnert an die historisch einmalige Übertragung des Begriffs des „Staatsbürgers in Uniform" ins Militär durch Scharnhorst in der freiheitlichen Welt des Jahres 1806 – nicht 1815, der Stunde der Restauration mit der Reduktion auf den Untertan. Erstmals gab es das Recht, Bürger zu sein, frei zu sein, Beruf, Wohnort, Schule frei zu wählen – und das Gesetz der Leibeigenschaft abzulegen. Staatsbürger konnten nicht mehr zu Soldaten gepresst werden. Eine ähnliche Reform fand in der Schweiz statt; das Ideal des „Staatsbürger-Soldaten" wurde entwickelt, um die Rechtsgleichheit einzuführen.[11] Dieses Fundament der „Inneren Führung", wie Baudissin das Konzept des Soldat-Seins für die Bundesrepublik entwickelte, sollte den Dienst wie in einem Untertanenstaat, in einer Klassengesellschaft oder in einer Diktatur verhindern, also militaristische Strukturen überwinden und eine demokratische Haltung

---

10 Vgl. Edwin Czerwick, „Demokratisierung und öffentliche Verwaltung in Deutschland: Von Weimar zur Bundesrepublik", *Geschichte und Gesellschaft* 28, 2 (2002): 183–85.
11 Vgl. Rudolf Jaun, *Geschichte der Schweizer Armee: Vom 17. Jahrhundert bis in die Gegenwart* (Zürich: Orell Füssli, 2019), 26–28, 83; dort der Begriff „citoyen soldat".

in die Militärwelt integrieren.[12] All diese politisch-ethischen Elemente sind in dem Begriff „Staatsbürger in Uniform" enthalten. Damit stand die Kontinuität von 1789 zu Scharnhorst, über die demokratischen Ereignisse 1830 in Hambach, die Revolution 1848 und die Anfänge in Weimar. Diese Traditionslinie macht den Unterschied gegenüber der Geschichte des deutschen Militärs.

3 Kontinuitäten des Alten

Phasen und Schlüsseljahre der Kontinuität des Alten sowie der relativen Bedeutung der Reform sind bekannt; sie sind nicht starr, eher ein Geflecht mehrerer Phänomene; aber sie ordnen die komplexe über 70-jährige Ambivalenz in der Bundesrepublik in der Gewichtung von Reformern und Traditionalisten. Das Vorbild bis heute ist die saubere Wehrmacht. Das wurde 1956 auf der „Gründungsversammlung des neuen deutschen Offizierkorps" in Sonthofen demonstrativ statuiert: Die Wehrmacht bestimme den „Charakter der neuen Streitkräfte", die Innere Führung wurde als „Zumutung" abgelehnt.[13] Den Eklat nahmen politische Leitung und militärische Führung hin. Dem entsprach der damalige Verteidigungsminister Franz Josef Strauß, als er die Innere Führung als „inneres Gewürge" diffamierte und seine Politik „im alten Geiste, im Drill der Reichswehr und der Wehrmacht" ausübte.[14] Die Chancen einer Reform waren erst einmal vertagt.

Kontinuität prägte die Bundeswehr.[15] Stolz meldeten Schulen und Akademien in den 1960er Jahren, sie erfüllten die „gleiche Funktion" nach „Ziel und Inhalt" wie zuvor. Dem folgte eine aktive Traditionspolitik mit den „Helden-Namen" der Wehrmacht, die Hitler vor Kriegsbeginn bestimmt hatte; die Wahl eigener Helden, so Dietl, Mölders oder Kübler, stand dem nicht nach.[16] Es folgten unzählige Skandale und Dienstvergehen; oberste Soldaten empfahlen „Haltung und Leistung" zu

---

12 Vgl. Wolf Graf Baudissin, „Gedanken zur Tradition", in *Tradition als Last? Legitimationsprobleme der Bundeswehr*, Hg. Klaus-M. Kodalle (Köln: Verlag Wissenschaft und Politik, 1981).

13 Claus von Rosen, „Das Ausbildungsmodell der Gruppe ‚Innere Führung' im Amt Blank: Reformplanungen für die Bundeswehr", in *Militärische Verantwortung in Staat und Gesellschaft: 175 Jahre Generalstabsausbildung in Deutschland*, Hg. Detlef Bald (Koblenz: Bernard und Graefe, 1986), 131–33.

14 Franz Josef Strauß, *Die Erinnerungen* (Berlin: Siedler, 1989) 286.

15 Vgl. für die folgenden Zitate Jörg Echternkamp, Hg., *Militär und Gesellschaft in Ost- und Westdeutschland 1970–1990* (Berlin: Ch. Links Verlag, 2021), 275–77; ebenso Detlef Bald, *Die Bundeswehr: Eine kritische Geschichte 1955–2005* (München: C. H. Beck, 2005), 67–69.

16 Vgl. einen Streiter gegen die NS-Tendenzen Jakob Knab, *Falsche Glorie: Das Traditionsverständnis der Bundeswehr* (Berlin: Ch. Links Verlag, 1995).

verbessern durch eine „klare, harte und ungebrochene soldatische Tradition" der Wehrmacht; vergebens warnte der Wehrbeauftragte, die Bundeswehr wandle sich zu einem „Fremdkörper" der Gesellschaft.

Die extreme Zuspitzung erfolgte bewusst in politischer Absicht: zum einen sei die Wehrmacht „sauber" geblieben und nur Opfer einer „Vergewaltigung" durch das NS-Regime. Dann kam die Parole „Freiheit und Demokratie" seien keine „letzten Werte" und nun könne man endlich „die Maske" der Inneren Führung „ablegen"; eine „übertriebene parlamentarische Kontrolle" lehne die Bundeswehr ab. Schlussendlich wurde „eine Umformung der zivilen Gesellschaft an Haupt und Gliedern" nach dem Vorbild des Militärs gefordert. Diese bedenklichen Äußerungen von Generälen etwa 25 Jahre nach Kriegsende offenbaren das Dilemma der Bundeswehr bei ihrem Griff nach der Kontinuität; sie zeigte sich anachronistisch, sogar antidemokratisch; ein Beobachter formulierte, „ins Kaiserreich ließe sich auch diese Bundeswehr hervorragend integrieren".[17]

Dieses Phänomen einer doppelten Bindung – Reform und Kontinuität – hat Spuren hinterlassen. Es hat an Eindeutigkeit gemangelt. Die Reaktion bezeugt in der Reihe von Traditionserlassen 1965, 1982 und 2018 eine sich windende Unsicherheit des Ministeriums. Dehnbar klang es am Anfang, als man „Dankbarkeit und Ehrfurcht vor den Leistungen und Leiden der Vergangenheit"[18] anmahnte, war es Respekt vor der Wehrmacht? Ein Jahrzehnt der Beruhigung setzte mit den inneren Reformen von Helmut Schmidt ein; doch Verwirrung steigerte sich, als man im Zeichen des Kämpfermythos der glorreichen Wehrmacht Zeremonien am Grab von Großadmiral Karl Dönitz feierte; ähnlich der Skandal um das Luftwaffen-Geleit bei Oberst Hans-Ulrich Rudel.[19] Nach der Wende 1982 lobte Manfred Wörner solche „Beispiele vorbildlicher soldatischer Leistung". Sie sollten zum „verpflichtenden Bestand der Tradition" der Bundeswehr werden, der „Ehrenschild der Wehrmacht" dürfe nicht „diffamiert" werden. Wie aus einer Rumpelkammer bediente er sich der Geschichte; den Erlass von 1982 mit dem zentralen Satz, „ein Unrechtsregime, wie das Dritte Reich, kann Tradition nicht begründen", wollte er streichen. Es gärte und gärte, das Thema der Tradition blieb erhalten, bis 2018 erstmals eindeutig festgestellt wurde, der „verbrecherische NS-Staat" und

17 Armin Halle, *Innere Führung – Missverständnisse um ein politisches Programm*, Vortrag an der Akademie für Politische Bildung in Tutzing, April 1970.
18 Traditionserlass der Bundeswehr, 01.07.1965, Pkt. 8, 02.10.2023, https://augengeradeaus.net/wp-content/uploads/2017/11/Traditionserlass_Bw_1965.pdf.
19 Vgl. Michael Hereth, *Der Fall Rudel oder die Hoffähigkeit der Nazi-Diktatur: Protokoll einer Bundestagsdebatte* (Reinbek bei Hamburg: Rowohlt, 1977).

die Wehrmacht „als Institution" seien „nicht traditionswürdig".[20] Daher schwand der Glanz der in den 1960er Jahren selbst gestifteten Traditions-Deutung: die Jagdflieger der Wehrmacht Helmut Lent, Werner Mölders und Hans-Joachim Marseille verloren ihre Traditionswürdigkeit.

4 Probleme mit Konsequenzen

Die Ambivalenz der Kontinuität begleitete die Bundeswehr. Handelt es sich um Phänomene oder um harte Realität in Sicherheit und Politik? Wenige Beispiele zeigen die Probleme skizzenhaft.

Fall eins – Militär und Politik. Im Herbst 1969 wurde bekannt – nein: nach der Ernennung zum Minister informierte der Generalinspekteur Helmut Schmidt, dass Hunderte taktischer Atomwaffen entlang der Ostgrenze der Bundesrepublik für den Soforteinsatz gefechtsbereit stationiert seien; die Befugnis zum Einsatz lag bei deutschen und amerikanischen Generälen; die Regelung schloss ein politisches Kontroll-Recht aus. Diese cosmic-geheime Absprache umging die NATO-Gremien; die Nukleare Planungsgruppe (NPG) ahnte nichts von dieser Machtallianz. Schmidt handelte sofort im Einklang mit seinem US-Kollegen Melvin Laird, um die Befehlsketten zu durchbrechen. Da wiederholt seine Weisungen nicht befolgt wurden, mahnte de Maizière die „Pflicht zur Loyalität" an.[21] Es dauerte bis 1975, dass in einem Vertrag zwischen Präsident Nixon und Kanzler Schmidt die Generäle dem Primat der Politik folgten.

Derartige Machtansprüche zeigten sich bereits 1961, als man „die Verfügungsgewalt über Sprengköpfe im Kriegsfall" für Offiziere forderte, *notabene* nicht der Politik.[22] 1969 tauchte die Forderung nach dem Primat des Militärs in der „Schnez-Studie" und im „Unna-Papier" auf, als sie „Verantwortung" und „das Eigengewicht militärischer Entscheidungen" reklamierten. Politische Macht fürs Militär hatten Generäle wie Heinz Trettner und Friedrich Foertsch in Szene gesetzt. Weitere wie Albert Schnez und Eike Middeldorf kamen aus jener Generation, die um ihre Ansprüche die, wie de Maizière erkannte, letzte „Konfrontation" mit der Politik führten.

---

20 Die Tradition der Bundeswehr. Richtlinien zum Traditionsverständnis und zur Traditionspflege von 2018, Pkt. 3.4.1, 02.10.2023, https://www.bmvg.de/resource/blob/23234/6a93123be919584 d48e16c45a5d52c10/20180328-die-tradition-der-bundeswehr-data.pdf.
21 Vgl. Detlef Bald, *Politik der Verantwortung: Das Beispiel Helmut Schmidt: Der Primat des Politischen über das Militärische 1965–1975* (Berlin: Aufbau Verlag, 2008).
22 Führungsstab der Bundeswehr, Nov. 1961, zit. in Matthias Küntzel, Hg., *Bonn und die Bombe: Deutsche Atomwaffenpolitik von Adenauer bis Brandt* (Frankfurt a. M.: Campus, 1992), 146.

Fall zwei – atomare Strategie. Das Problem wurde öffentlich; Kanzler Adenauer trat für taktische Atomwaffen der Bundeswehr mit der Parole ein, dies sei eine normale „Fortentwicklung der Artillerie". Er kannte sich aus; denn er hatte sich seit 1954 intensiv informiert. Eine Szene dieser „Teegespräche": er sorge sich, man dürfe Brücken über den Rhein nicht vergessen, um Fluchtwege zu schaffen. Die Generäle schienen verdutzt; ein Oberst gab die Antwort in der nächsten Sitzung. Sein Beitrag: Brücken seien nicht erforderlich, denn es gäbe keine Bevölkerung, die im Falle eines Atomschlags fliehen könne; so das Protokoll.[23]

Das Konzept der Bundeswehr, den taktischen Einsatz nuklearer Waffen zu organisieren, begeisterte die Korps; sie forderten 1959, ein Krieg ohne Atomwaffen sei „absolut uninteressant"; es gehe darum, „sich auf den nuklearen Krieg vorzubereiten."[24] Einblicke geben die berühmte „Rote Fibel" oder die TF 59 und 60. Dort lautet die erste Devise, die Atomwaffen müssten „im Mittelpunkt der Überlegungen stehen". „Schlagartig" müsse der Erfolg gesichert werden, auch der Feind setze Atomgranaten ein: „So setzen die noch kampffähigen Teile den Angriff fort." Vor allem müssten „beherzte Soldaten" eine „Panik verhindern."[25] Es standen 2 000, dann 3 000, bis zu 3 500 dieser Atomwaffen bereit, die meisten mit Haubitzen, mit „Artillerie" oder Raketen zu verschießen.

Anfangs der 1980er Jahre wurde entsprechend für die so titulierte „Kriegsbundeswehr" nachjustiert; sie könne „nur mit entschlossenem Willen zum Sieg am Ort ihres Gefechtes kämpfen." Der „Wille" der „Truppe" benötige besondere „soldatische Erziehung", da „allein eine so erzogene und zusammengeschweißte Kampfgemeinschaft bestehen kann."[26] Ein solcher Geist sollte die Soldaten befähigen, einen Atomkrieg zu führen. Und danach? Die Skepsis eines Generals: es herrsche „Friedhofsruhe"; ein anderer schrieb, man hätte einen „geplanten großzügigen, fast unbekümmerten Einsatz atomarer Gefechtsfeldwaffen" betrieben.[27] Was bedeutet diese Art der Verteidigung, die bis 1995 galt, für die Tradition der Bundeswehr?

Fall drei – eigenes Milieu. Das Einsatzkonzept der Bundeswehr hat sich seit den 1990er Jahren geändert; es entwickelte sich die „Wiedergeburt des Soldati-

23 Konrad Adenauer, *Teegespräche: 1950–1954*, Bd. 2,1, *Adenauer: Rhöndorfer Ausgabe*, Hg. Rudolf Morsey und Hans-Peter Schwarz, Bearb. Hanns Jürgen Küster (Berlin: Siedler, 1984).
24 III. Korps, Chef des Stabes, 30. Juni 1959, zit. nach Bald, *Bundeswehr*, 56.
25 Vgl. Detlef Bald, Die Atombewaffnung der Bundeswehr: Militär, Öffentlichkeit und Politik in der Ära Adenauer (Bremen: Edition Temmen, 1994), 23–25.
26 Heinz Karst, *Zustand und Therapie in Geist und Haltung der Bundeswehr*, zit. nach Bald, *Bundeswehr*, 114.
27 Ulrich de Maizière, *In der Pflicht: Lebensbericht eines deutschen Soldaten im 20. Jahrhundert* (Herford: Mittler, 1989), 229.

schen und das Leitbild des Kämpfers" im Alltag des Dienstes.[28] Beim Umbau der Bundeswehr zur „Armee im Einsatz" erfolgte erneut ein Rückbezug auf die Tradition der Wehrmacht. Hier kamen mehrere Faktoren zusammen, um das neue Leitbild des „archaischen Kriegers" zu erreichen.

(1) Zur Aktualisierung dieses Leitbildes zählt primär die Abkapselung des Militärs von der Gesellschaft; sie seien unvereinbare Gegensätze und hätten jeweils „unterschiedliche Werthierarchien, Leitbilder, Normen und Verhaltensweisen". Während hier die Verhältnisse der „freiheitlichen, pluralistischen Staats- und Gesellschaftsordnung" gelten würden, herrschten dort „dagegen" die Normen der „hierarchisch aufgebauten Armee" der „Ein- und Unterordnung".[29] Der Inspekteur des Heeres und spätere Generalinspekteur Bagger ging von normativer Abkapselung und sozialer Abgeschlossenheit des Militärs aus – ein korporativer Körper *sui generis*: sozial-statistisch gesicherte Selektions-Daten.[30] Skurrile Extreme traten hervor, als das Heeresamt Publikationen förderte, in denen „Geist und Haltung der SS-Leibstandarte Adolf Hitler" gelobt und ihr Kommandeur als Vorbild gefeiert wurde. Ein historischer Revisionismus beschwor das Erbe der Generäle Franz Halder und Hans von Seeckt und erklärte „die gesamte Tradition des preußisch-deutschen Generalstabs für den Generalstabsdienst der Bundeswehr als verbindlich".[31] Das wurde honoriert, und der traditionalistische General an die Führungsakademie befördert, zuständig für Ausbildung und Lehre.

Die reale Ausbildung der Soldaten gewann neue Akzente. Ziele forderten die „Entwicklung einer einsatzorientierten stabilen Leistungsfähigkeit und Belastbarkeit" der Soldaten. Ein „Wir-Gefühl" der „Haltung" für den „einsatzbezogenen Gefechtsdienst" der „kleinen Kampfgemeinschaft" sollte entstehen.[32] Dieses Konzept wurde 2006 in Weisungen des Heeres vorgelegt.[33] Es ging um den „feldverwen-

---

28 Elmar Wiesendahl, Hg., *Innere Führung für das 21. Jahrhundert: Die Bundeswehr und das Erbe Baudissins* (Paderborn: Ferdinand Schöningh Verlag, 2007), 15.

29 Hartmut Bagger, *Anforderungen an den Offizier des Heeres*, Bonn 29. Juli 1994, Weisung von General Bagger.

30 Vgl. Detlef Bald, *Der deutsche Offizier: Sozial- und Bildungsgeschichte des deutschen Offizierkorps im 20. Jahrhundert* (München: Bernard und Graefe, 1982), 71–73; ders., „Zwischen Gründungskompromiss und Neotraditionalismus. Militär und Gesellschaft in der Berliner Republik", *Blätter für deutsche und internationale Politik* 24 (1999): 99–101.

31 Christian Millotat, *Das preußisch-deutsche Generalstabssystem – Wurzel, Entwicklung, Fortwirken* (Sankt Augustin: Informations- und Medienzentrale der Bundeswehr, 1997).

32 Heeresamt, Anweisung für die Truppenausbildung Nr. 1. Die Allgemeine Grundausbildung in den Streitkräften – Ausplanung im Heer, Köln 25. Jan. 2006, 11.

33 So auch Heeresamt, Die Einsatzausbildung im Heer Nr. 3 für die Truppenteile, das Einsatz- und Ausbildungszentrum, die Kommandobehörden, die Schulen und Ämter des Heeres, Köln 14. Juli 2006.

dungsfähigen Soldaten".[34] Alle diese Worte sind alte Zielbegriffe der Wehrmacht; das Heeresamt unterlegte sie in Hunderte von Seiten starken „Ausbildungshilfen" mit Zitaten der Not-Ausbildung im Zweiten Weltkrieg – aktuell zur Stärkung eines engen militärischen Milieus.

(2) Für ein solches Milieu taugten Bildung und Studium nicht, wie restaurative Tendenzen belegten; ein erster Tiefpunkt schon 1995 erreicht: nur noch 47 % der Offiziere hatten studiert; bei der Luftwaffe sank der Anteil bald auf ein Drittel, die Marine folgte 1999 mit 28,8 %. Entsprechend mangelte es an politischer Bildung. Die Kenntnis vom „Staatsbürger in Uniform" sank weiter, langfristig wirkend. Nur 14 % der Offiziere hatten sich mit „wesentlichen Fakten" der Inneren Führung befasst; 41 % hätten „einige" Fakten kennengelernt, schon „davon gehört". 78 % der Mannschaften konnten „nichts Konkretes" dazu benennen. Innere Führung, so das Ergebnis, wird von einem „Großteil" der Soldaten „nicht als eine Philosophie der Streitkräfte aufgefasst"; im Dienst nicht „relevant".[35]

5 Zum Fazit

Seit Gründung der Bundeswehr bestehen die Wirrungen und die Verwirrungen um die Kontinuität von „1945". Das gilt nicht nur für die sogenannte Tradition, die sich in den Namen der Kasernen und Vorbilder zeigt. Es sind Grundlagen brüchig, daher wird die Erinnerung der Geschichte nicht eindeutig gefunden.

Das Milieu des Militarismus hat in der modernen Geschichte Deutschlands dazu geführt, die „Ideen von 1789" abzulehnen – nach der kurzen Intervention dessen, was man die Reformen von Scharnhorst 1806 bezeichnet. In allen Zeiten der politischen Systeme – der Monarchien, des Kaiserreichs bis in das NS-Regime – hat dies die militärische Identität bestimmt und Elemente des Militarismus erhalten.

Das politische System der Bundesrepublik hat 1948 mit dem Grundgesetz die Werte des Westens (also 1789) angenommen; auch die Bundeswehr muss diesen Weg nach Westen entschlossen gehen.

---

34 Heeresamt, Anweisung Nr. 1, 10.
35 Meike Wanner, „Innere Führung – Philosophie der Streitkräfte oder bloße Anleitung zur Menschenführung?" in *Philosophie des Militärs*, Hg. Martin Elbe (Wiesbaden: Springer VS, 2022), 157, 161.

Paul A. Koszuszeck
Preußische Militärtraditionen in der Nationalen Volksarmee der DDR

Der Rückgriff auf „Geschichte" als Legitimationsobjekt war ein wesentlicher Faktor, um die Interessenkongruenz zwischen Bevölkerung und Staatsführung der DDR zu postulieren. Mit den vielfältigen Mitteln einer staatlich gelenkten „Bewusstseinsindustrie" wurden Geschichtsepochen als gerade Linien zur Gründung des Arbeiter- und Bauernstaates konstruiert. Die Erbe- und Traditionsproblematik begleitete die philosophische und geschichtswissenschaftliche Diskussion in der DDR von Anfang an, denn sie bildete die historische Legitimationsgrundlage der SED-Diktatur.

Nach dem Geschichtsbild der SED leiten sich folgende Traditionslinien ab:
- der Bauernkrieg des 16. Jahrhunderts, für den Thomas Müntzer als zentrale historische Figur steht;
- der Befreiungskrieg von 1813 gegen die französische Fremdherrschaft. Ausgehend von der Niederlage Preußens bei Jena und Auerstedt 1806 beginnt unter dem Staatsminister Freiherr vom und zum Stein und General Gerhard Scharnhorst die preußische Reformpolitik, Bauernbefreiung, Städteordnung und Heeresreform;
- die bürgerlich-demokratische Revolution von 1848/49 als Versuch, den „Feudalabsolutismus" zu beseitigen, den junkerlichen Großgrundbesitz zu zerschlagen, die Einheit Deutschlands herzustellen und im Rahmen einer parlamentarisch-bürgerlichen Demokratie zu sichern. Diese wird als ebenso traditionswürdig herausgestellt wie in der Reichsverfassungskampagne die Kämpfe des „fortschrittlichen Bürgertums" im Rheinland und die Intervention von Bundestruppen unter preußischem Kommando im Großherzogtum Baden;
- die Oktoberrevolution in Russland 1917;
- die Novemberrevolution 1918 in Deutschland, zuvor der Aufstand „revolutionärer Matrosen" in Kiel;
- die Zeit der „Revolutionskämpfe" in der Weimarer Republik, die Niederschlagung des Kapp-Putsches 1920;
- der „Rote Frontkämpferbund" in der Weimarer Republik;
- der Kampf deutscher Freiwilliger gegen das Franco-Regime in Spanien, die „Interbrigadisten" (1936–1939);

https://doi.org/10.1515/9783111305622-021

– der kommunistische Widerstand gegen die nationalsozialistische Herrschaft;
– die sogenannten eigenen Traditionen der DDR.[1]

Multiplikatoren sind die SED und ihre Trägerorganisationen, das Institut für Marxismus-Leninismus beim ZK der SED, die Akademie für Gesellschaftswissenschaften beim ZK der SED, die Parteihochschule Karl Marx sowie die Parteigeschichtskommissionen auf Bezirks- und Kreisebene, die Nationalen Mahn- und Gedenkstätten, die Nationalen Forschungs- und Gedenkstätten der klassischen deutschen Literatur, Bildungseinrichtungen, Schulen und Hochschulen.

Eine Anknüpfung an die Wehrmacht und ihr Führungspersonal war für die SED-Führung ideologisch und realpolitisch unmöglich. Dieser Punkt war nicht diskussionswürdig, denn die weitgehende Entnazifizierung – auch wenn in der Anfangsphase durchaus Wehrmachtsoffiziere am Aufbau der KVP / NVA beteiligt waren – ist im Rückblick durchaus anzuerkennen.

Die „conditio sine qua non" für die Auswahl eines neuen Offizierskorps der DDR-Streitkräfte war die „Kaderqualifikation", die auf die politische Zuverlässigkeit des Führungskorps abstellte. Die fachliche Ausbildung war in dieser Ordnung von untergeordneter Bedeutung; sie konnte, so war man überzeugt, im Schnellverfahren nachgeholt werden. Um keine Zweifel an der Loyalität der Armee aufkommen zu lassen und den politischen Führungsanspruch der SED in allen militärischen Belangen durchzusetzen, musste in diesem sensiblen Sicherheitsbereich neben der militärischen Fachkompetenz auch eine positive politische Einstellung im Sinne der von der SED geforderten Weltanschauung vorhanden sein. Aus diesem Grund stellten ehemalige Wehrmachtsoffiziere nur einen sehr geringen Teil der späteren NVA-Führungsebene, während der größere Teil aus sogenannten Altkommunisten bestand, die im Spanischen Bürgerkrieg erste militärische Erfahrungen gesammelt hatten. Die Gruppe der ehemaligen Wehrmachtsangehörigen, die sich den DDR-Streitkräften zur Verfügung stellte, gehörte zumeist dem NKFD oder dem Bund Deutscher Offiziere an und wurde in Antifa-Lehrgängen mit der kommunistischen Ideologie vertraut gemacht. Für die jungen Offiziersanwärter war die „proletarische Herkunft" das entscheidende Rekrutierungskriterium, nach dem die militärischen Kader ausgewählt wurden.

Der Rückgriff auf die preußisch-deutsche Militärtradition aus der Zeit der Befreiungskriege in dieser Phase des Aufbaus der Streitkräfte kann als Ausdruck der Verbundenheit mit der deutschen Militärgeschichte interpretiert werden und mag quasi als Ersatz für die verachtete nationalsozialistische Wehrmacht gedient haben. Durch die Aktualisierung der preußischen Reformzeit und der Zeit der Be-

---

1 Vgl. Edgar Doehler und Rudolf Falkenberg, *Militärische Traditionen der DDR und NVA* (Berlin: Militärverlag der DDR, 1979), 24.

freiungskriege wurde somit zusätzlich versucht, Bindungen zwischen der SED-Führung und der Bevölkerung im staatlichen und gesellschaftlichen Bereich zu entwickeln und durch die Instrumentalisierung dieser Traditionen die Deutschland- und Militärpolitik der DDR historisch zu legitimieren.

Ein weiteres Motiv für die Integration preußisch-deutscher Militärtraditionen in das offizielle Geschichtsbild der DDR ergab sich aus der geografischen Lage der DDR. Das Staatsgebiet der DDR war historisch stark von Preußen geprägt, dessen traditionelle Strukturen und Mentalitäten die dort lebenden Menschen über Jahrhunderte geprägt hatten. Diesem preußisch-autoritären Moment steht die traditionell sozialdemokratisch-kommunistisch orientierte Industriearbeiterschaft Sachsens gegenüber. Auch diese politische Grundstruktur eines deutschen Teilstaates, die auf dem Gebiet der DDR vorherrschte, bedarf eines Ausgleichs, einer Art Versöhnung. Dieser Ausgleich wurde in der Philosophie und Geschichtswissenschaft, in der Innen- und Deutschlandpolitik der DDR durch die Betonung der „nationalen Komponente" zu Beginn der 1950er Jahre vollzogen.[2]

Die SED und ihre „Apologeten" begannen, Preußen zu lieben, und es entstand eine historische Mesalliance zwischen den Kommunisten eines sozialistischen Staates und der „preußischen Vergangenheit", in der die Befreiungskriege von 1813 und die Reformen zu Beginn des 19. Jahrhunderts herausragten.

Wenn man eine neue Armee aufbaut, dann stellt sich *per se* die Frage nach ihrem Traditionsverständnis, heute würde man sagen, nach ihrem Leitbild, so wie es Unternehmen, Schulen, Verwaltungen und Behörden auf ihren Homepages darstellen und öffentlich präsentieren. Nur hat dieses Leitbild für Waffenträger, die ihr Leben einsetzen, schon tiefere Bedeutung.[3]

Die erste Preußen-Renaissance in der DDR

Albert Norden, von 1949 bis 1952 Leiter der Hauptabteilung Presse im Amt für Information, hielt am 14. November 1952 vor Studenten der Universität Leipzig einen Vortrag über die Epoche der Befreiungskriege, der später unter dem Titel *Das Banner von 1813* veröffentlicht wurde. Sein Vortrag war die damals gültige Interpretation der SED zu dieser historischen Epoche.

---

2 Vgl. Peter Jungermann, *Die Wehrideologie der SED und das Leitbild der Nationalen Volksarmee vom sozialistischen deutschen Soldaten* (Stuttgart: Seewald, 1973); Gerhard Wettig, *Entmilitarisierung und Wiederbewaffnung in Deutschland: 1943–1955, internationale Auseinandersetzungen um die Rolle der Deutschen in Europa* (München: Oldenbourg, 1967), 480–82.

3 Vgl. Guntram König, Hg., *NVA – Die roten Preußen? Zeitzeugenberichte* (Aachen: Helios, 2010).

Auf die Frage, warum er gerade diese Epoche untersucht habe, antwortete
Norden, sie stelle einen „geschichtlichen Augenblick" dar, „in dem unser Volk aus
der Nacht ans Licht trat, sich aus der Umklammerung eines aggressiven Interven-
ten löste" und es wagte, „wenn auch nur für einen Tag, ein freies Volk zu sein".
Norden zitiert zu Beginn seines Vortrags die „Klassiker" Engels und Lenin, die
sich mit dieser „glorreichen Epoche" beschäftigt hatten. Er fährt fort, dass 1807
das Offizierskorps von den „Anhängern des Gestrigen" gesäubert und mit der
Steinschen Städteordnung und der Bauernbefreiung die Grundlagen für den bürgerlichen Staat geschaffen worden seien.[4]

In seiner militärpolitischen Interpretation und Projektion dieser Vergangenheit auf die DDR-Gegenwart der 1950er Jahre hebt Norden Gneisenau und dessen
Konzeption des nationalen Volkskrieges hervor. Die historische Aktualität, der
von Norden skizzierten Epoche wird deutlich, wenn man die politische, wirtschaftliche und gesellschaftliche Entwicklung der SBZ und DDR nach 1945 mit der
Entwicklung in „Westdeutschland" kontrastiert. Historische Analogien, Parallelen
und Schlussfolgerungen lassen sich aus der historischen Interpretation ableiten.
Norden spricht es offen aus:

> Wie sich der fremde Feind und Unterdrücker zu Beginn des vorigen Jahrhunderts auf die
> damals in Deutschland herrschende Klasse, die Fürsten und Junker, stützen konnte, so be-
> sitzt er heute in Deutschland seine fünfte Kolonne in Gestalt der Großbourgeoisie, der gegen-
> wärtig herrschenden Klasse im Westen unseres Vaterlandes.[5]

Die französische Besetzung Preußens wird in einen direkten historischen Zusammenhang mit der Stationierung amerikanischer Truppen in der Bundesrepublik
gestellt, und Konrad Adenauer vorgeworfen, „durch den Bonner Pakt vom 26. Mai
1952 ganz Westdeutschland für Zeit und Ewigkeit in die Fesseln der ausländischen
Diktatur zu schlagen".[6]

Um die Schwarz-Weiß-Malerei fortzusetzen, stellt Nordens Geschichtsinterpretation die „profaschistische" Bundesrepublik der „unabhängigen Regierung
der Deutschen Demokratischen Republik" gegenüber. Während das „Bonner Regime" den Weg der „nationalen Selbsterniedrigung und Schande" beschreite, sei
die DDR auf dem Weg zur „demokratischen Einheit des Vaterlandes" und nehme
„das von der Bourgeoisie fallengelassene Banner von Stein und Scharnhorst, Gneisenau und Arndt" wieder auf.[7]

---

4 Albert Norden, *Das Banner von 1813* (Berlin: Rütten & Loening, 1952), 5.
5 Ebd., 53.
6 Ebd.
7 Ebd., 58–59.

Die Aktualität der preußischen Reformzeit liegt auf der Hand. Die Reformer hatten ein Programm der politischen und gesellschaftlichen Umgestaltung in Angriff genommen und waren damit zumindest bis zum Wiener Kongress erfolgreich. Die Parallele zur Politik der SED, wie sie auch Streisand in seinem Standardwerk über die Entwicklung in Deutschland von 1789 bis 1815 beschreibt, wird deutlich: „Das was 1807 begonnen worden war", so formuliert es der DDR-Historiker Joachim Streisand in seinem Standardwerk über die historische Epoche von 1789–1815, wurde nun aber nicht mehr unter der Führung der Bourgeoisie vollendet. Unter Führung der Arbeiterklasse und auf der Grundlage ihrer Aktionseinheit leisteten die Werktätigen – unterstützt von der sowjetischen Besatzungsmacht – mit der Bodenreform einen der wichtigsten Beiträge zur antifaschistisch-demokratischen Phase der revolutionären Umgestaltung.[8]

Die zweite Säule der Nutzung der Geschichte als politisches Argument verweist auf die Russlandorientierung der Reformer, mit Ausnahme Gneisenaus, der ins englische Exil ging. Die propagierte Verbundenheit mit der Sowjetunion wird historisch untermauert durch die Behauptung, Russland und Deutschland hätten in der Zeit der Befreiungskriege gemeinsame Interessen an der Erhaltung der deutschen Unabhängigkeit und Selbständigkeit gehabt.

„Modern formuliert" sollte das in Deutschland historisch nie besonders populäre „Image" der Sowjetunion aufgewertet und der aus Sicht der SED erfolgreichen Interessengemeinschaft eine zukunftsweisende Perspektive gegeben werden.

Preußische Militärtradition in der Ära Honecker – die zweite Preußen-Renaissance

Die Geschichtswissenschaft der DDR rückte in den 1970er und 1980er Jahren die theoretischen Voraussetzungen ihrer Wissenschaft, verbunden mit einem internationalistisch orientierten Geschichtsbild, in den Mittelpunkt der Forschung. Auf dem VIII. Parteitag der SED vom 15. bis 19.6.1971 vollzog sich mit dem Wechsel an der Spitze der SED von Ulbricht zu Honecker auch eine Neuorientierung der marxistischen Geschichtswissenschaft.

Im Rahmen dieser nun gültigen Konzeption wird auch die Zeit der preußischen Reformen und der Befreiungskriege behandelt. Die „kapitalistische Gesell-

---

8 Zit. n. Joachim Streisand, *Deutschland von 1789 bis1815: Von der Französischen Revolution bis zu den Befreiungskriegen und dem Wiener Kongress* (Berlin: Deutscher Verlag der Wissenschaften, 1977), 163.

schaftsformation" habe zwischen 1806 und 1819 auch in Preußen gewirkt, da die Politik Napoleons, so die Geschichtsinterpretation, „die Lösung des Hauptwiderspruchs zwischen Feudalismus und Kapitalismus auf deutschem Boden" vorangetrieben habe.[9] Die Reformen von Stein und Hardenberg, Scharnhorst, Gneisenau und Humboldt gaben demnach einen starken Impuls für die Entwicklung zur bürgerlichen Gesellschaft. Die veränderte Interpretation der „Befreiungskriege" schlug sich auch in einer neuen Nomenklatur nieder. Man sprach nun vom „Unabhängigkeitskrieg von 1813" und verstand ihn als Teil eines „Volksbefreiungskampfes", in dem die Volksmassen nach dem Vorbild der Französischen Revolution als „treibende Kraft des Kampfes" mitwirkten und dabei „ein demokratisches Element" entwickelten.[10]

Das Verhältnis der SED zu Preußen unterlag in der Geschichte der DDR mehreren Brüchen und Entwicklungen. Alexander Abusch urteilte in seinem 1945 erschienenen Buch *Der Irrweg einer Nation*, Preußen sei die reaktionäre Quelle des Nationalsozialismus und der NSDAP gewesen, Goebbels und Hitler die „Vollstrecker" des preußischen Königs Friedrich II.[11] Als 1978 die Biografie von Ingrid Mittenzwei, Leiterin der Abteilung „Deutsche Geschichte von 1648–1789" an der Akademie der Wissenschaften zu Berlin, über Friedrich II. von Preußen erschien, wurde in der bundesdeutschen Öffentlichkeit und Geschichtswissenschaft von einer Preußen-Renaissance in der DDR gesprochen. Die vorsichtige Annäherung an Friedrich II. sei eine Art „Rehabilitierung", und die „Beschäftigung mit der Geschichte", so bewertet Mittenzwei ihre Geschichtsschreibung, sei „nie Selbstzweck". „Sie dient", schreibt sie, „ob man sich dessen bewusst ist oder nicht, eigentlich der Gegenwart". Den Vorwurf, die DDR bediene sich eines „allzu simplen Erbverständnisses", alles Schlechte der Bundesrepublik und alles Gute der DDR zu überlassen, weist Mittenzwei zurück.[12] Gerade mit Blick auf den eigenen Staat konstatiert Mittenzwei eine neue Qualität der Diskussion:

> Ein Volk kann sich seine Geschichte nicht aussuchen. Sie ist etwas Gewesenes, Unwiederbringliches, aber es kann und muss eine Beziehung zu seiner Herkunft herstellen, Geschichte ‚bewältigen', Traditionen aufspüren und pflegen. Dass diese Traditionen – seien sie in der

---

9 Zentralinstitut für Geschichte der Akademie der Wissenschaften der DDR, Hg., *Klassenkampf, Tradition, Sozialismus: Von den Anfängen der Geschichte des deutschen Volkes bis zur Gestaltung der entwickelten sozialistischen Gesellschaft in der Deutschen Demokratischen Republik: Grundriss* (Berlin: Deutscher Verlag der Wissenschaften, 1974), 212.
10 Ebd., 216.
11 Vgl. Alexander Abusch, *Der Irrweg einer Nation: Ein Beitrag zum Verstaendnis deutscher Geschichte* (Mexiko: Editorial „El Libro Libre", 1945).
12 Ingrid Mittenzwei, *Friedrich II. von Preußen: Eine Biographie*, 3., überarb. Auflage (Köln: Pahl-Rugenstein, 1983), 233.

geschichtlichen Überlieferung noch lebendig oder vom Historiker wiederbelebt – für die siegreiche Arbeiterklasse der DDR andere sind als für diejenigen, die die gesellschaftlichen Verhältnisse in der BRD tragen oder verteidigen, kann nur den verwundern, der die Verwurzelung des Heute im Gestern nicht sieht.[13]

Preußen sei Teil „unserer Vergangenheit".[14]

Honecker, der damalige Generalsekretär der SED, antwortete auf eine Frage zu dieser wissenschaftlichen Untersuchung der DDR-Historikerin über Friedrich II. von Preußen:

> Die Biographie Friedrichs des Großen von Ingrid Mittenzwei, eine Arbeit, die ich übrigens sehr schätze, ohne mich auf jeden Satz festlegen zu lassen, ist...kein [sic] ‚Durchbruch', sondern das Resultat unserer Haltung zum (historischen) Erbe. Dazu gehört auch die Geschichte Preußens. Wie Sie zu Recht bemerkt haben, stehen im Zentrum unserer Hauptstadt Berlin Standbilder von Clausewitz, Scharnhorst, York und Gneisenau. Vielleicht kommt in absehbarer Zeit noch die Statue Friedrichs des Großen von Rauch hinzu. Dies wäre sozusagen die Abrundung des wiederaufgebauten Linden-Forums im Zentrum Berlins.[15]

Diese zweite „Preußen-Renaissance" in der DDR hatte Auswirkungen auf die Interpretation der historischen Epoche von 1806–1813 in der geschichtswissenschaftlichen Diskussion. Die Darstellungen und Interpretationen der preußischen Reformzeit wurden zunehmend differenzierter. Wissenschaftliche Untersuchungen behandelten den Gesamtcharakter dieser Epoche als Übergang von der feudalen zur bürgerlichen Gesellschaft und definierten sie als Fortschrittsepoche, die durch Reformen und „Revolution von oben" geprägt war.

Auch wenn vor allem in den bundesdeutschen Medien unter dem Eindruck von Mittenzwei von einer neuen „Preußen-Renaissance" die Rede war, erfuhr die Reformzeit nur wenige weitere spezifische Ausdifferenzierungen und blieb ein rein akademisches Betätigungsfeld. Die öffentlichkeitswirksame offizielle 170-Jahr-Feier der Völkerschlacht bei Leipzig 1983 fand in der DDR-Tagespresse kaum Beachtung.[16]

Wie ließ sich dieses militärische Traditionsbild der „preußischen Reformzeit" in die Streitkräfte übertragen?

Die politische Arbeit in der NVA nahm im Organigramm der Partei einen hohen Stellenwert ein. Die PHV (Politische Hauptverwaltung) hat die Funktion einer Bezirksleitung der SED. Den fünf Militärbezirken der DDR waren fünf politische Verwaltungen zugeordnet. Diese waren mit der Gliederung der Bezirksleitungen

---

13 Ebd., 234.
14 Ebd., 235.
15 Erich Honecker, *Aus meinem Leben* (Berlin: Dietz, 1980), 437.
16 Vgl. Mittenzwei, *Friedrich II.*

der Partei vergleichbar. Die parallele Gliederung zum Parteiapparat erfolgte bis auf die Kompanie- bzw. Zug-Ebene.

Die politischen Organe haben basierend auf dem Programm der SED, den Beschlüssen von Politbüro und des Zentralkomitee der SED, der „Instruktion für die leitenden Parteiorgane (Politorgane)" diese durch die Parteiorganisationen der SED in der Truppe umzusetzen. Diese Organisation der politischen Arbeit erfolgte von der Ebene der Truppenteile bis hinunter zu den Kompanien. In diesem institutionell streng reglementierten Rahmen von Agitation und Propaganda hatte die Traditionspflege als Teil der politischen Arbeit auch im militärischen Apparat eine funktionale Bedeutung zu erfüllen.[17]

Historische Epochen militärischer Tradition in NVA und Grenztruppen

Historische Epochen, die als „Konzentrat der Vergangenheit" von der SED-Führung als militärische Tradition für die NVA und die Grenztruppen reklamiert wurden, waren zuvor von der Geschichtswissenschaft erarbeitet. Seit Ende der 1960er Jahre kamen zunehmend eigene Traditionen der NVA und der DDR hinzu. Traditionsnamen für Truppenteile der Nationalen Volksarmee und der Grenztruppen symbolisierten deren historisches Selbstverständnis. Die Liste der Traditionsnamen umfasste historische Persönlichkeiten aus nahezu allen Epochen der deutschen Geschichte. Darunter waren „Deutsche Patrioten", die gegen den Faschismus gekämpft hatten, „Interbrigadisten" und Mitglieder des „Nationalkomitees Freies Deutschland", Personen des illegalen Widerstandes, „hingerichtet durch die faschistische Justiz, ermordet von der Gestapo und SS-Schergen".[18] So finden

---

17 Vgl. Ernst Hampf, Horst Syrbe, Heinz Friedrich und Erich Schimmang, *Handbuch für politische Arbeit in Truppenteilen und Einheiten der Nationalen Volksarmee: Inhaltliche und methodische Hinweise für Kommandeure, Politarbeiter und Funktionäre der Partei- und Massenorganisationen* (Berlin: Militärverlag der DDR, 1988); Major K.-D. Uckel, „Grundzüge der sozialistischen Erziehung und Bildung in der Nationalen Volksarmee", *Militärwesen* 6 (1961): 769; Oberst Dr. A. Dziewulski, „Beratung der PHV zur gesellschaftswissenschaftlichen Ausbildung an den Offiziershochschulen", *Militärwesen* 4 (1979): 100; vgl. auch Paul Heider, *Militärische Traditionen der Deutschen Demokratischen Republik und ihrer Streitkräfte: Eine Studie zu Problemen der Entstehung, Entwicklung und Pflege der Traditionen der NVA und der Grenztruppen der DDR* (Dresden: Militärakademie „Friedrich Engels", 1979).
18 Zit. n. Karl Heinz Hoffmann, „Traditionsnamen in der Nationalen Volksarmee und in den Grenztruppen der DDR", *Militärgeschichte* 2 (1986): 152–54; vgl. ders., „Traditionsnamen in der Nationalen Volksarmee und in den Grenztruppen der DDR (Teil 3)", *Militärgeschichte* 1 (1987):

sich neben August Bebel, Friedrich Engels, Franz Mehring, Wilhelm Liebknecht als Persönlichkeiten der Arbeiterbewegung und Florian Geyer als historische Figur des Bauernkrieges auch fünf Traditionsnamen aus der Zeit der preußischen Reformen und Befreiungskriege: Moritz Arndt, Neidhardt von Gneisenau, Theodor Körner, Adolf von Lützow und Ferdinand von Schill. Aus der Zeit der Befreiungskriege sind fünf Regimenter der Nationalen Volksarmee nach herausragenden Persönlichkeiten dieser historischen Epoche benannt. Damit entfallen nur 3 % aller Traditionsnamen auf diese Epoche. Dies steht in deutlichem Widerspruch zu den umfangreichen Publikationen der 1950er und 1980er Jahre im nichtmilitärischen Bereich und zur Rezeption dieser Epoche. Der Name „Carl von Clausewitz" wurde, wenn auch relativ spät, Mitte der 1980er Jahre (1986) einem Truppenteil der NVA verliehen. 1987 erhielt ein Regiment den Namen des Generals von Blücher, so dass erst jetzt davon ausgegangen werden kann, dass die maßgeblich an den Militärreformen beteiligten Personen als Namensträger einer Einheit der NVA bzw. der Grenztruppen fungierten. Bei der Auswahl der Namen aus dieser Zeit wurde äußerst restriktiv vorgegangen.

Die hohe Wertschätzung des großen preußischen Heeresreformers Scharnhorst durchzog alle Publikationen, die sich mit diesem preußischen Offizier befassten. Scharnhorst, 1807 Direktor des Kriegsministeriums, in den Befreiungskriegen Chef des Generalstabes unter Blücher und Spiritus Rector der preußischen Heeresreform, war für die Nationale Volksarmee der DDR die bedeutendste historische Persönlichkeit des deutschen „Bürgertums", auf dessen Tradition sich die erste „sozialistische" Armee berief.

Der Name „Scharnhorst" nahm in den Publikationen der DDR fast mystische Züge an und seine Verherrlichung wurde zum Symbol für die Einbindung der Nationalen Volksarmee in die – wie es hieß – „fortschrittliche" deutsche Militärgeschichte und Militärtradition schlechthin.

Am 17. Februar 1966 stiftete der Ministerrat der DDR per Dekret den höchsten militärischen Orden der DDR, den „Scharnhorst-Orden". Er wurde „für hervorragende Verdienste um die Landesverteidigung" verliehen.

Dass Erich Honecker auf einer Parteikonferenz der NVA erklärte: „Auch für eine sozialistische Armee gelten die Worte des großen Reformers aus der Zeit der Befreiungskriege, dass die Armee immer an der Spitze des gesellschaftlichen Fort-

---

63–65; ders., „Historische Vorbilder für die Angehörigen der Nationalen Volksarmee und der Grenztruppen der DDR", *Militärgeschichte* 5 (1989): 506–08.

schritts stehen muss",[19] kennzeichnete aus Sicht der SED das besondere Verhältnis der NVA zur historischen Person Scharnhorst.[20]

Die Übernahme der preußischen Reformzeit in die militärischen Traditionen der Nationalen Volksarmee war folgerichtig. Kaum eine Epoche der deutschen Geschichte eignet sich so gut als „Paradigma" für Fortschritt und Wandel. In DDR-Publikationen wurde die „preußische Reformzeit" als fester Bestandteil der militärischen Tradition der NVA bezeichnet, obwohl diese historische Epoche in der Praxis der Truppe eine weitaus geringere Bedeutung hatte. Es ist aber durchaus davon auszugehen, dass das marxistisch geschulte Offizierskorps der NVA seine deutsche Identität und Herkunft auf die preußischen Militärreformer Scharnhorst, Clausewitz und Gneisenau zurückführen konnte.[21]

Verfolgt man die Rezeption allein dieser Epoche im Verlauf der DDR-Geschichte, so wird deutlich, dass die SED-Propaganda immer wieder versuchte, den DDR-Bürgern gerade über diesen historischen Abschnitt die gewünschte nationale DDR / SED-Identität zu vermitteln. Denn die Frage nach der deutschen Identität ihrer Bürger blieb für die SED ein zentrales Problem, dem sie in den 1950er Jahren durch deutschnationale Kampagnen und später durch die Verdrängung der „Einheit Deutschlands" und des deutschen Zusammengehörigkeitsgefühls zu begegnen suchte. In ihrer ideologischen „Propagandaarbeit" verfuhr die SED nach dem marxistischen Motto: „Nicht die Verhältnisse müssen geändert werden, sondern das Bewusstsein der Menschen".[22]

Damit ist die SED kläglich gescheitert. Die Verhältnisse änderten sich, getreu der marxistischen Theorie von „Rolle und Bedeutung" der Volksmassen. Es mutet gespenstisch an, wenn man die Bilder vom 175. Jahrestag der Völkerschlacht bei Leipzig 1988, als die Welt der SED noch in Ordnung war, mit denen vom Herbst 1989 vergleicht.

---

19 Erich Honecker, „Der Freundschaftsvertrag mit der UdSSR ist von großer militärpolitischer Bedeutung für die Sicherung des Friedens in Europa und der Welt", *Parteiarbeiter* 4 (1964): Sonderheft, 11.

20 Vgl. Hansjürgen Usczeck, *Scharnhorst: Theoretiker, Reformer, Patriot; sein Werk und seine Wirkung in seiner und für unsere Zeit* (Berlin: Militärverlag der DDR, 1979).

21 Vgl. Joachim Heise und Jürgen Hofmann, *Fragen an die Geschichte der DDR*, 2. Auflage (Berlin: Verlag Junge Welt, 1988); Hajo Herbell, *Die Idee vom Staatsbürger in Uniform und ihre Rolle im Kampf zwischen Demokratie und Militarismus in Deutschland: 1780 bis 1960 (unter besonderer Berücksichtigung zeitgenössischer Publizistik)*, Dissertation (Leipzig: 1966).

22 Wolfgang Seiffert, „Eine Perspektive statt kleiner Schritte – Die Krise der DDR ist auch eine Krise der Deutschlandpolitik", *Frankfurter Allgemeine Zeitung*, 26.08.1989, 5; vgl. auch Erik Michael Bader, „Die DDR war doch nicht der Höhepunkt – vom Scheitern des marxistischen Geschichtsunterrichts", *Frankfurter Allgemeine Zeitung*, 17.02.1990, 10.

NVA-Soldaten demonstrierten Anfang 1990 erstmals öffentlich und zwangen die Übergangsregierung Modrow zu Reformen für mehr Demokratisierung und Erleichterungen im Soldatenalltag. Der Militärapparat begann sich weitgehend zu entideologisieren und es war zu diesem Zeitpunkt kein Geheimnis, dass von einer funktionsfähigen NVA nur noch bedingt die Rede sein konnte.

Mit dem Beitritt der DDR zur Bundesrepublik Deutschland am 3. Oktober 1990 wurde die NVA als Bundeswehrkommando Ost Teil der gesamtdeutschen Streitkräfte, womit die Traditionspflegeverordnung der Bundeswehr auch für die ehemaligen Soldaten der NVA Gültigkeit erlangte. Die 168 000 Mann starke NVA wurde „abgewickelt". Bereits Mitte der 1990er Jahre dienten nur noch 2 800 Offiziere und 5 700 Unteroffiziere der ehemaligen NVA in der Bundeswehr. Alle, die sich in der Nationalen Volksarmee an politischer Agitation und Propaganda beteiligt hatten, wurden aus dem Dienst entfernt.[23]

Ein oktroyiertes Traditionsverständnis, wie es die SED zu erreichen suchte, hat sich auch im militärischen Bereich als sinnlos erwiesen. Fragen der politischen Partizipation, der Selbstbestimmung, der persönlichen Perspektive, der sozialen Sicherheit, des wirtschaftlichen Wohlstands und der Möglichkeit, das eigene Leben eigenverantwortlich zu gestalten, gehören zu den grundlegenden Kategorien, in denen sich Loyalität und Bindung an den Staat ausdrücken.

Staatlich verordnete Traditionspflege in Staat und Militär, wie sie die SED praktizierte, war daher unglaubwürdig und musste scheitern.

---

23 Vgl. Paul Heider, „NVA und Tradition: Eine historisch-kritische Betrachtung", in *Traditionen in Bundeswehr und Nationaler Volksarmee*, Hg. Dresdener Studiengemeinschaft Sicherheitspolitik (DSS) e. V. (Dresden: Dresdener Studiengemeinschaft Sicherheitspolitik, 2007), 17–30.

Linda von Keyserlingk-Rehbein

Der Umsturzversuch vom 20. Juli 1944 und die Ambivalenz seiner Erinnerungskultur

Der 20. Juli 1944 zählt zu den Schlüsselereignissen der deutschen Geschichte des 20. Jahrhunderts und so sind in den vergangenen acht Jahrzehnten zahlreiche Monografien, Biografien, Quelleneditionen und Erinnerungsberichte zu diesem Thema veröffentlicht worden. Der Ablauf des damaligen Attentatsversuchs auf Adolf Hitler ist mittlerweile gut dokumentiert, ebenso die Ereignisabfolge des anschließenden Umsturzversuchs.[1] Auch die Motive und Ziele der Beteiligten sind bereits gut erforscht, was jedoch nicht heißt, dass darüber nicht mehr gestritten werden würde. Die Gründe für Auseinandersetzungen liegen mitunter in Darstellungen, bei denen beispielsweise der Eindruck einer stark vereinfachenden Gleichung entsteht, etwas überspitzt formuliert: Stauffenberg sei gleich der 20. Juli 1944.[2] Im folgenden Beitrag wird zum einen auf die Vielfalt der Beteiligten des 20. Juli 1944 hingewiesen, zum anderen werden Versuche problematisiert, diese Gruppe zu pauschalisieren und zu instrumentalisieren. Hierzu werden aus dem Kontext der Diskussion um den Wideraufbau der Garnisonkirche in Potsdam einige Beispiele angeführt. Abschließend wird beispielhaft und mit der gebotenen interpretatorischen Vorsicht skizziert, welche Bedeutung diese Kirche in den individuellen Kontexten der Beteiligten des 20. Juli 1944 gespielt haben mag.

---

1 Vgl. u. a.: Uwe Neumärker und Johannes Tuchel, *Der 20. Juli 1944 im „Führerhauptquartier Wolfschanze"* (Berlin: Lukas Verlag, 2021); Winfried Heinemann, „Das Ende des Staatsstreichs: Die Niederschlagung des 20. Juli 1944 im Bendlerblock", *Vierteljahrshefte für Zeitgeschichte* 68, 1 (2020): 1–24, https://doi.org/10.1515/vfzg-2020-0001; ders., *Unternehmen „Walküre": Eine Militärgeschichte des 20. Juli 1944* (Berlin: De Gruyter Oldenbourg, 2019).
2 Zum 75. Jahrestag des 20. Juli 1944 erschien beispielsweise eine neue, knappe Biografie zu Oberst i. G. Claus Schenk Graf von Stauffenberg, in der dessen Prägung durch den Dichter Stefan George besonders stark hervorgehoben wurde. Vgl.: Thomas Karlauf, *Stauffenberg: Porträt eines Attentäters* (München: Blessing, 2019). Die Lektüre erweckt fast den Eindruck, als ließe sich der 20. Juli nur durch den Dichter George verstehen. Die ambivalente Haltung des Autors gegenüber der Person Stauffenberg führte ihn zudem auch insgesamt zu einer kritischen Bewertung des 20. Juli 1944. Als Replik auf das Buch von Karlauf ist kurz darauf erschienen: Sophie von Bechtolsheim, *Stauffenberg – mein Großvater war kein Attentäter* (Freiburg im Breisgau: Herder, 2019).

https://doi.org/10.1515/9783111305622-022

1 Versuche, die Gruppe der Beteiligten des 20. Juli 1944 zu pauschalisieren und zu instrumentalisieren

Im Titel des Beitrags ist bereits angedeutet, dass die Erinnerung an den 20. Juli durchaus spannungsgeladen ist. Im größeren Kontext ist sie von gesellschaftlichen und politischen Interessen abhängig, offenkundig wird dies beispielsweise im Vergleich der Erinnerungskulturen in der ehemaligen DDR und der Bundesrepublik Deutschland.[3] Im kleineren Kontext ist sie unter anderem auch von der persönlichen Sozialisation geprägt. Immer wieder wird die Bewertung von Vorurteilen, mitunter auch von einer bewussten Verzerrung von Informationen beeinflusst. Anders lässt es sich nicht erklären, dass zum Beispiel neurechte Kreise, unter anderem auch aus dem Umfeld der AfD und der Identitären Bewegung, zum Teil versuchen, den 20. Juli 1944 zu vereinnahmen. Sie bemühen sich, bei Gedenkveranstaltungen zu Jahrestagen Präsenz zu zeigen[4] oder rufen mit kruden historischen Bezügen zum Widerstand gegen die demokratische Staatsform bzw. die demokratisch legitimierte Regierung auf – wie es vor einigen Jahren noch hieß, gegen die „Merkel-Diktatur".[5] Auf die Spitze getrieben wurde dies mitunter durch Plakate, die Aufschriften trugen wie: „Merkel länger an der Macht als Hitler. ... und kein Stauffenberg in Sicht."[6]

---

3 Zur Rezeptionsgeschichte des 20. Juli 1944 vgl. u. a.: Henriette Schuppener, *„Ihr trugt die Schande nicht, Ihr wehrtet Euch": Das Gedenken an den 20. Juli 1944 im Wandel der Zeit* (Augsburg: Wißner, 2017). Vgl. auch: Gerd R. Ueberschär, Hg., *Der 20. Juli: Das „andere Deutschland" in der Vergangenheitspolitik nach 1945* (Berlin: Elefanten Press, 1998).
4 Vgl. u. a. einen Kurzbericht der AfD über die Kranzniederlegung der AfD-Fraktion im Landtag Sachsen-Anhalt am Denkmal für Henning von Tresckow in Magdeburg zum Gedenktag am 20. Juli im Jahr 2016: C. Kunze, „Kranzniederlegung und Gedenken an den Widerstand vom 20. Juli 1944", AfD Sachsen-Anhalt, 21.07.2016, https://afd-lsa.de/aktuelles/2016/07/kranzniederlegung-und-gedenken-an-den-widerstand-vom-20-juli-1944/. Auch bei den zentralen Gedenkfeiern zum 20. Juli 1944 im Bendlerblock in Berlin werden immer wieder Kränze der AfD niedergelegt.
5 Vgl. u. a. einen Beitrag in der Frankfurter Rundschau vom 4.07.2022 von Helmut Ortner, „Corona-Krise, Lockdown, Osterruhe: Misstrauen in Staat und Angela Merkel wächst". In dem Bericht heißt es u. a. „Impfgegner, Rechte und Esoteriker vereinen sich gegen ‚Merkel-Diktatur' und ziehen KZ-Vergleiche." (https://www.fr.de/panorama/deutschland-corona-lockdown-regierung-angela-merkel-oster-ruhetage-kritik-misstrauen-regierung-90258489.html). Vgl. auch eine Zeitungsnotiz im Hamburger Abendblatt vom 19.02.2018: Christoph Heinemann und André Zand-Vakili, „230 Menschen demonstrieren gegen ‚Merkel-Diktatur'", https://www.abendblatt.de/hamburg/hamburg-mitte/article213490243/230-Menschen-demonstrieren-gegen-Merkel-Diktatur.html.
6 Dieser Umstand wurde bereits im Vortrag beim Ökumenischen Gedenkzentrum Plötzensee am 24. Februar 2022 von Winfried Heinemann, „Der Umgang der deutschen Rechten mit dem Wider-

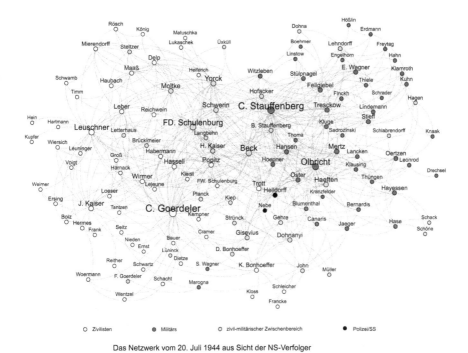

Das Netzwerk vom 20. Juli 1944 aus Sicht der NS-Verfolger

Abb. 1: Das Netzwerk vom 20. Juli 1944 aus Sicht der NS-Verfolger[7]

Wer sich jedoch auf die Geschichte des 20. Juli und seine Akteure ehrlich einlässt, erkennt schnell, dass das Thema komplex ist und politische Instrumentalisierungen in die eine oder andere Richtung den damaligen Beteiligten nicht gerecht werden. Der 20. Juli war so vielseitig und facettenreich, dass er sich auch nicht unter

stand", erwähnt. Vgl. auch zur Demo von Thügida, im September 2018: rechercheost, „Ziemlich beste Freunde: Organisierte Neonazis und die AfD in Gera", Recherche in Gera und Umgebung, 15.11.2020, https://rechercheostthueringen.noblogs.org/post/2020/11/15/organisierte-neonazis-und-die-afd-in-gera/: „Neben dem Shootingstar der Identitären, Martin Sellner, war auch der Hallenser Verschwörungsideologe und Antisemit Sven Liebich in der Menge und zog mit einem besonders geschmacklosen Beitrag die Aufmerksamkeit auf sich. Liebich trug ein Plakat mit der menschenverachtenden und NS-relativierenden Aufschrift ‚Merkel – länger an der Macht als Hitler. ...und kein Stauffenberg in Sicht'. Der unverhohlenen Drohung, dass Merkels ‚Stauffenberg' möglicherweise doch nicht weit ist, verlieh Liebich mit einer aufgesetzten Augenbinde Ausdruck."
7 Diese Grafik ist in Farbe abgedruckt in: Linda von Keyserlingk-Rehbein, *Nur eine ‚ganz kleine Clique'? Die NS-Ermittlungen über das Netzwerk vom 20. Juli 1944* (Berlin: Lukas Verlag, 2018), 226–27. © Linda v. Keyserlingk-Rehbein, 2018/ Lukas Verlag.

Schlagworten wie beispielsweise „konservative Offiziere" oder „nationalkonserva-tiver Widerstand" zusammenfassen ließe.

Wie bereits die Gestapo herausgefunden hatte, gehörte nur rund die Hälfte der Beteiligten dem Militär an, die andere Hälfte übte zivile Berufe aus.

Das NS-Regime hatte jedoch wider besseres Wissen bis zum Schluss behaup-tet, dass es sich im Wesentlichen um konservative Militärs gehandelt habe – eine Darstellung, die einen langen Nachhall zeigte. Freilich waren bei der Durchfüh-rung des Attentats- und Umsturzversuches zunächst vor allem Militärs beteiligt, da es hierfür einer bewaffneten Macht bedurfte. Doch war der Umsturz kein Selbstzweck, sondern Mittel zum Zweck. Das Ziel war der Aufbau eines Rechts-staats und die Beendigung des Krieges. Hierfür bedurfte es zahlreicher Fachleute aus zivilen Bereichen (Verwaltung, Politik, Wirtschaft, Diplomatie, Kirche, Ge-werkschaften etc.).

Auch hatten die Gestapo-Beamten bald erkannt, dass keineswegs nur konser-vative Kreise in die Umsturzvorbereitung eingebunden gewesen waren. Das poli-tische Spektrum erstreckte sich von nationalkonservativ über liberal zu sozialde-mokratisch. Um nur zwei Beispiele zu nennen: Stauffenberg hatte den bekannten Sozialdemokraten Julius Leber dem konservativen Carl Goerdeler als möglichen Kanzler in einer neuen Regierung vorgezogen. Zudem war Leber selbst ebenso wie der einflussreiche sozialdemokratische Gewerkschaftsführer Wilhelm Leusch-ner ins Zentrum des Netzwerks eingebunden. Diese Erkenntnisse beruhen auf ei-ner umfangreichen historischen Netzwerkanalyse, auf die an dieser Stelle nur verwiesen werden kann.[8] Auch kann hier aus Platzgründen keine ausführliche In-terpretation und Kommentierung der Grafik 1 erfolgen, die jedoch an anderer Stelle zur Verfügung steht.[9]

Thema der Tagung ist das Preußische Militär als Tradition und Erbe. Der 20. Juli 1944 ist ein wichtiger Bestandteil der Tradition der Bundeswehr, er kann jedoch nicht unter den Begriffen „Preußisches Militär" oder „Geist von Potsdam" subsummiert werden. Selbst wenn aus keinem anderen Regiment mehr Soldaten stammten, die am Umsturzversuch beteiligt gewesen waren, wie aus dem Potsda-mer Infanterie-Regiment 9 bzw. seinen Ersatz- und Nachfolgeeinheiten.[10]

---

8 Die Untersuchung zum strukturellen Kern des Netzwerks vom 20. Juli 1944 ist zu finden in: Ebd., 271–75.

9 Siehe ebd., u. a. 225–31.

10 Zum IR 9 vgl. u. a.: Wolfgang Paul, *Das Potsdamer Infanterie-Regiment 9, 1918–1945: Preußi-sche Tradition in Krieg und Frieden*, 2. Auflage (Osnabrück: Biblio-Verlag, 1985); Ines Reich, *Pots-dam und der 20. Juli 1944: Auf den Spuren des Widerstandes gegen den Nationalsozialismus; Be-gleitschrift zur Ausstellung des Militärgeschichtlichen Forschungsamtes und des Potsdam-Museums* (Freiburg im Breisgau: Rombach Verlag, 1994); Ekkehard Klausa, „Preußische Soldatentradition und Widerstand – Das Potsdamer Infanterieregiment 9 zwischen dem „Tag von Potsdam" und

Jörg Schönbohm hatte als Innenminister des Landes Brandenburg Argumente für den Wiederaufbau der Garnisonkirche mit der Erinnerung an den Widerstand verknüpft, indem er diesen vor allem auf das Preußentum zurückführte:

> Nicht umsonst gehörten die bekanntesten Widerstandskämpfer des 20. Juli 1944 namhaften preußischen Familien an, die für die preußischen Werte kämpften. [...] War auch der Versuch der Verschwörer des 20. Juli, in letzter Stunde den Aufstand gegen den Tyrannen zu wagen, die Charaktertat von Einzelnen, so handelten sie doch in preußischem Geist und aus christlicher Verantwortung.[11]

Zwar stammten mehrere zentrale Akteure des Netzwerks des 20. Juli aus Familien mit enger Bindung zum preußischen Staat. Jedoch lässt sich dies keineswegs von allen „bekanntesten Widerstandskämpfern" behaupten. Bei genauerem Hinsehen wird deutlich, dass sogar viele zentrale Persönlichkeiten nicht aus Preußen stammten. Die Brüder Claus und Berthold Schenk Graf von Stauffenberg entstammten einem schwäbischen Adelsgeschlecht und waren in Württemberg aufgewachsen. Oberst i. G. Albrecht Ritter Mertz von Quirnheim, der noch in der Nacht zum 21. Juli hingerichtet wurde, stammte ebenso aus Bayern wie Wilhelm Leuschner, der nach dem Umsturz das Amt des Vizekanzlers übernehmen sollte. General der Infanterie Friedrich Olbricht, Chef des Allgemeinen Heeresamtes, der die Umsturzpläne gemeinsam mit Stauffenberg und Henning von Tresckow entwickelt hatte und ebenfalls noch in der Nacht zum 21. Juli hingerichtet wurde, war Sachse, – wie auch Generalmajor Hans Oster, Leiter der Zentralabteilung des Amtes Ausland / Abwehr, der die Umsturzpläne bis zu seiner Absetzung im April 1943 koordiniert hatte. Der Sozialdemokrat und Stauffenberg-Vertraute Leber, der als neuer Innenminister oder auch Reichskanzler vorgesehen war, stammte aus dem Elsass.

Soll die Beteiligung preußischer Familien am Widerstand thematisiert werden, darf andererseits nicht die Nähe preußischer Familien zum Nationalsozialismus verschwiegen werden.[12] Wichtig ist jeweils ein Hinweis darauf, um welche Einzelpersonen es sich dabei gehandelt hat. Zwei Persönlichkeiten aus preußischen Adelsfamilien mit Bezug zu Potsdam und dem Infanterieregiment 9 spielten

---

dem 20. Juli 1944", in *Der Widerstand gegen den Nationalsozialismus: Die deutsche Gesellschaft und der Widerstand gegen Hitler*, Hg. Jürgen Schmädeke und Peter Steinbach, 3. Auflage (München: Piper, 1994), 533–45; Semper talis Bund, Hg., „Das Potsdamer Infanterie-Regiment 9 (1921–1945)", (o. D., um 2001).

11 Jörg Schönbohm, „Üb immer Treu und Redlichkeit", in *Der Wiederaufbau der Potsdamer Garnisonkirche*, Hg. Reinhard Appel und Andreas Kitschke (Köln: Lingen, 2006), 34–39, hier 36–37.

12 Vgl. hierzu u. a.: Stephan Malinowski, *Vom König zum Führer: Sozialer Niedergang und politische Radikalisierung im deutschen Adel zwischen Kaiserreich und NS-Staat*, 3. Auflage (Berlin: Akademie Verlag, 2003), 476–81.

im Netzwerk des 20. Juli 1944 in der Tat eine wichtige Rolle: Henning von Tresckow und Fritz-Dietlof Graf von der Schulenburg. Auf beide soll daher im Verlauf des Beitrages noch näher eingegangen werden.

2 Die Erinnerungskultur zum 20. Juli 1944 im Kontext der Diskussion um den Wiederaufbau der Garnisonkirche[13]

Folgt man einigen Darstellungen der Wiederaufbaudebatte um die Garnisonkirche in Potsdam, entsteht zum Teil der Eindruck, diese Kirche sei eine Keimzelle des Widerstandes gewesen. Der ehemalige Ministerpräsident von Brandenburg, Manfred Stolpe, formulierte in einem 2006 veröffentlichten Beitrag:

> Vergangenheit der Potsdamer Garnisonkirche ist ihr Missbrauch, ihre Vergewaltigung durch die Nazis. Vergangenheit ist aber mehr noch ihre Rolle als Keimzelle des Widerstands gegen die braunen Verbrecher. Die Garnisonkirche war die Gemeindekirche vieler Frauen und Männer des 20. Juli 1944. Sie war die Garnisonkirche des Infanterieregiments 9, aus dem führende Köpfe des Widerstandes gegen Hitler kamen. Diese Kirche war der Ort, an dem ihr Glaube gestärkt, ihr Gewissen geschärft und ihr Verantwortungsbewusstsein geformt wurden. Hier liegt eine Wurzel des Aufstandes der Gewissen gegen Hitler.[14]

Im Jahr 2004 wurde der Kirche am 20. Juli durch die internationale Nagelkreuzgemeinde ein Nagelkreuz überreicht. Die Übergabe zum Jahrestag des Umsturzversuches von 1944 diente als Ausdruck der Versöhnung und des Friedens. Wie Stolpe es ausdrückte, war sie aber auch

> Inpflichtnahme, das Vermächtnis des Widerstandes gegen die Nazis wachzuhalten und dafür zu sorgen, dass Frieden, Freiheit, Demokratie und Menschenrechte stets geachtet werden und als Grundpfeiler unseres Zusammenlebens auf einem festen Grund stehen. Die internationale Nagelkreuzgemeinde von Coventry bis Wolgograd erwartet, dass die Garnisonkirche

---

13 Teile dieses Beitrags sind bereits vor zehn Jahren veröffentlicht worden, in: Linda von Keyserlingk, „Die Garnisonkirche in Potsdam – eine Keimzelle des Widerstands?", in *Die Garnisonkirche Potsdam: Zwischen Mythos und Erinnerung*, Hg. Michael Epkenhans und Carmen Winkel (Freiburg im Breisgau: Rombach Verlag, 2013), 91–110. Für die Genehmigung des Wiederabdrucks dankt die Verfasserin dem Zentrum für Militärgeschichte und Sozialwissenschaften in Potsdam, in dessen Auftrag die Publikation entstanden war.
14 Manfred Stolpe, „Der Wiederaufbau der Potsdamer Garnisonkirche ist notwendig", in Appel und Kitschke, *Wiederaufbau*, 28–33, hier 31–32.

Potsdam als konkreter Bezugspunkt wiedererstteht. Darin liegt eine Friedensbitte, die nicht ausgeschlagen werden darf.[15]

An die Übergabe des Nagelkreuzes wurde somit die Verpflichtung zum Wiederaufbau geknüpft, dieser wiederum wurde legitimiert durch die Bezugnahme auf den 20. Juli. Die politische Motivation der angeführten Darstellungen ist deutlich, doch was lässt sich tatsächlich über die Nähe des Widerstandes zur Garnisonkirche sagen? Der Stadtkirchenpfarrer Markus Schütte hatte schon 2005 klargestellt, dass diese Kirche „sicher keine herausragende Stätte der Konspiration (war) wie etwa das Haus Kreisau".[16] Dem ist zuzustimmen.

Kreisau, das Gut der Familie von Moltke in Schlesien, war ein Ort, an dem sich ab 1942 Vertreter aus Politik, Verwaltung, Wirtschaft und Kirche trafen, um eine neue rechtsstaatliche Ordnung für Deutschland zu entwickeln.[17] Auch in Potsdam dienten in erster Linie private Räume für konspirative Tätigkeiten. Hier kam es zum Austausch unter Gleichgesinnten, hier konnte im gemeinsamen Gespräch der Geist und das Gewissen geschärft werden. Wie Ines Reich in ihren Arbeiten zum Widerstand in Potsdam bereits dargestellt hat, spannte sich das

> Netz der konspirativen Verbindungen der bürgerlich-aristokratischen Hitlergegner [...] in
> Potsdam hauptsächlich zwischen den Familien von Bismarck, von Bredow, Brücklmeier,
> von Oppen, von Schilling, von Schwerin und den Offizieren der Infanterie-Regimenter 9 und
> 178. Es wurde im Verlaufe des Jahres 1943 noch um eine Verbindung zu sozialdemokrati
> schen Kreisen, insbesondere zu Hermann Maaß erweitert.[18]

Es war die „Intimität dieser familiär-freundschaftlichen Verbindungen" die „anlässlich von Gesellschaften, Abendessen und Feiern zunächst den Rahmen für einen ungestörten Gedankenaustausch über die politische und militärische Lage" schuf.[19] Der Garnisonkirche wird an dieser Stelle hingegen keine besondere Bedeutung beigemessen.

Unbestritten ist: Zwischen der Stadt Potsdam und den am Attentats- und Umsturzversuch vom 20. Juli 1944 beteiligten Personen gab es viele Verbindungen.

---

15 Ebd., 32.
16 Markus Schütte, „Ein Nagelkreuz für die Garnisonkirche", in *Die Garnisonkirche: Beiträge zu ihrem Wiederaufbau*, Hg. Lutz Borgmann und Peter Leinemann, Heft 3 (Potsdam: Stiftungsverlag, 2005), 13–14, hier 14.
17 Zum Kreisauer Kreis vgl. u. a.: Ger van Roon, *Neuordnung im Widerstand: Der Kreisauer Kreis innerhalb der deutschen Widerstandsbewegung* (München: Oldenbourg, 1967); Günter Brakelmann, *Der Kreisauer Kreis: Chronologie, Kurzbiographien und Texte aus dem Widerstand*, 2. Auflage (Münster: LIT Verlag, 2004).
18 Reich, *Potsdam und der 20. Juli 1944*, 56.
19 Ebd., 48.

Einige Verschwörer waren in dieser Stadt geboren, andere wohnten hier, manche kamen zu Besuch, um Vertraute zu treffen oder um bei ihnen Schutz zu suchen. Von Tresckow arbeitete im Sommer 1943 von Babelsberg aus intensiv an den Umsturzplänen. Selbst Sprengstoffpakete für das Attentat wurden in Potsdam zwischengelagert. Nicht wenige Beteiligte des 20. Juli waren als Soldaten in Potsdam stationiert gewesen – in unmittelbarer Nähe zur Garnisonkirche.

In der Diskussion um den Wiederaufbau der Kirche wird der Bezug zum Widerstand gerne hervorgehoben. Doch wie stark wurde das Denken und Handeln dieser rund zwanzig Personen des militärischen Widerstandes tatsächlich durch diese Kirche geprägt und wer waren diese Personen? Sieben von ihnen wurden vom NS-Regime als Eingeweihte und am Umsturzversuch aktiv beteiligte Personen angesehen:[20] Hasso von Boehmer, Paul von Hase, Friedrich Klausing, Hans-Otfried von Linstow, Ferdinand von Lüninck, Fritz-Dietlof Graf von der Schulenburg und Henning von Tresckow. Sie sind damit auch in der Grafik sichtbar, die das Wissen der NS-Verfolger über die Beteiligten des 20. Juli 1944 visualisiert (Grafik 1).

Zwar war der Gestapo bekannt, dass von der Schulenburg als Ausbilder unter den jungen Offizieren in Potsdam nach regimekritischen Persönlichkeiten gesucht hatte,[21] und dass einige Angehörige des Potsdamer Regiments am 20. Juli 1944 auch im Bendlerblock waren: Hans Karl Fritzsche, Helmut von Gottberg, Ludwig Freiherr von Hammerstein, Ewald-Heinrich von Kleist und Georg Sigismund von Oppen. Doch galten diese fünf jungen Offiziere nicht als eingeweiht. Es hieß, sie hätten ohne Wissen um das Umsturzvorhaben Befehle ausgeführt. Keiner von ihnen wurde zum Tode verurteilt.[22]

Was verbanden die späteren Widerstandskämpfer mit dieser Kirche, wie häufig waren sie dort, was haben sie während der Gottesdienste und Zeremonien in

---

20 Einige Angehörige der Potsdamer Regimenter wurden vom NS-Regime nicht als Beteiligte verurteilt. Dies hatte unterschiedliche Gründe: Einige blieben unentdeckt, manche verstarben noch vor einem Prozess vor dem Volksgerichtshof in Haft bzw. hatten Suizid begangen, andere galten nur als Mitwisser, nicht als aktiv Beteiligte (selbst wenn einige dafür zum Tode verurteilt worden sind). Zu diesen Angehörigen der Potsdamer Regimenter zählten: Axel Freiherr von dem Bussche, Wilhelm Dieckmann, Carl-Hans Graf von Hardenberg, Herbert Meyer, Hermann Priebe, Alexis Freiherr von Roenne, Wilhelm Staehle und Hans-Alexander von Voss.
21 Vgl. u. a.: Ulrich von Hassell, *Die Hassell Tagebücher 1938–1944: Aufzeichnungen vom Andern Deutschland*, Hg. Friedrich Hiller von Gaertringen und Klaus P. Reiss, 2. Auflage (Berlin: Siedler, 1989), 362.
22 Vgl. u. a. die Einstellungsverfügung vom 12.12.1944 des Ermittlungsverfahrens gegen: von Kleist, von Oppen, Fritzsche (mit Anschreiben vom 3.1.1945) in: Hans-Adolf Jacobsen, Hg., *„Spiegelbild einer Verschwörung": Die Opposition gegen Hitler und der Staatsstreich vom 20. Juli 1944 in der SD-Berichterstattung: Geheime Dokumente des ehemaligen Reichssicherheitshauptamtes*, Bd. 2 (Stuttgart: Seewald, 1984), 693–700.

dieser Kirche gedacht und empfunden? Mit der zeitlichen Distanz von bald 80 Jahren lässt sich diese Frage kaum noch zufriedenstellend beantworten. Im Folgenden soll dennoch mithilfe von zeitgenössischen Dokumenten und Erinnerungen eine behutsame Annäherung an eine Antwort versucht werden.

3 Die Bedeutung der Garnisonkirche in individuellen Kontexten

Der Kirchgang war für die Soldaten bereits zu Beginn der 1930er Jahre nicht mehr verpflichtend. Durch Zeitzeugenberichte wird deutlich, dass einige Soldaten nur gelegentlich, andere häufiger in die Gottesdienste der Garnisonkirche gingen. Richard von Weizsäcker erinnerte sich beispielsweise: „Versuchte man auch, wenn möglich, am Wochenende Urlaub zu bekommen, um nach Hause zu fahren, so besuchte man doch gelegentlich die Garnisonkirche und das historische Zentrum Potsdams.“[23]

Brachten die einen die Kirche eher mit politisch-militärischen Zeremonien in Verbindung, suchten andere die Kirche auch als Gotteshaus auf. Von Tresckow besuchte den Gottesdienst häufiger. Als Oberleutnant und Adjutant des 1. Bataillons des Infanterieregiments 9, tat er Ende der 1920er Jahre Dienst in unmittelbarer Nähe der Kirche. Mit seiner Frau Erika (geb. v. Falkenhayn) wohnte er in der Breiten Straße 8, direkt neben dem barocken Kirchenbau. Dass die Garnisonkirche für von Tresckow von besonderer Bedeutung war, bezeugt eine bereits viel zitierte, eindrucksvolle Rede, die er anlässlich der Konfirmation seiner beiden Söhne in der Garnisonkirche am 11. April 1943 hielt:

> Vergesst in diesem Zusammenhang niemals, dass Ihr auf preussischem Boden u. in Preussisch-deutschen Gedanken aufgewachsen u. heute an der heiligsten Stätte des alten Preussentums eingesegnet seid. Es birgt eine grosse Verpflichtung in sich, die Verpflichtung zur Wahrheit, zur innerlichen und äußerlichen Disciplin, zur Pflichterfüllung bis zum Letzten. Aber man soll niemals vom Preussentum sprechen, ohne darauf hinzuweisen, dass es sich damit nicht erschöpft. Es wird so oft missverstanden. Vom wahren Preußentum ist der Begriff der Freiheit niemals zu trennen. [...] Man kann das grade jetzt nicht ernst genug betonen u. ebenso, dass von solch preussisch-deutschem Denken das christliche Denken garnicht [!] zu trennen ist. Es ist sein Fundament, u. hierfür ist unsere alte Garnisonkirche das Symbol.[24]

---

23 Richard Freiherr von Weizsäcker, „Verantwortung und Erinnerung", in Appel und Kitschke, *Wiederaufbau*, 18–21, hier 18.
24 Henning v. Tresckow, Redemanuskript zur Konfirmation seiner Söhne Mark und Rüdiger, Regimentshaus Potsdam, 11.04.1943, 2–3. Der Nachlass von Henning von Tresckow wurde kürzlich dem

Dieses Zitat ist ein persönliches Zeugnis für die enge Bindung Tresckows an die Garnisonkirche und sein Verständnis von preußischer Tradition. Es ist ebenso das Zeugnis eines Mannes, der sich als erster Generalstabsoffizier der Heeresgruppe Mitte bereits an der Entwicklung von Staatsstreichplänen beteiligt und wenige Wochen zuvor mehrfach vergeblich versucht hatte, zusammen mit Gleichgesinnten ein Attentat auf Hitler auszuüben.

Von der Schulenburg hatte sich nach 1933 zunächst als Verwaltungsfachmann an der sogenannten Gleichschaltungspolitik beteiligt. Sukzessive distanzierte er sich jedoch vom NS-Regime und wirkte schließlich als einer der aktivsten Kräfte an der Umsturzvorbereitung mit. Im Sommer 1940 wechselte er zum Militär und bildete in Potsdam junge Soldaten aus und warb unter ihnen, wie bereits oben erwähnt, um Mitverschwörer. Während des Krieges fand von der Schulenburg zurück zum christlichen Glauben. Die Garnisonkirche schien ihm für diesen Wandel ein Symbol zu sein. Kurz nach seiner Versetzung nach Potsdam schrieb er seiner Frau am 8. Juni 1940:

> Gott hat, nachdem die Kinderfrömmigkeit von innen her verweht war, wie ein ferner Hall in mein Leben hineingeschwungen. Erst später trat er mehr in den Mittelpunkt meines Lebens, und erst in der letzten Zeit ist er mir oft gegenwärtig und klar wie der Glockenschlag der Garnisonkirche.[25]

In den folgenden Jahren setzte sich von der Schulenburg in seinen Briefen immer wieder mit Fragen des Glaubens, der Schuld und des Gewissens auseinander. Nur selten scheinen ihn bei diesen Fragen jedoch Predigten und Pfarrer inspiriert zu haben. Den Einfluss der Pfarrer auf die Soldaten schätzte von der Schulenburg als gering ein, da die Pfarrer seiner Ansicht nach nicht die richtige Sprache für ihre Botschaft fänden.[26] Inwiefern die Garnisonkirche bei seiner Glaubenssuche und Gewissensstärke über ihren symbolischen Wert hinaus Einfluss auf ihn gehabt hat, ist unklar.

Archiv des Instituts für Zeitgeschichte in München übergeben: IfZ-Archiv, ED 1246. Das Redemanuskript ist darin enthalten, ist jedoch noch nicht einzeln verzeichnet worden. Bei der Transkription wurden die Schreibweise des maschinengeschriebenen Manuskripts sowie die Hervorhebung im Originaltext übernommen. Abgedruckt ist die Rede (mit einigen kleinen Änderungen in der Orthografie und im Wortlaut) bereits in: Sigrid Grabner und Hendrik Röder, Hg., *Henning von Tresckow: Ich bin, der ich war: Texte und Dokumente* (Berlin: Lukas Verlag, 2001), 49–53, hier 52.

25 Brief von Fritz-Dietlof Graf von der Schulenburg an seine Frau Charlotte, Potsdam, 8.06.1940, abgedruckt in Auszügen in: Ulrich Heinemann, *Ein konservativer Rebell: Fritz-Dietlof Graf von der Schulenburg und der 20. Juli* (Berlin: Siedler, 1990), 208.

26 Brief von Fritz-Dietlof Graf von der Schulenburg an seine Frau Charlotte, Südostpreußen, 19.06.1941, abgedruckt in Auszügen in: Ebd., 214–15, hier 215.

Zwei zentrale Persönlichkeiten des Widerstandes – von Tresckow und von der Schulenburg – hatten eine persönliche Beziehung zu Potsdam und zur Garnisonkirche. Doch sind sie hier aus der großen Anzahl der Potsdamer Soldaten nur beispielhaft herausgegriffen. Natürlich gab es auch Soldaten des Infanterieregiments 9, die ganz andere Wege eingeschlagen haben und ebenfalls sehr Persönliches mit dieser Kirche verbanden. Rudolf Schmundt wurde beispielsweise bereits 1921 in das Infanterieregiment 9 übernommen, 1927 wurde er Adjutant dieses Regiments, ab 1938 war er schließlich sogenannter „Chefadjutant der Wehrmacht beim Führer und Reichskanzler", ab 1942 zudem Chef des Heerespersonalamtes und stets darum bemüht, das Heer stärker an den Diktator zu binden. Am 20. Juli 1944 wurde Schmundt bei dem Attentat auf Hitler tödlich verletzt. Als Angehöriger des Infanterieregiments 9 hatte er 1926 in der Garnisonkirche geheiratet.

4 Texte, die das Gewissen schärften?

Mit Sicherheit hatten nicht alle Texte, die vor 1945 in der Garnisonkirche verlesen worden sind, einen so besonnenen und zur Rechtschaffenheit mahnenden Charakter, wie jene Rede, die von Tresckow zur Konfirmation seiner Söhne 1943 hielt. Anni von Gottberg, eine der zentralen Persönlichkeiten der Bekennenden Kirche in Potsdam und Tante des später am Umsturz beteiligten Helmuth von Gottberg, äußerte sich während des Krieges in einem Brief an einen befreundeten Pfarrer kritisch über die Garnisonkirche. Sie schrieb,

> dass die Garnisonkirche nun mal die große Gefahr der Versuchung für ängstliche Gemüter wäre, dass aber alles, was überhaupt noch von evangelischer Kirche in unserm Vaterlande und besonders bei der Wehrmacht vorhanden ist, von der Existenz der B.K. [Bekennenden Kirche, d. Verf.] lebt und zehrt.[27]

Die 1985 veröffentlichten Erinnerungen Christoph von L'Estocqs, einem langjährigen Regimentskameraden Tresckows, vermitteln den Eindruck, dass Kirche und Gottesdienst die Soldaten weniger durch bewegende Gedankenanstöße geprägt haben. Er beschrieb den Gottesdienst in der Garnisonkirche – hier bezogen auf die 1920er Jahre – vielmehr als militärische Zeremonie, denn als Stunde der inneren Einkehr:

---

27 Zit. n.: Jeanette Toussaint, *Ich bin für Potsdam das rote Tuch: Anni von Gottberg und die Bekennende Kirche* (Wilhelmshorst: Märkischer Verlag, 2011), 112.

Nach der Liturgie, bei der die Gemeinde stand, setzte sich alles mit Klirren, Klappern und Rauschen nieder. Der Garnisonpfarrer sprach dann etwas lang, die Augenlider wurden schwer, die Luft war so drückend, Kommißgeruch lag im Kirchenschiff. Doch endlich hieß es „Amen" und die Posaunen dröhnten wieder.[28]

Auch die Erinnerungen des am Umsturzversuch vom 20. Juli 1944 beteiligten Fritzsche an seine Rekrutenzeit in Potsdam erwecken den Eindruck, dass für die Soldaten nicht unbedingt immer die Predigt im Mittelpunkt des Kirchganges gestanden hat:

Das ganze Regiment feierte den Heiligen Abend 1936 in der Garnisonkirche, alle Emporen von Feldgrauen besetzt. Während der Predigt schlief mancher Soldat wegen des vorangegangenen Dienstes vor Erschöpfung ein. Das Geräusch der sich vom Knie lösenden, herunter polternden Stahlhelme fiel in die Predigt. Auch Offiziere schliefen, das Kinn auf den Degen gestützt. Anschließend gab es Gänsebraten mit Rotkohl [...].[29]

Abschließend sei auf einen Feldgottesdienst zur Vereidigung von rund 4 000 Rekruten am 7. November 1935 verwiesen, der im Lustgarten, nahe der Garnisonkirche mit viel politischer Prominenz stattfand. In der Regimentsgeschichte des IR 9 von Wolfgang Paul ist darüber zu lesen:

Durch die Klänge des Präsentiermarsches klingt das ‚Lobe den Herrn ...' vom Glockenspiel der Garnisonkirche. *[Beschreibung des Unteroffiziers Dittmer, I./IR9]* Dann die Flaggenhissung, der Choral ‚Großer Gott, wir loben dich', die Ansprache des evangelischen Wehrkreispfarrers Dr. Schütz mit der Mahnung an die Rekruten, immer treu zu ihrem Eide zu stehen, [...] Dumpf hallen die Sätze der Eidesformel über den Platz [...] ‚Ueb' immer Treu und Redlichkeit' tönt es jetzt von der Garnisonkirche herüber...[30]

Die Bindung an den Fahneneid, den die Soldaten ab 1934 direkt auf die Person Adolf Hitler leisten mussten, sollte schließlich ein nicht unerhebliches strukturelles Problem für die Beteiligten des 20. Juli 1944 auf der Suche nach Mitverschwörern in den Reihen der Wehrmacht darstellen.

Die Garnisonkirche war weder eine Hochburg der Deutschen Christen, noch ein Zentrum der Bekennenden Kirche. Von Tresckow hatte eine besondere persönliche Bindung zu ihr, auch Zitate von Graf von der Schulenburg lassen darauf schließen, dass diese Kirche eine symbolhafte Rolle für ihn gespielt hat. Doch auch zahllose andere Soldaten, die sich nicht dem Widerstand anschlossen, gingen in diese Kirche. Für tausende Wehrpflichtige war es der Ort ihrer Vereidi-

---

28 Christoph von L'Estocq, *Unser Potsdam: Eine Erinnerung; meiner Heimatstadt und den alten Potsdamer Soldaten gewidmet; mit altvertrauten Bildern* (Limburg a. d. Lahn: Starke, 1985), 21.
29 Hans Fritzsche, zit. n.: Paul, *Infanterie-Regiment 9*, 108–09.
30 Ebd., 100.

gungsgottesdienste und zahlreicher feierlicher Zeremonien, für einige war es vor allem die heilige Begräbnisstätte der großen Preußen-Könige, für andere wiederum ein Ort innerer Auseinandersetzungen. Der Ort Garnisonkirche lässt sich mit verschiedenen Symbolen belegen. Der Widerstand in Potsdam kann hier nur eines unter vielen sein. Wenn die Garnisonkirche als „Keimzelle des Widerstandes" bezeichnet wird, ist dies ein Beispiel dafür, wie die Erinnerung an den 20. Juli 1944 für politische Interessen instrumentalisiert werden kann.

Jakob Saß

Skandale in Uniform? Debatten um Rechtsradikalismus und Traditionspflege in der Bundeswehr 1955–1998

1 Einleitung

Seit einigen Jahren häufen sich Berichte über rechtsradikale[1] Vorfälle bei der Bundeswehr. Es begann 2017 mit der Festnahme des Oberleutnants Franco A., der als erster aktiver Bundeswehroffizier im Sommer 2022 als Rechtsterrorist verurteilt wurde. Es folgten Berichte vom „Hannibal-Netzwerk", dessen Mitglieder sich konspirativ mit Waffenlagern, Schießübungen und Feindeslisten auf einen „Tag X" vorbereiteten. Mit dabei, neben Franco A., waren viele Polizisten, Bundeswehr-Reservisten und Soldaten des Kommandos Spezialkräfte (KSK). Das KSK wurde reformiert, stand jedoch seit der Großrazzia bei einer mutmaßlich rechtsterroristischen Gruppe der Reichsbürger- und QAnon-Bewegung im Dezember 2022 erneut in der Kritik, weil sich unter den Festgenommenen auffallend viele aktive und ehemalige KSK-Soldaten befanden.

Neben dem Gefahrenpotential von Rechtsradikalen mit Waffenzugang und -ausbildung verwiesen die Umsturzpläne dieser „Reichsbürger"-Gruppe auch auf eine oft unterschätzte ideologische Schnittmenge zwischen Anhänger:innen von Verschwörungsnarrativen, der radikalen Rechten und des Nationalkonservatismus: der positive Bezug auf Preußen und seine Traditionen. Der „Sehnsuchtsort Preußen" diente und dient Nationalisten u. a. für die Konstruktion einer vermeintlich „tausendjährigen" historischen und kulturellen Identität als Deutsche und so-

---

1 „Rechtsradikalismus" oder „radikale Rechte" wird hier als Oberbegriff für Akteur:innen mit einer nationalistischen, autoritären und rassistischen Weltanschauung verwendet, die die bestehende demokratische Verfassungsordnung ablehnen. Dies schließt die kleinere Gruppe der gewaltbereiten, deutlich verfassungsfeindlichen „extremen Rechten" ein. Vgl. Frank Bösch und Gideon Botsch, „Informationen zum Forschungsprojekt: Die radikale Rechte in Deutschland, 1945–2000", Leibniz-Zentrum für Zeithistorische Forschung Potsdam, 2021, https://zzf-potsdam. de/sites/default/files/forschung/Direktion/kurzbeschreibung_projekt_radikale_rechte_04_2021.pdf.

Hinweis: Die folgenden Abschnitte bilden einen Werkstattbericht meines laufenden Promotionsprojektes „Radikale Rechte in der Bundeswehr und NVA (1955/56–1998)".

https://doi.org/10.1515/9783111305622-023

mit als Voraussetzung für die rassistische Ausgrenzung der „Anderen".[2] Mit dem Bezug auf die gesellschaftlich anschlussfähigen, „positiven" historischen Ereignisse in der preußischen Geschichte lassen sich zudem einerseits die nationalsozialistischen Verbrechen relativieren und überdecken, andererseits rechte Themen gut platzieren.

„Ostpreußen" galt zum Beispiel vor 1990 viele Jahre als Chiffre für die „Sehnsucht" nach den verlorenen deutschen Ostgebieten und einer möglichen Rückeroberung durch die ersehnte deutsche Einheit. Genau davon träumten auch in den 1980er Jahren die Initiatoren des Wiederaufbaus der Potsdamer Garnisonkirche mitsamt einem neuen Glockenspiel, darunter vor allem der damalige Fallschirmjäger-Kommandeur Max Klaar, der immer wieder ein Deutschland in den Grenzen von 1937 forderte.[3] Die Traditionalisten in der Bundeswehr realisierten mit dem Glockenspiel letztlich „ein symbolisch aufgeladenes Projekt, das eine positive Traditionslinie von der preußischen Armee über die Wehrmacht zur Bundeswehr zog".[4] Den bis heute anhaltenden Streit um die Garnisonkirche bestimmten nicht zuletzt die jahrzehntelangen Berichte über die geschichtsrevisionistischen Äußerungen des ehemaligen Oberstleutnants Max Klaar – der öffentlich wahrgenommene Normbruch bestand darin, dass ein hochrangiger Militär seine Möglichkeiten ausnutzte, um rechtsradikale Ideen gesellschaftsfähig zu machen.

Das Beispiel der Garnisonkirche kann daher als Anlass gelten, anhand anderer Beispiele allgemeiner nach dem „Stellenwert des Militärs in der Geschichte der Bundesrepublik Deutschland"[5] sowie den Kontinuitäten rechtsradikaler Aktivitäten und Strukturen in der Bundeswehr zu fragen: Welche Wechselbeziehungen bestanden zwischen der Traditionspflege in der Bundeswehr und rechtsradikalen Äußerungen bzw. Handlungen durch ihre Soldaten? Inwieweit beeinflussten Debatten um Rechtsradikalismus in der Bundeswehr die Traditionspflege und die Auseinandersetzung mit dem Nationalsozialismus? Zugespitzt formuliert: Welche „Skandale in Uniform" führten zu einem Umdenken?

---

2 Yves Müller, „Preußen, das Kaiserreich, der Kolonialismus und die Rechten: Sehnsuchtsorte des deutschen Nationalismus", *Materialien* 36 (2021): 15–24, https://www.rosalux.de/fileadmin/rls_u ploads/pdfs/Materialien/Materialien36_Gegenwartsgestrige.pdf.
3 Vgl. Philipp Oswalt, „Die Potsdamer Garnisonkirche: Wiederaufbau zwischen militärischer Traditionspflege, protestantischer Erinnerungskultur und Rechtsextremismus", *Vierteljahreshefte für Zeitgeschichte* 70, Nr. 3 (2022): 549–90, https://www.degruyter.com/document/doi/10.1515/vfzg-2022-0031/html.
4 Oswalt, „Potsdamer Garnisonkirche", 558.
5 Timo Walz, „Tagungsbericht: Mehr als Desinteresse und Abschottung? Zum Stellenwert des Militärs in der Geschichte der Bundesrepublik Deutschland", H-Soz-Kult, 08.03.2023, https://www.hsozkult.de/conferencereport/id/fdkn-134398.

2 „Helden der Wehrmacht": NS-Kontinuitäten und kommunistische Propagandakampagnen

Seit der Gründung der Bundeswehr 1955 standen deren personelle und mentale NS-Kontinuitäten immer wieder im Mittelpunkt öffentlicher Kritik. Bei den Diskussionen um ertrunkene Soldaten in der Iller 1957 oder im Falle der misshandelten Fallschirmjäger-Rekruten in Nagold 1963 galten in der Öffentlichkeit „Schleifermethoden" im „alten Geist der Wehrmacht" als Ursache.[6] Tatsächlich lässt sich ein Mentalitätstransfer von der im Nationalsozialismus sozialisierten „Erlebnisgeneration" zu den Nachkriegsgenerationen teilweise nicht nur bei den Ausbildungsmethoden erkennen, sondern auch in Bezug auf Antikommunismus, Wehrmachtverherrlichung und Alltagsantisemitismus.[7] Dies senkte – so eine These – vor allem bei jüngeren Wehrpflichtigen mit mangelnden Geschichtskenntnissen die Hemmungen für Propagandadelikte wie das Zeigen des „Hitlergrußes", das Singen von NS-Liedern oder antisemitische Äußerungen.

Solche Vorfälle und die Kontinuitäten zum Nationalsozialismus boten der DDR günstige Angriffsflächen für mehrere multimediale Propagandakampagnen gegen Generäle der Bundeswehr. Über den Vorwurf vermeintlicher Kriegsverbrechen und NS-„Belastungen" versuchten diese Kampagnen seit dem Ende der 1950er Jahre die Bundeswehr als Institution international zu diskreditieren und parallel zu den Forderungen der westdeutschen Linken nach (atomarer) Abrüstung und Entspannung und ihrer Kritik an der Bundeswehr zu verknüpfen.[8] Diese Kampagnen zwangen die Bundeswehr, intern umfangreiche Recherchen zur NS-Vergangenheit ihrer Generäle anzustellen, um dann öffentlich die Vorwürfe entkräften zu können, zum Beispiel durch die Widerlegung von verfälschenden oder

---

6 Vgl. Verteidigungsausschuss, Sitzungsprotokoll, 06.06.1957, Parlamentsarchiv, PA-DBT 3119, VgA, 1776, 23; Sönke Neitzel, *Deutsche Krieger: Vom Kaiserreich zur Berliner Republik – eine Militärgeschichte* (Berlin: Propyläen, 2020), 287.
7 Vgl. u. a. Wolfram Wette, „Wehrmachttraditionen und Bundeswehr: Deutsche Machtphantasien im Zeichen der Neuen Militärpolitik und des Rechtsradikalismus", in *Vorbild Wehrmacht? Wehrmachtsverbrechen, Rechtsextremismus und Bundeswehr*, Hg. Johannes Klotz und Christian Gerlach (Köln: PapyRossa-Verlag, 1998), 126–54, hier 130.
8 Vgl. Jörg Echternkamp, Hg., *Militär und Gesellschaft in Ost- und Westdeutschland 1970–1990* (Berlin: Ch. Links Verlag, 2021), 163–66. Die Vorwürfe wurden zum Teil publiziert. Neben dem bekannteren Braunbuch von 1965, das mehrere Bundeswehrgenerale mit Wehrmachtvergangenheit auflistete, vgl. u. a.: Nationalrat der Nationalen Front des demokratischen Deutschland, Hg., *Graubuch: Expansionspolitik und Neonazismus in Westdeutschland; Hintergründe, Ziele, Methoden. Eine Dokumentation* (Berlin: Staatsverlag der DDR, 1967).

gefälschten Quellen und Aussagen.[9] An der Etablierung positiver Bezüge zur Wehrmacht in der Traditionspflege konnten die Kampagnen jedoch nicht wesentlich rütteln. Im Zusammenhang mit der zunehmenden gesellschaftlichen Sensibilität für die NS-Vergangenheit vor allem ab Anfang der 1960er Jahre schienen die Kampagnen allerdings mit ihrer öffentlichen Resonanz und der damit verbundenen Unruhe im Ausland in einigen Fällen ihre Ziele erreicht zu haben: So verhinderten offenbar starke Proteste aus den Niederlanden nach einer DDR-Kampagne 1967 die geplante Berufung von Albert Schnez zum Oberbefehlshaber der NATO.[10]

3 „Wehrpflicht ist Ehrenpflicht": Die NPD als Soldatenpartei

Seit ihrem Aufstieg ab Mitte der 1960er Jahre versuchte die NPD, mit einer eigenen Militärpolitik an Wehrmachtstraditionen in der Bundeswehr anzuknüpfen und sich – ähnlich wie heute die AfD – in Konkurrenz zur Union als „Soldatenpartei" zu profilieren. In der Kommunal- und Landespolitik besetzte sie auffällig viele Posten mit jüngeren Zeit- und Berufssoldaten.[11] Die NPD forderte u. a. eine stärkere Anerkennung des „Frontkämpfers" der beiden Weltkriege als Vorbild, mehr Prestige für den Soldatenberuf und weniger Abhängigkeit der Bundeswehr vom Verteidigungsministerium. Damit stieß sie, vor allem bei den unzufriedenen Unteroffizieren, auf viel Zustimmung.[12] Die Aufmerksamkeit für das NPD-Wehrprogramm begünstigte die Stellung der eher nationalkonservativen „Traditionalisten" in der Bundeswehr, die zum Teil ähnliche Einstellungen und Forderungen vertraten.[13] Während sich alle Militärs nach außen von der NPD distanzierten, belegt ein Verfassungsschutzbericht für das Jahr 1969 einen Kontakt der Generäle Albert

---

9 Vgl. u. a. Werner Marx, „Der ‚Fall Heusinger': Eine Verleumdungskampagne mit Regiepannen", *Deutsche Monatshefte für Politik und Kultur* 1, Sonderdruck (1962).

10 Vgl. Bundesarchiv Militärarchiv Freiburg (Barch-MA), BW 2/17972; Archiv der sozialen Demokratie (AdsD, Bonn), 1/HSAA005331. Schnez wurde stattdessen in der Bundeswehr Inspekteur des Heeres.

11 Vgl. Hans-Gerd Jaschke, Birgit Rätsch und Yury Winterberg, *Nach Hitler: Radikale Rechte rüsten auf* (München: C. Bertelsmann, 2001), 188.

12 Vgl. Rudolf H. Brandt, *Die Militärpolitik der NPD: Rückendeckung für die UdSSR? Dokumentation und Analyse* (Stuttgart: Seewald, 1969).

13 Vgl. Schreiben Bundeskanzleramt, 18.04.1969, BArch Koblenz, B 136-6848, Bl. 2.

Schnez, Hellmut Grashey und Heinz Trettner zum Umfeld von NPD-Sympathisanten.[14]

In der Bundesrepublik verknüpften sich die Proteste gegen die NPD-Aktivitäten von Offizieren einerseits mit den Debatten um die Notstandsgesetzgebung und einen möglichen Einsatz der Bundeswehr im Inneren, andererseits mit Diskussionen um Militärdiktaturen wie in Spanien, Griechenland oder Chile.[15] Verschiedene Generalsaffären in den 1970er Jahren im Zusammenhang mit Wehrmachtstraditionen verstärkten die Sorge der westdeutschen Linken vor einem Putsch: So sorgte etwa 1975 der Heeresinspekteur Horst Hildebrandt für einen Skandal, als er in Uniform mit den Ehrenabzeichen der Wehrmacht an einer Militärparade der Franco-Faschisten in Madrid teilnahm.[16] Weit größere Aufmerksamkeit erreichte 1976 der Skandal um den einstigen hochdekorierten Wehrmacht-Oberst und offen Rechtsradikalen Hans-Ulrich Rudel.[17] Sein Besuch in einer badischen Luftwaffen-Kaserne führte zur Entlassung von zwei Generälen und zu der wohl bis dahin wirkungsmächtigsten Debatte über die Neuausrichtung der Tradition in der Bundeswehr.

4 Eine „symbolische Judenverbrennung"? Der antisemitische Skandal an der Bundeswehrhochschule München 1977

Nach einem neuen Skandal um antisemitische Exzesse an der Bundeswehrhochschule München – also ausgerechnet der Institution, die erst vier Jahre zuvor als Herzstück von Helmut Schmidts Bundeswehr-Reformpaket eingerichtet worden war – wurde diese Debatte um die Traditionspflege im Herbst 1977 erneut fortgesetzt.[18] Mehrere Offiziersstudenten hatten hier im Februar 1977 ohne erkennbaren

---

14 Die drei Generäle waren 1969 neben dem NPD-Chef Adolf von Thadden Gäste auf dem 70. Geburtstag des NPD-Sympathisanten und früheren NS-Propagandisten Jürgen Hahn-Butry. Vgl. Meldung Fü S VII 6, 10.7.1969, BArch-MA, N 768/37.
15 Vgl. Jakob Moneta, Erwin Horn und Karl-Heinz Hansen, *Bundeswehr in der Demokratie: Macht ohne Kontrolle?* (Frankfurt a. M.: Europäische Verlagsanstalt, 1974).
16 Vgl. Matthias Münch, *Bundeswehr – Gefahr für die Demokratie? Zum Verhältnis von Militär, Staat und Gesellschaft in der Bundesrepublik* (Köln: Pahl-Rugenstein, 1983), 82.
17 Vgl. Daniel Schilling, *Die Rudel-Affäre 1976: Genese, Wirkung und Folgen eines politischen Skandals* (Berlin: Carola Hartmann Miles-Verlag, 2020).
18 Vgl. Werner Bergmann, *Antisemitismus in öffentlichen Konflikten: Kollektives Lernen in der politischen Kultur der Bundesrepublik 1949–1989* (Frankfurt a. M.: Campus, 1997), 328–47.

rechtsradikalen Hintergrund bei einem Junggesellenabend in ihrer Wohnanlage stark angetrunken u. a. das Horst-Wessel-Lied und andere NS-Lieder angestimmt und mehrfach „Sieg-Heil!" gerufen. Bei einem Feuer auf dem Hof fielen Äußerungen wie „Legt noch einen Juden nach" oder „Herr General, ich melde weitere 1000 Juden verbrannt."

Obwohl es auch schon früher Berichte über antisemitische Vorfälle in der Bundeswehr gegeben hatte, wie zum Beispiel während der Schmierwelle 1959/60, führte erst dieser Münchener Fall inmitten einer nostalgischen „Hitler-Welle" in der Bevölkerung zu einem Skandal und damit zu einer intensiven Debatte über die Gefahr eines Rechtsrucks in der Bundeswehr und einer Geschichtsvergessenheit in Deutschland. Dem Verteidigungsministerium gelang es, mit einer Kombination aus repressiven und disziplinarischen Maßnahmen sowie Entlastungsstrategien die Bundeswehr trotz großem internationalen Drucks vor einem größeren Imageschaden zu bewahren. In der Debatte dominierte schließlich die offizielle Position, die Vorfälle seien „Einzelfälle" und die Bundeswehr als „Spiegel der Gesellschaft" für Versäumnisse des Geschichtsunterrichts in den Schulen nicht verantwortlich – diese Einzelfall- und Spiegelthese hatte sich als Kommunikationsstrategie bereits in den Debatten um die NPD-Aktivitäten in der Bundeswehr bewährt und wird bis heute bei öffentlichen Konflikten um rechtsradikale Vorfälle angewendet. Gleichzeitig signalisierte damals das Verteidigungsministerium mit den sofortigen Entlassungen der Offiziere ein konsequentes Vorgehen und regte sowohl in den Schulen als auch in der Bundeswehr eine Bildungsreform zu den Themen Rechtsradikalismus, Nationalsozialismus und Antisemitismus an.[19] Nicht zuletzt beeinflussten auch die Skandale um Oberst Rudel 1976 und der antisemitische Vorfall 1977 an der Bundeswehrhochschule München die Reform der Traditionspflege, die 1982 zu einem neuen Traditionserlass führte.

Trotz der Warnungen vor einer „braunen Nostalgie" überschattete Ende der 1970er Jahre der Terror der RAF nicht nur den antisemitischen Skandal an der Bundeswehrhochschule. Auch für die Bundeswehr betonte der Militärische Abschirmdienst eine weitaus größere Gefahr durch „Linksextreme", die die Bundeswehr unterwandern würden[20] – obwohl die Bundeswehr vor allem ab 1977/78 im Visier von Rechtsterroristen war.

---

19 Vgl. Cornelia J. Grosse, „Braune Nostalgie'? Die Skandale der 1970er Jahre und die historische Bildung in der Bundeswehr", *Militärgeschichte. Zeitschrift für historische Bildung* 1 (2021): 30–33.
20 Vgl. Jahresberichte des MAD 1977 und 1978, BArch-MA, BWD 2/470, BWD 2/471.

5 Zielobjekt Bundeswehr: Die Armee als Ziel und Ausgangspunkt von Rechtsterrorismus

In den 1970er Jahren radikalisierte sich in der Bundesrepublik die gewaltbereite extreme Rechte und entwickelte terroristische Strukturen und Netzwerke. Eins dieser Netzwerke entstand ab Mitte der 1970er Jahre in der Bundeswehrgarnison Wentorf bei Hamburg in einem Panzerjägerbataillon, in dem ein Elitedenken und Wehrmachtstraditionen kultiviert wurden.[21] Dies ermutigte offenbar die Gruppe, u. a. eine Stube mit NS-Devotionalien zu schmücken und regelmäßig Hitlers Geburtstag zu feiern. Die disziplinarischen Gegenmaßnahmen des Kommandeurs waren nicht ausreichend: Mehrere aktive und ehemalige Soldaten aus diesem Netzwerk schlossen sich 1977/78 einer Wehrsportgruppe in Schleswig-Holstein um den Hamburger Neonazi-Anführer und entlassenen Bundeswehroffizier Michael Kühnen an. Kühnen und auffällig viele andere dieser Soldaten hatten eine Eliteausbildung zum Fallschirmjäger und Einzelkämpfer in der Bundeswehr absolviert. Die Bundeswehr selbst beschrieben sie als „Heimstätte" und „Ersatzfamilie".[22] Als Treuebeweis und zur Beschaffung von Waffen und Munition überfiel die Gruppe mit ihrem Insiderwissen mehrfach Bundeswehrstandorte, darunter auch ihre eigene Kaserne in Wentorf. Sie planten unter anderem, Rudolf Heß aus dem alliierten Kriegsverbrechergefängnis in Berlin-Spandau zu befreien und Mordanschläge auf Beate und Serge Klarsfeld zu verüben. Die Gruppe flog jedoch rechtzeitig auf. Beim anschließenden Bückeburger Prozess 1979 wurden – erstmals in der bundesdeutschen Geschichte – einige Mitglieder explizit als Rechtsterroristen verurteilt.[23]

---

21 Vgl. Bericht Kommandeur PzGrenBrig. 16, Wentorf, 06.12.1978, BArch-MA, BW 1/184797.
22 U. a. Aussage Lothar S., 24.04.1978, Landesarchiv Schleswig-Holstein, LASH Abt. 352.4 Nr. 3846, Bl. 3.
23 Vgl. Barbara Manthe, „Rechtsterroristische Gewalt in den 1970er Jahren: Die Kühnen-Schulte-Wegener-Gruppe und der Bückeburger Prozess 1979", *Vierteljahreshefte für Zeitgeschichte* 68, Nr. 1 (2020): 63–94, https://doi.org/10.1515/vfzg-2020-0003.

6 Letzter Kampf um die „saubere Wehrmacht": Konservative Wende und Skandale um Wehrmachtstraditionen und Rechtsradikalismus

Doch abgesehen von einer kurzzeitigen verschärften Bewachung von Waffen- und Munitionslagern, zog die Bundeswehr aus den Überfällen und dem Prozess keine größeren Konsequenzen. In dieser verpassten Aufarbeitung liegt wohl die Ursache dafür, dass die Kombination aus Elitedenken, Wehrmachtverherrlichung und Toleranz gegenüber rechten Einstellungen in den nächsten Jahren vor allem in den Eliteeinheiten ein hohes Radikalisierungspotential entfaltete.[24] Ein ehemaliger Fernspäher und Aussteiger aus der rechten Szene berichtete aus seiner Dienstzeit in den späten 1980er Jahren: „Meine Welt war stramm rechts [...] Wenn unser Auftrag gewesen wäre, Gert Bastian und Petra Kelly umzubringen, hätten wir das erledigt."[25]

Unterstützt wurde diese Entwicklung durch die „konservative Wende" ab 1982. Gemeinsam mit pensionierten nationalkonservativen Militärs wie Heinz Karst oder Heinz Trettner kämpfte der neue Verteidigungsminister Manfred Wörner (CDU) für die Wiederbelebung des Mythos von der „sauberen Wehrmacht". Angriffe gegen diesen Mythos kamen vom Militärgeschichtlichen Forschungsamt, der Wehrmachtsausstellung des Hamburger Instituts für Sozialforschung (1995–1999/2001–2004) oder von Initiativen, die letztlich erfolgreich die Traditionswürdigkeit von Namenspatronen für Kasernen wie den Wehrmachtsgenerälen Eduard Dietl oder Ludwig Kübler infrage stellten. Nach einer Skandalwelle um die Beteiligung von Soldaten an der rassistischen Gewaltwelle Anfang der 1990er Jahre folgte eine zweite 1997/98. Ein Untersuchungsausschuss des Bundestages untersuchte nun erstmals umfangreich rechtsradikale Umtriebe und Wehrmachtverherrlichung unter Fallschirmjägern, Fernspähern und Gebirgsjägern sowie die Frage, warum der verurteilte Rechtsterrorist Manfred Roeder 1995 von der Führungsakademie der Bundeswehr in Hamburg zu einem Vortrag über angeblich ge-

---

24 Vgl. Elmar Wiesendahl, „Rechtsextremismus in der Bundeswehr: Ein Beitrag zur Aufhellung eines tabuisierten Themas", *Sicherheit und Frieden (S+F)* 16, Nr. 4 (1998): 239–46, hier 242; Neitzel, *Deutsche Krieger*, 481–83.
25 Zit. nach: Dirk Laabs, *Staatsfeinde in Uniform: Wie militante Rechte unsere Institutionen unterwandern* (Berlin: Econ, 2021), 26.

plante Projekte in Ostpreußen eingeladen wurde und für diesen Zweck über einen Tarnverein kostenlos ausgemustertes Bundeswehr-Material bekommen konnte.[26]

Einerseits waren diese jahrzehntelangen Auseinandersetzungen, obwohl meist von außen durch Skandalisierungen erzwungen, für die Bundeswehr ein wichtiger Teil der Selbstverständnisdebatte und des Demokratisierungsprozesses, andererseits führten die Reformen nie weit genug, da sich auch die radikale Rechte anpasste: Als Reaktion auf die Repressionen und die neue Sensibilität in der Bundeswehr nach den Skandalwellen wurde in der rechten Szene zur Unterwanderung aufgerufen, nicht nur bei der Bundeswehr, sondern auch bei der Polizei und in anderen Behörden.[27] Man solle Führungspositionen anstreben und sich bis dahin unauffällig verhalten. Dieses Konzept der Unterwanderung scheint der Ausgangspunkt zu sein für die Pläne und Aktivitäten von Franco A., dem „Hannibal-Netzwerk", dem NSU 2.0 sowie von aktiven und ehemaligen Elitesoldaten unter den „Reichsbürgern".

---

26 „Beschlußempfehlung und Bericht des Verteidigungsausschusses als 1. Untersuchungsausschuss gemäß Artikel 45a Abs. 2 des Grundgesetzes: Drucksache 13/11005", Deutscher Bundestag, 1998, https://dserver.bundestag.de/btd/13/110/1311005.pdf.
27 Vgl. Laabs, *Staatsfeinde*, 42.

Sven Lange
Höhen und Abgründe

Die Bedeutung älterer deutscher Streitkräfte für das
Traditionsverständnis und die Traditionspflege der Bundeswehr

Am 28. März 2018 hat die damalige Bundesministerin der Verteidigung, Ursula
von der Leyen, den aktuellen und nunmehr dritten sogenannten Traditionserlass
der Bundeswehr gezeichnet.[1] Seit fünf Jahren ist dieser nun in Kraft.

Die noch unter Verteidigungsminister Hans Apel im Jahr 1982 erlassenen Tra-
ditionsrichtlinien waren mehr als 35 Jahre unverändert geblieben.[2] Dabei hatte
eigentlich bereits dessen Nachfolger, Manfred Wörner, öffentlich angekündigt, sie
grundlegend überarbeiten zu wollen.[3] Dennoch ließen Wörner und alle seine
Nachfolger die Richtlinien unangetastet – ungeachtet der Tatsache, dass die zwischenzeitlich eingetretenen tiefgreifenden Veränderungen der sicherheits- und
geschichtspolitischen Rahmenbedingungen auch Auswirkungen auf die Tradition
der Bundeswehr haben mussten.

Zu nennen sind etwa die deutsche Wiedervereinigung, das Ende des Kalten
Krieges, die Wandlung der Bundeswehr zur Armee der Einheit und zur Armee im
Auslandseinsatz, die verstärkte internationale Vernetzung der Streitkräfte, das
Aussetzen der Wehrpflicht und die allgemeine Öffnung der Streitkräfte für Frau-
en, aber auch neue Forschungserkenntnisse zur Verstrickung der Wehrmacht im
nationalsozialistischen Vernichtungskrieg.

So machten etwa zwei Wanderausstellungen des Hamburger Instituts für Sozialforschung nach 1995 Forschungsergebnisse unter anderem auch des Militärge-

---

1 Vgl. Jörg Fleischer, „Der neue Traditionserlass", Bundesministerium der Verteidigung,
28.03.2018, https://www.bmvg.de/de/aktuelles/der-neue-traditionserlass-23232; „Die Tradition der
Bundeswehr: Richtlinien zum Traditionsverständnis und zur Traditionspflege", Bundesministerium der Verteidigung, 28.03.2018, https://www.bmvg.de/resource/blob/23234/6a93123be919584
d48e16c45a5d52c10/20180328-die-tradition-der-bundeswehr-data.pdf.
2 Vgl. „'Richtlinien zum Traditionsverständnis und zur Traditionspflege in der Bundeswehr'. Gül-
tiger Erlass vom 20. September 1982. Bundesminister der Verteidigung Fü S I 3 -Az 35-08-07", in
*Tradition in Zeiten der Transformation: Zum Traditionsverständnis der Bundeswehr im frühen
21. Jahrhundert*, Loretana de Libero (Paderborn: Ferdinand Schöningh Verlag, 2006), 218–20.
3 Vgl. Bundesminister der Verteidigung Manfred Wörner, Rede auf der 26. Kommandeurtagung
am 20. Oktober 1982 in Hagen, XIf.

https://doi.org/10.1515/9783111305622-024

schichtlichen Forschungsamtes der Bundeswehr einer breiten Öffentlichkeit bekannt und lösten damit heftige Kontroversen aus.[4]

Dass der Traditionserlass von 1982 mehr als drei Jahrzehnte in Kraft bleiben konnte, überrascht jedoch auch deshalb, weil das Thema verlässlich für hohe politische und mediale Aufmerksamkeit sorgte. Die historische Verortung der Tradition der Bundeswehr war ein „heißes Eisen", an dem man sich die Finger zu verbrennen drohte. Es gebe „kaum ein schwierigeres Terrain als die deutsche Militärgeschichte" bilanzierte 2018 der Politikwissenschaftler Herfried Münkler und konstatierte folgerichtig „die auffällige Unsicherheit bei der Traditionspflege".[5]

Der Entschluss des Bundesministeriums der Verteidigung, den seinerzeit für eine Wehrpflichtarmee im Kalten Krieg konzipierten Erlass im Sommer 2017 schließlich doch zu überarbeiten, entsprang dann auch nicht einer nüchternen Bedarfsanalyse oder dem Anerkennen der Notwendigkeit, dem seit 1982 eingetretenen Paradigmenwechsel in den sicherheitspolitischen Rahmenbedingungen Rechnung tragen zu müssen. Anlass gaben vielmehr öffentlichkeitswirksame Verstöße gegen die geltenden Richtlinien zur Traditionspflege sowie etliche Beispiele innerhalb der Bundeswehr für einen bisweilen gedankenlosen Umgang mit Militärdevotionalien, insbesondere aus der Wehrmacht.

Der Entschluss zur Überarbeitung weckte mancherorts aber auch die Sorge vor einem bilderstürmerischen Vorgehen sowie die Befürchtung, das Kind nun mit dem Bade auszuschütten. Politische Aussagen der Ministerin wurden einerseits als Absicht geschmäht, von anderer Seite stürmisch begrüßt, alle älteren Traditionsbezüge gänzlich kappen zu wollen. Mancher sah die Bundeswehr bereits auf dem Weg, eine geschichts- und wurzellose Armee zu werden.

Nicht wenige Beobachter verwiesen dabei zu Recht darauf, dass die Bundeswehr seit ihrem Aufbau 1955 um den richtigen Umgang mit Tradition und Geschichte ringe. In der jungen Bundesrepublik Deutschland wollte ein überparteilicher Konsens sicherstellen, dass aus den neuen Streitkräften weder eine zweite Reichswehr noch eine neue Wehrmacht erwüchse. Ältere Militärtraditionen konnten und durften demnach nicht nahtlos und ungeprüft von der Bundeswehr übernommen werden.

Schon der Traditionserlass von 1982 hatte deshalb die Bundeswehr von der Wehrmacht deutlich stärker abgegrenzt, als dies zuvor der Fall gewesen war. Der erste Erlass aus dem Jahre 1965 schloss zwar bereits das Verleihen offizieller Traditionen ehemaliger Truppenteile an Verbände der Bundeswehr aus und stellte

---

4 Vgl. Hamburger Institut für Sozialforschung, Hg., *Eine Ausstellung und ihre Folgen: Zur Rezeption der Ausstellung „Vernichtungskrieg. Verbrechen der Wehrmacht 1941 bis 1944"* (Hamburg: Hamburger Edition, 1999).
5 Herfried Münkler, „Traditionspflege ermöglicht Modernität", *FAZ*, 21.02.2018, 8.

klar, dass „die Bundeswehr sich in ihrer politischen Einordnung, ihrer Aufgabe und ihrer Struktur von den Streitkräften früherer Wehrverfassungen unterschei-det"[6], eine eindeutige Bewertung der Traditionswürdigkeit der Wehrmacht war jedoch unterblieben. Der Erlass von 1982 machte zwar deutlich, dass ein Unrecht-regime, wie das „Dritte Reich", Tradition nicht begründen könne, vermied jedoch gleichzeitig eine eindeutige Aussage, ob die Wehrmacht, ihre Organisationen und Truppenverbände traditionswürdig sein können. Diese seien in den Nationalso-zialismus teils schuldhaft verstrickt gewesen, teils schuldlos missbraucht wor-den.[7]

Die eingangs erwähnte „auffällige Unsicherheit bei der Traditionspflege" kann unter diesen Umständen kaum überraschen. In den 1990er Jahren setzte sich in den Streitkräften daher weitgehend die Praxis durch, die Tradition der Bundeswehr auf drei, quasi ministeriell abgesegnete Säulen zu reduzieren: die preußischen Heeresreformen nach 1806, den militärischen Widerstand gegen den Nationalsozialismus und die bundeswehreigene Geschichte.[8] Diese Verengung auf lediglich drei Traditionslinien aufzubrechen und die gesamte deutsche Militärge-schichte für eine Auswahl von Tradition zu öffnen, war vorrangiges Ziel bei der Überarbeitung des Erlasses im Jahr 2017.

Dafür, dass diese Auswahl nicht wahllos erfolgte, sorgte das spezifische Tradi-tionsverständnis der Bundeswehr, das unverändert aus dem Traditionserlass von 1982 fortgeschrieben wurde. Darin verknüpfte die Bundeswehr ihre Tradition mit Werten. Grundlage und Maßstab sind dabei die zentralen und universellen Werte des Grundgesetzes sowie die der Bundeswehr übertragenen Aufgaben und Pflich-ten. Das Primat der Politik und ihre verfassungsrechtliche Rolle binden die Bun-deswehr auch in ihrem Traditionsverständnis an die freiheitliche und demokrati-sche Grundordnung der Bundesrepublik Deutschland. Diese Grundlage ist für das Geschichtsbild der Bundeswehr bestimmend und dafür, was für sie sinnstiftend und traditionswürdig sein kann.

Aus der Wertebindung der Tradition der Bundeswehr ergibt sich zwingend ein handlungsleitender Unterschied zwischen beispielgebendem und traditions-stiftendem Verhalten. Soldatisch professionelles Können, also das militärische Handwerk, aber auch Beispiele großer persönlicher Tapferkeit sind damit für sich allein nicht bereits traditionsstiftend. Stets muss ein Bezug zu den Werten des Grundgesetzes hergestellt werden können, also insbesondere die Achtung der

---

6 „Bundeswehr und Tradition'. Erlass vom 1. Juli 1965. Bundesminister der Verteidigung Fü B I 4 – Az 35-08-07", in de Libero, *Tradition*, 212–17, hier 217.

7 Vgl. „Richtlinien zum Traditionsverständnis", Ziffer 6, in de Libero, *Tradition*, 219.

8 Zu den „offiziellen Traditionslinien der Bundeswehr" zwischen 1982 und 2018 vgl. de Libero, *Tradition*, 47–49.

Menschenwürde, die Wahrung von Rechtsstaatlichkeit und Völkerrecht, der Ausschluss jeder Gewalt- und Willkürherrschaft sowie die Verpflichtung zu Freiheit und Frieden.

Der aktuelle Erlass betont, dass die Ursprünge dieses Wertekorpus weit in die Geschichte reichen. So ist es möglich, „aus allen Epochen der deutschen Militärgeschichte vorbildliche soldatisch-ethische Haltungen und Handlungen sowie militärische Formen, Symbole und Überlieferungen in das Traditionsgut der Bundeswehr" zu übernehmen.[9] Für die Bundeswehr können damit auch Personen, Ereignisse oder Verfahren aus der Zeit vor 1945 traditionsstiftend sein.

Zentraler Bezugspunkt der Tradition der Bundeswehr ist jedoch ihre eigene Geschichte.[10] Über 60 Jahre nach ihrem Aufbau ist die Bundeswehr damit selbst zum Mittelpunkt ihrer Tradition geworden. Die Betonung der eigenen Geschichte markiert gleichzeitig eine Abgrenzung von der Vergangenheit, die indirekt darauf verweist, wie stark hierzulande der öffentliche Diskurs über die Tradition der Bundeswehr noch immer unter dem Nachhall der Tiefen der deutschen Militärgeschichte steht, vor allem der Wehrmacht im Nationalsozialismus und der Nationalen Volksarmee der DDR.

Der neue Erlass definiert Tradition als eine bewusste und wertebezogene Auswahl aus der Geschichte. Daraus ergeben sich klare sowie nicht verhandelbare Ausschlüsse: „Die Bundeswehr pflegt keine Tradition von Personen, Truppenverbänden und militärischen Institutionen der deutschen Militärgeschichte, die nach heutigem Verständnis verbrecherisch, rassistisch oder menschenverachtend gehandelt haben."[11] Der daraus zwingend abzuleitende eindeutige Trennschnitt zu Wehrmacht und NVA wird damit unumgänglich. Es dient zudem der Handlungssicherheit in der Truppe, wenn sich die Bundeswehr mit klareren Formulierungen als im Vorgängererlass von früheren deutschen Streitkräften abgrenzt.

Während die Tradition aufgelöster Verbände der Bundeswehr von Truppenteilen und Dienststellen der Bundeswehr übernommen werden dürfen, ist dies bei Verbänden ehemaliger deutscher Streitkräfte nicht möglich. Solche Traditionen werden nicht verliehen, Fahnen und Standarten ehemaliger Streitkräfte dürfen nicht mitgeführt oder begleitet werden. Damit grenzt sich die Bundeswehr explizit von der Wehrmacht und der Nationalen Volksarmee ab. Aus unterschiedlichen Gründen, im Ergebnis jedoch gleichermaßen konsequent, werden beide als keinesfalls traditionswürdig bewertet. Die Wehrmacht, weil sie Instrument einer

---

9 Bundesministerium der Verteidigung, „Die Tradition der Bundeswehr", 3.1 Wertebindung, 4.
10 Vgl. ebd., 3.2 Zentraler Bezugspunkt, 5.
11 Ebd., 3.4 Ausschlüsse, 6.

rassenideologischen Kriegführung war und die NVA „als Hauptwaffenträger einer sozialistischen Diktatur".[12]

Der Erlass betont das widersprüchliche Erbe der deutschen Militärgeschichte, ihre Brüche und Zäsuren. „Tradition und Identität der Bundeswehr", so der Erlass, „nehmen daher die gesamte deutsche Militärgeschichte in den Blick. Sie schließen aber jene Teile aus, die unvereinbar mit den Werten unserer freiheitlichen demokratischen Grundordnung sind".[13] In vielen Fällen wird diese wertebasierte Auseinandersetzung mit der Geschichte dazu führen, dass eindrucksvolle Beispiele militärischen Könnens aus der Geschichte eben nicht sinnstiftend und damit traditionswürdig für die heutige Bundeswehr sein können. Dies gilt insbesondere für Soldaten der Wehrmacht.

Der aktuelle Traditionserlass ist dabei präziser als sein Vorgänger. Angehörige der Wehrmacht sind demnach nur dann traditionsstiftend, wenn sie nicht persönlich schuldig geworden sind und eine Leistung vorliegt, die vorbildlich oder sinnstiftend in die Gegenwart wirkt. Das können eine herausragende Einzeltat oder das Eintreten für Recht und Freiheit sein.

Ein solch differenziertes Vorgehen ermöglicht auch, die Leistungen der Aufbaugeneration der Bundeswehr angemessen zu würdigen. So kann die Bundeswehr den sogenannten „Gründervätern", die in großer Mehrheit ehemalige Wehrmachtsangehörige waren, einen ehrenvollen Platz in ihrem Traditionsgut sichern.

Die Frage bleibt, welche spezifischen Überlieferungen aus älteren Epochen und insbesondere aus dem preußischen Militär für die Bundeswehr traditionsstiftend sind? Anders formuliert, welche preußischen Traditionen pflegt die Bundeswehr der Bundesrepublik Deutschland heute?

Der Traditionserlass ist ein knappes Dokument von wenigen Seiten. Obwohl dies von nicht wenigen gefordert worden war, enthält er eben keine ausführliche Beschreibung konkreter Traditionsinhalte und auch keine Liste mit Traditionsnamen. Er ist weder ein „Traditionskatalog" noch ein fragwürdiges „Helden-Sammelalbum", aus dem je nach Bedarf das oder der Passende herausgesucht werden kann. Am konkretesten wird der Erlass diesbezüglich in seiner Ziffer 2.2. Dort werden ältere deutsche Streitkräfte als Quelle erinnerungs- und damit bewahrungswürdiger Vorbilder und Geschehnisse der deutschen Militärgeschichte charakterisiert. Konkret benannt werden fortschrittliche und richtungsweisende Verfahren, Strukturen und Prinzipien, etwa die moderne Stabsarbeit, das Führen mit Auftrag, das Führen von vorne oder das Generalstabswesen.[14]

---

12 Ebd., 3.4.2 NVA, 6.
13 Ebd., 2.1 Tradition und Geschichte, 3.
14 Vgl. ebd., 2.2 Deutsche Streitkräfte bis 1918, 3.

Der Erlass setzt also lediglich einen Rahmen, in dem sich die Angehörigen der Bundeswehr ihre Tradition selbst auswählen. Zu beachten ist dabei: Der Erlass ist Anlage der Zentralen Dienstvorschrift „Innere Führung"[15] und sollte folglich immer im Verbund mit dieser Vorschrift gelesen werden. Die der Truppe gewährte Freiheit in der Traditionspflege entspricht dem Leitbild des mündigen Staatsbürgers in Uniform der Konzeption der Inneren Führung.

Die neuen Vorgaben zur Traditionspflege haben in der Folge zu einigen Umbenennungen von Kasernen geführt. So wurde etwa 2019 aus der ehemaligen Lent-Kaserne, benannt nach dem Kampfpiloten der Wehrmacht Helmut Lent, die Johann-Christian-von-Düring-Kaserne.[16] Düring war hannoverscher Forstbeamter und Freikorpsführer in den Befreiungskriegen. Seine Grablege befindet sich in der Kaserne. Auch der Name Graf Yorck von Wartenburg war als möglicher Namensgeber in Betracht gezogen worden. 2021 traf es einen weiteren Wehrmachtspiloten. Aus der Marseille-Kaserne in Appen, benannt nach dem Jagdflieger Hans-Joachim Marseille, wurde die Jürgen-Schumann-Kaserne – zum Gedenken an den im Oktober 1977 im südjemenitischen Aden von Terroristen ermordeten Lufthansa-Kapitän der entführten Boeing 737 „Landshut".[17] In der Bundeswehr sind gegenwärtig Kasernen nach Blücher, Ziethen, Clausewitz, Gneisenau, Scharnhorst, Schill und der Kaiserin Augusta benannt, um nur einige Namen aus der preußischen Geschichte zu nennen.

Vor einigen Monaten wurde öffentlich thematisiert, dass die Feldjäger der Bundeswehr die Losung des preußischen Hohen Ordens vom Schwarzen Adler „Suum Cuique" („Jedem das Seine" oder „Jeder nach seinem Verdienst") führen – übrigens seit 1956. Der Antisemitismus-Beauftragte der Bundesregierung, Felix Klein, hatte eine Änderung verlangt und zur Begründung den Missbrauch des lateinischen Satzes während der NS-Zeit angegeben. Die Bundesministerin der Verteidigung lehnte dies jedoch unter anderem mit dem Hinweis ab, dass es sich bei dieser Losung um eine Überlieferung aus dem 18. und 19. Jahrhundert handele, deren Übernahme durch die Bundeswehr einen klaren Bruch mit der Wehrmacht und dem Nationalsozialismus bedeute.[18]

---

15 Vgl. Bundesministerium der Verteidigung, FüSK III 3 (Hrsg.), A-2600/1 Innere Führung.
16 Vgl. Klaus Reschke, „Neuer Name für Rotenburger Kaserne", Bundeswehr, 10.06.2020, https://www.bundeswehr.de/de/organisation/heer/aktuelles/neuer-name-fuer-rotenburger-kaserne-265008.
17 Vgl. Michael Schmidt und Henner Feddersen, „Jürgen-Schumann-Kaserne – Neuer Name für die Heimat der Unteroffizierschule der Luftwaffe", Bundeswehr, 24.11.2021, https://www.bundeswehr.de/de/organisation/luftwaffe/aktuelles/juergen-schumann-kaserne-5271088.
18 Vgl. Frederik Schindler, „Lambrecht lehnt Entfernung des umstrittenen Feldjäger-Mottos ab", *Welt*, 26.09.2022, https://www.welt.de/politik/deutschland/article241271799/Feldjaeger-Motto-Lambrecht-lehnt-Entfernung-des-Emblems-Suum-cuique-ab.html.

Auch das Wachbataillon der Bundeswehr führt als Wahlspruch eine preußische Losung: „Semper Talis". Dieses Motto war bereits auf den Grenadiermützen der „Langen Kerls" des Soldatenkönigs Friedrich Wilhelm I. aufgestickt und noch das preußische 1. Garderegiment trug bis 1918 über dem Helmadler der Pickelhaube ein solches Schriftband. Nach der Auflösung der preußischen Armee bildete sich der sogenannte Semper-Talis-Bund als privater Verein für die ehemaligen Angehörigen des 1. Garderegiments.

Heute ist der Semper-Talis-Bund eine Vereinigung von aktiven und ehemaligen Soldaten des Wachbataillons der Bundeswehr und seiner Förderer sowie der Freunde der ehemaligen Garderegimenter. Das Wachbataillon führt damit nicht die Tradition dieser alten Regimenter fort, beruft sich aber auf ausgewählte spezifische Werte aus deren Erbe und will diese bewahren, etwa besondere Verlässlichkeit oder Exzellenz in der Auftragserfüllung.[19]

Die Aneignung von Traditionen bedingt eine intellektuelle und emotionale Auseinandersetzung mit der Geschichte, an deren Ende eine Identifizierung und Identitätsbildung stehen kann. Während wir uns stets unserer ganzen Geschichte stellen und ihr gesamtes Erbe annehmen müssen, ist Tradition eine bewusste Auswahl aus ihr.

Mit ihrer Tradition überliefert und pflegt die Bundeswehr die Erinnerung an ausgewählte Ereignisse, Personen, Institutionen und Prinzipien aus der Gesamtheit der deutschen Militärgeschichte – auch aus der preußischen – sofern diese vorbildlich und richtungsweisend für ihren heutigen Auftrag wirken. Die Bundeswehr folgt in ihrem Traditionsverständnis damit einem philosophischen Ansatz Augustins, der bekanntlich betonte, dass Zeit immer nur im Hier und Jetzt menschlicher Erfahrung existiere. Vergangenheit, Gegenwart und Zukunft sind in dieser Vorstellung in einer selbstreflexiven Schleife vereint, wobei die Gegenwart in dieser Schleife eine besondere Stellung einnimmt, weil Vergangenheit und Zukunft immer nur als Horizonte der Gegenwart wahrgenommen werden.[20]

Der Traditionserlass widmet diesem Gedanken eine eigene Ziffer: 1.5 Gegenwartsbezug. Demnach sind Traditionsstiftung und Traditionspflege „dynamisches und niemals abgeschlossenes Handeln, das sich allen Versuchen entzieht, es zentral oder dauerhaft festlegen zu wollen". „Lebendige Tradition" müsse daher „ge-

19 Vgl. Semper talis Bund e. V., zuletzt besucht am 21.6.2023, https://semper-talis-bund.de/sempertalis-bund/index.php.
20 Vgl. Aleida Assmann, *Zeit und Tradition: Kulturelle Strategien der Dauer*, (Darmstadt: wbg Academic, 2022), 2–3.

genwarts- und auftragsbezogen" sein. Die Tradition der Bundeswehr müsse daher
ständig überprüft und fortentwickelt werden.[21]

Der innere Zusammenhalt der Bundeswehr beruht auf gemeinsamen Werten
und überlieferten Vorbildern, die durch Tradition symbolisiert und bewahrt werden. Tradition dient so der Selbstvergewisserung. Unter diesen Voraussetzungen
pflegt die Bundeswehr Traditionen aus allen Epochen deutscher Militärgeschichte – auch der preußischen.

---

21 Bundesministerium der Verteidigung, „Die Tradition der Bundeswehr", 1.5 Gegenwartsbezug, 3.

Philipp Oswalt
Preußisches Militärerbe im Bilderstreit

Am Ende der Deutschen Einigungskriege der Jahre 1866–1871 beauftragte vermutlich eine Kommission des Offizierskorps[1] eine Serie von 24 Porträtgemälden von
Regimentskommandeuren und gefallenen Offizieren des 1. Garde-Regiments zu
Fuß – des Leibregiments der Könige von Preußen –, die danach im Spielzimmer
des damaligen Regimentshauses von 1861 in Potsdam in der Mammonstraße (heute Werner-Seelenbinder-Straße) zur Erinnerung und Ehrung präsentiert wurde,
eingelassen in die Holzvertäfelung der Wände. Nach Auflösung des Regiments
durch die Niederlage im Ersten Weltkrieg wurde im Januar 1919 auch das Regimentshaus geschlossen und das Inventar im Dachspeicher des Palastes Barberini
eingelagert.[2] Die Bilder gingen in den Besitz des 1921 von ehemaligen Regimentsangehörigen gegründeten Semper talis Bundes über, der diese wiederum als Leih-
gabe der Stadt Potsdam für das im Mai 1923 im Marstall des Potsdamer Stadtschlosses eröffnete Garnisonmuseum zur Verfügung stellte.[3] Dieses Museum war
auf Initiative des Obermagistratsrats Friedrich Bestehorn gegründet worden,[4] um
den „Geist von Potsdam" wachzuhalten und eine neue Besuchsattraktion für die
Stadt zu schaffen. Auf Bestehorn ging später auch die Idee für die Nutzung der
Garnisonkirche zur symbolischem Amtseinführung des Reichstags zurück, die
dann im sogenannten „Tag von Potsdam" am 21. März 1933 stattfand. Er engagierte sich beim Semper talis Bund und war bereits vor 1933 Mitglied der NSDAP.

Touristisch gesehen war das Garnisonmuseum mit nur 4 000 Besuchern im
Jahr zwar ein Flop, wurde jedoch als Ort der militärischen Erziehung in rechtslastigen Kreisen sehr wohl wertgeschätzt. Reichspräsident Paul von Hindenburg
stattete ihm im April 1931 einen Besuch ab[5] und auch das NS-Regime wusste diesen Ort musealer Militärtradition für seine Zwecke zu nutzen. Zum 250-jährigen
Jubiläum des 1. Garderegiments zu Fuß im Jahr 1938 wurde es neu gestaltet und

---

1 Auskunft von Ernst Schüßling, Geschäftsführer von Rohdich'scher Legatenfonds, 10.4.2024.
2 Albrecht Hannibal, Semper Talis, Band. 1., 800–1920 (Münster: Verlagshaus Monsenstein und
Vannerdat, 2009). 762
3 Albrecht Hannibal, Semper Talis: eine Brandenburg-preußisch-deutsche Geschichte; dargestellt
auch anhand der Langen Kerls, des 1. Bataillons Garde, des 1. Garde-Regiments zu Fuß, des Infanterie-Regiments 9, des Wachbataillons und der Städte Potsdam und Berlin; eine Chronik von 800
bis zur Gegenwart Edition Octopus (Münster: Verlag-Haus Monsenstein und Vannerdat, 2009), 31.
4 Elvira Minack: „Wie aus einem Stall das Garnisonmuseum wurde", *Potsdamer Neueste Nachrichten / Tagesspiegel*, 26.5.2023.
5 Siehe Foto Deutsches Historisches Museum, Signatur BA 95/2346.

https://doi.org/10.1515/9783111305622-025

wiedereröffnet.[6] Auch die Präsentation der Gemälde wurde geändert. Während zuvor die Bilder zwischen mehreren Fenstern gehangen hatten, wurden sie nun als geschlossenes, symmetrisches Ensemble an einer Wand gruppiert, mit dem größeren Gemälde des am 18. August 1870 in St. Privat gefallenen Oberst Victor von Röder im Zentrum.[7] Links neben dem Ensemble stand eine Skulptur, die das 1899 nach einem Entwurf von Kaiser Wilhelm II. in St. Privat aufgestellte Denkmal für das 1. Garde-Regiments zu Fuß stark verkleinert wiedergab.

Auch während des Zweiten Weltkriegs, als bereits alle anderen Potsdamer Museen kriegsbedingt geschlossen worden waren, blieb das Garnisonmuseum als einziges geöffnet. Erst 1944 wurde ein Teil der Bestände zum Schutz vor Luftangriffen ausgelagert und das Museum nach einer letzten Ausstellung mit Werken des Propaganda-Künstlers Arno Breker[8] geschlossen.

Dabei blieb es auch nach der deutschen Kapitulation. Die Offiziersporträts befanden sich jedoch weiterhin in der Obhut des städtischen Museums. Im Februar 1950 sortierte man diese als Objekte „ohne jeden Wert" aus und wollte sie entsorgen. Wegen Materialknappheit sollten die Leinwände lokalen Künstlern zur Verfügung gestellt werden, weshalb die Gesichter der Porträtierten von der Leinwand gekratzt, und einige Bilder neu grundiert wurden. Doch in einem Privathaushalt bewahrte man 15 der so überformten Bilder auf, wo sie erst 2018 wieder entdeckt und dem Semper talis Bund als früherem Besitzer zurückgegeben wurden.[9] Dieser wiederum überließ neun Gemälde dauerhaft dem Potsdam Museum, das daraufhin im Jahr 2019 erstmals nach 1944 die Bilder – nun in ihrem zerkratzten Zustand und ergänzt um eine kurze Informationen zu ihrer Geschichte – wieder öffentlich präsentierte. Die übrigen sechs Gemälde wurden Teil der militärhistorischen Sammlung des Semper talis Bundes, die in der Julius-Leber-Kaserne in Berlin-Wedding gezeigt wird.

In besonders anschaulicher Wiese symbolisiert die Geschichte dieser Bilderserie die Veränderungen im Umgang mit der preußischen Militärtradition. Die Ehrung der gefallenen Offiziere – erst im Regimentshaus und später im Garnison-

6 Siehe Text der Ausstellungstafeln sowie den Katalog der Ausstellung: Jutta Götzmann und Wenke Nitz Hg., *Umkämpfte Wege der Moderne. Geschichten aus Potsdam und Babelsberg 1914–1945*, Potsdam Museum–Forum für Kunst und Geschichte, Februar 2019, (Petersberg: Michael Imhof Verlag, 2019), darin S. 98: Militärische Tradition im Museum. Foto der Hängung dort von Max Baur, 1938, Sammlung Potsdam Museum.
7 Ernst Schüssling: „Das (fast) vergessene Museum", *Der Gardist*, Heft 2, S. 60–62.
8 Vgl. Katalog der Ausstellung: *Arno Breker, Charlotte Rohrbach, Albert Speer: Arno Breker: Ausstellung in Potsdam*. Garnisonmuseum Lustgarten Juni bis September 1944, mit einem Vorwort von Werner Rettich, Potsdam 1944.
9 Förderverein des Potsdam Museum e. V.: *Wir tragen*, 9.4.2024, https://wirtragen.org/2018/12/11/15-verschollene-gemaelde-aus-frueherem-potsdamer-garnisonmuseum-entdeckt.

museum – glorifizierte die deutschen Einigungskriege gegen Österreich und Frankreich, in denen Preußen die deutsche Einigung 1871 unter seiner Führung mit Waffengewalt erzwang. Heute ist dies für viele kein Anlass mehr zu Stolz. Historiker wie Eckart Conze,[10] Christiane G. Krüger[11] und Tillmann Bendikowski[12] sehen die damaligen Ereignisse kritisch und als schwere Bürde für die Entwicklung Deutschlands. Denn die Einigung Deutschlands zu einem Nationalstaat erfolgte nicht freiwillig in einem demokratischen Prozess, wie in der gescheiterten Revolution von 1848 angestrebt, sondern durch Kriege Preußens, die so einen Einheitsstaat unter seiner Führung erzwang. Dass dieses Erbe nach Auflösung des deutschen Heeres durch die Kriegsniederlage 1918 und die Bestimmungen des Versailler Vertrages von den Feinden der Weimarer Republik und Wegbereitern des NS-Regimes weiterhin hochgehalten und instrumentalisiert wurde, ist gleichermaßen Symptom wie auch Teil der Problematik dieses Erbes.

Nach dem Ende des Nationalsozialismus wollte man in der noch jungen DDR mit dieser als unheilvoll angesehenen Tradition brechen und dies 1950 symbolisch durch die Beseitigung und Zerstörung der Bilder vollziehen. Andere sahen diesen Bildersturm aber offenkundig kritisch und retteten die schwer beschädigten Porträts der preußischen Offiziere des 1. Garde-Regiments zu Fuß.

Heute hat sich die Perspektive auf die Vergangenheit wieder geändert und die Bilderserie erfährt eine neue Wertschätzung. Für die einen sind sie historische Dokumente, die Zeugnis von der deutschen Geschichte ablegen. So etwa wie im Potsdam Museum, das im Jahr 2019 die Gemälde in der Ausstellung *Umkämpfte Wege der Moderne. Geschichten aus Potsdam und Babelsberg 1914–1945* sachlich und kontextualisiert präsentierte. Andere, wie der Semper talis Bund, sehen die Porträts hingegen als Teil einer ehrenvollen, identitätsstiftenden Tradition, die 1950 in einem barbarischen, illegitimen Akt geschändet wurde.[13]

Interessant ist, dass die beabsichtigte Bildzerstörung nicht wirklich vollzogen wurde und gerade durch ihre schwere Beschädigung eindrucksvolle Zeitdokumente, die eine andere Sichtweise eröffnen, entstanden. Wären sie vernichtet worden, hätte die Abwesenheit eines anschaulichen Objektes die Geschichte und die damit verbundene Erinnerung auf eine abstrakte Erzählung reduziert. Nun

---

10 Eckart Conze, *Schatten des Kaiserreichs: Die Reichsgründung von 1871 und ihr schwieriges Erbe* (München: dtv, 2020).
11 Siehe Beitrag von Christiane G. Krüger in diesem Band.
12 Tillmann Bendikowski, *1870/71 – der Mythos von der deutschen Einheit* (München: Bertelsmann, 2020).
13 Siehe hierzu auch Dorothea Hertel: „Zerkratzte Gemälde: Aufruf zur Meldung geschändeter Kunstwerke", 28.2.2020, *Kunst-Mitte*, 9.4.2024, https://kunst-mitte.com/notes/2020-02-28-zerkratzte-gemaelde-aufruf-zur-meldung-geschaendeter-kunstwerke.

bildet diese Serie einen Anker für eine fortsetzende Auseinandersetzung mit dem militärischen Erbe. Die teilweise Auslöschung der porträtierten Offiziere dieses ehemaligen Leibregiments der preußischen Könige veranschaulicht den Konflikt um das preußische Militärerbe in einzigartiger Weise. Zum einen verweisen sie auf die ehemalige Ehrerbietung, die dann aber durch das Auslöschen der Gesichter konterkariert wird und in visuell drastischer Weise die Ablehnung dieses Erbes als Teil der deutschen Geschichte artikuliert.

Bemerkenswert ist auch die Art der Bild(zer)störung: Ausgemerzt sind die Gesichter, was die Darstellungen entpersonalisiert, während an den Uniformen die einstige militärische Rolle der Porträtierten sichtbar bleibt. Damit verschwinden die Dargestellten nicht ganz, sondern erfahren eine Anonymisierung, die sonst gerade unzähligen einfachen Soldaten widerfährt.

Spielzimmer

Abb. 1: Spielzimmer im Regimentshaus mit in die Holzvertäfelung eingelassenen Offiziersporträts, Foto vor 1919, Sammlung von Rohdich'scher Legatenfonds.

Abb. 2: Innenansicht des Garnisonmuseums nach dem Umbau 1938, Fotograf: Max Baur, 1938/1939, Potsdam Museum – Forum für Kunst und Geschichte © Lichtbild-Archiv Max Baur, Offiziersporträts im Garnisonmuseum nach seiner Neugestaltung 1938. Links Miniatur des 1899 nach einem Entwurf von Kaiser Wilhelm II. in St. Privat aufgestellten Denkmals für das 1. Garde-Regiments zu Fuß.

 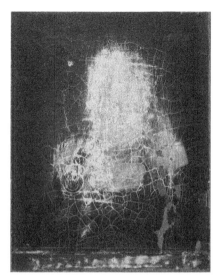

Abb. 3 – 6: Offiziersporträt aus dem Garnisonmuseum, unbekannter Künstler, um 1870. Größe jeweils ca. 40 x 32 cm. © Potsdam Museum – Forum für Kunst und Geschichte, Foto: Michael Lüder

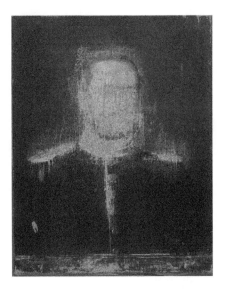 

Abb. 7 – 10: Offiziersporträt aus dem Garnisonmuseum, unbekannter Künstler, um 1870. Größe jeweils ca. 40 x 32 cm. © Potsdam Museum – Forum für Kunst und Geschichte, Foto: Michael Lüder

Abbildungsverzeichnis

Matthias Grünzig

Jeanette Toussaint

Rainer Orth

Jochen Böhler

https://doi.org/10.1515/9783111305622-026

Linda von Keyserlingk-Rehbein

Abb. 1:   Das Netzwerk vom 20. Juli 1944 aus Sicht der NS-Verfolger.
          Darstellung von Linda von Keyserlingk-Rehbein 2018

Philipp Oswalt (Garnisonkirche)

Abb. 1:   Garnisonkirche und Breite Brücke mit Blick auf das Stadtschloss,
          Gemälde von Carl Hasenpflug, 1827, Stiftung Stadtmuseum Berlin
Abb. 2:   Parade im Lustgarten anlässlich des Besuches der Queen Victoria,
          Aquarell von Julius Rabe, 1858
Abb. 3:   Nordosttrophäe auf dem Ersten Turmabsatz: Rüstung- und Waffenschmuck,
          Foto aus den 1920er Jahren, Brandenburgisches Landesamt für Denkmalpflege
Abb. 4:   Königliches Monument mit Eingang zur Gruft mit den Königssärgen, seitlich an den Pfeilern
          die erbeuteten Truppenzeichen feindlicher Heere
Abb. 5:   Fotocollage zum „Tag von Potsdam" als Geburtsstunde des „Dritten Reichs", Postkarte 1933
Abb. 6:   Ruine der Garnisonkirche, 1960, Foto: Wolfgang Schwarz, Archiv Andreas Kitschke
Abb. 7:   Rekonstruierter Kirchturm und Rechenzentrum, 2023, Foto: Christian-Morgenstern

Philipp Oswalt (Bilderstreit)

Abb. 1:   Spielzimmer im Regimentshaus mit in die Holzvertäfelung eingelassenen Offiziers-
          porträts, Foto vor 1919, Sammlung von Rohdich'scher Legatenfonds
Abb. 2:   Innenansicht des Garnisonmuseums nach dem Umbau 1938, Fotograf: Max Baur, 1938/
          1939, Potsdam Museum – Forum für Kunst und Geschichte © Lichtbild-Archiv Max Baur,
          Offizierporträts im Garnisonmuseum nach seiner Neugestaltung 1938. Links Miniatur
          des 1899 nach einem Entwurf von Kaiser Wilhelm II. in St. Privat aufgestellten Denkmals
          für das 1. Garde-Regiments zu Fuß.
Abb. 3–10: Heute zeigen die wiederaufgefundenen Offiziersporträts schwere Beschädigungen, die
          im Rahmen ihrer Aussonderung aus der Städtischen Sammlung im Februar 1950 erfolg-
          ten. Offiziersporträts aus dem Garnisonmuseum, unbekannter Künstler, um 1870. Größe
          jeweils ca. 40 x 32 cm. © Potsdam Museum – Forum für Kunst und Geschichte,
          Foto: Michael Lüder
Abb. 3:   (Nicht identifizierbar)
Abb. 4:   Vermutlich Obrist-Lieutenant Heinrich Gottfried Ernst von Helldorf, geb. 1818, gefallen
          am 3. Juli 1866 bei Königgrätz als Kommandeur Füsilier Bataillon.
Abb. 5:   Vermutlich Premier-Lieutenant Hans Friedrich Karl v. Tresckow, geb. 1841, als Führer der
          2. Kompanie bei St. Privat verwundet, gest. am 30. Sept 1870 an seiner Verwundung zu
          Potsdam.
Abb. 6:   (Nicht identifizierbar) gefallen bei St. Privat
Abb. 7:   Vermutlich Seconde Lieutenant Georg Ludwig Matthias v. Koeller, geb. 1849, verwundet
          bei St. Privat, verstorben 16. September 1870 zu Neustadt a.d. Haardt.
Abb. 8:   (Nicht identifizierbar)

Autorinnen und Autoren

Dr. Detlef Bald, freischaffender Politikwissenschaftler und Militärhistoriker in München. Zahlreiche Publikationen zu militär- und zeitgeschichtlichen sowie friedenspolitischen Themen, u. a.: *Mythos Wehrmacht. Nachkriegsdebatten und Traditionspflege*, (2001) und *Die Bundeswehr: eine kritische Geschichte. 1955–2005* (2005).

PD Dr. Jochen Böhler, Historiker mit dem Schwerpunkt Gewaltgeschichte in Osteuropa im 20. Jahrhundert, seit 2022 Direktor am Wiener Wiesenthal Institut für Holocaust-Studien, Veröffentlichungen u. a.: *Dimensionen der Gewalt. Ostmitteleuropa zwischen Weltkrieg und Bürgerkrieg 1918–1921* (mit Włodzimierz Borodziej und Joachim v. Puttkammer), (2020).

PD Dr. Olaf Briese, Kulturwissenschaftler mit Schwerpunkt 18.–20. Jahrhundert an der Humboldt-Universität zu Berlin.

Dr. Marcus Funck, Wissenschaftlicher Mitarbeiter am Zentrum für Antisemitismusforschung der TU Berlin, Forschungsschwerpunkte: Geschichte des deutschen Adels, Militärgeschichte, Stadtgeschichte. Veröffentlichungen u. a.: *Feudales Kriegertum und militärische Professionalität: Der Adel im preussisch-deutschen Offizierskorps 1860–1935* (2005).

Friedhelm Greis, Journalist und freier Autor, Berlin.

Dr. Matthias Grünzig, Literatur- und Theaterwissenschaftler, Journalist und Buchautor, Berlin. Zahlreiche Aufsätze und Veröffentlichungen zur Architektur der Nachkriegsmoderne in der DDR u. a.: *Für Deutschtum und Vaterland: Die Potsdamer Garnisonkirche im 20. Jahrhundert* (2017).

Prof Dr. Rüdiger Hachtmann, Historiker, TU Berlin und Senior Fellow am Zentrum für Zeithistorische Forschung Potsdam, Zahlreiche Veröffentlichungen u. a.: *1848. Revolution in Berlin* (2022).

Dr. Linda von Keyserlingk-Rehbein, Historikerin, wissenschaftliche Mitarbeiterin der Universität Passau im Kontext Diktaturerfahrungen, Resistenz und Widerstand, Veröffentlichungen u. a.: *Nur ‚eine ganz kleine Clique‘? Die NS-Ermittlungen über das Netzwerk vom 20. Juli 1944* (2018).

https://doi.org/10.1515/9783111305622-027

Dr. Paul A. Koszuszeck, Historiker und stellvertretender Schulleiter a. D., Frankfurt a. M., Veröffentlichungen u. a.: *Militärische Traditionspflege in der Nationalen Volksarmee der DDR* (1991).

Prof. Dr. Christine G. Krüger, Historikerin, Universität Bonn. Forschungsschwerpunkte sind u. a. jüdische Geschichte, Geschichte des Antisemitismus, des Nationalismus, der Kriegserfahrungen und der Jugendfreiwilligendienste. Veröffentlichungen u. a.: *„Sind wir denn nicht Brüder?" Deutsche Juden im nationalen Krieg 1870/71* (2006).

Prof. Dr. Thomas Kühne, Historiker, Direktor des Strassler Center for Holocaust and Genocide Studies an der Clark University, Massachusetts. Veröffentlichungen u. a.: *Kameradschaft. Die Soldaten des nationalsozialistischen Krieges und das 20. Jahrhundert* (2006).

Dr. Sven Lange, Militärhistoriker und Oberst, Kommandeur des Zentrums für Militärgeschichte und Sozialwissenschaften der Bundeswehr (ZMSBw) und Mitglied des Kuratoriums Stiftung Garnisonkirche, Potsdam. Veröffentlichungen u. a.: *Tradition für die Bundeswehr – neue Aspekte einer alten Debatte* (mit Eberhard Birk und Winfried Heinemann) (2012).

Prof. Dr. Sandra Maß, Historikerin mit den Forschungsschwerpunkten westeuropäische Geschichte des 19. und 20. Jahrhunderts an der Ruhr-Universität Bochum.

Dr. Rainer Orth, Historiker, Frankfurt a. M., Veröffentlichungen u. a.: *„Der Amtssitz der Opposition"? Politik und Staatsumbaupläne im Büro des Stellvertreters des Reichskanzlers in den Jahren 1933–1934* (2016).

Dr. phil. Heiger Ostertag, Offizier a. D. und Autor, Aidlingen, Veröffentlichungen u. a.: *Bildung, Ausbildung und Erziehung des Offizierkorps im deutschen Kaiserreich, 1871 bis 1918. Eliteideal, Anspruch und Wirklichkeit* (1990).

Prof. Dr. Philipp Oswalt, Architekturwissenschaftler, Universität Kassel. Veröffentlichungen u. a.: *Bauen am nationalen Haus: Architektur als Identitätspolitik* (2023).

Dr. Stefanie Oswalt, Historikerin und Publizistin, Berlin. Veröffentlichungen u. a.: *Siegfried Jacobsohn, ein Leben für die Weltbühne: eine Berliner Biographie,* (2001); *Aus Teutschland Deutschland machen. Ein politisches Lesebuch zur „Weltbühne"* (mit Friedhelm Greis), (2008).

PD Dr. Agnieszka Pufelska, wissenschaftliche Mitarbeiterin am Nordost-Institut der Universität Hamburg, 2020/2021 Gastprofessorin am Institut für Osteuropäische Geschichte an der Universität Wien. Veröffentlichungen u. a.: *Der bessere Nachbar? Das polnische Preußenbild in der Zeit der Aufklärung (1764–1794)* (2017).

Jakob Saß, Historiker, Wissenschaftlicher Mitarbeiter am Leibniz-Zentrum für Zeithistorische Forschung Potsdam, Veröffentlichungen u. a.: *Gewalt, Gier und Gnade. Der KZ-Kommandant Adolf Haas und sein Weg nach Wewelsburg und Bergen-Belsen* (2019).

Apl. Prof. Dr. Michael Sikora, Historiker, Westfälische Wilhelms-Universität Münster, Veröffentlichungen u. a.: *Disziplin und Desertion. Strukturprobleme militärischer Organisation im 18. Jahrhundert*, (1996); *Gerhard von Scharnhorst. Private und dienstliche Schriften* (2022–2013).

Prof. Dr. Barbara Stollberg-Rilinger, Historikerin, Veröffentlichungen u. a.: *Die Aufklärung. Europa im 18. Jahrhundert*, (2017); seit 2018 Leiterin des Wissenschaftskollegs zu Berlin.

Dr. Hartwin Spenkuch, Historiker an der Berlin-Brandenburgischen Akademie der Wissenschaften, Berlin, Veröffentlichungen u. a.: *Preußen – eine besondere Geschichte. Staat, Wirtschaft, Gesellschaft und Kultur 1648–1947* (2019).

Jeanette Toussaint, Soziologin, Ethnologin, Ausstellungskuratorin und Publizistin, Potsdam, Veröffentlichungen u. a.: *Zwischen Tradition und Eigensinn. Lebenswege Potsdamer Frauen vom 18. bis 20. Jahrhundert*, (2009); *Ich bin für Potsdam das rote Tuch. Anni von Goldberg und die Bekennende Kirche*, (2011).

PD Dr. John Zimmermann, Militärhistoriker und Oberstleutnant, Leiter des Forschungsbereichs Deutsche Militärgeschichte Forschungsbereichsleiter am Zentrum für Militärgeschichte und Sozialwissenschaften der Bundeswehr (ZMSBw), Potsdam. Veröffentlichungen u. a.: *Ulrich de Maizière. General der Bonner Republik 1912–2006*, (2012); *Pflicht zum Untergang – Die deutsche Kriegführung im Westen des Reiches 1944/45* (Zeitalter der Weltkriege Bd. 4), (2009).